U1001121

本书由
中央高校建设世界一流大学（学科）
和特色发展引导专项资金
资助

中南财经政法大学"双一流"建设文库

文｜化｜传｜承｜系｜列｜

奕世永遵

——从贵州说起的中国民本法文化

雷 昕 著

长江出版传媒
湖北人民出版社

图书在版编目（CIP）数据

奕世永遵：从贵州说起的中国民本法文化 / 雷昕著.
武汉：湖北人民出版社，2019.12
ISBN 978-7-216-09931-8
Ⅰ.奕…　Ⅱ.雷…　Ⅲ.民本思想—关系—法律—文化研究—中 国
Ⅳ.①D092②D909.2
中国版本图书馆CIP数据核字(2020)第018622号

责任编辑：高承秀
封面设计：陈宇琰
　　　　　张　弦
责任校对：范承勇
责任印制：肖迎军

奕世永遵　YISHI YONGZUN　　　　雷昕 著

出版发行:湖北人民出版社　　**地址**:武汉市雄楚大道268号
印刷:武汉首壹印务有限公司　　**邮编**:430070
开本:787毫米×1092毫米　1/16　　**印张**:15.75
字数:266千字　　**插页**:2
版次:2019年12月第1版　　**印次**:2019年12月第1次印刷
书号:ISBN 978-7-216-09931-8　　**定价**:68.00元

本社网址：http://www.hbpp.com.cn
本社旗舰店：http://hbrmcbs.tmall.com
读者服务部电话：027-87679656
投诉举报电话：027-87679757
（图书如出现印装质量问题，由本社负责调换）

总　序

“中南财经政法大学‘双一流’建设文库”是中南财经政法大学组织出版的系列学术图书，是学校“双一流”建设的特色项目和重要学术成果的展现。

中南财经政法大学源起于1948年以邓小平为第一书记的中共中央中原局在挺进中原、解放全中国的革命烽烟中创建的中原大学。1953年，以中原大学财经学院、政法学院为基础，荟萃中南地区多所高等院校的财经、政法系科与学术精英，成立中南财经学院和中南政法学院。之后学校历经湖北大学、湖北财经专科学校、湖北财经学院、复建中南政法学院、中南财经大学的发展时期。2000年5月26日，同根同源的中南财经大学与中南政法学院合并组建“中南财经政法大学”，成为一所财经、政法“强强联合”的人文社科类高校。2005年，学校入选国家“211工程”重点建设高校；2011年，学校入选国家“985工程优势学科创新平台”项目重点建设高校；2017年，学校入选世界一流大学和一流学科（简称“双一流”）建设高校。70年来，中南财经政法大学与新中国同呼吸、共命运，奋勇投身于中华民族从自强独立走向民主富强的复兴征程，参与缔造了新中国高等财经、政法教育从创立到繁荣的学科历史。

“板凳要坐十年冷，文章不写一句空。”作为一所传承红色基因的人文社科大学，中南财经政法大学将范文澜和潘梓年等前贤们坚守的马克思主义革命学风和严谨务实的学术品格内化为学术文化基因。学校继承优良学术传统，深入推进师德师风建设，改革完善人才引育机制，营造风清气正的学术氛围，为人才辈出提供良好的学术环境。入选“双一流”建设高校，是党和国家对学校70年办学历史、办学成就和办学特色的充分认可。“中南大”人不忘初心、牢记使命，以立德树人为根本，以“中国特色、世界一流”为核心，坚持内涵发展，“双一流”建设取得显著进步：学科体系不断健全，人才体系初步成型，师资队伍不断壮大，研究水平和创新能力不断提高，现代大学治理体系不断完善，国际交流合作优化升级，综合实力和核心竞争力显著提升，为在2048年建校百年时，实现主干学科跻身世界一流学科行列的发展愿景打下了坚实根基。

习近平总书记指出：“当代中国正经历着我国历史上最为广泛而深刻的社会变革，也正在进行着人类历史上最为宏大而独特的实践创新。……这是一个需要理论而且一定能够产生理论的时代，这是一个需要思想而且一定能够产生思想的时代。”[①]坚持和发展中国特色社会主义，统筹推进“五位一体”总体布局和协调推进“四个全面”战略布局，实现“两个一百年”奋斗目标、实现中华民族伟大复兴的中国梦，需要构建中国特色哲学社会科学体系。市场经济就是法治经济，法学和经济学是哲学社会科学的重要支撑学科，是新时代构建中国特色哲学社会科学体系的着力点、着重点。法学与经济学交叉融合成为哲学社会科学创新发展的重要动力，也为塑造中国学术自主性提供了重大机遇。学校坚持财经政法融通的办学定位和学科学术发展战略，“双一流”建设以来，以“法与经济学科群”为引领，以构建中国特色法学和经济学学科、学术、话语体系为己任，立足新时代中国特色社会主义伟大实践，发掘中国传统经济思想、法律文化智慧，提炼中国经济发展与法治实践经验，推动马克思主义法学和经济学中国化、现代化、国际化，产出了一批高质量的研究成果，“中南财经政法大学‘双一流’建设文库”即为其中部分学术成果的展现。

文库首批遴选、出版两百余册专著，以区域发展、长江经济带、“一带一路”、创新治理、中国经济发展、贸易冲突、全球治理、数字经济、文化传承、生态文明等十个主题系列呈现，通过问题导向、概念共享，探寻中华文明生生不息的内在复杂性与合理性，阐释新时代中国经济、法治成就与自信，展望人类命运共同体构建过程中所呈现的新生态体系，为解决全球经济、法治问题提供创新性思路和方案，进一步促进财经政法融合发展、范式更新。本文库的著者有德高望重的学科开拓者、奠基人，有风华正茂的学术带头人和领军人物，亦有崭露头角的青年一代，老中青学者秉持家国情怀，述学立论、建言献策，彰显“中南大”经世济民的学术底蕴和薪火相传的人才体系。放眼未来、走向世界，我们正以习近平新时代中国特色社会主义思想为指导，砥砺前行，凝心聚力推进“双一流”加快建设、特色建设、高质量建设，开创“中南学派”，以中国理论、中国实践引领法学和经济学研究的国际前沿，为世界经济发展、法治建设做出卓越贡献。为此，我们将积极回应社会发展出现的新问题、新趋势，不断推出新的主题系列，以增强文库的开放性和丰富性。

“中南财经政法大学‘双一流’建设文库”的出版工作是一个系统工程，它的推进得到相关学院和出版单位的鼎力支持，学者们精益求精、数易其稿，付出极大辛劳。在此，我们向所有作者以及参与编纂出版工作的同志们致以诚挚的谢意！

因时间所囿，不妥之处还恳请广大读者和同行包涵、指正！

中南财经政法大学校长 [signature]

① 习近平：《在哲学社会科学工作座谈会上的讲话》，2016 年 5 月 17 日。

目　录

绪 论

民本：中国国家法治之本

自清雍正年间，贵州“改土归流”之后，时称“三江”的贵州省锦屏县茅坪、王寨、卦治三个苗村侗寨，因“开纤路以资挽运”，成为当时贵州在清水江流域设置的木材集散地和交易口岸。一时间，已是万商云集，百舸争流，一片繁华之景。为规范木材的开采、集运与交易行为，涉事的山客、水客及木材中介行会在当地衙局的指导下，立约定规，并勒石为记，立碑于卦治的清水江岸边，即至今犹存的奕世永遵碑。

奕世永遵——从这里出发，我们不仅可以回顾历史，看到若干亿年前就已游荡在贵州这片土地上的古生物化石群，并由此见证了贵州——一个地球生命的源头。除此以外，我们还可以看到贵州人的奋起和那与中原文化不断融合而又独放异彩的贵州民族文化，以及包含于其中的治理之策和治理之理。

贵州是一个多民族的省份。世居于这片热土上的各民族相互交流，形成了贵州“一体多元”的文化结构，即以汉文化为主体，各民族文化多元并存，百花齐放的文化形态。在这“一体多元”的文化结构中，法文化也同样地呈现出以汉族法文化为主体，各民族法文化多元齐放，相互影响、相互促进的形态，成为中华法文化的一支，反映了中华民族法文化的形成、秉性和原理。与其他文化一样，贵州法文化不仅在贵州悠久而璀璨的历史进程中独放异彩，同样地推动着贵州各民族不断前进的步伐，推动着贵州历史的文明进程。

奕世永遵碑是立于贵州清水江边的一部法律文书。它不仅记录了数百年间清水江流域木材贸易和运输的契约规定及其盛况，更是贵州法文化“清水江文书”的代表作之一。

在地理上，清水江自贵州斗篷山起源，流经丹寨、麻江、凯里、台江、剑河、锦屏，于天柱县瓮洞镇金紫村出黔入湘，注入沅水。江两岸重峦叠嶂，气候湿润，适宜林木生长。历史上，伴随着林木种植、砍伐、木材贸易和木材运输的发达，各类官府律令与民间契约在清水江地区广为推行。据估计，仅天柱、锦屏等县传世的明清、民国时期的文书至少在 10 万件以上，其他如台江、剑河、三穗、麻江、凯里、榕江、黄平、黎平等地区也都发现了大量清代契约文书。贵州史学界把清水江流域保存的这些清代至民国时期的法律文书统称为“清水江文书”。其形式包括了契约、账册、山林登记簿、族谱、乡规民约、碑刻、纠纷调解协议、官府告示及律令等。清水江文书以林业生产、砍伐、买卖和运输契约为主要内容，涉及山林田土的租佃买卖、经营管理、砍伐、林木买卖和运输、借贷典当、婚姻嫁娶、抚养继承、家产分析、纠纷调解、乡规民约、府衙文书、律令等各个领域，比较系统地反映了数百年间清水江流域的政治、经济、文化和社会生活，是贵州民族文化暨贵州民族法文化的宝库。

世世代代以来，文化始终是一个民族成长的土壤，孕育着民族传统和民族精神；文化又是一个民族发展的力量，始终推动着社会的进步和时代的方向。放眼世界，自人类从远古的蛮荒走向文明，在相当长远的历史时期内，中国文化始终以自己璀璨的辉煌、智慧与力量，影响着世界文明的进程，成为人类进步的领航者和文明的摇篮之一。但自 1840 年鸦片战争以后，西方列强不仅以坚船利炮将中国沦为殖民地半殖民地，更以“文明中心”自居，以文明的“优越与普世”自恋，不断地践踏着中国的文化自信。百余年来，中华民族也总是在苦难与屈辱中奋起抗争，救亡图存，以求民族的复兴，国家的崛起。就是在此艰难的行程中，一批又一批的志士仁人走出了国门，向西方学习。但迷信西方，全盘学习西方的结果，却总是先生打学生，抢了学生的生计，分了学生的家。到后来，辛亥革命推翻了清王朝的统治，结束了中国两千多年的封建君主专制制度，历代先贤们又把从西方学来的君主立宪制、议会制、多党制、总统制都拿来试过，但都因“水土不服”，一一失败了。直到 1949 年，中华人民共和国成立，中国人民选择了社会主义，中华民族也才最终走上了民族复兴的道路。道路依然是艰难而曲折的，在全球社会主义的探索屡遭挫折处于低谷的今天，我们却创造了举世惊羡的中国奇迹，走出了一条中国道路。这条道路是以传承和弘扬中国传统文化，坚持以人为本的根本原则，并不断学习世界各国的优秀文化，从善如流而又不失自我的主体性和独立性，不断改革、不断创新、不断前进的中国之路。

辩证唯物主义认为，人类的历史是一个不断发展演进的历史。同时，人类的历史又是一部文化的发展史，一部人类的思想进步史。文化塑造了一个民族，推动着人类社会的历史进程和社会转型，推动了人类社会的不断进步。所以说，文化是人类知识的结晶，是人类智慧的汇总。它凝结了一代又一代人的思想与智慧，是人类发现世界、探索世界、创造世界的产物，并指导着人类自身的行为、社会的进步和制度的创新。在人类发展的悠远长河中，中华文明是人类四大古老文明中硕果仅存的一支，它始终保持着强大的生命力和创造力。这是中华民族崛起于世界民族之林的自信。这种文化自信是民族的自信。这种自信，首先是要科学地总结我们的历史文化遗产，把那些真正体现了中华民族的秉性、特点和精神的优秀文化传统继承下来，并根据时代的需要去学习、去创新，创造性地发展，在发展中弘扬光大。

中华民族的文化自信，百余年来曾因为国家的积贫积弱，及伴随西方大炮和资本侵入的文化摧残，让部分国人有了那么一点不自信。同整体的文化衰落一样，中华民族法文化也显得不自信了，常被人斥为封建的、专制的和落后的。百余年间，中国法文化思想的建设主要是在学习西方法文化，汲取西方法意、法律规则和法律制度。这种学习，以西方市场经济、个人主义及现代资本运动的规则需要为起点，又常常伴以对自身民族法文化的种种歧视和摧残。此举的结果是喜忧参半，一方面，我们通过对西方法文化的学习，优化了我们自己的法文化；另一方面，我们中的一部分人又常常将西方学术原典中理想的阐述当作人家现实的人生，将法律文本中一些超现实的规范当作真实的制度运作及实践，并进而臧否我国历史的社会安排，不断排比中国当下的人生设计。结果，又是弄得一地鸡毛，一路的无奈。

其实，西方先进的科学技术是要学习的，西方优秀的思想文化也是需要学习的。关键是学习的方法，既不能脱离中国的历史传统，也不能脱离中国的社会实践。盲目地跟风、学习，不顾实际地模仿既解决不了中国问题，也难以建设中国自己的民族法文化体系。

20 世纪 30 年代，曾是我国文化研究和编著的一个高峰期。历史学家陈登原先生在其《中国文化史》中论述了“文”在汉语中的三重含义：遗迹、外形、明智；以及“化”的三重含义：创化、变化、进化。故有结论说：“综上以观，则知所谓文化，乃系创造而变通，变通而进步，彰明昭著之美迹焉。”紧接着，陈登原先生又在分析文化的发生时说：“穷则为变，变则为通，通则能久者，是谓文化随环境而创，随困难而变，而变也者，所以致通久：即谓进步之说焉。”在这里，陈登原先生是把文化及中国文化史都建立在“遗迹”“变通”“进步”之上，建立在中国的历史和历史的进步之上。陈登原先生不仅有见地地点评了文化，也道出了中华文明经久不衰之缘由。这就是，虽有挫折，却善于在学习与变通中继承传统，能重达新生，再显光大。

中国文化的这种现象，不仅表现于我国的中原地区，也表现于地处边陲的西南地区。在这片莽莽的云贵高原上，有周恩来总理形容为“山川秀丽，气候宜人，特产丰富，人民勤劳”的省份贵州。而在贵州，举凡从世界到中国，从中原到西南，从华夏主体民族到各少数民族；或从远古到现代，五花八门、三教九流的文化都在这里留下了遗迹。从中原而入的儒、佛、道、法等各类文化，来自于异域的基督教、天主教、伊斯兰教，以及本土的巫文化，少数民族的苗文化、布依文化、侗文化、氐羌文化、百越文化……都在这里生存、交集、融合、衍生、创变，形成了贵州儒释道一体，道巫混杂、禅净合流，汉民族文化与少数民族文化，宗教与世俗交混融合的“一体多元”的文化现象。正是这种既保留了汉文化的主体地位，又对其他文化不排斥、不敌视，求同而存异，相互学习与交融的文化，才最终使贵州走出了大山，融入了国家的大一统，也走上了现代发展的康庄大道。

汉文化及其与苗、侗、布依、彝等贵州各少数民族文化以及异域文化的融合与再造，正是贵州的“一体多元”文化体系的特征，也是贵州民族法文化的历史标记。贵州的民族法文化，也是中华民族法文化的一部分。中华民族法文化是中国人关于法和法治的思维，是中华法系的基本法理及中华各民族的法文化思想的凝结，也是从古传承至今的中国国家法治之源。中华民族法文化，其主体的思想、价值、本性、规则和实践都“以民为本”。“以民为本”是中华民族法文化的根本原则，并由此衍生了中华法系的价值、法理、法律意识、法律思想、法律规则和法律实践。所以，中华民族法文化在本质上就是中国民本法文化。本书正是从贵州出发，立于中国，以中华民族法文化的本体为主，并不断与其他民族的优秀法文化碰撞，相互交流、学习、改造和融合，最终优化的过程中，探讨并力求对中国民本法文化的形成、内涵及特色有一个较为全面的了解。再以此为出发点，立于中国民本法文化的角度，研究和探讨促进中国社会发展与社会进步的法理之源，包括法律原则、法律价值、法律意识形态、法律规范、法律制度、法律行为、法治等民本法文化的中国资源。希望这种探索能推动中国民本法文化的进步，进而促进贵州及中国的法治，为建设一个美丽、繁荣、有序而生动的人类新家园而尽一点赤子之心。

第一章
文化、法与法文化

当时而立法，同事而制礼。

——《商君书·更法》

知识是一种快乐，而好奇则是知识的萌芽。

——培根

政治、法律、哲学、宗教、文学、艺术等的发展是以经济发展为基础的。但是，它们又都互相影响并影响到经济基础。

——恩格斯《致海·施塔尔根堡》

在人类发展的悠远的历史长河中，中华文明是四大古人类文明中至今硕果仅存的一支，是中华民族自立于世界民族之林的源泉，也是中华民族终将再次崛起于世界民族大家庭的自信之源。这种文明的自信，不仅塑造了一个伟大的民族，也曾并还将推动人类社会与人类文明的不断发展与进步。

第一节　文化，法之源

文化是人类了解世界、改造世界的知识的结晶，是人类生存与发展的智慧的汇总。但“文化”一词，中西方的认识却有不同。

中国的“文化”一词，最早见于西汉刘向的《说苑·指武》：“圣人之治天下也，先文德而后武力。凡武之兴，为不服也；文化不改，然后加诛。”这里的“文化”是与“武力”相对应的一个词，也是与武力相对应的一种力量。其主要是以“文德进行教化”，与现代“文化”的概念有较大区别。

到了隋唐时期，日本“遣唐使”大批来华留学。学成归国后，他们将先进的华夏文化带入日本，当然也学会了文化及“文化”一词的使用。到日本明治维新以后，日本在转向西方①学习的过程中，以汉语“文化”对译英文的“culture”。但学习了西方的文化与科技，并逐渐强大起来的日本也渐渐地霸道起来。而当时的中国还沉醉于“天朝上国”的迷梦，尚未看到日本的崛起及其对中日关系的影响。1840 年的第一次鸦片战争，西方的坚船利炮摧毁了中国人的大国梦。而 1894 年的中日甲午战争，不仅是昔日的学生打了老师，还导致一个泱泱大国向一个小国割地赔款。“世间万物抵春愁，合向苍冥一哭休。四万万人齐下泪，天涯何处是神州？”谭嗣同的这种悲泣苦吟，也正是当时国人的忧愁与思考。

19 世纪 60—90 年代，中国曾有“师夷长技以制夷”的洋务运动。但 1894 年，号称亚洲第一的北洋水师折戟沉沙，宣告了“师夷长技以制夷”的洋务运动的失败，从而引发了一批又一批国人先贤对国家命运和国家制度的深刻反思。后来，就有了戊戌变法，失败了；有了辛亥革命，成功了，两千多年的封建帝制轰然倒塌。但中华民族依然遭受凌辱，依然积贫积弱。后来，还出现了袁世凯、张勋的复辟，日本入侵和十四年的抗战。于是，又有了陈独秀、李大钊、鲁迅、钱玄同等人对中国的国民性和以儒学为代表的文化的反思。这时的中国人才发现，近代中国落后挨打的原因，既有政体、制度方面的，也有物质、经济、技术方面的，还有精神和国民素质方面的，如果要用一个词的内涵来归容，这就是“文化”方面的。自 1915 年始，五四新文化运动就带着整整数代人的屈辱、悲泣、愤怒、激情和希望，振聋发聩地响彻了神州大地，呼唤着新文化的诞生。

“文化”（culture）源于拉丁语，其本义是指人类在不断地适应自然、改造自然的过程中，对土地的耕作、培土、改良等。天长日久，逐渐引申为“完善自我，从而成为理想公民的过程”，就有了汉语“培养”“培植”的类似词义。

19 世纪 70 年代初，英国著名人类学家泰勒在其专著《原始文化》中将文化一词定义为“文化或文明，就其广泛的民族学意义来说，乃是包括知识、信仰、艺术、道德、法律、习俗和任何人作为一名社会成员而获得的能力和习惯在内的复杂整体”。显然，泰勒也是以旧瓶装新酒，只是将拉丁语的“文化”概念泛化了，其定义不仅包括了信仰、道德等人类的精神品，也包括了法律、习俗等

---

① 西方，除了用来代指欧洲和北美国家外，还是由帝国主义和民族主义推广而成的想象性的连构。印度庶民研究小组曾将西方定义为“被一种历史进程创造出来的强大的想象实体，而这一历史进程将西方权威化为理性、进步和现代性的故乡”。参见［美］史书美《现代的诱惑：书写半殖民地中国的现代主义（1917—1937）》，何恬译，江苏人民出版社 2007 年版，第 2 页。

制度层面的东西。

1952 年，美国学者克罗伯等人发表了《文化、概念和定义的批评考察》，并提出了自己对文化的定义："文化由外显的和内隐的行为模式构成：这种行为模式通过象征符号而获得和传递；文化代表了人类群体的显著成就，包括它们在人造器物中的体现;文化的核心部分是传统的（即历史地获得和选择的）观念，尤其是它们所带有的价值；文化体系一方面可以看作是活动的产物，另一方面则是进一步活动的决定因素。"克罗伯的这一文化定义，实际上强调了文化的内核是人的或人们共同体的价值观，并进一步强调了文化在行为模式和物质层面中的内容与作用。

在当今世界，关于文化的定义可以说是众说纷纭，但泰勒与克罗伯等人对文化概念的认识依然是有意义的和有影响的。在他们的认识中，所谓文化既包含了人类的物质成果，其精神成果及行为模式的思想也得到了学界的普遍认同。

在我国，关于文化的概念主要出自于上海辞书出版社 1979 年出版的《辞海》。该《辞海》对文化的定义有广义和狭义两种。"文化，从广义来说，指人类社会历史实践过程中创造的物质财富和精神财富的总和。"当代美国社会学家戴维·波普诺也认为："文化是一个群体或社会所共同具有的价值观和意义体系，它包括这些价值观和意义在物质形态上的具体化。……文化由三个重要因素组成：① 符号、意义和价值观；② 规范；③ 物质文化。"[①] 狭义的文化定义同时表述于上述《辞海》的同一条目，该条目说"文化是指人类在长期的历史实践过程中所创造的精神财富的总和"，即"社会的意识形态，以及与之相适应的制度和组织机构"。有学者认为这一定义应该是一种中义文化观。还有一种比此内涵更狭义的文化观，即把文化视为社会的意识形态或社会的观念形态。这一观念的经典表述者是毛泽东。毛泽东在《新民主主义论》中对文化的概念作了阐释："一定的文化（当作观念形态的文化）是一定社会的政治和经济的反映，又给予伟大影响和作用于一定社会的政治和经济；而经济是基础，政治则是经济的集中的表现。这是我们对于文化和政治、经济的关系及政治和经济的关系的基本观点。"[②] 在"新民主主义的文化"一节中，毛泽东还进一步阐述了这一观点："一定的文化是一定社会的政治和经济在观念形态上的反映。……至于新文

---

① ［美］戴维·波晋诺：《社会学》（上），刘云德，王戈译，陈万熙校，辽宁人民出版社 1987 年版，第 137 页。

②《毛泽东选集》（第二卷），人民出版社 1991 年版，第 663 ～ 664 页。

化，则是在观念形态上反映新政治和新经济的东西，是替新政治新经济服务的。”[①]

其实，不同的文化观只是不同的社会形态和个人意识的反映，是社会、经济、政治、规则、思想、物等多重因素在人类意识上的映射及其意识化。从文化发生学的原理来说，各种文化观也是各有千秋，都有其阐释的理由。如果我们将文化看作是区别于自然的万事万物的“人类的创造物”，那广义文化则包容了人类的一切创造，物质的和精神的；中义文化则把文化视角的焦点聚于人类在精神上的创造；而狭义文化即观念形态的文化则将文化的中心置于人类的思维，如知识、思想、价值、心理、意识等方面，强化了人类的自我意识和内在理念。

同时，不同的文化又各有其不同的文化对应物，即不同的分类标准。广义文化对应于自然，凡不是“人类的创造物”，就不属于文化。所以，广义文化观包含了一切人类之创造物、行为、思想、规则、制度、知识、物的文化等；中义文化的核心是“精神文化”，对应于广义文化中的“物质文化”，中义文化观不承认“物质文化”是文化，只承认与人的精神相关的人类创造物及其衍生形态，如思想、知识、规则、制度、组织等；狭义文化的焦点是“观念形态”或“意识形态”，是与人类大脑的思维相关的人类创造物。它与物质文化和精神文化皆不对应，而对应于社会存在，对应于社会的经济与政治，是社会经济与政治在人类意识上的反映。

所以说，以不同的文化观来观察社会、阐释社会，我们就会有不同的视角，不一样的认识。本文的主旨是以文化的视角来阐释法律，其阐释的中心主题是中国的民本法文化。于是，我们就采纳了中义文化观，同时将其作为本文主题的视角和法理阐释的基础。或者说，中义文化是本文主题——中国民本法文化理论阐释的基础。

从中义文化的本体而言，文化是人类在长期的历史实践中创造的精神财富的总和。法，在本质上是一种规范或规范体系。这种规范体系是在一定的社会经济条件下人的意志的反映。这种意志，可以是国民的集体意志或国家统治阶级的意志，也可能是两者意志皆有。但都是人们希望达到某种目的而产生的心理状态或思想意识。法，说到底就是一种精神产品，一种精神财富，一种文化。本书前面曾提到泰勒的经典结论，该结论说“文化是包括知识、信仰、艺术、道德、法律、习惯……在内的复合整体”。既然文化是一个复合整体，知识、信仰、艺术、

① 《毛泽东选集》（第二卷），人民出版社 1991 年版，第 694 ～ 695 页。

法律、道德等都构成了文化这个复合体的要素、单元或子系统。用现代系统论的观点来说，法律是文化的子系统。所以，法与知识、信仰、艺术、文学、宗教、哲学……一样，都是一种文化或文化的一部分。我们学习和研究文化，既要探讨文化这个复合体的结构内涵、知识体系，也要探讨文化的某一子系统的特性。文化就是这样一个由若干子系统层层叠加而又相互影响和相互包容的复杂而庞大的系统，并不断地从整体到部分，又从部分到整体的相互作用和循环往复。法，作为文化整体的基本单元，也是文化整体中不可缺少的子系统。于是，法就有了文化的共性，也有了法的特性，就有了法文化。

法文化作为一个法与文化合成的新概念，最早于1962年在苏联提出。我国引入则始于20世纪80年代中期，历经二十余年的学习与探索，早已成为中国基础法学的一个分支，在日益得到认可的同时，成果丰富也颇具中国特色。

用文化的眼光来阐释法理，理解法律，这已经是中外若干法学家跳出以法论法的圈子，从新的视角来研究法律的出发点。我国著名法学家俞荣根教授曾经这样描述：“法律除了由经济决定，受政治影响外，它的面貌与特征还来自文化的遗传。因此，无论是立法还是司法，也不管是法律研究还是日常的法律生活，都应当具有文化学的视野、思维方式和价值取向，应当把法律看作是活生生的人类文化生活形态中的一部分，一个系统。”① 以文化的视角来阐释法律，是从一个大系统或母系统的角度来俯视其子系统，可以跳出法的政治、阶级、秩序、规则的常规分析模式，可以站在古今中外文明大交汇的时空舞台上来思考法学，思考法治的现代化。从过去看未来，从历史观现在，或许，我们的思维会更加宽厚，更加深邃。在民众的眼睛里，法律作为国家统治工具的那种冷冰冰的面孔，也可能会因为文化而有了血和肉，贴近了人生，成为民众生活中的一缕阳光，一炬熊熊燃烧的火。

用文化的眼光来阐释法律，还因为文化不仅能创立一个民族、一个国家，也同时是维系一个民族和一个国家生存与发展的力量。伟大的中华民族之所以能屹立于世界民族之林而终久不衰，正是因为有了中华文化的薪火相接，传承与发展。19世纪，当中华文化传播到西方时，就曾在西方世界引起一片惊叹与赞赏。法国启蒙主义学者伏尔泰曾在当时的学科大作《哲学辞典》的条目中盛

① 俞荣根：《法律文化的冲突与整合——从韦伯到亨廷顿的启示》，《现代法学》1994年第5期。

赞中国是“举世最优美、最古老、最广大、人口最多和治理最好的国家”。并感叹地说到，当中国已是一个广大而繁庶，而且具有完善而明智的制度的国家时，“我们还只是一小撮在阿尔登森林中流浪的野人”。德国哲学家莱布尼茨同样在《中国近况》序中说道：“我们以前谁也不相信在这个世界上还有比我们的伦理更完善，立身处世之道更进步的民族存在，现在，东方的中国竟使我们觉醒了。”作为中华民族之一员，我们当然不必因为老祖宗的辉煌而妄自尊大，但却应该因为历史的光芒和今日的惊羡而充满自信。做一个有民族意识和民族自信的国人，了解和认识中国文化，并真正地学习它、解剖它、改造它、发扬它。法，有了中华文化的滋润，会更加中国化。法也会因此而更适宜中国国情，更为国人所信任，所遵从，成为治国之大器。所以，我们不仅要用法律的眼光来认识法律，阐释法律，更要在学习外国优秀法文化的同时，用中华文化的深厚土壤来培育我们自己的法文化，根植中华法文化自立于世界民族之林的参天大树。

中国文化是中华民族赖以生存和发展的基础，是一个由不同子系统构成的复合系统。这个复合系统的子系统一般包括了经济文化、氏族文化、家庭文化、民族文化、政治文化、法文化、观念文化、思想文化、宗教文化、文学艺术文化、科学技术文化等。所有的这些文化子系统都是相互作用、相互补充、相互支持的，就如同人的五脏六腑一样，正因为有了它们之间相互的、复合的、系统的作用，人才成为自然界顶天立地的人。人类才会生存于世，才有了人类社会的今天。中华民族也才有了自己辉煌的过去与光彩的未来。在中国文化这个大系统中，中华法文化是中国文化的一个重要子系统，亦同样受到中国文化中的经济、政治、社会、观念、民族、历史等文化子系统及其他文化类别的影响，滋育于其中。

人类社会的发展，经济是基础。一定的经济基础和上层建筑如政治、思想、法律、制度、道德、宗教、艺术等的统一，构成了一定的社会形态。经济基础对法与法文化的影响，与经济基础对其他上层建筑的影响一样，起着主要的和决定的作用。传统中国以大一统社会及家庭小农业、小手工业的经济形态为主。这种经济形态以家庭为生产单位，推行男耕女织式的自然分工，以自给自足为生产目的，实行基本的平均分配方式。几千年来，中国社会的这种大一统和以家庭为单位的小农经济，构成了中国社会“家国同体”的制度模式，家长、皇权、等级、德礼规治以及仁、义、礼、智、信、儒、释、道、以民为本等文化观念，由此衍生了中华法文化。也就是说，中国传统的经济基础产生了中国传统文化，中国传统文化又衍生了具有中国特色的中华法文化。

故可以说，文化是法之源。中国文化也是中华法系和中华法文化之源。中华法文化更起着中华法系奠基石的基础性作用。

本书是从中国西南的贵州省说起，立足于中国文化和中华法文化的民本思想，对中国民本法文化的一个探讨。相较中国沿海发达地区而言，贵州还是一个不沿边、不沿海也欠发达的山地省，但这里是中国多民族聚居的地区之一。各民族兄弟姐妹聚居于此，用自己的劳动和智慧正创造着贵州的明天。各民族兄弟姐妹生于此，爱于此，建设于此，也用自己的文化搭建了一个有序的适宜自己生活的社会，创造了属于自己的民族法文化，也因此而丰富了中华法文化的大典。从贵州说起，从民本的角度来研究和探讨的中华法文化叫作中国民本法文化。虽然从本质上而言，中华法文化与中国民本法文化同属于一体，但中国民本法文化突出了中华法系的民本性。这一民本性既包含于中华法系的整体之中，也凸显了中华法文化的个性与特性。

文化是法之源。从贵州说起，从民本的角度来研究和探讨中华法文化，也更深入地了解和推进中国法治的人民性。让民为法所系，让法治更以民为本。

一定的法文化根源于一定的社会物质生活条件，而一定的法文化又在一定社会物质生活条件的作用下，成为人们所创建的法律制度、法律规范和关于一切法律现象的态度、价值、信念、心理、感情、习惯以及法学理论的复合体。

第二节　法文化，法治思维的源泉

与任何科学的学习与研究一样，研究法文化，首先需要确定概念。概念是逻辑学中思维的最小单位，是构成思维的细胞，是人的判断和推理的基本要素，是一切事物的本质在人的头脑中的反映。所以说，概念是一切科学学习和研究的起点。

什么是法文化？既然文化是人类在其长期的历史实践中创造的精神财富的

总和，则法文化在本质上首先是人类在社会实践中创造的一种精神财富。这种精神财富是人们关于法的意识、法的思想和法心理状态的反映，是人类历史实践中关于社会制度、行为规范及规范意识构成的一种文化。与文化概念的多义性一样，法文化的概念也是多种多样的。中外学者都曾站在不同的社会经济和历史文化的背景下作出过不同的阐释。虽然不同学者关于法文化概念的理解和阐释，在内容概括、文字表述和范围界定上多有差异，但大体上我们可以将其归纳为以下三类：第一类是把法文化看作是法律现象的综合体现和产物，包括内在和外在、主观和客观、制度和观念、思想和规范等法的各个方面；第二类把法文化视为法律现象的主观意识，主要是法律意识和法律观念；第三类则把法文化看作是法律意识中关于人类智慧、知识、经验等的文化结晶。因为实践环境与认识的不同，人们还会有其他一些法文化观。这些不同的对法律现象的观察视野和思维角度，既可以丰富我们对法和法文化的认识，也可在我们深入研究法文化时提供不同的参照。但本文并不准备一一叙述，我们的理解仍立足于前文的中义文化观，并于此将法文化的概念定义如下：法文化是人们关于法的意识、法的思想和法心理状态的反映，是人类历史实践中关于社会制度、行为规范及法律现象中的态度、价值、信念、心理、感情、习惯和学说理论的文化复合体。

法文化作为人类文化体系中的一个重要的文化子系统，自始至终在人类社会的政治、经济和社会生活中发挥着监管、治理和调节的巨大功能。作为一种社会文化，法文化必然带有一般文化的属性和特征，如文化的社会性、民族性、阶级性、差异性、普同性、时代性、永恒性、符号性、价值性、能动性、传承性等。作为一个相对独立自存体系的文化子系统，法文化又必然地具有法的一些属性和特征，如指导和指引作用、规范性、实践性等，并以此区别于其他类型的文化子系统。

美国学者弗里德曼在分析和研究了美国法律文化后得出结论，现代法文化具有两大共通性：第一，现代法文化具有压倒一切的理性原则。在传统社会中，习惯、信仰、礼与德都是可以让人循规蹈矩的。这些习惯、信仰、礼与德既是一种社会的意识规范，也是一种社会权威。当社会转型，传统规范和传统权威被弱化甚至被抛弃后，新规则的产生，只有当其被认为是公正、合理并经过正当程序做出时，才会被相信和遵守，被执行；第二，现代法文化是趋于一致，趋于单一的法律准则，对于人们的出身、地位、财产、性别、民族、地区等的不同而不予考虑。如在国际贸易中，不同的国家和民族出于自身利益和习俗，都会有不同的相对独立的法律制度，但又只有恪守单一的国际贸易准则时，这些国家和民族才能在国际上进行有效的贸易活动。①

所以，我们在研究法文化的特征时，不仅要讨论一个国家或某一民族的法文化特征，更要探讨法文化的具有普遍意义的属性。在各具特色的法文化形态中，我们要寻找或抽象出带有共同性的、普遍性的特征，以使我们在设置制度，制定法律法规时，让法更具有理性，更接近人类普遍认可的准则和原理。

从法理学的角度来看，具有普遍意义的法文化的本性及特征，大致有以下七个方面：

其一，社会存在决定社会意识，这是马克思主义唯物论和唯物史观的基本观念。法文化作为人们关于法的意识、法的思维活动和法的心理状态的反映，其产生、变化与发展，当然也离不开它所依附的社会经济基础，社会化的物质形态。这种法文化对社会物质形态的依附性，来源于人类社会进步中人与人、人与自然以及人与社会关系的经验积累，人对社会实践的体验。法文化的社会物质形态的依附性，决定于人类社会发展的经济基础，同人类社会的经济形态、生产力的发展状况密切相关。一个社会的物质条件和生产方式决定了法文化的性质、作用、功能和表现形态。经济基础不同，法文化的表现形态也会不同。法文化的这种对社会物质形态的依附性，既是法文化的重要特征，也是法文化产生和发展所依附的条件和基础。

其二，法文化是具有政治功能的文化。法文化对社会物质形态的依附，反映了经济基础对上层建筑的决定作用。与任何上层建筑对社会经济基础的反作用一样，法文化也通过对社会经济基础的反作用，调整着人类的社会关系和社会生活，并体现了在社会经济中占大多数的民众及统治阶级的意志，实现统治阶级对国家的稳定治理、发展经济、改善民生的要求。因此，法文化的这种政治功能，是为了实现社会控制，进而保持一种有利于人民和国家统治阶级的政治秩序与社会秩序，亦有利于国家和民族的发展与进步。为实现法文化的这种政治功能，国家总会以占主导地位的法文化作为社会成员的价值标准和行为准则，也作为社会成员判断是非的标准和尺度。从这一点出发，考虑到我国国家

① 参见［美］Susan Finder《美国的法律文化观点》，郭宝平译，《中外法学》1989 年第 1 期。

体制的人民性和社会主义性质，我国的法文化就应该反映全国各族人民对法的要求和意志，坚持法为人民服务，为社会主义服务，为建设全国人民的福祉和振兴中华服务的宗旨。

其三，普遍适用性是法文化区别于其他文化的一个重要特征，即法文化的统一性、一致性和普适性。法文化的主体是法律意识和法律，是一系列“全社会一体遵行”的制度体系和法律规范及体现于这些制度和规范中的对全体社会成员普遍适用的价值标准和行为准则。

其四，法文化是实践性和实用性的社会文化。与那些风花雪月、行咏唱和的文化不同，法律不是人创造的，法律只是对社会经济关系的一种记录和反映，是必须实践于社会，实用于社会的。法文化的实践性，首先体现于法律意识、法律制度、法律组织、法律规范等法文化的内涵都产生于实践，作用于实践。体现于一个国家与社会的政治、经济和文化的方方面面，并在实践中发挥着极其重要的作用。法文化的实用性，主要表现于它对社会的政治活动、经济活动、文化艺术及人类行为的调控作用。这种调控作用并将随着人类社会的发展和现代化，实用于人类社会以及人与自然关系的各个角落，可以确立人们的价值，调控人们的行为，保障人们的权利和义务，增强人们的组织性和社会的有序性与稳定性。这就是法文化的实用性之所在。

其五，法文化的产生和发展是人类社会实践活动的产物，其不断地丰富和繁荣，又紧紧地伴随着人类历史的经验积累和进步。所以，法文化与其他文化形态一样，都具有历史的连续性。任何国家以及任何民族的法文化的发展，都不可能隔断历史，都是在批判地继承历史，去其糟粕，取其精华，在继承中发展，在外来中学习，从而建构了适合于自己的当代国情的法文化。

其六，文化是全人类的，也是民族的。法文化也不例外。任何国家以及任何民族的法文化都是在具体国家及具体民族的生存环境中产生和发展的。所以，中华法文化是民族的，是绵延数千年的中华民族传统文化在法律意识、法律制度、法律规范上的映射与沉淀。法文化的产生与发展，也必然地与产生它的民族环境相吻合。美国法学家 M.A. 格伦顿和其同伴在研究和比较了不同的法律传统后曾撰文指出：“要设法牢记，法律是民族的历史、文化、社会价值观念和一般意识与认识的集中表现。没有两个国家的法律体系是确切地相同的。法律是文化表现的一种形式，而且如果没有不经过某种‘本土化’的过程，一种文化是不可能轻易地移植到另一种文化里面的。法国法律是法国文化的一种反映。正如俄国法律是俄罗斯文化的一种反映一样。"[①]当然，中国法律也应该是中国文化的一种反映。法对本民族文化的反映，必然地形成了自己的民族风格和民族精神，有自己独特的行为习惯，并渗透和沉积于本民族的法律意识、法律制度及法律规范中，从而呈现出法文化的本土色彩和民族色彩。比较法社会学之父、法国学者孟德斯鸠也曾从他的"法的精神产生于具体的环境"之论出发，通过分析、比较和考察，最后得出结论：既然法必须与一个国家的基本状况相一致，那么，一旦离开创立它的国度，这些法也就没有了效力。其原因是法具有不可逆转的民族特性。由此可见，任何国家和任何民族的法文化都是本土环境和实践的产物。任何民族的法文化，只有把它置入到具体的社会形态和历史环境中，我们才有可能了解到产生它的原因和价值判断，也才有可能分析它是否有利于民族的成长和发展，是否有利于推动社会的进步。

其七，文化是民族性的，文化的天然特性又是相互的交流、传播和互融。人类正是因为文化的这种特性而能相互交往，人类的相互交往决定了原属于民族的文化必定会在交往中冲破民族的界限，而在更广阔的世界中交流、竞争和融合。文化的这种交流，使文化的多元性在相互吸收、相互借鉴、相互影响和相互融合中成长，使文化成为人类的共同财富。各民族的文化也在不断交流的冲突、竞争、筛选和优化组合中，寻找适合于本民族发展的文化形态。法文化也是如此。一个国家、一个民族在自身现代化和全球化的进程中，既要保持民族法文化的历史传承性，也应在不断地改革开放中加强交流，不断地吸收世界各国及各民族法文化的优秀成果，为我所学，为我所用，并以此促进国家和民族的进步。

法文化对社会物质形态的依附性、法文化对社会的调控和调控的政治功能、法文化的普遍适用性，法文化的实践性和实用性、法文化的历史连续性、法文化的民族性和法文化的相互交流融和共生性，这都是任何国家和任何民族的法文化共同具有的共性和特征。

与所有国家和民族的法文化一样，上述法文化的本性和特征，中华法文化也同样具有。但中国是世界上传承至今的最古老的文明大国，中华民族又是一个多民族融合共生的民族共同体。在我们有着五千年文明的历史传承和积累中，

① [美] M. A. 格伦顿、M. W 戈登、C. 奥沙克维：《比较法律传统序论——比较法的范围、目的、法律传统和方法论》，潘汉典译，《环球法律评论》1987 年第 2 期。

中华法文化的传统和沉淀既是那么久远和丰厚，又是那么独具魅力而光耀于史。在世界法文化恢宏的丛林深处，中华法文化是既有共性又有个性的一支。

中华法文化至今仍生命力旺盛的个性和思想之光，是“以人为本”和“德法合治”的思想。其观念包括了以下内涵：民本、法治、德治、德法合治，其首要的和核心的观念是民本思想。“民惟邦本”[①]，这种以民为本的德法合治观，发展至今成为中国国家治理的“人民性”。立足于人民，想到人民，为了人民，关心人民，“民之所欲，天必从之”[②]。此一理念是说，民是天的代表，民意即天意，民利即天利。自古以来，中国历代国家治理的出发点和基点都不同程度地落实于以民为本。以民为本，又立足于人的法治、德治、德法合治。这是中华法文化的传统，也是中华法文化的最根本特性。

钱穆先生很早以前就说过：“一切问题，由文化问题产生。一切问题，由文化问题解决。”法文化是由历史凝结而成的调控人类生活方式和生存模式的文化。它就像人的血脉一样，熔铸于人类文明与社会进步的各个方面，自觉地或有序地左右和调控着人类的各种生活与社会活动。所以说，文化是法之源；法文化就是法治思维的基础。

以法文化的视点来思维法治，既要考虑法的功能作用，即法的调控功能、规范功能、强制功能、指引功能、教育功能等，更要从反映法文化本质的意识出发，去思考我们的法为谁而立，规范什么？为什么而立，服务什么？强制什么？调控什么？比如法对社会物质形态的依附性，决定了法的制定和法的执行应立足经济基础。法的政治功能则反映了人民或国家治理阶层的意志对法的作用。法应该是民族性的，但法又必须是实践的、实用的和普遍适用性的。法作为中国国家治理之大器，还必须从国情出发，从中国国家性质的人民性出发，继承、改造中华法文化思想中“以民为本、德法合治”为“以人为本、德法合治”思想，将中国民本法文化重构为中国人本法文化。让中华法文化中“以人为本、德法合治”的思想在建设中国特色社会主义的法治进程中大放异彩。

法文化是法治思维的基础。任何国家或地区的法治，其目的、性质、特征、制度设计、行为规范以至法律意识等，都源于法文化的思维，源于对传统法文化的继承和改造。中国是一个大国，有着久远的丰厚的法文化传承。中国的事，

---

①《尚书·五子之歌》。

②《尚书·泰誓上》。

离不开中国的历史和对现实的思考；中国的法治，同样离不开对中国传统法文化的继承和改造。这种继承和改造，既要思维法文化的一般本性和功能，也要立足于传统，注重和思考中华法文化的本性和特征。而这其中，尤要注重对中华法文化中关于“以人为本，德法合治”的法治思维观。

第二章
贵州文化探源

西南夷君长以十数，夜郎最大。

——《史记·西南夷列传》

民族学的任务不在于阐明某些制度的起源和历史，而在于指出他们在社会中的功能与作用。

——马林诺夫斯基

在科学上没有平坦的大道，只有不畏劳苦沿着陡峭山路攀登的人，才有希望达到光辉的顶点。

——马克思《资本论·序言》

在这里，我们并不准备对贵州文化作全面的探讨，因为，这是一个很宏大的课题。我们关注的，依然是以汉文化为主体，多民族、多类型，“一体多元”的中华文化。它的发生和发展，对我们的生活及行为规范的影响。山路长漫漫，乡土的文化，又会唤起我们的多少遐想，以及我们的思想与责任。

第一节　贵州文化之源及其演变

行走在贵州的山野及城乡之间，除了满目的山峦叠翠、碧水叮咚以及高楼民居、接踵而行的人流外，时不时地，我们总会遇见一些服色各异，操着不同语言的各民族兄弟姐妹。贵州是一个多民族的省份，在这片多山而又未完全开发的国土上，各民族共同建设着这个美丽的家园，并呈大混居、小聚居状况分布于贵州各地。

这种因大山河谷的相隔阻碍，各民族小聚居、大混居、混杂相处的分布状况，既使得贵州世居民族形成了自己的独具特色的文化，也让各民族间有了更多的交流与合作。许多学者在研究了贵州文化后，无不感叹贵州文化的这种多元性。

贵州文化的多元汇杂，从亚洲及全球的大范围来看，首先就包括了东西方文化中几大体系的多元汇杂，如中国的汉文化与印度的佛文化、中东的伊斯兰文化和西方的基督教文化等的交流和融合。贵州地处中国西南地区，是中国与印度两大古文明向外过渡和传播的边缘地带。它远离中原，中原文化、齐鲁文化、三秦文化等典型的汉文化要经四川、湖广等地才能传播到贵州；它同样地远离印度，印度文化也要先流淌过东南亚各国，再经云南、西藏、广西等地才能抵达黔贵。正如大河奔流过千山万水又汇入苍茫的群山那样，其势其量也早已经沿途的汇耗而或增或减，并还夹带着途经的泥沙与石块。无论是中原汉文化还是印度佛文化，其传播到贵州时早已是“强弩之末，其势不能穿鲁缟”。除势头已弱外，还混杂了途经的巴蜀文化、荆楚文化、藏文化、粤文化、滇文化、东南亚文化等。贵州文化的多元汇杂，就源于贵州的这种地理区位及高原多山之势。贵州的地理位置，既决定了不同文化必经这里的中转，也于此留下了自己的足迹；高原多山、人口的小聚居，又可形成各种不同文化的小气候；大混居，又让不同的文化得以交流与汇融。

在研究外来文化途经贵州的中转、传播、交流和汇融时，我们常常会看到这些文化在贵州相互交融中的个性和特色的显现。如印度文化，它主要是以佛教为依托传到中国，又从中原取道四川，再经过若干区域文化的过滤才进入了贵州。这些在贵州传播的佛教，主要是禅宗和净土宗，是早已经本土化的嫁接与改良后的汉传佛教，是中印文化碰撞后的火花和汉传佛教的一支。禅、净二宗，虽已是世俗化的佛教文化，但在贵州本土自然宗教和民间信仰的影响下，其佛教的文化内涵有所减弱，并于传播当中又添加了其他文化的成分，最终演变成“禅净合流”，集儒、释、道、巫于一体，各种思想文化兼而糅之，贵州特色极浓的、民间的、世俗的宗教文化。

又以道文化为例。道文化是中国文化的根柢，道教是中国土生土长的宗教。贵州的道文化也多来自四川。自张陵创“五斗米教”以来，道教在四川日益兴旺，成都青城山也就成了道文化的洞天福地，中国道教的四大名山之一。与佛教文化一样，传入贵州的道教文化也逐渐地与贵州本土的民族文化、民间文化相结合，成了道巫混杂的贵州特色道教。其功利性更强，与贵州民间风俗、民间信仰更加接近。种田的供奉土地、山神、牛王，军队和武人供奉关圣，读书的文人供奉魁星、文昌大帝，赶马的供奉马王，经商的供奉财神，等等。各种名目的庙宇也应运而生，供奉着各类大神，自然也表现了贵州佛道巫的交融混杂。

贵州文化多元汇杂的第二个内涵，是汉文化与各类民族文化及各少数民族文化之间的汇杂。长期以来，汉文化与少数民族文化共处一地，城市地区可能以汉文化为主，农村及民族地区又可能以某少数民族文化为主，有的地区又是两者或多者文化兼而有之。单就少数民族文化而言，又有氐羌文化、百越文化、苗瑶文化及濮文化等。在这些文化体系中，又常因不同民族的分别，内分成更小的文化子系统。即使同一个民族内部，因受不同地域和不同人文环境的影响，也会产生不同的支系文化，让贵州文化的“杂”与交融更为五彩缤纷。如此“多元多支，一支多元”的少数民族文化与汉文化的相互交流、相互融合，更让贵州文化多元汇杂，百花绽放。

贵州文化的多元汇杂还显现于不同区域文化的汇融。1413 年，于贵州建省之前，贵州曾分属不同省区。这也让历史上的贵州分属了不同的文化板块。黔北一带是明显的巴蜀文化，黔东地区受荆湘文化影响颇深，黔南及黔西南是两粤文化区，黔西及黔西北又受到滇文化的影响。另一方面，不同的时期，又有不同的移民来到贵州，北方人、两广人、下江人、四川人，五湖四海的人都有，全国各地的文化都表现于此，汇融于此。1949 年以前，贵州各主要市县都布满了会馆，四川会馆、两湖会馆、两广会馆、云南会馆、山西会馆、陕西会馆、江西会馆、下江会馆等。这些移民带来的文化，同样融入了贵州文化的海洋，推动了贵州文化和社会的进步，点燃了一个又一个文明的亮点。如贵州安顺的平坝、关岭、镇宁一带，那里的许多村寨都是以屯堡命名，村民依旧是布襟长衫，沿袭着六百年前江南地区古老的风俗礼仪，留着点点的乡愁，点点的乡音。虔诚地拜观音，敬关羽，迎汪公，祭五显神；年复一年地戴上面具，操着弋阳腔唱地戏；不厌其烦地讲述先祖旧时的威风，高头大马，奉命征伐贵州的往事；或再拿出早已泛黄的厚厚的家谱，向世人证明着自己的乡籍和汉民的身份……屯堡里的男男女女，讲话时常夹着明显的卷舌音。妇女们着蓝色长衫，以白色长巾缠头，宽腰带，挽着发髻，依然凝固着军事移民的岁月留痕，记录着一道江南文化的风情。

在贵州西北的乌蒙大山深处，有一个不为人知的小小的山寨——“石门坎”，阐释了一个中外文化交融混杂的奇迹——石门坎现象。石门坎至今还竖立的《石门坎溯源碑》，就记叙了那段“愿它野橄榄枝，接我真正葡萄树”[①] 的故事。这

① 野橄榄枝，见《罗马人书》：“你这野橄榄枝接在其中，一同吸着橄榄树枝的肥汁。”真葡萄树，见《约翰福音》：“我是真葡萄树，我父亲是栽培的天，凡属我不结果子的枝子，他就剪去；凡结果的他就修理干净，使枝子结果子更多。”

是贵州苗族社会及其文化与西方基督教文化的一次嫁接试验。一百年以后，这个昔日的“锡安圣地”[①]却销声匿迹，早已归于平静。

从传播的效果而言，任何外来文化传入贵州，即无论是中国本土的文化或源于异国他乡的文化，其有效的传播必然是入乡随俗，并顺应本土文化的传统，在与本土原生文化、宗教、风俗、习惯相适应，不断交流、融汇，然后取长补短，存优去劣，最终成为本土所能接受的新的文化系统。所以说，任何文化的传播，被接受和扎根下来，传入的与被传入的文化都必须放弃自身的部分文理与符号，实现部分的变通与融合，以部分异化和放弃为代价，成为本土的但又崭新的文化。若文化如以单向的、强制的、全盘的输入，终究会因水土不服，归于衰落与失败。这是外来文化与贵州本土文化交流与汇融，成功与失败的总结，也是任何文化交流与汇融的基本规律。

多元汇杂、共生共荣，这种文化的包容性汇成了贵州文化之源。最终，成就了贵州独具个性的“一体多元”的文化现象。一体，是指各种文化在贵州的共生共荣，以其宽厚的包容性汇杂为一体——极具地方特色又融各种文化于一身的贵州文化。如贵州的禅净合流、佛道巫混杂，青岩古镇文化、屯堡文化、镇远青龙洞文化、黄平飞云洞文化、石门坎现象等，不胜枚举。各种异质文化在贵州的共生共荣，多元汇杂，独成一支，又汇为一体，聚合起来，形成了特色的贵州文化及贵州文化独特的功能。最后，却以综为一体的力量推动着贵州文化、经济、社会的发展和历史的进步。多元汇杂，融为一体，这不仅是贵州的文化现象，也是中国文化的特征，中华文明绵延于数千年而不朽之生命力所在。从多元汇杂为一体的文化观出发，我们可以了解贵州或中国文化的过去，探索贵州或中国文化的未来和希望，描绘贵州及中国的愿景及所想，寻找我们的文化自信之路。

---

① 锡安，山名，位于中东地区耶路撒冷城南。传说是大卫在公元前1000年左右建立的统一而强盛的以色列王国的首都。后来，犹太人把它当作天国故土的象征。文化的共生共荣，指的是各类不同文化以其本原文化为母体、为根基，又吸收其他文化的有益成果，不断发展，既为一元，又存于“一体”，各显个性又相互融汇的文化现象。这是文化的相互宽容与多元汇杂为一体的文化现象。我们也常把它简称为“一体多元”文化，这是贵州文化的特征，也是中国文化的特征。

第二节　从贵州文化的特征说起

无论你是贵州人，或是路过或是到贵州来旅游的五湖四海的过客，只要你到过贵州，你的心里总会激起一阵阵强烈的感受：行走于贵州的青山秀水之间，无论是溪水叮咚的山间坝子，或那山隘重重的云雾深处，时间似乎停滞了，历史的画卷也常常穿越于远古和现代之间，并行不悖，和谐统一，多元汇杂而又充满着蓬勃生机。在这流淌着现代音乐，打扮得花枝招展的俊男靓女之间，你又会时常看见青布长衫，梳着凤头髻，自称“我们是多数民族”的人，以及他们在大山深处、都市近郊建造出来的一个个叫“屯堡”的颇具江南风格的寨子；你会在正月里的乡镇剧台上，看到被称为“戏剧活化石”的傩与现代歌舞同台演出；在海拔两千多米的乌蒙山麓感受到基督教传教士伯格理的洗礼和每天诵完《圣经》后却仍然在半刀耕半火种的苗民……这就是贵州及时时处处浸润着她的“一体多元”的贵州文化。

“一体多元”是中国文化的特征也是贵州文化的特征。这种文化特征主要表现于以下方面：

各类不同文化之间的共生共荣、相互影响、相互尊重、相互独立、相互融汇。你有你的传统，我有我的观念，在保留传统中又相互地融合。在贵州省区之内，或在省内某一地区，每一种文化都是平等而独立的存在，没有霸凌的文化。这与全中国存在的文化现象是一样的，汉文化在中国是主流文化，但汉文化自古以来，从没有要其他文化服从、融入甚至消灭的传统。汉文化与其他民族的、宗教的文化从来都是共生共荣，在同一个地区内会与本地区的其他文化共同形成独有的文化岛屿。这就是以地区文化为一体，多种文化共存的“一体多元”文化。如前面说到的青岩文化、镇远青龙洞文化等，都是以地区为一个文化主体，包含了汉、苗、侗等不同的民族文化以及儒、释、道、基督、伊斯兰等文化的系统。将贵州文化的这种共生共荣现象放大到全国，中国文化也是“一体多元”的，各种文化的共生共荣。以中国整体而论，这种由不同民族、不同宗教、不同地区的文化聚集起来，以共同的文化基因为根，传承着共同而又基础性的文化思想、观念、符号和期望的一体文化，我们就称之为中华文化或中国文化。其中，不同民族、不同宗教、不同地区的文化又相对自立，有着自己的文化特色和文化边界，却又能共生共荣，共同发展，成为多元的文化丛林的一支，此文化丛林又同为一体。所以，“一体多元”是贵州的文化特征，也是中国的文化特征。

现贵州省的行政区划在历史上的多元属性及其特殊的地理区位，一方面使它成了各类文化传播的中转地，一方面因大山的阻隔而形成了一个个文化的孤岛。正因为贵州能给各类文化在这里的生存提供应有的条件和环境，及其自由发展和相互影响的空间，才形成了彼此独立而又相互依存、相互制约而又相互交融的多元文化。于是，贵州文化的“一体多元”就有了另一内涵，即以某一文化为主干而又共生共荣的多种文化的“一支多元”现象。如贵州的“禅净合流”“佛道巫混杂”等文化的混杂，都是以某一文化为依托，为主干的鲜花数朵同枝绽放的现象。

贵州文化的这种“一体多元”现象，在实践中表现为以地区文化为主体的“一体多元”或以某一文化为主干的“一支多元”，但在本质上都是“融而未合、分而未化”的“一体多元”。各类文化在相互的共生共存中，自始至终地保留了各自文化的根及其文化的传统，但与自身原有的根文化或传统文化又有了较大差异和变化。这在贵州，就出现了一些难以界定民族属性的人们共同体，他们会同时兼有这个民族以及那个民族的特征，但却又很难确认其民族属性。

文化的交流、融合以及文化的保存，归根结底是一个民族文化的意识问题。对贵州人而言，就是贵州文化以至中国文化的民族情结。一个中国人，无论你走到哪里，在你的心灵深处，依然会记住自己的根。中国繁荣富强了，你会高兴；一旦有外国干涉中国内政，你也会愤怒。这就是你的也是中国人的华夏情结，一种叶落归根似的中国人的民族之结。这种民族文化的固守，并不会因为文化的相互渗透而消失。一个或多个民族及其文化的传统、心理、意识、情结以及意志的固守，也就成就了贵州文化以至中国文化的“一体多元”或“一支多元”。总体而叙，我们可以统称它为“一体多元”。

这种文化上的“一体多元”，不仅体现于文化的物质形态，也体现于文化的精神形态；不仅体现于文化的地域性，也体现于文化的类别，如文化的民族性、宗教性，又如文学、艺术、思想、法律、行为、器物等不同的文化类别。

“文化，就其广泛的民族学意义来说，包括了全部的知识、信仰、艺术、道德、法律、风俗以及作为社会成员的人所掌握和接受的任何其他的才能和习惯的复合体。”① 英国著名人类学家爱德华·泰勒关于文化的这种定义，是把文化作为人类对社会的认识系统来看待。又比如本书所探讨的中华法文化，在本质上就是中华民族对自然和社会规范的认识系统。其历史渊源也和其他文化形态一样，是中华民族长期的历史沉淀，也是中华民族的社会规范的传统和传承。其主观的基础是中华民族的心理规范、法律意识和法律思想，其客观的载体是中国人在自然和社会生活中的行为准则、法律规范、法律制度、法律设施和法律机构等。

从民族文化的视角并以贵州为起点来探讨中华法文化及其历史的轨迹、特点及中华法文化的现代化问题，乃是对中国这样一个多民族国家的传统文化及内涵的法律意识、法律规范、法律制度等的现代探讨，这对当前中国人的文化认同、经济发展以至中国法理学的探讨，当今社会的法治建设和法治现代化都是很有必要的，有价值的。

从贵州说起，研究和探讨中华法文化，当然离不开对贵州文化的“一体多元”现象的认识。贵州的民族法文化与贵州的其他文化一样，同样地呈现了“一体多元”的文化异彩。贵州民族法文化的“一体多元”，首先表现于，它是中华法文化的重要的不可分割的一支；其次，它又是中华法文化圈内特定地域的民族法文化。它的产生和发展，既离不开中华法文化这支主干的滋润和影响，又离不开贵州本土文化也包括贵州民族法文化的影响及融入。

贵州文化包括贵州的民族法文化，自古以来即为中华文化的一支。但它与中华文明的其他文化一样，既具有久远而璀璨的文明发展史，又具有自己的地域的特色。自远古以来，贵州就已经是地球生命的源头之一。距今约 6 亿年的瓮安古生物群落化石不仅种类多样，保存完美，既包含了丝状和球状蓝藻细菌化石，也包含了浮游的大型具刺疑源类，还包含腔肠动物、海绵动物和动物胚胎化石的古生物群落。而多细胞藻类的“内陷式动物原肠胚胎化石”的发现，更证明了贵州生命源头的久远。至于关岭县的海百合化石、中国龙、关岭鱼化石，兴义市顶效地区的贵州龙化石，黔北遵义发现的以海绵化石为核心的寒武纪生物群，桐梓县红花园的“全球型浅海相地质剖面”等。这些不同时期的古生物群，将贵州变成了一部记录地球生命足迹的史书。如今的贵州，早已成为破解地球

---

① ［英］爱德华·泰勒：《原始文化：神话、哲学、宗教、语言、艺术和习俗发展之研究》（重译本），连树声译，谢继胜、尹虎彬、姜德顺校，广西师范大学出版社 2005 年版，第 1 页。

生命起源之谜的“古生物王国”，受到了越来越多的海内外人类学家、地质和古生物学家的关注。

据20世纪60年代以来的考古发掘显示，当世界上的许多地方还是一片荒芜、渺无人迹的时候，坐落于云贵高原东半块的贵州，就早已是生机盎然，成了古人类的生命之地。在人类200多万年的进化史中，最漫长的岁月是人类的石器时代。石器时代又分为旧、新两个时代。这两个时代的人类文明进化史，在贵州境内都有发现。如黔西观音洞、桐梓岩灰洞、水城硝灰洞、兴义猫猫洞、普定穿洞、六枝桃花洞等都是旧石器时代早、中、晚不同时期的人类进化遗址；而新石器时代的贵州，同样布满了人类进化的硕果。六枝县城西的老坡底、威宁中水、沿河的小河口、北盘江等地都有新石器文化的见证。这不仅为贵州繁荣的新石器时代文化提供了实物佐证，对探讨中国西南山地聚落遗存的构成与分布也具有重大的意义。并从中极大地证实，中国南方尤以自古被称为蛮荒之地的贵州，其远古文明的发育，完全可以与中国北方的黄河文明比肩齐称。这些新时代的考古成就，也让学术界流传已久的关于“黄河流域是中华文明的摇篮”，中国的其他地区都是在以黄河文明为主的北方文化的影响下，才逐渐发展起来的观念遭到了质疑。事实证明，贵州文化同样悠远和多彩，与中原文化相比，只是色彩略有不同而后期的发展略显滞后而已。

历史发展到夏、商、周三代，当中华文明在黄河流域崛起之际，中国有了“化外”“殊域”等说法。太史公司马迁曾亲往中国西南地区作“原野调查”，又将搜集到的各种资料分类整理和研究后，写出了《西南夷列传》。第一次把西南少数民族列入中华正史，记述了生于今日重庆、四川以西和以南及当今贵州等各地的“西南夷”的分布状况、社会发展、风俗特点和历史渊源等。只是随着历史岁月的推移，又历经了民族的交流，“西南夷”有的分化了，有的融合了，有的消失了。兴盛的、衰落的、迁徙的，已经不能用今天的民族类别去认识，也很难确认今天的哪一个民族是“西南夷”中哪一个族群的后裔。但可以肯定的是，今天仍生活在贵州的原住民族，他们在石器时代就开始生活在贵州的莽莽高原上。他们的DNA也必然与远古的观音洞人、大洞人、穿洞人、鸡公山人及进入了中华文明史的“西南夷”人血脉相连，源远流长。

历史已经证明，贵州原住民族的形成和发展，一直以来都伴随着华夏民族的形成和发展。当炎黄子孙在黄河流域崛起之际，贵州的原住各民族也在苍绿广阔的贵州高原上创造了风采各异的贵州民族文化。贵州民族文化具有浓厚的浪漫主义情调和神秘的自然主义色彩。他们崇尚自由，追求公正，富于激情，善于想象，能歌善舞，信鬼奉祠，重神厚巫，原始性、自然性极为浓厚。但自夏、商、周、先秦时期开始，贵州的“蛮夷”[①]与“华夏”之间就有了频繁的交往和征战。这些交往和征战不同程度地推动了贵州原始文化与华夏文明的相互渗透、交流与吸收，从而形成了混融性的次生型地域文化——贵州民族文化。从贵州民族文化中衍生而出的贵州民族法文化，北受于秦文化，东受于荆楚文化，西南受滇粤文化的影响，不师古，不崇经，好自然，以自然为本，以人为师，依自然之规而生活，又同时深受华夏政治文化的影响，成了中华法文化的重要一支。

贵州民族法文化作为中华法文化“一体多元”中的一元，与中华法文化是分支与主干的关系，亦是相互交融与相互影响的关系。

秦在商鞅变法之后，以“重刑轻罪”原则立法。在史籍上，我们同样可以看到秦律在贵州的实施，也可看到秦律的“地方化”。《后汉书·南蛮西南夷列传七十六》就记载有：“及秦惠王并巴中，以巴氏为蛮夷君长，世尚秦女，其民爵比不更，有罪得以爵除。”又有“复夷人顷田不租，十妻不算，伤人者论，杀人者得以倓钱赎死。……夷人安之”。可见，当时的中央法律到了今天的贵州地区后，也会因民情变化的影响而变得宽松得多。其罪可用官位（爵）来免除，甚至杀了人也可以用钱来赎死。这种情况在严刑峻法的秦代中原地区是不可想象的。

贵州民族法文化作为中华法文化的一支，不仅在主源上接受了中华法文化的影响，在起源上也给予中华法文化卓有的建树和贡献。《尚书·吕刑》借周穆王之口说：“苗民弗用灵，制以刑，惟作五虐之刑曰法，杀戮无辜，爰始淫为劓、刵、椓、黥。越兹丽刑并制，罔差有辞。”[②]又曰：“罔择吉人，观于五刑之中，惟时庶威夺货，断制五刑以乱无辜。上帝不蠲，降咎于苗。苗民无辞于罚，乃绝厥世。”[③]此段史料，借历史经验的总结，在论及刑法的源流时，以“苗民弗用灵”来说明设立执法法度的必要性；又以蚩尤的滥刑而致灭亡来说明执行法度的重要性。同时，也从另一个侧面表述了一个信息：三苗的“五虐之刑”乃中华传统法律中的“五刑”之源。苗族法文化也是中华法文化的本源之一。蚩尤之部，原为

---

① 古代蛮夷一词，是古代大民族主义者对西南少数民族的统称，带有歧视、侮辱的口气。本书为行文方便，沿用古称，但却让它与当今汉、苗、布依、侗等民族称呼一样，都作为中性名称词来借用。在此特予以说明。后文凡涉民族之称呼，无论古今，皆作中性民族名称使用。

②③《尚书·吕刑》。

东夷九黎的部落联盟，在与中原华夏部落集团的战斗中失败。后从今河北一带迁湖南洞庭三江，再败于禹，逐再次西迁至今黔东、湘西、川南一带。现代贵州是苗族的主要聚居地，现有苗族人口450余万人，约占全国苗族总人口的二分之一。

秦汉时期及以降，出于国家大一统的需要，当时的华夏中央政权对今天贵州不同地区的少数民族都实行了怀柔笼络的政策。湖北《张家山汉简·奏谳书》中载有一桩涉及“蛮夷”逃避屯戍的诉讼案，同时披露了一部有关蛮夷特殊权利的《蛮夷律》。从历史的视角来看，这就是一部战国秦汉时期的华夏中央政权在巴、蜀、荆楚地区（当代贵州的大部分属此三地区）实行的民族法律。该法律规定了“蛮夷”各部族在赋税徭役等方面享有的优待。这是当时的中央政权的国家法在民族地区施行的明证，其在历史上对华夏统一政权的建立和巩固，以及民族地区的稳定和发展都起到了很重要的积极作用。

由此可见，在中华文明发展和延续的漫长的历史岁月里，贵州地区也曾伴随着中华文明的步伐而不断前进和不断进步。作为中华法文化一支的贵州民族法文化，同样地受到了华夏法文化的影响，同时也影响着华夏法文化，既成为中华法文化的一股源流，又是具有贵州特色的民族法文化。

第三章
探索法文化的中国印迹

法者，治之端也；君子者，法之源也。

——《荀子·君道篇》

已成立的法律获得普遍的服从，而大家服从的法律又应该本身是制定得良好的法律。

——亚里士多德

国家是文明社会的概括。

——《马克思恩格斯选集》

问世间，法为何物？法，其实就是人类“公平正义的行为习惯”。人类在漫长的历史进程中，历经了劳动与斗争、生存与发展的若干艰难历程，也自然地产生了爱、同情、诚实、公平、正义、权利与义务、正义与秩序、规则与组织等人所具有的品质习性、行为规范和社会机构。这是人类社会所特有的，自然产生又符合于人类“天理”的品质与行为的习惯。渐渐地，一些符合人类“公平正义的行为习惯”也就成了法，成了人类大厦构建的永恒的支柱。

第一节　权利和义务是一切民族法文化的基本要素

“权利”，按现代法学的解释，它是权利主体具有一定作为或不作为的许可。是现代法学最基本的元素之一。它与现代法学的另一基本元素——义务，相辅相成，构成了现代法学恢宏大厦的基础。权利和义务既然是现代法学的基本要素。那么，权利和义务的本质是什么？我们又该怎样去认识权利和义务呢？

权利，这是人的自然本能在人类行为规则上的反映。也就是说，因为有了权利，就会被许可去做以及怎样去做。而许可为的，不许可为的，本质上都是对自为自利行为的规范。通俗点说，是人们为了自己的利益而争取和获得的行为许可。这种行为许可是权利人获准享有的，可以这样作为或不可以这样作为的允许。作为权利的另一面是义务。义务是权利主体应当做出或不做出一定行为的约束。表现在人的行为上，即要求负有义务的人为维护社会公共利益或保证权利人的权利得以实现，义务人必须做出的一定行为或被禁止做出的一定行为。权利与义务是相对的，有权利就必须承担对应的义务，有义务就必然享有对应的权利。义务，在本质上就是对自为他利行为的约束。通俗而言，是人们为了他人的利益而必须承担和约束的行为。这种行为表现在，当权利人获取权利时，义务人必须做出一定行为或禁止做出一定行为。

权利的产生，不仅出于人的生存与发展的自然本能，还因为人结群而居，构成了社会意识和社会行为的规范。社会是人类求生存、谋发展而对自然的反应。有了社会，人类就需要秩序。这一方面是为了避免丛林时代你死我活的争斗，更是为了社会的稳定和发展。于是，人类需要也确实对自己的行为做出了一定的规范。人的权利与义务，就是人类的这种自然本能的社会化的结果。人类生存与发展的自然本能是权利与义务产生的基础，而人类的社会化却是权利与义务产生的催化剂。权利与义务，本质上是人类自然本能的社会化和规范化。

古典自然法学派的代表人之一、法国学者孟德斯鸠用了近二十年的时间完成了自己的主要杰作《论法的精神》。在这部著作中，他从社会的物质环境、地理状况、人文历史等方面来考察及研究法。从而认识到，各国的法都有自己不同的体系及法的精神，这是因为法律的产生和运行，都与不同的环境与人文条件相适应。万事万物皆有法，都可用法来衡量。法不是孤立的自然现象，也不是孤立的社会现象。法的产生和运行都与其所处的各种自然现象和各种社会现象相联系。研究法，就要从更广阔的社会背景下来分析法律、认识法律。

在孟德斯鸠看来，一国的法律与该国的具体国情、地理环境、人文历史相关联，即同一个国家（地区）的政体、民情、地理、经济、人口、宗教、风俗和习惯等都有关系。这些关系又相互影响和相互作用，综合而成，凝结了一国或一个地区的“法的精神”。

孟德斯鸠还主张，法作为文化的一部分，其随着广泛的文化趋向或立法者的思想而变化。法律不仅在空间上会发生变化，在时间上也会发生变化。

由此可见，孟德斯鸠的“法的精神”虽然一度强调了自然环境对法律的作用，强调了一国（地区）的地理位置和地理格局对法律的影响，甚至认为，山地与平原、土地的肥沃与贫瘠、气候的好坏等都是国家民主与专政的形成条件。这在理论和客观上都显得略有偏颇与不足。但孟德斯鸠的“法的精神”除了认为自然产生了法律，自然法是人类在自然状态下接受并遵循的一种规律，自然法是永恒的法之外。他也强调了一个国家或一个地区法的形成和实施以及法的精神，都将随着该国（地区）的社会状况而定，随着时间与环境的变化而变化，又强调了法律的社会性。

在西方法学的一些著作中，关于权利与义务的认识，有的是一味强调权利的自然属性，即强调人的自然本能对权利产生的作用，而忽略了法的社会属性，即社会对权利产生的影响。法律是自由和权利的保障，是为了保障人民的安全和幸福，为了国家的安宁和社会的福祉而立。法律不是对公民权利的控制，这是绝对的，也是相对的。公民要守法，在拥有权利的同时也必须承担义务，在获得权利的同时也要对他人或社会履行义务。在这个由人组成的社会中，没有不承担义务的权利以及没有权利的义务。人，只有在充分认识并积极地行使了自己的权利和义务以后，才能成为合格的社会的公民，成为国家的主人。

正因为一切权利和义务，首先是人的自然本能的反映，体现了人的自然本能的要求和许可。慢慢地，这种自然本能的要求和许可成了一种社会的约定，成了法律意义上的权利和义务。以人的生存与发展的需要为基础，以权利和义务为基本元素，规则产生了，法也慢慢地产生了。

随着人类社会的进步和发展，权利也从人的自然本能的反映走向社会之功能。人的权利也从人最基本的生存权和发展权开始，逐渐扩展到经济、社会、政治、家庭及人身等多方面的权利。法从自然法开始，更多地走向社会，也更加完善，更能反映人、人与人、人与自然、人与社会以及人与国家之间的规则及含于规则中的权利与义务。

“权利”一词，在中国古代文献中早已有之。如“接之以声色、权利、忿怒、患险，而观其能无离守也”[①]，“或上仁义，或务权利”[②]。但古代汉语语义上的权利不是一个法学的概念。中华法文化中也没有与英文“权利”与“义务”同等或相似词义的对应的词汇。19 世纪中期，美国学者马丁先生（W.A.P.Martin）和他的中国助手要将维顿（Wheaton）的《万国律例》（*Elements of International law*）译成中文时，将英文的“rights”译成了古代汉语的“权利”，并让当时的朝廷和学者都接受了这一译名。

---

①《荀子 · 君道篇》。

②（西汉）恒宽：《盐铁论 · 杂论》。

right，在英文中作为名词有公正、正义、正确、真相、原状、右边等多层意思；作为动词，可用作修正、改正、扶起、扶直等。英译汉时，取其复数rights，似乎是综合其意，包含了求公正、争正义、维权益等内涵，汉语语意统称之为“权利”。

法律是一种规则，又是对一定人类的价值的维护。近年来，我国法学家已经有不少著作和论文阐述了法律价值的范畴，如富强、爱国、民主、自由、平等、公正、法治、效率、秩序等。有的著作和论文还从辩证法的角度，把一些法律价值结成对子来论述，如公平与效率、稳定与发展、民主与法治、人权与秩序等。在若干法律价值之中，公正、正义、权益是基本的法的价值，是个人的也是社会的，其他的法律价值是基本法律价值在不同层面上的延伸和发展。故可以认为，权利既包含了法的基本价值，即求公正、争正义、维权益，也就包括了法的基本功能。法，因此而成为在一定意志、目的或者一定价值观指导下制定的规则，用于社会的实践，又成为实现人们的意志、理想、目的及其价值的途径或者工具。

权利关于法律价值和法律功能的基本内涵，也使其成为一切民族的法文化的基本要素。纵观人类生存与发展的历史，资源和利益总是稀缺的。于是，人与人之间，人与社会之间的利益，有时会一致，有时又会存在矛盾和对立。所以，如何运用法律来确认、分配、保护和发展各种资源与利益，维护一个什么样的社会秩序，制订一个什么样的法的规范，不同立场和不同利益的人们的要求会有不同，甚至对立，从而会导致对法律实践产生不同的理解和追求。但有一点是趋于相同的，即人们的多数都会赞同公正、正义与权益的基本价值，会去求公正、争正义、维权益，即以“权利”为法律规范的基准点。法律的作用，即以此为基准，将不同的、矛盾的甚至对立的意志统一起来，形成一个大家都可以认同的意志和规则，借以实现不同利益的优化，防止因利益和意志的不同而导致社会的冲突与动乱。正如美国法学院昂格尔所说的那样：“法律是冲突的创造物，也是冲突的解毒药。”①

一切民族的法文化都围绕着公正、正义、权益而展开，一切民族的法律规范也围绕着求公正、争正义、维权益而制定。这其中的基本内涵就是“权利与义务”。权利与义务，也就成了一切民族法文化的构成要素。

---

① ［美］R.M. 昂格尔：《现代社会中的法律》，吴玉章、周汉华译，译林出版社 2001 年版，第 30 页。

近代以来，在中华民族救亡图存与民族复兴的道路上，如何认识自我的历史及民族的文化，它的价值及其在当今社会的有效传承；又如何去审视那个靠坚船利炮打开我国大门，强势的西方及自诩为“普适价值”的西方文化、器物和典章制度。历史和现代，中与西，光荣与屈辱，总时时地困扰着国人，考验着我们这个古老而又如此优秀的民族的智慧。

法，以及有关法文化的思考也是如此。面对纷繁的世界，在我们已经基本接受和挪用了西方法文化思想的同时，面对和需要解决的又是与西方不同的中国问题。中国需要现代化，不如此何以谈民族的复兴；中国也需要传承自己的民族性，不如此又何来中华文明的源远流长和自立于世界民族之林的自豪。怎么办？我们又该如何去做，才能走出这个已经困扰了国人一百余年的历史困局。

第二节　以中国文化的视角来认识法

其实，西方包括其文化与器物的进入，也不是近代才有之。早在新石器时代，中西方之间就有了古人类的往来和交流。到西汉武帝时期，丝绸之路始得开通，中西方之间的交往、商贸与文化的交流日益平常化，也日益繁荣。自此以降直至清末，中国始终以一个自信而宽容的具有优秀文化的古国而居于世界之东方，并以其博大的胸怀接纳了来自世界各国和各民族的文化与器物，经取舍、消化、改造与融合，最后都“中国化”了。也就是说，中国与世界包括与西方的交流，无论是文化与器物甚至于人员，自始至终都有一个中国立场的存在。这其中，既有对西方文化与器物的取舍，也有对自身文化与器物的坚守，这是中国智慧和智慧的运行。任何一种外来文化的移入，都以中国人的“理解”和“实践”为前提。构成这一理解和实践的基础就是中国人对自身文化的自信，对自我历史的自豪，包括自己的思想、价值、语言、文字、思维方式、逻辑概念、行为准则和生活习惯等。这个以中国文化和器物构筑的博大而深厚的基础，是中国人对一切外来文化和外来器物理解和实践的起点，也是充分的必要的前提。没有祖先的智慧和其遗产的传承，外来的思想无从交流，外来的文化也无从用我们自己的语言和文字来表达，更无法汇入中国人的大众的生活。这种书写与语言的交流，中国式的理解与实践，不仅在中国，也是任何国家和民族在对外来文化思想予以重述时，必然要做的一种转移和再生。[①]“我者”本身构成了意义的再生和复原。

佛教传入中国，其移植和中国化，本身就是中外文化交流的一个典型案例。自汉哀帝元寿元年（公元前 2 年），汉使秦景宪将佛经从大月氏国（今河西走廊西部张掖至敦煌一带）带回。至魏晋，玄学兴，并与佛教悄然结合，至此，佛教逐渐中国化。佛教重解脱，解脱人生的烦恼和痛苦，超越生死之轮回，安顿了人生的归宿，也成为信徒心灵深处的信仰。佛教的解脱主义，也为中国的传统文化提供了因果报应的价值观念。其再与儒家的人本主义、道家的无为自然观及其他中国文化思想相汇融，成就了中国的汉传佛教，并分为天台宗、华严宗、禅宗、律宗、净土宗等不同流派。

很长时期以来，这种中西文化的交流与融合都是和平的，虽有冲突而能互让互解，有权益而能共享共容。但自 1840 年鸦片战争以后，西方文化却是伴着隆隆的炮声和鸦片的毒雾一起侵入中国，并强势地占据了主导地位。中国的精英阶层，在“亡国灭种”和西方坚船利炮的双重压力下，一部分亦认可了西方文化的这种优势和“普适价值”观。于是，中国文化对西方文化的有机吸纳、嫁接和包容的中国化，就常常地变成奉西方文化为圭臬、移植、照本宣科，又常常陷于消化不良的尴尬境地。中国文化如此，中华法文化也如此。

究其因而言，无论在中方或者西方，在科学与文化的殿堂里，知识都源于人类的经验与理性，又表现为实践与思维的结合，史与论的结合，这应该是学界的共识。法律科学也不例外。因此，法文化和法理学的研究方向与学术探讨虽有所不同，但它们都是法学的基础学科，两者经纬交织共同构建了法学大厦的基础和框架结构。从法文化做起，让法文化在西学中化的过程中，搭起桥梁，更多地表现中国文化的自信，更多地突显中国法文化的民族性，在法律实践的思维中更好地反映中华民族的实践经验和理性思维。这，应该是任何一个法学工作者尤其是法理学的学习者和实践者理应去思考和探索的问题。

---

① 史书美认为：“输入西方话语且使之适用于本土语境并不属于一种完全的挪用行为，因为本土的话语机制将在挪用的过程中发挥话语约束作用。”见［美］史书美《现代的诱惑：书写半殖民地中国的现代主义（1917—1937）》，何恬译，江苏人民出版社 2007 年版，第 70 页。

但就学术的研究而言，法理学的概念和其体系又的确来于自西方，是西方法律科学的一部分，这也是不争的事实。在中国传承了几千年的法学文库中，我们没有找到法理学的论述。但我们有源远流长的法文化。中华法文化存在于中华文化的母体亦已上下五千年，它，不仅深深地影响了这个帝国漫长的治国理政史，也深深地影响了东亚和南亚的若干国家和地区，形成了举世皆知的中华法系①，成为全球四大法系之一。中华法系在相当长的历史时期内，在相当辽阔的空间和相当大的人类共同体中调整着人与人、人与社会和人与自然的关系。由此可知，中国传统法律应该是有法理的。只不过，中华法系的法理沉淀于中国文化，沉淀于中华法文化之中。民国时期，厦门大学教授王振先就曾著有《中国古代法理学》这一专著。依循着前辈先贤的思路，当我们重新去深耕浅读中华法文化的浩瀚文献时，我们会发现、发掘并整理出中国法学自己的法理。中国法学自己的法理，既含有西方法理学的人类普适的若干法学道理，如公平、正义、法治等，又含有适宜中国历史环境而形成的特色法理，如民本、家国、德化、德法兼治等。其理之深厚，其源之久远，也深深地反映了中华民族五千余年的智慧和国家治理的成果。只是至今，它依然深藏于中国文化，深藏于中华法文化之中，并未独立而出，成为中国传统法学的单列学科。

在中国人的思维中，万事万物皆有理。理，乃天下万事万物的规则及是非得失的标准和依据。所以古人把对国家的治理叫理国，把对民的治理叫理民，治理狱讼的官吏叫理官。《汉书·艺文志》说："法家者流，出于理官。"又正如物理是物的道理或理论一样，法理就是法的道理，是法内在的理由或理论。在德、法两国中亦有与法理类似者，称为 Nature der Sache ; Nature des Choses。故法理为所有法源的基础，成为制定法、判例法和习惯法的最基本的渊源。西方学者把对法的道理的认识系统化后并提升为学说，即法理学。可惜我们的先

---

① 中华法系是以中国法为主体的东亚法律体系，包括传统的中国法、朝鲜法、日本法、琉球法、安南法、暹罗法和缅甸法等国家和地区法律。如从时间与空间两方面来界定，自中国的秦汉时期到隋唐为中华法系的成型期，其所涉范围包括东亚大陆、朝鲜半岛、日本列岛、琉球群岛和中南半岛的部分地区；自唐宋到清朝末年这段时期为中华法系的存续、发展和变革时期，所涉范围与前基本相同；但自 19 世纪中叶开始，西方列强以武力和殖民政策为依托，迅速地在东亚地区开拓势力范围，西方法文化也跟随而来，大势传播和扩展，中华法系开始瓦解。到 19 世纪末，严格意义上的中华法系仅存于作为母体的中国法一家。20 世纪初，当时仍统治中国的清政府迫于内外压力而"变法修律"，作为中华法系母法的中国法也基本上瓦解。至此，东亚和南亚曾经共有的中华法系作为实体法已基本不再存在，而沦为遗产性的历史法系。但作为文化性和理论性的中国法文化却依然传承下来，并时时地影响着中国人的法律思维以至立法、执法、司法、守法等法律活动。所以说，我们今天所讨论的中华法文化，在实质上是以传统中国法律为基础的中国法文化思想。

贤没有这样去做，导致传统中国法理学学科的缺失。但正如前说，中国传统法学的法理始终存在于中华法文化中，否则就没有了中华法系的形成和发展。传统中国的法理蕴含于我国文化先贤特别是法文化先贤们关于法的基本实践、历史经验和理性认知的凝结，汇于中华法文化之中，并作为一种秩序文明的中华法系的共同理论而存在。对此，梁启超先生在他 1902 年出版的《中国法理学发达史论》开篇即说："近世法学者称世界四法系，而吾国与居一焉。……我以数万万神圣之国民，建数千年绵延之帝国，其能有独立伟大之法系，宜也。然人有恒言，学说者事实之母也。既有法系，则必有法理以为之原。故研究我国之法理学，非徒我国学者所当有事，抑亦全世界学者所当有事也。"[①]

听梁先生之言，视我中华恢宏而伟大之文化，确也是合情合理之事。中华法系，即列为全球四大法系之一，应不会没有自己的法源——法之理。遗憾的是，自梁先生首倡中国法理学的研究而至今，虽"我国学者所当有事"。但历百余年的讨论、争议与研究，也有成果杰出者，如杨鸿烈的《中国法律思想史》、陈顾远的《中华法系与中国文化》、吴经熊的《中国旧法治的哲学基础》、桑枢衡的《中国法理的自觉发展》、瞿同祖的《中国法律之儒家化》、王振先的《中国古代法理学》及田成有的《传统法文化与法治现代化》等，都在不同的方向并不同程度地论述了中华法系的法理问题，但都没有系统地整理和总结出传统中国的法学理论，也就没有构建和完成具有中国特色的法理学。值得欣慰的是，历经百年之讨论，法学界基本形成"中华法系有法理，其内容宏大富远，值得去挖掘和研究"的共识。正如杨鸿烈先生在其经典著作《中国法律思想史》中所说："中国几千年法律思想演进的情形不像一般所理想的那样贫乏。实际上中国法律思想的范围牵涉得很为广大，内容的意蕴很为宏深，问题很为繁多，不是只懂法学而不熟悉史事的人所能窥其究竟，也不是专攻历史不娴法学的人所能赏识。"[②] 从此角度而言，其论也确有其理。西方法理学能在中国的法学讲台上占据主导地位，除因其强势，学理系统又系传来之物容易上手之外，中国法理却需要兼及法学和史学的专业人士下功夫去整理、消化和总结，才得以系统化和学科化。这既是难点，又是功夫学问，也是中国法理学至今不能从中华法文化中自立而出，独成学科的原委之一吧。

---

① 范忠信选编：《梁启超法学文集》，中国政法大学出版社 2000 年版，第 69 页。
② 杨鸿烈：《中国法律思想史》，中国政法大学出版社 2004 年版，第 314 页。

但无论如何，走入法治中国的今天，我们还是需要去探讨和总结中国自己的法理学。毕竟，中国的事还要从中国的历史和现实实际去讲理，中国的法和法治也要有中国自己的法理基础。以中国文化的视角，尤以中华法文化的视角来认识法和中国法治的基础。这是中国法理学的基点，也是中华法文化的基点。

在中国古代的文化思想中，天地人历来为一体。天是人类赖以生存的空间，包括了日月星辰浩渺太空的不断运转和变化，四季更迭，昼夜冷暖的影响及人类对天的敬畏；地，指万物借以生长的大地、山川、河流以及各类各样的物产，各形各色的动植物；人，秉承了天地之正气，与万物同生于其间，效法了天地的高厚与载物之德，济世仁人，唯民是举。故而上有天，下有地，人在其中为万物之灵，顺序天地，化育万物，最后达到“神于天，圣于地”[①]之理想。故人，有如天地般的有容乃大，与天地并称为三才。

“天人合一”，又以人为本。所以，从中国文化出发的中华法文化观念认为，法是一个大系统，包括了天理、律例和民理。在现代法学的视野中，这一法的观念就包含了自然法学、法社会学和实证主义法学的若干认识。与此相对应，天理可对应于自然法及此衍生的法理，律例即制成法是国家法律，民理则对应于传统的德礼规则与优序良俗和习惯法，应为古代民法。

在中华法文化的汉语语意中，“法”就包含了法则、法规、法度、法式、法律、合情、合理等多层意思。把这些含义综合起来认识，法就是符合社会情理的具有公正性的调节人们行为和维护社会秩序的规则及秩序体系，包括了法律意识、法律规则和法律习惯，也从而揭示了中国法律的结构体系以及它的宽泛与复合。以中华法文化的这种观念来解释法，更符合中国法治的历史与实践，相较西方“法”的实证文义之观念，也更具有解释力，更中国式。

通览当今大多数法理学教材与专著，我们看到的也多是西方法观念的中国版。有的说，法是统治阶级意志的表现或统治者的命令，是具有强制力的国家规范性条例；有的说法是由国家制定和认可并由国家强制力保证实施的行为规范的总和。例如在上海辞书出版社出版的《法学词典》（增订版）和湖北辞书出版社出版的《简明法律辞典》中都将法定义为“体现统治阶级意志，由国家制定或认可，以国家强制力保证实施的行为规则（规范）的总和（称）”。刘作翔

① （三国）徐整：《三五历纪》。

教授主编并列为我国法律硕士专业学位研究生通用教材的《法理学》应是当前学院派的官方专著之一，该教材在第一章“法的概念”中认为“在吸收现有的理论成果的基础上，我们提出本书对法的定义：法是由国家制定或认可，并由国家强制力保障施行的，以权利和义务的形式表达其要求的规范或规范体系”。由此可见，现今官方和学界关于法的定义基本上都是围绕以下三个特征展开，即国家制定或认可；由国家强制力保证实施；行为规则（规范）体系。如果以此三个特征来定义法，则可精简认为，法是由国家制定或认可，并由国家强制力保证实施的行为规范体系。

相较于传统的中华法文化思想，现今时代关于法的认识更体现了当前社会的国家主义和政治倾向，但却与传统中国的法观念存在着两个问题：

一方面，在传统中华法文化的法的观念中，德礼规则是法的一个类别。《唐律疏议·名例篇》中有“德礼为政教之本，刑罚为政教之用，两者犹昏晓阳秋相须而成器也”之说。此之谓“出礼则入刑”，即礼刑合一或礼法一元。从现代法社会学的观念入眼，德礼在传统中国社会中早已成为人们的行为规范和社会秩序的规则，也早已成为事实上的法。法学家林咏荣先生认为：“我国固有法制上所谓的礼，是介于道德与法律之间而为其桥梁，一边按于道德，另一边嵌入法律，……惟兹所谓礼，有广狭二义，自其广义言，礼与法同其领域，自其狭义言，礼仅限于冠婚丧祭宴会及其他交接的仪式；而嵌入法律的礼，则为广义的礼之中而为维持社会秩序所不可或缺的部分。因为当时社会秩序建筑于五伦常理的基础之上，所以这一部分的礼，就是维护五伦秩序的基本条款；凡违反之者，即以刑罚为制裁，法之所禁，必皆礼之所不容，而礼之所许，自必法之所不禁；此之谓‘出礼则入刑’，而为礼刑合一的关键。所以我们如谓我国固有法为礼刑合一或礼法一元化均无不可；但若称之为道德与法律混同，似乎还未尽其意蕴。”但如按前述关于法的定义，德礼规则在现今社会并非“由国家制定或认可”，亦无“国家强制力保证实施”，所以，德礼规则算不上现代意义上的法。它的有效性只来自于人们关于德礼的良知观念和自我主体在行为上的自律与约束。

另一方面，现代法的定义和认识，在实际中常常与社会的行为实践充斥着矛盾和不同。在行为规范和社会秩序的有效运行实践中，国家政策、决议、规定、指令、计划、乡规民约、公序良俗和习惯法等在法律实践中早已发挥着法的作用，规范着人们的行为。北京大学“软法研究中心”将这些实践中的行为规范称为“软法”。[①] 但在当今法理学教材和法的教学与实践中，它们又都不能算是真正意义上的“法”。

但在这两个问题上，其所涉及的德礼规则以及政策、决议、规定、指令、计划、公序良俗、乡规民约与习惯法等，在中华法文化的角度上，从传统中国的法的概念和实践中来认识，它们又都是活生生的法，是传统中华法系的一部分，传统中国法律的一个子系统，可归入中华法系的范畴。

所以，要以中华法文化的视角来认识法。法，就是符合于社会情理的具有公正性的调节人们行为和维护社会秩序的规则和秩序体系。

① 以罗豪才教授为名誉主任、姜明安教授为主任的北京大学“软法研究中心”认为，具有国家强制力并保证实施的法律具有刚性，而不具有国家强制力的各种行政规章等为“软法”。但在我国的法律实践中，“软法”仍然发挥着法的规范作用。参见姜明安《软法的兴起与软法之治》，《中国法学》2006 年第 2 期。

第四章
中国民本法文化的原则与价值

民惟邦本，本固邦宁。

——《尚书·五子之歌》

全心全意为人民服务，一切从人民的利益出发。

——毛泽东《论联合政府》

理国要道，在于公平正直。

——（唐）吴兢《贞观政要·论公平》

法理学是求理之学，追求和研究的是法律之道或法律之理。道理，这是法律规范能够成立，并为社会所接受的根本，是立国行政和依法治国必须奉行的根本原则和理应推崇的价值之所在。国家治理的根本原则和法律价值，对国家而言是一个时代的政治和法律的基本，是国家制度设计、法律制定、法律规范和治国理政的出发点，是国家政道与法理的基点。而国家治理的根本原则又是治国理政的本，法治的本。法源于道，始于理，依法治国即为行道讲理，“本立而道生”。

第一节　民本，中国传统治国理政的根本原则

原则是一个国家与民族，或人们的集合与个人在思想与行为上必须依据的法则或基本规范。原则又因类别的不同可以分为根本原则、法律原则、道德原则、行为原则等。根本原则是国家治理和法律规范必须遵循的思想观念、法则与根本规范。法律原则是一定法系或法律规范体系的基本精神、指导思想和基本准则。根本原则和法律原则都是具有综合性、本原性和稳定性的根本准则，都是国家治理的基础性规范。法律原则与法律规则又都属于法律规范。法律原则是概括性总体性的法律规范，法律规则是普遍性的法律规范，但两者的划分是相对的。

从法律的普遍性和稳定性出发，法律原则可以分为公理性原则和政策性原

则。公理性原则是人们在长期的生存与发展中形成，并经反复成功实践，又为现代社会广泛认可的公理。比如绿色环保原则、法律面前人人平等原则、罪刑法定原则、合同自由原则等；政策性原则是国家在一定历史时期为了达成和实现某种战略规划或某一项任务而做出的政治决策。如计划生育政策、最低生活保障政策、精准扶贫政策等。不同的国家以及同一国家的不同历史时期，国家的治理目标不同，政策也会不同。所以，政策性原则是相对性的原则。

另外，因其内容的概括性和普遍性的程度不一样，法律原则又可分为基本原则和具体原则。基本原则反映了法律的一般精神，是所有的法律部门和法律制度或者是许多法律部门都必须遵循的基本准则。如法治原则、司法独立原则等；具体原则是适用于某一法律部门或特定法律制度的法律原则。如罪刑法定原则、罪刑相适应原则就仅适用于刑法领域；诚实信用原则、公序良俗原则仅适用于民事法律领域等。

除此而外，还可根据其他标准将法律原则予以不同的分类。如根据是否是实体或程序问题，可以有实体性原则或程序性原则；根据法律规范的指导性质，可以划分为宪法原则、民法原则、刑法原则、诉讼原则等；根据内容反映的不同或法律调整的需要，又可分为法的社会原则和专门法律原则；还可根据法律规范与指导的实践性质，分为立法原则、行政原则、司法原则和法律监督原则，等等。

由此可见，法律原则作为国家在治国理政及推进法治进程中必须坚守和遵循的基本精神、指导思想和根本准则，在国家治理、社会安定、经济发展以至于法的制定、实施和人们的德行培养方面，都发挥着非要重要的指导、调整与规范的作用。

中国是具有悠久历史文明的世界大国，在中华文明存续和发展的五千年历史长河中，法与德一直是国家治理、社会发展和人民安居乐业的治国重器，也是让这个疆域辽阔、民族众多的大一统国家能够屹立于世界文明之林的非常重要的因素。中国在国家治理和社会发展方面积累了丰富的智慧和经验，并辗转相承，不断充实、调整和提升，形成了许多国家治理和国家法治的瑰宝，是值得我们不断发掘、继承和发扬光大的。其中，“民惟邦本，本固邦宁”的民本思想，就是中华法文化中最具本原性、基础性和综合性的国家治理的指导思想和根本原则。

在中国历史上，夏是第一个有阶级的王朝。夏的创始人禹在立国之初，就已设立了“五音听治”[①]的重民亲民制度。五音听治，是让来访之民，讲为政之道者击鼓；行仁义之事者击钟；求解决某事者振铎；以忧患相告者击磬；以狱讼申告者摇鞀。五音响后，禹听音而起，及时接待访民并及时地予以处理。禹的这种亲民仁政，被史家称为“五音听治”。有时，因来访者众多，禹常“一馈而十起，一沐而三捉发”。禹的这种重民亲民政策，不仅深得民众的拥护，而且稳定了国家政权并顺利地推行了王位世袭制，让夏传 14 代，17 王，470 年，至桀而亡。“民惟邦本，本固邦宁”的思想也自此而起雏形，并冠以皇祖训诫。后世之治者也多举为治国理政的警世恒言，治国安邦的根本国策和中国古代国家治理的根本原则。

自夏以降，我国传统治国理政的要义，其核心即一个“民”字。这个“民”，既包含了个体之民，也包含了不同的人们共同体，如不同的民族、社团和单位，及以人民相称的社会之泛民。于“民”之中，其所蕴含的最具本原性、基础性、价值性和综合性的指导思想与根本原则就是“民本”思想。本者，根基、主体也。在器物的使用上，“本”是不可离弃的基础、构成、源头和凭持；在本体的意义上，本就是事物的核心、本质和主体。《尚书》中将“民本”的思想归结成“民惟邦本”，是把民归为国家的根基、主体、源泉与凭持。民为一国的根基和主体，这是民本思想的核心，也是民本思想最原始的含义。故自禹始，“民本”即成为传统中国国家治理的根本要义，也成为中国古代政治哲学中最经典和最辉煌的思想。从法文化的角度而言，“民本”是中国传统法律原则中最具本原性、基础性、价值性和综合性的社会原则，我们称之为根本原则。以今日法理学之道理，则可称之为宪政原则。

民，之所以能成为一国之本，成为国家的根基和主体，因为民是国家构成中的最基本要素之一。任何国家都由人民、领土、主权、政府四大要素构成。而其中，土地与人是最本质最原始的要素。无民何以为国。另外，民之为国本，还因为民在国家的创立、生存和发展中起到了不可替代的重要作用。

首先，民在国家建设中是社会物质生产的承担者。社会因物质的生产和再生产而得以延续与发展，国家也因此而存在。一国的政治制度、思想意识、文学艺术等上层建筑也才得以确立；其次，民又是国家赋税的提供者，马克思说：“国

① 《淮南子·氾论训》。

家存在的经济体现就是捐税。”[①]中国自夏朝开始，赋税便成为国家存在和发展的基础，这是民对国家的义务。《史记·夏本纪》中记有“自虞夏时，贡赋备矣”；自古以来，“国之大事，在祀与戎”[②]。祀即祭祀，用来弭灾、求福、报谢。而戎则指兵戎，指国家的军队与战争。没有军队，国家就失去了保家卫国戎疆的职能。古今中外，参军服役不仅是民的义务，也是民的权利；民还是国家重大工程的建设者，民力既是国家重大工程建设的力量来源，也是衡量工程利弊的重要标准。由此可见，民不仅是国家构成的基础和主体，还是国家的建设者、贡献者和保卫者，是本源性、基础性、主体性的构成。“民惟邦本”，则是要以民为国家的主人，重民、亲民、富民、卫民。得民者昌，失民者亡。得民，关键是得民心。夏朝末代君主桀，因其“不务德而武伤百姓，百姓弗堪”[③]。于是，民被迫发出了“时日曷丧，予及汝偕亡”[④]的愤怒呐喊，夏终为商所灭。由此可见，民心的向背是决定国家兴亡的关键。后商纣暴虐，“重刑辟”，法外极刑，也尽丧民心而亡。周代商后，周公倡明德，尚德，“明德慎罚”[⑤]，并立法重民、亲民、富民、卫民。法治兴带来了国兴。自周开始的中华法系，已充分地体现了在民本基础上德主刑辅的法治文明。这是中国特有的民族法文化观，其影响甚为深远。

到春秋战国时，群雄争霸，战争频起。为巩固政权并取得兼并战争的胜利，民于国的价值得到了进一步的提高和重视。得民者兴，失民者亡的社会现实，更丰富了“民惟邦本”的思想内容。亚圣孟子就提出了一个千古不朽的政治命题“民为贵，社稷次之，君为轻”[⑥]。民贵君轻，既表明了人民在国家构建中享有的至高无上的地位，也体现了人民创建国家，设立政治制度并赋予国家权力的意志和力量。所以，人民的利益是第一位的，国家利益次之，君王的利益是最后的。荀子对此还做了进一步的总结：“用国者，得百姓之力者富，得百姓之死者强，得百姓之誉者荣。三得者具而天下归之，三得者亡而天下去之。”[⑦]孟子和荀子之论，是古代学者对国家兴亡的历史总结，也是对古代中国国家治理宗旨“民

① 《马克思恩格斯全集》（第一卷），人民出版社 1995 年版，第 697 页。
② 《左传·成公十三年》。
③ 《史记·夏本纪》。
④ 《尚书·汤誓》。
⑤ 《尚书·康诰》。
⑥ 《孟子·尽心章句下》。
⑦ 《荀子·王霸篇》。

惟邦本，本固邦宁”的本质性的精彩阐述。“天下非一人之天下也，乃天下人之天下也”[①]，“先王先顺民心，故功名成。夫以德得民心以立大功名者，上世多有之矣。失民心而立功名者，未之曾有也”[②]，“安危荣辱之本在于主，主之本在于宗庙，宗庙之本在于民，民之治乱在于有司”[③]。由此可以看到，在中国古代贤者的治国理念中，都始终强调了“民惟邦本”的重要性，强调了治国之道在于国家、君王、制度、法律都应以民为本。那如何让本固而邦宁呢？周文王曾问之于太公：“原闻为国之大务，欲使主尊人安，为之奈何？”太公曰：“爱民而已。”文王曰：“爱民奈何？”太公曰：“利而勿害，成而勿败，生而勿杀，与而勿夺，乐而勿苦，喜而勿怒。”[④]也就是说，民本的基础在于爱民。爱民之本在于为民、富民、卫民。要让民享有利益而不受到损害，保护民获得成功而不败坏之，保卫民的生存而不能无辜伤害，给予民以实惠而不能掠夺侵害，让民安乐而不要造成痛苦，让民喜悦而不激起怨恨。这种爱民的理念，囊括了我们今天所说的人的利益、生存、事业、权利、幸福等各个方面。这种理念，不仅中国的儒家有，法家、墨家等各类传统学派都有，中国古代各朝各代也将其作为治国施政的根本基点和学术之立论。孟子说：“仁者爱人。”[⑤]领秦推行法治的商鞅也认为：“法者，所以爱民也；礼者，所以便事也。”[⑥]爱民则民安，民安则邦宁，社会也就和谐了。在中国历史上，一些有作为的开明之君就常常把“民惟邦本”的治国理念落于实践，不仅倡导爱民，还推行了一系列利民、富民、卫民的政策措施，民富带来了国强，也形成中国历史上不同时期的太平盛世。历史上颇有作为的明成祖就曾说过：“民者，国之根本也。根本，欲其安国，不可使之凋敝。是故圣王之于百姓也，恒保之如赤子，未食则先思其饥也，未衣则先思其寒也。民心欲其生也，我则有以遂之；民情恶劳也，我则有以逸之。……薄其税敛而用之，必有其节。如此则教化行而风俗美，天下劝民而民心归。行仁政而天下不治者，未之有也。”[⑦]在帮助齐国建立春秋霸业之后，管仲曾总结说：“凡治国之道，必

① 《六韬·文师》。
② 《吕氏春秋·季秋纪第九·顺民》。
③ 《吕氏春秋·有始览第一·务本》。
④ 《六韬·文韬》。
⑤ 《孟子·离娄下》。
⑥ 《商君书·更法》。
⑦ （明）朱棣：《圣学心法·序》。

先富民。”[①] 为了利民、富民，历代统治者也相应制定了一系列民生的立法，如均田地、轻徭薄赋、疏民困、利民生、保护自然生态环境等。

在富民的同时，特别是在“民衣食足”后，历代政治家和思想家又从历史的镜鉴中提出了教民之策。孔子在回答冉有“既富矣，又何加焉”时，就明确地回答说：“教之。”[②] 在孔子看来，解决民众的温饱问题后，迫切需要的是对民的教育问题，要使民有文化、明礼义、重廉耻、远罪恶、知是非、近善良、敦乡里、识大体、爱国家、能自省，能规范自己的行为，能遵纪守法，也从而奠定国强民富的社会基础。反之，富而不教，则可导致为富不仁、巧取豪夺、弄虚作假、讹诈取利等不法行为，使法纪紊乱、风俗败坏，反而无助于国家的稳定和社会的安宁。管子说：“仓廪实而知礼节，衣食足而知荣辱。”[③] 所以，孔子最早推行了平民教育，教而无类，成了圣人。爱民、富民、教民、卫民亦成为“民惟邦本”这一治国大策中的重要组成。

正是基于爱民、富民、教民、卫民的民本之策，中国传统法典才自始至终都蕴含着重德礼、慎刑罚；遵伦常、讲忠孝；重诚信、远诈伪；重和谐、求和睦的民族精神，并因此有了“明刑弼教”[④] 的法治观。就是说，要通过对法律规范的彰显和宣传，让民知法、懂法、遵法、畏法，从而守法，达到法非以罚以刑为目的。法的作用是使民远恶迁善，从而实现以刑弼教，以刑辅教的良治。这也是周朝初年，政治家和思想家周公旦提出从礼乐主法，使刑罚得中的重要原因。自此以后，中国古代的传统法治之道就在以民为本的根本大策的指导下，从明德慎法走到德主刑辅，德礼为本，刑罚为用，再到明礼导民，定律绳顽的法治道路，并使之成为贯穿中国古代治国理政数千年的一个传统。这个传统是以民为本的民本法文化的具体体现。以德化民的“化”与明刑弼教的“教”，二者互补为用，贯通一体，其目的都在于使民向善，远离违法犯罪。历史也证明，凡以民为本作为国家大策，并认真实施了富民、利民、为民、保民、教民者则国兴，怠慢或废弃者则国亡。而这种以民为本，德法共治，礼法合用的法律结构及其二元互补的社会治理，实为世界法治史上没有而独具特色的司法制度，

---

① 《管子 · 治国》。
② 《论语 · 子路》。
③ 《管子 · 牧民》。
④ 《尚书 · 大禹谟》。

是中国传统法治的特色。

就是这种以民为本，以德化民和以法治国互为补充、相为互用的传统中国的国家治理体系，才成就了大一统的中国及中华文明得以传承五千余年，至今仍光照未来的历史。以民为本，让民有国家主人之感。而法与德的结合也减少了法律的滥用，缓解了法律的严肃性，从而让民有了舒坦之生活，让社会有了平和之态势。以德化民也让人心向善，减少和遏制了犯罪动机，避免了法繁刑酷的虐政。

从以民为本出发，使道德法律化和遵礼守法的义务相一致。同时，因德法的互补与平常化，法律的稳定性和权威性也得以加强。直至今天，在强调以人民为中心，以法治国和以德治国并举的同时，中国民本法文化中以民为本的根本国策依然具有充分的史鉴作用。其历史的内涵，在今日治国理政的实践中也更加丰富，更为深刻。以民为本，这一中国国家治理的根本国策，在文化多样性和时代性的现代中国，已通过不断的继承、改造和借鉴，成为新时代以民为中心，以民为主体的国家治理现代化的根本原则。

所以，就民本作为中国传统治国理政的根本原则而言，中华法文化或中国的民族法文化，本质上就是中国民本法文化。

民本即是传统中国的治国理政的根本原则，那民本的本质是什么？民本与现代法律的权利与义务关系又为何？或许，我们会从“民本之辩”中找到答案。更重要的是，我们将从中找到传统中国治理与现代中国治理的联结点，找到现代中国治理对传统中国治理的继承和发扬。

第二节　民本之辩

前文中，我们从中国传统政治与治国理念出发，论述了民本思想的来源、立论和作用，并将民本思想立为中国传统治国理政的根本原则和中华法文化的根本原则。未来，民本思想作为中华法文化的璀璨之珠，也仍将在中国的理政治国及法治的轨道上发挥着重要作用。

那何为民本？民之本，从民的本源、根基、主体性和本质而言，就是民生存与发展的基本权利。这种权利是民存在于世的基础，也是立国之基础。民本，既是一个关于国家政治法则和价值法则的判断，也是一个国家以民为主体的判断，还是一个国家政权和政治合法性的判断。如果要给民本下一个定义的话，民本就是国家以民的生存权与发展权为国家本源和主体的立国思想及治国大纲。权，在我国的文字释义中，包含了权衡、权力、权利和权变等多重内涵。从本质而言，民本是以国家为保障的民的生存权与发展权。换而言之，民本在实质上包括了民生、民权两大民之权利。民生即民的利益，是民在生存与发展中必须具有的物质利益和社会利益的概括。这些利益包括了民的人身权、生存权，物质享有权和人生发展权等；民权是民依据国家法律享有的国民之权，包括参与国家政治和国家治理的政治权利及向政府提出与自己的权利相关的要求的资格。民本为国家所保障，民本内含的民生、民权等两大权利也应由国家所保障。

有人会说，中国古代的文献资料中并无西方法学中“权利”这样的词及其它所包容的内涵，这不奇怪。因为语言的国别和民族性，也就决定了对一定事物的表述和界定，会因国家与民族的不同而不同。要在不同的国家和民族之间将所有事物的表述和界定都一一找出对应的词汇，肯定是不行或有困难的。语言的翻译要从概念的内涵入手，首先要有对词义的深刻理解和把握。比如，要理解权利，首先要懂得什么是权利？在法理学上，界定和解释“权利”一直是个难题。德国哲学家康德在谈及权利时说：“问一位法学家，‘什么是权利？’就像问一位逻辑学家一个众所周知的问题‘什么是真理？’同样使他感到为难。他的回答很可能是这样，且在回答中极力避免同义语的反复，而仅仅承认这样的事实，即指出某个国家在某个时期的法律认为唯一正确的东西是什么，而不正面解答问者提出来的那个普遍性的问题。”①

在法文化的表述中，权利有伦理的和实证的两种界定。格劳秀斯从伦理的角度认为权利是一种“道德资格”；德国法学家郁林从实证角度界定，权利是受到法律保护的利益。在法理学的教科书上,权利有“利益说”“自由说”“意思说”等。一般而言，权利包含了五个要素：利益、意愿、资格、力量、自由。这五个要素中的任何一个都可以用来表示权利的某一本质。如果把这五个要素都表

① ［德］康德：《法的形而上学原理——权利的科学》，沈叔平译，林荣远校，商务印书馆 1991 年版，第 39 页。

达进去，权利是为习俗、道德和法律所认定的利益、意愿、资格、力量与自由。此定义的特点是把权利的五大要素一一罗列，概念更予明细化也更清晰。但在权利的概念里，关键的要素还是资格。因为从法的原则和权利的定义来看，利益、意愿、力量和自由只有在获得习俗、道德和法律的认定后，才具有了正当性，也才能获得主张这种利益、意愿、力量和自由的地位或资格，才能成为一种习俗与道德权利，进而通过制度体系，具备了制度或法律上的资格。否定或不具有资格，也就否定或不具有权利。有了资格，也就肯定了权利。所以，从本质上讲，权利就是一种为习俗、道德和法律所认定的资格。那么，在中国传统的治国理念和民族法文化中，是否有关于民众对治者，对政府提出民生和民权的要求和意愿，有没有这种资格？有没有民众要求治者或政府只能做什么、不能做什么、必须做什么、不得做什么的法治观；有没有让民所拥有而为治者和政府所不可侵犯的利益；又有没有让民可以凭持某些原则来对抗治者乃至推翻政府的？有，现代权利的这种观念、内涵和原则，不仅可以通过中国古代的民本思想来表达，更可通过民本的观念来进一步解释和发挥。

长期以来，我们有一个津津乐道的观念，即西方人讲权利，东方人讲义务，并不断地呼吁要改造自己。但从历史的进程和文化的发展角度来看，此论多少有点似是而非。纵观历史，西方讲权利也不过是最近几个世纪的事。而权利，这在世界各国都是社会进步与政治文明的结果，都在发生着，也非仅限于西方。同时，强调义务也不只出现于中国文化，在印度、非洲和伊斯兰文化里以及西方的基督教尤其是天主教文明中，都将义务和责任视为社会的基本价值观。在人类历史的长河中，人类的认知在不同时期会有不同表达，但最终又会走向和达成某些共同的认知，获得共同的伦理和共同的法则。所以，我们首先要做的是，学习和研究中国民本法文化中的思想和观念，去粗取精，去伪存真，去深入了解中国古代民本思想的本质和内涵。再在此基础上，去体会中国古代先贤们对民利的思考、对民生疾苦的关切及其对民权的期待。同时，又从西方法理和权利的角度，并结合现代社会的变化及思想流派，找出中西法文化的对接点及民本与权利的汇流口。从而探索和找出适合于当代社会的中国特色的新民本思想观和新权利观。

“民惟邦本”，本质上是一个以人为国家主体的价值观和政治法则。民与人等同，民本与人本也是相通的。以民为本，就是把国家治理是否有利于人民，是否把尊民、爱民、富民和保民作为国家治理的最高价值和根本原则，作为国家统治合法性的判断标准。正是沿着这一思路，中国古代思想家们才得以从义利之辩中找出了为生民立命和为生民伸张权利的命题，并逐渐地逼近现代人本和现代权利的话语。

学者徐复观认为，中国古代的政治思想既讲了神、讲了国、讲了君，也讲了民，但“神、国、君都是政治中的虚位，而民才是实体”①。周公在训诫殷商遗民时说：“汤武革命，顺乎天而应乎人。”② 在周公看来，天命靡常，天与人归，天命之改取决于政治的合法性，而政治的合法性又取决于民族的兴旺和人民的福祉。倘若国家统治者不能尊民、爱民、富民和保民，其对国家的统治也就丧失了合法性。民众也就有了奉天易君，起来革命的天然权利。在先秦思想里，这种“以民至上”的观念更得到了进一步的发展。《尚书·泰誓》中有“天视自我民视，天听自我民听”，“民之所欲，天必从之”之说。这里的民已经成为与天相通的政治主体，并已初步形成“以民至上”的社会观念。《左传·襄公十四年》中还说道：“天之爱民甚矣，岂可使一人纵于民上，以肆其淫，以弃天地之性，必不然矣！”在这里，已经将凌驾于民之上的包括君王在内的人，视作是违背天地之性的、不合法的了。又据《左传·文公十三年》载，邾文公卜迁于绎，史曰：“利于民而不利于君。”子曰：“苟利于民，孤利之也。天生民而树之君，以利之也。民既利矣，君必与焉。”荀子说得更明白：“天之生民，非为君也。天之立君，以为民也。”③ 由此可以看到，在中国传统的政治学说中，尊民、利民、为民的思想观念早已树之。尊民、利民、为民、保民是从天道、服天性。民是自然而有的，君是民立的，立君是为民，是为了民之尊严、民之利，是为民服务的。当民与君的利益发生冲突时，应舍君而保民。这种民之观念，与现代社会的人民性相通联，是当代社会“人民至上”思想的雏形。民惟邦本，肯定了民作为国家主体的地位，也为民伸张自己的权利提供了合法性。这就是民本思想中关于民生、民利和民权观的最早论述。

除此以外，这种论述还被中国先贤们奉之为“公”天下，将天道、天下、天德都与民相通。民不仅可以借天来主张自己的意愿和利益，还被认为是天下的主人，享有为天下的自然权利。《礼记·礼运》中曾大声呼道：“大道之行也，天下为公。”《吕氏春秋》中也说过：“天下非一人之天下也，天下之天下也。”

---

① 徐复观：《学术与政治之间》，九州出版社 2014 年版，第 50 页。

②《周易·革卦·彖传》。

③《荀子·大略篇》。

汉之初，贾谊曾引师尚父之言："天下者，非一家之有也，有道者之有也。"[①]既然是"天下为公"，则天视即为民视，天听即为民听，天道即为民道，一切天赋的权利民都应该享有。这就是中国古代传统的自然权利观。

在西方法理学的自然法学派中，极力主张的"自然权利"（natural rights），即"天赋人权"，中国古代就称之为"天道"或"天理"。夏勇教授称它为"本性权利"。[②]道，在中国论述很多。首先是从德出发，德是中国传统思想中关于人性的核心概念。它的本质是人的天性，这种天性平等地赋予了每一个人。德即是善良的、有修养的品行，也是人在天性上具有的一种人格能力。人因为有了德性，就有了对无特定客体的道德义务，同时也享有了特定义务对应人的道德权利。中国传统文化中的这种道德权利，也就让民对于国家、君王或其他义务人都享有了，要求其作为或不作为的资格和能力。这与西方法学中的权利的资格、要求和意志论都有相通相融之处。正是因为这种资格和能力，"人皆可为尧舜"[③]，可以"以德抗位"，可以"惟德是辅""改厥元子"，这是民的天然权利的自然表达。而民于其中，可以代表天意，天的意志也代表了民的意志，而王则必须按照天的意志来治国理政。于是乎，民就有了参政议政的提案权、立法权。王则行使行政权。对王的监督和罢免则又取决于天意，也即民意。尽管这一论述争议不断，但作者认为，中国古代各朝各代的统治者，也大多奉行了敬天保民并服从于民意的意志和政策。儒家思想是把人民监督和节制君王的权利让渡给了"天"[④]。这种以天意为民权的自然依托，给了民最朴实也最基本的权利。也为"苍天已死，黄天当立"以及"王侯将相宁有种乎"的天下观和权利观提供了合法性。

孔子倡导"德政"。德政的核心内容，一是"足食、足兵"，让民富国强；二是"正"，让政治公正廉洁，让社会充满公平。但孔子谈的大多是君怎样去做，是要依靠君主的敬天保民之德。而到孟子这里，维护民众利益的主体资格就落在了民之上。孟子强调"保民而王，莫之能御"[⑤]，以养民、教民、保民为仁政的

---

① （西汉）贾谊：《新书·修政语下》。

② 夏勇：《人权概念起源——权利的历史哲学》（修订版），中国政法大学出版社 2001 年版，第 58、107 ～ 118、169、229 等页。

③《孟子·告子下》。

④ 李存山：《儒家的民本与人权》，《孔子研究》2001 年第 6 期。

⑤《孟子·梁惠王上》。

要旨。孟子的民本之说，按学者金耀基的观点，是“民体国用”[①]。在孟子看来，以民为本，是因为民的本源是至高无上、无所不在的天。天主宰着世间的万事万物，道或天理是人类社会必须服从和遵循的法则。民的尊严，民之权利，民不可侵犯，这些都是天理。所以，孟子才喊出了“民为贵，社稷次之，君为轻”[②]的千古真理。

先秦的民本思想，除以上谈到的外，还有墨子的法天说和兼相爱、交相利之说。此说为民权的诉求同样地提供了理论依据和实践经验。墨子除对当时国家政权的世卿世禄制予以抨击外，更主张向“农与工肆之人”开放政权，反对氏族贵族“专政”。“官无常贵，而民无终贱。有能则举之，无能则下之”[③]，要破除一切氏族血缘的等级藩篱，让有德行有才干的人参与政治，享有权利。“虽在农与工肆之人，有能则举之，高予之爵，重予之禄”[④]，这就表明，一个人的财产和地位，应根据人的贤能即德才来取得。人，不论其出身多么微贱，都应享有人的权利，取得与自己能力相匹配的物质利益和社会权益。墨子的这种平等观和权利观，还体现在他的“兼爱互利”上。他极力宣扬“爱人者必见爱”“为彼犹为己也”[⑤]，这就是一种互爱互利。一句话，墨子希望每个人在对待别人时要如同对待自己一样。这就是“兼爱互利”的出发点和基本原则。与此同时，墨子还认为：唯一能“一同天下之义”的天子，还必须“上同于天”[⑥]，就是说，天子的言行意旨必须服从天的意志，这就是天给予的自然法则，是天道。而人，包括君王的言行意志都要服从于天道，要法天。墨子立此说的原旨，显然是企图设置一个超人间的权威力量来监督包括世间统治者在内的人。但这仅是一种理想而已。

在中国历史上，秦汉时期是中国封建社会或宗法社会的开端，开了两千多年封建王朝历史的先河，成为中华法系的圭臬和典范，中华文明逐步走向大一统和强盛的起点。秦原本仅是中国西北边陲的一个小国，但自商鞅变法以来，推崇法家思想，从公元前356年到公元前206年，整整150年间，历经孝公、

---

① 金耀基：《中国民本思想史》，法律出版社2008年版，第66页。
②《孟子·尽心下》。
③④《墨子·尚贤上》。
⑤ 均见《墨子·兼爱下》。
⑥《墨子·尚同上》。

惠文王、武王、昭襄王、孝文王、庄襄王、秦始皇、秦二世八位君主，一贯“以法治国”，开启了中国历史上“法治”的先河。

秦代，法家在吸收儒、墨、道等不同学派思想的基础上，逐步形成一套经世致用、富民强国的思想与方略。《说文解字》中“灋”的解释是：“刑也。平之如水，从水；灋，所以触不直者去之。故从廌从去。”秦代“以法治国”的思想，从历史的角度而论，应该是以民本思想为基础，但又包括了以下两层内容：

首先，法家的法是基于人性之欲及由欲而生的利益与意愿。荀子说：“人生而有欲，欲而不得，则不能无求；求而无度量分界，则不能不争；争则乱，乱则穷。先王恶其乱也，故制礼义以分之，以养人之欲，给人之求，使欲必不穷乎物，物必不屈于欲，两者相持而长。”[①] 商鞅更进一步认为，凡治国理政都要从人的欲望出发，不仅要满足人的名与利，更要将名与利作为民的动力激发点，作为法律制定的依据。故有“民之性，饥而求食，劳而求佚，苦则索乐，辱则求荣，此民之情也”[②]。而民的食、逸、乐、荣反映了民的利与名，按今天通行的法文化观念，则是民的权利。只有让民有了自己的权利及实现权利的途径，民才会有争取向上的动力，才有可能实现民富国强的愿景。

其次，是以法来确定权利的归属与名分。而法律作为民众普遍遵守的规则，可以给权利确定界限，让民心中有底，知道自己权利的所在；可以依法划分每个人行使权利的范围，让有贪婪之心的人无法行鄙诈的行为，并以此来保护每个人的正当权利。

为实现以民为本的国家治理原则，要将法律作为实现形式公平的手段，达到社会所追求的法令明而国家治的目的。秦设立了“壹赏”和“壹刑”的法律制度，实现了事决于上，一断于法的目标。商鞅的“壹赏”是把“利禄官爵抟出于兵，无有异施也”[③]。也就是把所有的功爵利禄都与战争的绩效挂钩，以功论赏，无论贵贱贫富；“壹刑”则主张了刑罚面前人人平等即法律面前人人平等的诉求。

法是富民强国的工具。故治理一个国家，要能抟力，能杀力。在推行的“壹言”“壹教”的法令政策中，又将人民的思想统一到耕战之上。凡有助于农业发展和行军打仗的都要予以奖励，此为“壹言”。“壹教”就是“博闻辩慧，信廉礼乐，

① 《荀子 · 礼论篇》。
② 《商君书 · 算地》。
③ 《商君书 · 赏刑》。

修行群党，任誉清浊，不可以富贵，不可以评刑，不可独立私议以陈其上。……民之欲富贵也，其阖棺而后止。而富贵之门，必出于兵。是故民闻战而相贺也”。通过国家法令，将民意统一到发展农业生产和闻战而起、争立战功的境地。

秦王朝推行“以法为治”，其国家治理的三大法宝是“法、信、权”。即强调了法律的严肃性，又要有法必依、有法必守、有法必行。这其中，国家之治者也必须带头依法、守法和行法。

秦王朝是中国历史上最先强调“以法治国”的时代，在中国民族法文化的发展历程中留下了浓墨重彩的一笔。从商鞅变法到秦最后统一全国，无论是法律制度与实践，或法律思想与文化等，都一一凸显了自己的首创性和独特性。从历史的角度而言，秦的“从法治国”的首创性和独特性还在于：春秋战国是我国各种思想流派产生的重大时期。受群雄争霸和民的权利思想的崛起，于百家争鸣、众说纷纭之中，各种不同思想的代表人物纷纷地寻找治国、理民、变法、图强的救世之策。在如何看待社会的大动荡与大变革之中，若干先贤志士首先从先秦历史有关民的论述中，认识和理解了民对国家兴盛的基础性和根本性作用，认识和理解了民本的重要性，也纷纷提出了自己利民、富民和保民之策。如孟子的“仁政”之说，墨子的“兼爱”，而法家就是其中最杰出的一支。荀子是战国时期杰出的唯物主义思想家。在关于民的思想中，他提出了“制天命而用之”①的光辉思想。即是说，在人与自然界的活动中，人可以通过自己的努力，发挥自己的主观能动性来认识天并用之、制之。君王是“奉天承运”的，民认识天，当然也能够认识社会，改造社会。民是国家之本。与此同时的一些学说，也注意到法律对社会的全面调节作用。但法家更注重国家法律的制定，并通过法律来调节社会，君与民的关系及对民利、民生、民权的保障。在法家于秦变法成功后，秦王朝也成了我国历史上首次将法律作为全面调节社会的首要规范。法家所主张的刑无等级，法不阿贵、绳不绕曲，“法律面前人人平等”的思想也得以付诸实践。民与官都守法，各级官吏更是带头遵守法律。在法律面前，国家享有了空前的动员能力，这也是秦帝国能风卷残云般统一六国，建立空前规模的强大帝国的原因。但秦王朝推行了一些严刑峻法，也大大地制约了民的意愿，让民怨沸腾。强大的秦，也在短短十五年的时间里，被农民起义军的烈

①《荀子·天论篇》。

火以摧枯拉朽之势迅速瓦解败亡。

自秦以后，汉武帝“罢黜百家，独尊儒术”，中国国家的传统治理就长期地走上了德法共治，“儒表法里”的路。尽管朝代变换，释儒论法、阐天明理代有人出，但从法律的角度而言，先秦百家中的“民本”思想却难有光大者。直至明末清初，学者黄宗羲、顾炎武等人不再囿于天意君德的说教，大声疾呼要以“公天下”取代“私天下”，直指君王与臣民、治者与民的权利义务关系。一方面，他们期待着能够自觉尽“兴天下公利”之义务的明君；另一方面，他们也在强调用制度来控制权力，“天子之所是未必是，天子之所非未必非”①。黄宗羲还认为，自秦汉以来的法皆“非法之法”，因为它们都是用来保护君王私利的。真正的法，是为谋求人民福祉而设立的。为此，黄宗羲还设计了一个包括民选、议政、弹劾、罢免在内的新制度。重相权，不仅仅是统治者内部的一种权力分工，也是将君王的道德约束转变为权力制衡的一种方式。“使治天下之具皆出于学校”，“天子亦遂不敢自以为非是”② 这其中就含有了作为权利要素的力量与能力。

综上所述，我们不仅在中华法文化的宝库中发现了权利的基因，更探寻到基于民本并以民本作为表达方式的中国特色的权利观。这种权利观是以民为国家之本，本固则国安。故国家的富强，取决于民；国家的安全取决于民；国家政治的合法性也取决于民。在中国的传统思想和法的实践中，以民为本在价值层面就是以人为本，在政治法则上倡导了人民主权。但在古代中国，除科举制不以出身、门第、财富，而以学问为官员选拔标准，面向了所有的平民大众外，许多以民为本的制度设计都是一个空缺。自秦以降，中国古代先贤们也始终没有提出一个如何实现以民为本的程序规则。致使民本思想或成为各朝各代之民暴动起义的非制度性权利；或成为历代君王的一块遮羞布及驭民之术。从西方法学的观念来看，权利的实现需要一系列的制度规范。一是通过法律规范来明确人的权利及实现权利的方式与途径；二是从制度上规范政府对人的权利的行为，禁止和不得侵犯人权。而在中国古代，谈了两千余年的民本思想，始终没有在制度上明确权利的概念，并通过制度确认资格，识别利益，规划关系，化解纠纷。正因为如此，许多学者都认为中华法文化中没有权利观。这是中华法文化的缺陷，依附于民本思想中的民生、民权等权利观念也就显得很不完整。

---

①② （明）黄宗羲：《明夷待访录·学校》。

近代以来，西方权利思想也渐入中国，并不断冲击着中国人的文化神经。梁启超就曾在《老孔墨以后学派概观》中认为，孟子的“保民”“救民”及民贵之说，有民享、民有之观念，却无民治之实义。当然，这种意见也并非人人赞同。有学者就认为，在中国传统社会中，以民为本体，以民之视听为天之视听，不以天子所是为是，不以天子所非为非，并要将国事付诸学校这样的公议场所。其思想之内涵，就包含了浓浓的民治思想。正因为如此，美国学者 B. 洛弗尔在《中美的接触点》一文中就说：“远在公元前四世纪，中国的孟子，已倡导‘民贵君轻’的大义，自秦废封建，取缔贵族，中国即为民治的社会。”[①] 但此两论，都有片面之处。梁启超在评述中国古代的民本思想时，虽也认为民本中含有民享、民有，但无民治。但梁启超同时说了，中国的民本思想与现代民主是一脉相承的：“要之我国有力之政治理想，乃欲在君主统治之下，行民本主义之精神。此理想虽不能完全实现，然影响于国民意识者既已甚深。故虽累经专制摧残，而精神不能磨灭。欧美人睹中华民国猝然成立，辄疑为无源之水，非知言也。”[②] 就这样的民本思想，因“影响于国民意识者既已甚深”，故在中国古代，虽朝代更迭，君权的专制体制绵绵不断。但这种“天下为公”，为天下人着想，让天下人为天下人着想的精神却时时事事地冲击了中国的皇权政治。在皇权和专制的体制内，总保留了一股民权的清新之味。学者陈顾远就此认为：中国的民主政制不过民国以来的事，倘追溯往古教千年的史实，也无非演变在神权与君主政制中，然而在其政制上，虽为神权而非永为巫觋政治，虽为君主而非即是独裁政治，这就是因为在政理上有一个民本思想巨流，冲洗了实际政治可能发生的弊害，便和他族的神权或君主政制有其分野。在与欧亚大陆的其他君主政体的比较中，有学者进一步指出：“中国专制主义，无宗教为后盾，且因儒学加以训化，在保持统一之下，成为有限的专制主义。中国皇帝不比欧亚皇帝好，但中国从无罗马‘皇帝意志为法律渊源说’，英国‘王权神圣说’，而中国皇帝也永远无人如法国路易十四敢说‘朕即国家’。因此，中国虽然是专制国家，较欧亚其他专制国家温和很多。”[③] 做过美国副总统的华莱士（henry a. Wallace）在 1943 年民国政府的双十节上发表广播讲话，甚至认为“中国哲学和国民心习之趋向民治，

---

① 转引自金耀基《中国民本思想史》，法律出版社 2008 年版，第 6 页。

② 梁启超：《先秦政治思想史》，天津古籍出版社 2003 年版，第 7 页。

③ 胡秋原：《古代中国文化与中国知识分子》，中华书局 2010 年版，第 226 页。

对于西洋政治哲学有重大的影响。美国建国时期，贤哲之士，倡导革命，奠定宪法，其信仰与作风，虽云直接得之于欧洲，实为间接取之于中国"，"中国文化为启发西洋民主政治的一个源泉，亦可为创造西洋民主政治的一个动力"。[①] 由此可见，虽然中国的民主政治发育较晚，但在中国古代的民本思想里，早已蕴含了民权之因素，并对中国的传统政治产生了深刻的影响，也在一定程度上缓解或削弱了中国的皇权专制。

随着时代的进步，西方文明的进步思想也渐为中国人所接受，有的甚至以西方思想为标的，言必称西方之先进。一时之间，权利之风盛行于华夏。人们要什么，想做什么，或不希望他人对自己要什么、做什么，都可以理直气壮地说"这是我的权利"。然就中国的民本思想与西方的权利观而言，"民本"的内涵要比权利的内涵丰富得多。前文说过，民乃一国的基础和根本。国家的生存与发展要靠人民的劳动、建设和保卫；而要使民成为国之本，则要着力于民的生存与发展。民的生存与发展包括了民利和民权。只有当人民的利益与权利得到国家的保障时，民才有了国家主人的感觉，才会自觉自愿地建设和保卫国家，也就建设和保卫了自己的家园。所以，民本是公天下之说，天下者天下人之天下也。其中，民与国互为根本，无民则无国，无国又哪有民之本。这就是中国人的家国情怀。而西方文化中的权利是建立在个人主义的基础之上，从维护人权的普遍性而言，有其独特的进步意义。另外，民本包括了民生和民权两部分内容。民生有自我的要求与意愿，也有其对国家对社会的要求与意愿；民权，按梁启超、萧公权等一些学者之论，其内"必含民享、民有、民治之三观念。故人民不只为政治之目的，国家之主体，必须具有自动参与国政之权利。以此衡之，则孟子贵民，不过以民享达于民有，民治之原则与制度皆为其所未闻"[②]。中国民本思想中的权利观，在实践中于制度和程序设计上都有缺陷。但不可否认的是，中国的民本思想确实含有民权的因素，于其中，就包括了现代西方政治与法学中关于权利与民主的若干内涵。从以上论述，我们可以看到中国的民本思想是以民为主体的，包括民生、民享、民有、民治、民权在内的权利思想，相较西方的以个人权益为诉求的权利观，其内容更加饱满，

---

① 转引自金耀基《中国民本思想史》，法律出版社 2008 年版，第 7 页。

② 梁启超:《老孔墨以后学派概观》，载《饮冰室合集》专集之四十及萧公权《中国政治思想史》，辽宁教育出版社 1998 年版，第 91 页。

视野更加开阔。

一百多年前，当中国的大门被西方的坚船利炮和毒品轰开的时候，西方文化也伴随着大兵们的步伐与枪声，以及毒品的浓雾而进入中国。也就是从那时候起，中国先进的知识分子也学会了使用权利，并希望通过赋予民众的权利来武装民众，让民能自立、自为、自强，真正成为坚不可摧的国家之本，真正找到一条救亡图存的中国之路。严复、康有为、梁启超、孙中山、陈独秀、李大钊、毛泽东，前仆后继，不断地提出新思路新方略。最后，是中国共产党人在中国古老的民本思想中找到了民族复兴的道路，这就是让人民当家做主。中国的民本思想也就有了新的生命，并不断地焕发出新的活力。

价值观是人类思想意识的主体，是人们对国家、对社会、对政治、对经济、对道德、对金钱等所持有的总的看法。它，也决定了人们的意识形态和社会立场。由于人们所处社会地位的不同，人与人之间的价值观也会有所不同。但于国家而言，社会的主流的价值观决定了国家的性质和国家的政体。

第三节　中国民本法文化中的价值观

价值，内含了用途和积极的作用。在政治经济学教科书中，又有价值和使用价值之分。其中，价值是凝结在商品中的抽象劳动；使用价值是指商品能够满足人们某种需要的有用性。在哲学认识上，价值是指某事物能够满足人们某种需要的属性和积极的作用，反映了客观主体与客体的相互关系。

法的价值，从哲学的意义上来认识，是指法能满足人们（个人、集体及社会）维护正当行为关系和有效社会秩序的有用性和积极作用。因此，法律价值的有用性，首先体现于法在调节人们行为和社会秩序上的正当性与合法性，这是意识和认识论上的有用；其次，又可作为制定或认可法的准绳；再而，于功能上能够对人们的权利及利益进行确认和分配，能够维护社会秩序的正常运行等。法具有了这些有用性和积极的作用，法就具有了价值。

另外，法的有用性和积极作用，还体现于法是实现社会理想和目标的前提与基础。在法的实践中，社会的理想与目标常常会反过来指引法律的实践，使得实践的法具有了符合社会理想与目标所需要的有用性。同时，因为社会理想是法律实践的目标和方向，自然也成了检验和批判法律现实的准则。

但人类社会是多元的、悠久的，不同的时代和不同的国家，法律价值也不尽相同。作为价值客体，法常常能够满足人们多方面的需要。在实际的社会生活中，人们也常借助法来实现多种多样的理想与目标，从而丰富和实践了自己想要的生活。由此可见，社会的多样性和法的实践也是导致法律价值的多样性和多元化的主要因素。

另一方面，人类对价值的追求却是不平等的。因为重要性和有用性的不同，法律价值会呈现一定的等级序列即法律价值的位阶。法律价值的位阶取决于价值在人们观念上的重要性及价值目标在成本与收益上的不同。例如，古典自然法学派的代表人物霍布斯就认为生命和秩序的价值最重要。为此，他不惜鼓吹专政，牺牲个人自由。而洛克则认为个人自由最重要，要限制政府；卢梭认为最理想的价值是平等，对平等的追求是他人生的重要目标，也是他的政治哲学的主要内容。在当代法学家中，罗尔斯认为，正义原则优于功利原则。在正义原则中，平等的自由又优于机会的公平；英国法学家彼得·斯坦和约翰·香德则认为，秩序、公平和个人自由是西方现代法律制度的三个基本价值。除此以外，许多法律规范还强调了实用性，追求实用性也是法的价值目标之一。鉴于此，彼得和约翰就曾认为，那些法律无能为力的价值，如爱、仁慈等是不具有法律实用性的，也就不能成为真正的法律价值。在中国传统的法文化中，以德、礼为中心的“三纲五常”曾是中国传统法律的高阶价值追求。但随着封建制度的灭亡，我国国家制度的日益现代化，一系列现代法的价值观也在中国不断确立。但现代法律的价值，在不同时代和不同国家有不同的认识和归纳。美国学者博登海默从秩序和正义两个方面来讨论法律价值，其中的正义又包含了自由、平等、安全、共同福利等方面。英国法学家彼得·斯坦和约翰·香德强调了秩序、公平和个人自由是对西方法律价值的概括。现代国内学者则从中国文明的社会实践中归纳出富强、民主、文明、和谐、自由、平等、公正、法治、爱国、敬业、诚信、友善 12 项核心价值。另又有学者列举了理性、效益、权利、宽容、秩序、宪政、人的全面发展等。夏勇教授主编的《法理讲义：关于法律的道理与学问》一书就将正义、自由、平等、人权、权利、民主、法治、分权、宽容、宪政等统统列为法律的“价值和原则”；刘作翔教授的《法理学》是法律硕士研究生的通用教材，该教材认为，现代法的价值主要体现于秩序、公正、个人权利和自由，以及效益四个方面。并且认为，正是这四个方面凸显了现代法的特性。自中共十八大以来，我国文明建设在总结传统文明和现代文明的基础上，结合中国国情，归纳和总结了上述 12 项社会主义核心价值，并将其分为国家、社会、公民三个层面。其国家层面的有富强、民主、文明、和谐；社会层面的是自由，平等、公正、法治；个人层面的是爱国、敬业、诚信和友善。这 12 项价值是中国特色社会主义的核心价值观，也是现代中国文明的核心价值观。对法治中国而言，它是有用的并能引领和发挥积极作用的。所以，它也是当代中国的法律价值，是法治中国需要实现的社会治理目标。

历史是发展的，当代文明是传统文明的继承和发展。就此而言，当代中国的核心价值观也是在中国传统政治和传统文化的摇篮中抚育长大的，是对传统中国价值的继承和发展。这是价值的历史性。但价值又有客观性，作为反映社会客体的人类的意识，它又必然要依赖社会的存在而发展。社会客体是多种多样的，既有自然的又有社会的现象，还包括不同的理想、规范和思想。社会有多宽泛，人类的活动有多丰富，价值就有多么丰富和多么宽泛。所以，价值又具有多样性。但无论价值是历史的传承或客观的反映，价值的形成总离不开人类对自然对社会的基本规律的认识。于中国而言，这个基本规律就是中国的道。

道是中国文化中关于世界本性和事物运行的规范，是自然与社会运行秩序和发展的规律，也是中国传统治国理政的本源。正因于此，我们可以说，道就是中国本源的自然法理，也是中国传统法理之本源。这个由中国本源的自然法理合成的道，由传统中国国家治理的根本原则及由此衍生的社会价值观共同构成。中国传统的法理，传统中国治理的社会制度、法令、德礼、政策、乡规民约与习惯法皆出于此道，我们有时又把其称为理，或简称为道理。在传统中国的法理中，其本源的基础的内涵，包括了基于“以民为本”的道的根本原则，及由民本衍生而出的中国传统的核心价值观——国家大一统、家国同体、天下为公、德施普也、中和达道、义利均衡等。

纵观中国历史，虽悠久博大、民族众多，但自秦汉以来，无论是占人口多数的汉民族主政，还是由少数民族主政，国家大一统却一直是中华各民族共同的核心价值，也是中华文明和中国历史发展的一条主轴。西汉时期的董仲舒，在对中国历史予以总结后就曾说过：“《春秋》大一统者，天地之常经，古今之通谊也。”[①]可见于秦汉之前，“大一统”就已是中华民族的主流价值观念和历史的常态。自秦奠定大一统的国家治理体制后，汉承秦制，随后的中国又是“百代都行秦政法”。虽在近代以来，以孙中山为代表的革命党人在西方单一民族国家思潮的影响下，也曾提出“驱除鞑虏，恢复中华”，建立汉族单一民族国家的号召。有的革命党人还有联省自治及推行联邦制的设想。但历史的发展，无论是国民党还是共产党，最终都接受了传统中国的大一统观念，重新建立了一个多民族的单一制的统一国家。这个国家虽在近代以来饱受各种冲击和磨难，正是因为有了这种大一统的国家观，全国各族人民才能团结一心，外抗侵略，内修国政，重新站立起来，建设了一个崭新的共和国，并使自身逐步完成了从传统向现代的转型。

中国国家的现代转型，虽然在体制、法律和意识上吸收了现代国家的若干治国理政之策，但却依然保留了大一统国家的主流政体，即从中央到地方的等级行政权力继续保持着对中国社会的全面支配；这个政体具有中央政权（包括领袖）的最高权威和一个统筹分权、责任划分、等级行政的权力体系及与此体系相匹配的职业精英的治国集团；这种国家治理的权力结构，集统筹、规划、动员和执行力为一体，在国家治理上具有强大的行政能力和执行能力。

与大一统国家观一样，家国同体也是传统中国社会的核心价值观。在中国农耕文明小生产的长期演进中，家庭、家族、宗族一直是这个社会生产、交流和生活的基本单位。但这一个个的社会单位又通过地域之间的经济、政治、文化和宗教的交流而加强了联系，有着共同生存与发展的期望和实际的需要，进而形成大一统的社会观和国家观。这种观念的实践，把个人、家、家族与国家融为一个统一的生命体，这就是传统中国的家国同体观。中国的家国同体观以个人需要和家庭伦理为起始，由个人而家庭，由家庭而家族，由家族而地区，再而国家，而天下。在此家国共同体中，个人的权利与义务与社会的国家的权利与义务相协调，个人的利益融入于国家利益，依附和服从于国家利益。故而可说，家国同体乃中华文明和大一统中国的主要支柱，也是中华文明和大一统中国的主要根柢。

中国的文化，正是因为有了“民本”的原则，无论是儒家的王道、法家的

---

①《汉书·董仲舒传》。

依法之治、道家无为的自然法则及其他形形色色的治国理政之策，无不是从个人到家庭和家族，由家族而地域而民族，再到国家以至天下。其中，个人、家、家族与国家组成了在观念与利益上都休戚与共的命运共同体。父子有亲、君臣有义、夫妇有别、长幼有序、朋友有信，则为天下之达道。共同生活、共同生产、共同相扶于人生，共同建设和保卫我们自己的共同家园。这就是古代中国人的理想。这个理想也成就了中国人的传统价值观，成为今天中国合作共赢、共商、共建、共享人类命运共同体的初衷。

也正因为有了大一统的国家观和家国观，中国人才有了以天下为己任的民族精神，进而有了天下为公的传统价值。中国人的以天下为己任的民族精神，其内质的核心就是将个人、家庭的命运与国家、与天下的命运紧紧地相连，从而承担起个人对自己，也是对家庭、对民族、对国家和对天下的责任。大一统国家治理、家国共同体和以天下为己任的民族精神，三位一体，正是中华文明长久永存、持续不衰，中华民族能度尽历史的艰难困厄而不断奋发、一再复兴的奥秘之所在。《管子·权修》中说过："天下者，国之本也；国者，乡之本也；乡者，家之本也；家者，人之本也；人者，身之本也；身者，治之本也。"同样的论述也存在于《吕氏春秋》："为国之本在于为身，身为而家为，家为而国为，国为而天下为。故曰：以身为家，以家为国，以国为天下。此四者，异位同本。"[①] 在中国古人的眼中，个人、家、国和天下，此四者从来都是"异位而同本"的。这个本即是"以民为本"之本，也是个人、家、国与天下同体之本。以民为本和家国同本，二本为一，也就产生了中国人的"天下为公"的核心价值观。

天下为公和以天下为己任，这是一体之两面。天下非一人之天下，乃万民之天下。故"以天下为己任"之任，是为万民谋利，为社会立业，为保国而立功的任，是为民为国的公业。"尧、舜之位天下也，非私天下之利也，为天下位天下也。……故三王以义亲，五霸以法正诸侯，皆非私天下之利也，为天下治天下。……公私之交，存亡之本也"[②]，此句出于《商君书·修权》，其意是说：尧舜治理天下，并不是要独占天下的利益，而是为了天下人才去治理天下。所以，三王是用道义来亲近天下人、爱护天下人，五霸用法度来纠正各路诸侯官吏，但都不是为了独占天下的利益，而是为了天下人而治理天下。公与私的界限，

---

① 《吕氏春秋·审分览第五·执一》。

② 《商君书·修权》。

为公还是为私，这就是国家存亡的根源。“公私之交”，之所以能成为国家“存亡之本”，那是因为一国之治者如能够持政以公、执政为民，凡一政一策皆出于民众的利益，一行一为都以国家和人民利益为重，则其国家的治理皆有益于国家、有益于人民。人民就会幸福，国家就会富强。相反的，凡治理国家皆为了满足一己之私利，以自身的得失为治国理政的出发点，则必是一人足而寡天下。民众的权利和利益受到了伤害，人民会不满，国家也就会日益衰落。所以，国家治理的出发点是为公还是为私，就关系到了国家的兴亡。以天下为己任，此“任”是为公，为天下民众之任。故此可说，以天下为己任的本质是以天下为公，以天下为公则内含了以天下为己任的价值与实践。无公，又何来天下。自古以来，以天下为公也为中国人的核心价值观之一。

那怎样才是以天下为公的？在中国人的眼里，以天下为公之士也必然是有德之人。德，狭义之解是人的品行与操守；广义之德，即为一种泽被天下的行为与治理，主张为政以德，强调了道德与道德教化在国家治理中的作用。德施普也，天下文明，出自《周易》第一卦《乾卦》。原文为:“见龙在田，德施普也。终日乾乾，反复道也。”“见龙在田，天下文明。终日乾乾，与时偕行。”这两句话。见，即当今常用词“现”。龙，孔颖达解释说：“龙者，变化之物，言天之自然之气。”田，是指地上。德施普也，依孔颖达之说，即“道德恩施，能普遍也”。乾乾，自强不息也。后世之人，更将“见龙在田”引为圣人再现。人世之间，一旦出现有德有为的圣人，并由圣人来治理国家，天下就会浸润圣人与德者的道德品质，使天下走向文明。在德的感召之下，人们也会遵纪守法、自强不息、不屈不挠、与时俱进。国家因此走向富强，天下因此而走向文明。

德施普也，天下文明。这在本质上就是以德治国。古代中国，德治是与法治相向同行的两大治国之策。以德治国，其内涵有三：首要是要在普天之下、四海之内，让天下之民都尽信德，都始终不渝、自觉地信守和践行一切良善的道德准则，做有德之民；其次，是在国家治理上以德为准绳。治者以德和善待人，并在民本的基础和指导下，以德和仁为社会法令与政策的基础；再其次，治者应有“以天下为一家”和“四海之内皆兄弟”的胸怀，能以和而亲的关系来制定自己的法规政策，来看待和处理天下之民及与天下各国的关系。《礼记·祭义》中说：“先王之所以治天下者五：贵有德、贵贵、贵老、敬长、慈幼。此五者，先王之所以定天下也。”也就是说，治理国家、治理社会都要根据“以天下为一家”的原则与胸怀，待之以亲情，处之以德。“以德以义，不赏而民劝，不罚而邪止，此神农、黄帝之政也。以德以义，则四海之大，江河之水，不能亢矣;太华之高，会稽之险，不能障矣;阖庐之教，孙、吴之兵，不能当矣。”[①]此段论述，可以让我们对以民为本,德法共治,以德服人,施以仁政的本质有了更好认识。这种认识，可让我们更好地理解传统中国治理体系的善和成功的一面，也让我们对中国古代的民族区域自治及相应的“朝贡制”“宗藩制”有了更深入和更接近历史的理解。“以德以义”，不以暴力来对待天下之民与天下之国，这正是中国的天下观的根本立足点。德施普也,天下文明,也成了中国古代社会的核心价值观和政策取向。

在中国传统文化中，中和是中国人的又一宏大深远的世界观，也是中国人对崇高价值的追求之一，并在中国古代社会的政治、经济、社会、文化、伦理等各个方面普遍地得以实践，对今天中国社会的价值取向也是极有助益的。

中，是本体论的核心概念。从唯物论的视角来认识世界，宇宙间万事万物无不在运动和变化之中。但这种运动和变化并非杂乱无章、无规无序的。世间的一切运动，在实际上都遵循了一定的规则，都是有章可循的。这个“章”，就是自然的或社会的规则。《易经·系辞下》说：“天下之动，贞夫一者也。”这里的“一”，即“中”，即“和”。所以，中在中国人的眼里，乃是对世间一切运动和变化本质的把握，是对宇宙间万事万物的相互矛盾和相互统一的辩证认识。老子是中国古代伟大的思想家和哲学家。其所留《道德经》中的辩证思想，堪称人类思想之精华。老子以“道”来阐释宇宙万物的演变，“道生一,一生二,二生三,三生万物。万物负阴而抱阳，冲气以为和”[②]。这里的道，展现为宇宙间统一的整体及其规律。这个整体又表现为阴阳二气，阴阳二气相交而形成各种新生体。万物背阴而向阳，阴阳两气互相激荡而成新的和谐体。此一论述，说到了万事万物的矛盾运动，而这种矛盾运动的源正是宇宙万物的本根及其存在的规则。也正如此，万事万物，其无论如何千差万别及变化无穷，但在实践中都离不开宇宙的本根，事物的阴、阳、和，即矛盾的对立与统一。而“中”，在中国古代的论述里就是一种全面的、综合的、整体的思维，是对万事万物由内而外、由表及里的全面考察和分析，是对万事万物的矛盾及其对立和统一规律的认识。

中,在实践中的集中表现是为“和”。在汉字里,“和”以“禾”作声旁,以“口”作形旁，在字义上表现了一种“相呼应”之义。和而不同，和的前提是万事万

① 《吕氏春秋·离俗览第七·上德》。

② 《老子·道德经》第四十二章。

物的存在。而事与事、物与物之间又有不同的要素、特性和功能，且都在不断地运动和变化之中。和，承认了差异存在的合理性及必然性，但又认可了万事万物间的相互协调、相互补充、相辅相成和相互结合，并以此创造出新的统一体。和在这里表现了一种以他平他的状态和功能，即互为他者的各种要素间的彼此相依相持、互惠互补，从而进入一种和谐新境界。这就是董仲舒在其《春秋繁露·基义》中所说的“凡物必有合”。

以中而论，其历史性与时代性结合，时间与空间结合，自然与人结合，个人与社会结合，个人的身、心、理、气也结为一体。中，在世界观上可收放自如：集中，可聚于一人；发散，可至社会、国家而天下。以和而言，则能互呼应、调阴阳、和上下、平四方，意味着世间的万事万物，各种不同要素的并存，矛盾与运动，但又在相互呼应、彼此配合、协调统一中，构成一个不可或缺的整体。

故中和达道，是按照“中”这一天下之大本，使“和”这一天下之达道，真正地成了人们自觉的社会认识和社会实践。中和达道，使中、和成了中华文明的一种宏大世界观，也使其成为中国传统社会的核心价值观。中和，则是以极大的包容性去调解去包容那些不同的人与物，及从不同的角度、不同的层面来观察与诠释自然与社会的一切矛盾与运动。甚至那些完全相反或完全对立的观察和诠释，找出其合理的或引以为戒的部分。当然，中和又不是完全的不加区别，不明是非，完全的一视同仁。它以中为本体尺度，以自然的和谐之道为规则，给不同的人和事，不同的观察和诠释，分别在自然与社会中予以不同的定位。所以，中国人以“中和”为自己的核心价值及对规则制定与判别的准则，其最显著的特征是，目标明确，实践性强，操作清晰而方便易行。在这里，价值的理性和工具的理性有机地结合，高度统一为一体。也正因为此，中和之观在推动中华文明发展的同时，也饱受挑战和冲击。尤其是近代以来，西方个人主义和“物竞天择”思想的冲击与挑战，让中国人自己都有了点那么不自信。一百多年以来，中国的民族复兴之路是那么艰难曲折，但又是那么可歌可泣。直到今天，我们才终于站了起来、富了起来，也即将强起来。回顾这一百多年的历史，苦难和辉煌也让我们回归了自信。对历史的自信，对自己文化的自信和对中国道路的自信。也正因为这种文化和信念的自信，中国人的传统价值观也得以回归。在以人民为中心的原则的指导下，人们对国家大一统、家国同体、天下为公、德施普世、中和达道、义利制衡等传统价值观念也有了重新的认识，并使之成为当今社会的核心价值观和法律价值的参考和依据。当代中国提出的建设和谐社会和人类命运共同体的新概念，新的世界大同观，自然而然地，也是对传统价值观念尤其是“中和达道”观念的响应和认可。“中和”之观也就在不断地挑战和冲击中调整了自己，并不断发展和革新，与其他传统价值观念一起，成为当代人们的核心价值观的内涵。

在以物质生产为基础的现代社会，利益关系是最普通也是最基础的社会关系之一。利益关系，在主体上体现了人的价值关系的本质。李德顺先生在其《价值论》一书中说道：“‘人对人的意义’问题不仅存在于物质的经济的领域，也存在于精神的文化领域。它们正是人社会生活中一个普遍的本质的内容。”① 而在利益的关系中，包含了公正与效率的价值。

第四节 “义利之辩”中的公正与效率

司马迁在《史记·货殖列传》中说：“天下熙熙，皆为利来；天下攘攘，皆为利往。”18 世纪法国启蒙思想家霍尔巴赫也同感而言：“利益是人的行动的唯一动力。”② 马克思主义在对资本主义社会的剖析过程中也提出了基于社会需求的利益观念。经济是社会发展的基础，物质的生产方式决定了社会的形态和社会的性质。什么是利益？从人类社会的历史和社会形态的发展变化来看，对利益的法哲学界定大概可分为三种：

第一种利益观认为，能带来快乐与幸福的事物就是利益。按照德谟克利特的观点，世界是物质的，人也是物质的，正是物质的运动构成了人与世界的关系。而人与世界的联系只能是人对物质世界的感觉以及由这些感觉形成的经验。这种感觉和经验也就构成了人之于世界或世界之于人的体验尺度，人也以此来衡量人生的幸福或不幸福。在德谟克利特的眼中，利益就是人生快乐的源泉。继德谟克利特之后，伊壁鸠鲁提出了理性利益的快乐观。其思想的基本命题是：

---

① 李德顺：《价值论——一种主体性的研究》，中国人民大学出版社 1987 年版，第 140 ～ 141 页。

② ［法］霍尔巴赫：《自然的体系》（上），管士滨译，商务印书馆 1999 年版，第 260 页。

人生的幸福就是追求和获得快乐，快乐是幸福的出发点和归宿，也是道德的出发点和归宿。“所谓的快乐，是指身体的无痛苦和灵魂的无纷扰”，因为“肉体的健康和生活的平静乃是幸福生活的目的”①。第二种利益观被界定为某种“好处”或“功用”，如《牛津法律大词典》将利益解释为：（在土地法中）土地中或土地上的权利。……如果该法定财产为受托人所有：或在他人土地上享有的其他某种权利的权益。第三种利益观是从人的需求角度出发，将利益界定为一种“社会化的需要，人们通过一定的社会关系表现出来的需要。利益在本质上属于社会关系的范略。社会主体维持自身的生存和发展，只有通过对社会劳动产品的占有和享有才能实现，社会主体与社会劳动产品的这种对立统一关系就是利益”②。这种利益“与个人或个人的集团寻求得到满足和保护的权利、请求、要求、愿望和需求”③联系在一起，将利益看作是“人类个别地或在集团社会中谋求得到满足的一种欲望和要求，因此人们在调整人与人之间的关系和安排人类行为时，必须考虑这种欲望或要求”④。

由此可见，利益无论是一种能带来快乐与幸福的事物；或是一种“好处”或“功用”；又或是“得到满足和保护的权利、请求、要求、愿望和需求”，在本质上，它都体现了人所必需的，关系生存与发展的需要。这也是人之个人或人之集体对社会的欲望、权利与满足。所以，利益是人生存与发展的本，是民之本。

但利益又是有限的。人对利益的无限追求和利益的有限性造成了利益主体的冲突。利益“就是人们受客观规律制约的，为了满足生存和发展而产生的，对于一定对象的各种客观需求”⑤，而利益冲突作为“不同的利益主体在争取利益的过程中所产生的冲突，是人们在获取利益的过程中彼此之间的矛盾趋于激化所表现出来的一种对抗性的互动过程”⑥。

但人又是理性的。为了避免利益冲突的激化，人学会了利益的平衡。平衡，是物理学的概念。《现代汉语词典》上说，平衡是“对立的各方面在数量或质量上相等或相抵”。当今学界，平衡已被运用于不同的学科，在社会治理方面也同

---

① ［古希腊］伊壁鸠鲁：《致美诺冠的信》，载《古希腊罗马哲学》，生活·读书·新知三联书店 1957 年版，第 367 页。
② ［英］伊丽莎白·A. 马丁：《牛津法律大词典》，蒋一平等译，上海翻译出版公司 1991 年版，第 257 页。
③ 李淮春主编：《马克思主义哲学全书》，中国人民大学出版社 1996 年版，第 376 页。
④ ［美］罗斯科·庞德：《通过法律的社会控制》，沈宗灵译，商务印书馆 1984 年版，第 81 ～ 82 页。
⑤ 转引自付子堂《法律功能论》，中国政法大学出版社 1999 年版，第 82 页。
⑥ 张玉堂：《利益论——关于利益冲突与协调问题的研究》，武汉大学出版社 2001 年版，第 57 页。

样地发挥着积极的协调作用，是用于解决各种社会现象和社会矛盾的重要方法。在一般意义上，平衡就是系统内部除因外力的影响而相对稳定的一种状态。在哲学的角度，平衡就意味着矛盾及矛盾相对立的暂时的统一。矛盾在本质上的斗争性与同一性，也显示了平衡的必要性和可能性。世间的一切事与物，都处在矛盾的不断运动、冲突、协调与平衡之中，但又在矛盾和矛盾的运动中走向了新高度，重新平衡后的新境界。正因为这种矛盾和矛盾的运动与平衡，自然界和人类社会才得以发展，得以进步。

所以说，人与人、人与集体、人与社会之间的利益关系原本就是一个矛盾的系统。在这个系统中，不断有矛盾和矛盾的斗争、平衡与统一。人作为利益系统中矛盾的主体，作为理性的人，其作用就是以理性的思维和理性的方式来调整矛盾，并求得矛盾的平衡和各矛盾主体的利益的相对最大化。法律，作为人类行为的规范，自然会成为协调利益的矛盾和冲突的重要手段。法律，也通过对利益的规范与协调，最终地实现利益的公正与利益的效率之间的平衡。

在利益关系中，公正与效率是一对矛盾体，也是一对法律价值。如何协调和处理这一对矛盾，又同时实现这一对价值，千百年来，人们苦苦地思索和实践，但又久久地困扰着人类，成了人类社会的千古难题。

中国传统的法文化，历有“义利之辩”，并涉及中国传统的哲学、政治学、伦理学、法学等各个方面。葛荣晋教授在他的《中国哲学范畴史》中说，义与利这对范畴包含了两层意义，一是道德行为与物质利益的关系；一是动机与效果的关系。① 张岱年教授则认为，义与利这对范畴包含的内容要更复杂得多，其既有个人利益与社会整体利益、阶级利益、民族利益的关系，又有道德理想与物质利益的关系，精神生活与物质生活的关系，以及人生价值等问题。② 实质上，“义利之辩”讨论的主要是公平与利益的位阶关系，或者说，是公正与效率的法律价值关系。

何为公正？公正一词最早见于《荀子》一书，它和公平、正义、中正、无私等是相似的概念，“公平正直，没有偏私”。《辞源》也将它解释为“不偏私，正直”。东汉学者许慎的《说文解字》中讲道，“公”是平分的意思，“正”即“直”，不偏不倚。汉语有很多词汇，如“大公无私”“铁面无私”“奉公守法”“天下为公”

---

① 葛荣晋：《中国哲学范畴史》，黑龙江人民出版社 1987 年版，第 309 页。
② 张岱年：《中国伦理思想研究》，上海人民出版社 1989 年版，第 124 页。

等都表达了同样的意思。

英语的“公正”是justice，其意包括了公平、正义、合理、公正等。在现实生活中，公正、公平和正义这三个概念就常常互换。又因为“公平”是“公共领域”和“平等”这两个词的复合，更多地反映了人的公正无私、不偏不倚的态度和行为方式。而“正义”只存在于公共领域，往往是指社会中的人或物的正当秩序。对公正一词而言，其内含之意恰好反映了正义的公共性质。公正，就意味着某种平等，如权利平等、机会均等、法律面前人人平等等，又往往是基础性和原则性的。当每一个人都能平等地享有应该享有的权利，平等地获得应该获得的利益时，这个社会就是公平正义的了。故可以说，公正就是公平和正义。

纵观人类的历史，无论中西，也无论是其历史的哪一个阶段，人类的理想之一，都是在追求一个公正而和谐而文明的社会。

古希腊时期，柏拉图和他的学生亚里士多德认为，公正是社会秩序的基础。近代启蒙思想家伏尔泰、孟德斯鸠、卢梭等人也对社会的公平正义进行了多方面的探讨。欧洲的空想社会主义者以社会的公平正义为理想，尝试着建设一个未来的乌托邦。大哲学家黑格尔将公正列为独立无二的社会法则。罗尔斯的《正义论》认为，公正是人类社会制度的首要价值。自古于今，有关公平正义的讨论和实践，仍然在中西方社会激烈地争论着、追求着。

在中国漫长的文明发展中，自夏、商、周开始，儒家、道家、法家、墨家及各诸子百家的思想里，无不包含了社会公正的理想。如，儒家有“义利之辩”“以义制利”，道家讲求“道法自然”，法家的“法不阿贵、绳不挠曲”墨家的“兼相爱、交相利”等。

公正是人类良知的呐喊，是人类的共性。它就像一盏明灯，照耀着人类历史的前进方向；公正也是法的重要价值，是人类社会的基本准则和标准，是一个社会健康发展的标尺，也是社会发展的基本价值取向。“得道者多助，失道者寡助”，这个道的基础就是公正，就是公平与正义。而人们衡量一个社会好不好，衡量一条法律或一个政策是不是“良善”，衡量一件事是不是合理，其基本的也是重要的标准就是公正。

中国古代自孔子始到清初学者颜元，在“义利之辩”中大多围绕着“重义轻利”或“利义兼顾”而展开。在古代中国，义曾是一个内涵广泛的道德范畴。孔子认为“君子喻于义，小人喻于利”[①]。在孔子这里，“义”既是一种道德，也是人格的衡量标准，“利”却是私利。义与利，也就成了君子与小人的衡量标准。但孔子并没有完全否定“利”，而是提倡君应“因民之利而利之”[②]，民则应“见利思义”[③]。可见，孔子反对的是无限膨胀的私利，对为民之公利是大加赞同的，也赞同义利之均衡。

孟子相较孔子，更强调了义与利的对立。梁惠王曾问孟子：“何以利吾国”，孟子说:“王何必曰利？亦有仁义而已矣。”[④]孟子更提出了“大人者，言不必信，信不必果，唯义所在”[⑤]的观念。古之“君子不言利”，并“贵义贱利”大概就源于此吧。

荀子是孔孟之后儒学的集大成者，提倡“礼义”“兼顾义利”，主张“法后王”，“义与利者，人之所两有也，虽尧、舜不能去民之欲利，然而能使其欲利不克其好义也”[⑥]。也就是说，“欲利”与“好义”乃人性的两面，必须两者兼顾，而不能肯定一面而否定另一面。如此，“义胜利者为治世，利克义者为乱世，上重义则义克利，上重利则利克义”[⑦]，“循其道，行其义，兴天下同利，除天下同害，天下归之”[⑧]，“先义后利者亲，先利后义者辱”[⑨]。可见，荀子虽然主张义利兼顾，但在价值认定和教化育人方面，他还是倾向于义的。

墨家则主张义利统一。墨子认为：“义，利也”，“利，所得而喜也”[⑩]。这就将义从本质上定为利。但，利有公私之别，有公利私利之分。所以，墨家在义利关系上，主张动机和效果结合，义利统一。

道家是既不重义，也不崇利，是义利的虚无主义者。老子专志于世界的本体论。庄子则主张“忘利忘义”，“不就利，不避害”。

韩非是先秦法家思想的集大成者，荀子的学生。在国家治理上，韩非建立了以法治为主的法、术、势相结合的法学体系，同时继承了荀子的朴素唯物主

---

①《论语·里仁》。
②《论语·尧曰》。
③《论语·宪问》。
④《孟子·梁惠王上》。
⑤《孟子·离娄下》。
⑥⑦《荀子·大略篇》。
⑧《荀子·王霸篇》。
⑨《荀子·荣辱篇》。
⑩《墨子·经上》。

义观和关于国家政治制度起源的认识论。荀子认为，国家的政治制度起源于人的求生欲望，即国民对生存与发展的需求。因为有此欲望与需求，人就会不断地追求物质利益和生存的享受。这原本是无可非议的。但人的这种追求超过了人际的界限，人与人之间就会发生冲突和斗争。于是，中国的先贤和强势者就制定了法与礼，让人们遵于其身份，各安其所，循其规则，各守其为。“先王恶其乱也，故制礼义以分之，以养人之欲，给人斗求”①，又说:“礼者，法之大分，类之纲纪。”②也就是说,礼是法的纲领。在《荀子》一书中,往往将“礼法”“礼义法度”合起来讲，可见荀子讲的礼已近于法。荀子这种关于人为了自身的生存与发展权，而不断追求利益和治者为了国家稳定，维系社会秩序，节制人的欲望，制定礼义以分之，用法和德礼来治理国家，调节人与人之间权利与利益的思想，在实践中也产生了中国国家的传统政治制度。这种政治制度及德法合治的实践，不仅为韩非及以后的法家所传承，也为两千年来以儒治国的历朝历代所接受。

在现代社会，义利之辩已经转换为功利与正义之争或公正与效率的权衡。公正是人类永久的追求，其内含有平等、公平、正义等；效率是社会发展的推动力,又意味着富裕与繁荣。故公正与效率不仅是法律所要实现的两个基本价值,而且是国家治理的两个基本目标和一国社会制度基点之所在。

近代以来，由于资本自由逐利带来的不平等、贫困与战争，社会主义作为个人主义的反面，作为对资本主义弊端的矫正体而出现。在社会主义者的心灵和信仰中，公正是社会改革甚至社会革命的目标。改革和革命的基本使命都是要实现社会的公平、正义和平等，让每个国民，不分阶级、出身、地位、财富多少，也不分地区、民族、信仰，都能在同一片蓝天下，享受自己理应享有的权利和利益，生活在同一个文明、富裕、平等、自由而民主的社会之中。

从中国人的传统思想来看，义应合乎于公正、正义或公益，是公正合宜的道，表述了一种公道、正义、道理或义举。所以，从概念的角度而言，义既有公正之内涵，但又比公正具有更丰富的意义。义与利、公正与效率，乃矛盾的对立体。其不仅有对立和冲突的一面，即存在对立性；也有其统一和协同的一面，存在着同一性。这种同一性，一是相辅相成，包括相互依赖、相互促进和相互合作；

①《荀子·礼论篇》。
②《荀子·劝学篇》。

一是相互转化，包括相互联系、相互渗透、相互贯通和相互转化，是辩证及唯物的矛盾对立体。

义与利、公正与效率的同一性，是社会生活的客观存在，是社会和谐的一种表现。一般来说，人们可以通过政策、法律和道德等不同规范来认识、体现或调整之。比如在就业机会中的种族歧视或性别歧视，在本质上是公平与效率的关系，但我们在消除歧视的同时，可以通过职业技能培训，加强管理，提升职业技术含量等措施，在实现公平的同时来提高效率。

义就是公正，是公平与正义的体现。在处理义与利，公平与效率的关系时，我们理应掌握三个原则：一是调和原则；二是此消彼长原则；三是社会和谐原则。美国经济学家奥肯（Arthur M.Okun）认为，公平与效率的调整总是相互冲突、此消彼长的，并将之称为“重大的权衡”（the big trade-off），同时提出了这样的权衡意见：“如果平等与效率受到同等对待，分不出孰高孰低，在两者发生冲突时，就必须寻求调和。在有些时候，为了效率就要放弃一些平等；另一些时候，为了平等，必须牺牲一些效率。但无论哪一方做出牺牲，必得以另一方的增益为条件，或者是为了获得别的有价值的社会目的。尤其重要的是，在做出允许经济的不平等的社会主张时，一定要保证经济效率得到提高。”① 奥肯的意见，在实际上体现了公平与效率的三原则。

但在实践中，无论是以调和，还是以此消彼长、以和谐共享原则来处理义利之争或公平与效率的关系，在结果的评估上，都常会有不一致之处，引发争议。因此，我们又会参考以下三点意见作为衡量的标准，即

一、亚当斯的贡献率。美国学者约翰·斯塔希·亚当斯提出了一个判断公正与效率的标准——贡献率。贡献率的视点与社会主义按劳分配的原则大体一致。它强调了个人的所得应该与其付出成正比。贡献率是亚当斯的正义论的核心。但于其中，却忽视了因地区差异、个人身体缺陷、受教育程度、家庭等因素产生的能力差别和政府调节以及社会的保障功能等。

二、平均律。有的学者或民众认为，公平就应该按人分配，“大家得的都一样多”，搞平均主义、大锅饭。平均律的缺陷，是人的激励能力的弱化或丧失。

三、需要律。又有人认为，应该按照各人的需要分配才显公平。按需分配，

---

①［美］阿瑟·奥肯：《平等与效率：重大的权衡》，王忠民、黄清译，四川人民出版社 1988 年版，第 122 页。

这是人类的一种美好理想。但在人类的思想、欲望都还达不到公平、正义的理想境界及社会物质财富依旧稀缺的今天，这种理想就是超现实的乌托邦。

显然，对公正与效率的这三大评判都具有一定道理和可适用性，但又都具有局限性。具体适用时，应根据具体情况具体分析，综合评价和综合考虑。只有这样，我们或许才能找到更好地兼顾公正与效率的方案。

另外，有学者提出了一个公正公平的理论模式：

$Qp/Lp = Qy/Ly$

式中，Qp——代表了一个人对他所获报酬的感觉。

Lp——代表了一个人对他所投入的感觉。

Qy——代表了这个人对某比较对象所获报酬的感觉。

Ly——代表了这个人对某比较对象所投入的感觉。

显然，以上有关公正公平的理论模式仅仅是一种个人的心理测评。而每个人因其所处社会环境的不同，其所置的社会角色、能力、贡献与所获报酬的不同，其心理的表现和测评结果是很有差异的。另外，个人的心理感受也不能代表社会的公平正义与否。故此关于公平正义的理论模式，用于个人的心理测评会有一定参考价值。但要用于社会公正公平的判断，则要合理选择样本，进行一定规模的科学的统计分析了。

从操作层面来看，公正与效率这一对矛盾的价值体，何者处于第一位而兼顾第二位，或两者协调，均衡发展，大致算来有三种情况：一是“公正与效率均衡”，其原则是以最小的不公平获取最大的效率；或者以最小的效率损失换取最大的公平。二是“公正优先，兼项效率”。关于公正优先的问题，北京大学著名经济学教授厉以宁从经济学的角度认为，公平正义首先应是机会均等。而收入分配的不均等或权利的不均等，首先是因为机会不均等条件下产生的利益与权利的不均等，这种不均等相对来说更不利于社会的协调与稳定。其次是因为机会均等条件下产生的利益与权利的不均等，这种不均等主要源于环境与能力等的差异，但对社会协调与稳定的影响却小于前者。所以，我们应把机会均等的公平放在首位。再其次，利益与权利的均等在实践中是不可能完全实现的。但差距和不平等在一定历史时期的存在，并不意味着可以任其无限扩大。一旦利益和权利的不均等影响到社会的发展和稳定时，公平就应该放在社会政策的首位。而把公平正义放在优先地位，就是反对机会不均等下的竞争，就是要把对利益与权利过分差距的调整放在首位。三是“效率优先，兼顾公平”。关于效率优先，厉以宁教授从经济学的角度同样地归纳了几条：首先从人的本性和天赋权利的角度而言，效率自然会放在优先地位。效率是资源配置以市场竞争为前置条件的结果。把效率放在优先地位，就是把自由参与权放在优先地位。其次，各生产要素的提供者即使站在同一条竞争的起跑线上，因为能力与努力程度的不同，效率也是不同的。因而，把效率放在首位就是把努力和勤奋放在首位。再次，效率的源泉是生产要素提供者的主动性和积极性，而公平，不管是机会均等或收益分配的均等都缺乏主动性和积极性，一定程度上都是政府干预的结果。如果没有市场的竞争，也就没有了人的主动性和积极性。所以，效率应当优先。[①] 复旦大学的张文贤教授在其主编的《改革与效率》一书中也说道：“以效率为目标和准绳，实现最大限度的公平。这是社会主义经济正常发展的要求。”[②]

由此可见，公正与效率的这三种关系，无论哪一种，其在实践中都有一定合理性，但也具有局限性。严格地说，“公平与效率均衡”，或“公平优先，兼顾效率”，再或“效率优先，兼顾公平”，这在社会实践中都是很难做到的，也无一定的操作之规可供实践。

美国经济学家奥肯在其《平等与效率：重大的权衡》一书中，把公平与效率的关系分为政治权利、人身权利领域（奥肯简称为权利）和市场领域（奥肯简称为市场）。在此基础上，他又首先分析了权利的存在及其特征与局限性[③]，然后号召社会，在公平里注入一些理性，在效率里添加一些人性[④]。但从法律实践的角度而言，就不是那么简单了。法学是规则之说。在法的意志中，统治阶级的意志与被统治阶级的意志是有差异甚至冲突的。公正与效率，作为法律价值在不同的领域和不同的层面也会产生差异，出现冲突。而法律，其本身既是公平与效率的复合载体，同时也是调节和实现公平与效率的综合性工具。在法律的设计和执行上，人们会寄托不同的信仰，不同阶级与不同民族的信念，不同的价值观及对公正与效率的不同认识。

因此，公平正义是在一定社会环境及社会实践的基础上，对当时的社会关系概括和提升出来的理想模式及社会原则。它不仅是一个历史的范畴，会随着

---

① 参见厉以宁《经济学的伦理问题》，生活·读书·新知三联书店 1999 年版，第 13 ～ 17 页。

② 张文贤主编：《改革与效率》，复旦大学出版社 1993 年版，第 69 页。

③［美］阿瑟·奥肯：《平等与效率：重大的权衡》，王忠民、黄清译，四川人民出版社 1988 年版，第 10 ～ 13 页。

④ 同上书，第 14 页。

社会的变革与发展不断地演变着，也因对理想的渴望程度不同又可分为不同的层次。比如说，封建主义时代公平正义的理想是以“均田均赋”为核心内容；资本主义时代公平正义的理想是消灭等级特权，人人平等；社会主义时代理想的公平正义是消灭剥削，建立一个“各尽所能，按需分配”的大同社会。但一回到实践，人们又不得不承认公平正义的相对性和历史性，承认它是以生产关系为基础，建立在一定的物质基础上的社会原则。所以，在一定的社会制度和物质条件下，法律首先保障的是最基本的公正。在这个基础上突现公平与正义，于经济领域应是机会的均等和按劳按效益的分配；在社会生活中应是人格平等、自由和法治；在政治领域应体现文明与民主的原则。可以说，这个基本公正的内涵又回归于人的基本生存权和发展权的满足。与西方法文化关于公正与效率的争辩一样，中国传统法文化的“义利之辨”也主要表现于公正与效率之争。但与西方不同的是，无论是取义而舍利，或义利兼顾，及义利均衡，其义与利即公正与效率的取舍更基于民本之实，即以民为本的社会观、以民为本的社会发展模式、以民为本的国家治理和以民为本的生存与发展。

“天道远，人道迩”，这是春秋时期郑国执政子产的思想。在春秋时期，中国大多数民众还是奴隶身份，而此时的子产执政却提出了“人道”之思想，并认为：“夫礼，天之经也，地之义也，民之行也。”赋予人道以天道的意义，也就是“天赋人道”，是自然之法理，是任何人都不得以任何理由相违背的公理。这是中华文明的一个很大进步，是与西方社会“天赋人权”相媲美的人权观。天道即人道，并且是“天经地义”的。所以，子产还是“天经地义”这一成语的原创者。不仅如此，中国的先贤们还将“义利之辨”的义与利落于民本之实，以“民本”作为义与利的均衡点和评价准则，并传之于当代，成为中国国家治理“以人民为中心”和“为人民服务”思想的源泉。由此可见，无论是传统或当代，在中国民本法文化的原则和价值观念上，公正与效率的均衡及调节点，都是立于人的基本权利，即人的生存权和发展权，也是人的最基础的人权之上。这个，将义和利落实于民本，落实于民的基本生存权和发展权的中国民本法文化，其不仅讲公正，求效率，还有公正与效率的均衡。这种均衡，在现代法学上体现了现代人权与传统民本观念的结合。阿瑟·奥肯曾给出公平与效率之间的优化关系，这就是：恰到好处地增进公平，直到公平之所得正和降低效率之所失相抵。[①] 从而促使我们努力去实现或促进公平之所得与效率降低之所失相均衡。这样的均衡是实际的、可行的，它能给民以切身的感受。故“义利均衡”，或公正与效率的均衡，其原则应以民为本，而国家则以民生和民权作为国家治理的准则。

民本原则下的义利均衡，与国家大一统、家国同体、天下为公、德施普也、中和达道等共同构成了中国民本法文化的基本法律价值。

德国思想家黑格尔在论述中国传统法律时认为：在中国，皇帝即是家长，国家法律部分是法规，部分是道德的规范，结果是内在的法律和主体对于自己意志内容的了解，作为它的内在性和外在的法律条例而存在。由于把道德法律看作国家法律，法律本身具有伦理的外表，所以内在性的范围在这里无法走向成熟。[②] 黑格尔的分析与很多中国法学者的认识是一致的。在中国的传统法文化中，“仁”和“礼”是一对社会价值观，却又包含了伦理和法律的双重规范。在此价值及其规范的指引下，中国民本法文化也处处散发着伦理性。

第五节 从民本中走出的德礼规范

在中国的传统文化中，德与礼，既是中国人的两大思想观念，也是中国人的两大行为规则。德为人的品行，是人相处于世、待人接物的良好品质。在中国古代，儒家提倡为政以德，强调了德治与法治在国家治理上的相辅相成及协同作用，以及德对人的感化、教育和规范。而从德中衍化而出的礼，其不仅是一套完整的礼教仪式，更是传统文化中用于国家治理的制度规范，社会秩序和行为准则。《说文解字》说：“履也，所以致福也。”春秋时期，是政治家子产最早把礼作为人们的伦理道德和行为规范。在中国的传统文化中，礼包括了孝、慈、恭、顺、敬、和、仁、义等。所以，德和礼一直是传统中国法理的核心概念和

---

① ［美］阿瑟·奥肯：《平等与效率：重大的权衡》，王忠民、黄清译，四川人民出版社 1988 年版，第 124 页。

② ［德］黑格尔:《东方世界》，载［德］夏瑞春编《德国思想家论中国》，陈爱政等译，江苏人民出版社 1995 年版，第 111 页。

重要原则。中国古代社会的德与礼，既是中国民本法文化的思想观念，也作为人们的一种行为准则并将之入刑，早已成为中华法系的特色之一。中国古代社会的德礼观念和行为规范，最终的追求是建立一个有秩序的平衡社会，即费孝通先生在《乡土中国》中谈到的“差序格局”[①]。这种“差序格局”，虽然有其不合理之处，但却维持了传统中国二千多年的大一统社会，维系了中华文明的久远传承和社会之发展，故又显得那么合理、文明，深入中国人心。由礼而合于德，归于道，归入人类自然的规则与法理。德、礼、法的合一，即天理、情理和法理的合一，是中国之道，是中国民本法文化的基础法理。传统中国的最优秀法典《唐律疏议》就本着“德礼为政教之本”的宗旨，其500余条律文中的不少律条和疏议就直接以德礼为据。[②]自唐以降，特别是宋明理学取代汉唐儒学成为中国的主流意识形态后，德礼规范，礼教合一，礼教的观念也得到社会的普遍认可和传授。尤其是明、清两朝，其法律律文的礼教化更胜于《唐律》。所谓“礼之所去，刑之所禁；失礼则入刑，相为表里者也”[③]。

为了维护“德礼”的准则和规范德礼的行为，孔子在道德伦理的基础上提出了“仁”。《论语》中讲到“仁”的地方很多。其中，孔子答颜渊问仁一段，既说明了孔子关于“仁”的认识，又概括了“礼”与“仁”的关系。

“颜渊问仁。子曰:克己复礼为仁。一日克己复礼，天下归仁焉”[④]，“克己”，就是对自己行为的约束和规范;“复礼”，是把不合“礼”的言行归入“礼”的范畴。“非礼勿视，非礼勿听，非礼勿言，非礼勿动”[⑤]，一个能约束自己、规范自己的人，再使之符合于“礼”，就做到了“仁”。可见，孔子倡导的仁，就是用道德来约束人的视、听、言、行的意识和行为规范。

以后的发展，“仁”渐渐地转化，体现为一种仁慈博爱的精神和行为，使之居于中国古代“三纲五常”中仁、义、礼、智、信的“五常”之首。传统中国社会，君为臣纲，父为子纲和夫为妻纲的“三纲”与仁、义、礼、智、信的“五常”，合称“三纲五常”。纲，为总绳，显示了事理的关要和引领；常，为经常、永久。“三纲五常”表述了传统中国社会在久远的历史进程中理应遵守的社会伦

---

① 费孝通：《乡土中国》，生活·读书·新知三联书店1985年版，第21～28页。

②（唐）长孙无忌等撰：《唐律疏议》。

③《后汉书·陈宠传》。

④⑤《论语·颜渊》。

理及个人德行，并成为中国古代社会传统法律规范的准则。“纲常”在传统中国社会也常成为道德或一般道德律的称谓。[①]传统中国社会的发展和稳定，三纲五常也曾发挥过积极的作用。传统中国社会的兴盛，与将“纲常”作为法律规范准则的传统法律及社会习俗紧紧关联。在中国历史的很长一段时期内，“三纲五常”即为天理，并融入传统中国的思想体系和中国人的世界观与人生观。中国当代的新儒学大师、哲学家及哲学史家贺麟先生就曾认为：在传统中国，三纲之为纲，其合理性不仅体现于自然、政治、道德及法治中，更对中国的大一统国家的存在和维护起到了很明显的作用。[②]只是随着传统中国社会的由盛变衰及向现代社会的转型，三纲五常尤其是三纲中的不平等观对社会进步的消极甚至阻碍作用才日益凸显，并长期受到批判。这也是社会进步的反映。本书于此不作讨论。但“五常”作为具有普遍意义的道德准则与行为规范，除去它不合时代进步的部分，仍可重新检讨，再视它在中国民本法文化中的表现和作用。本书，则重点审视仁、义和礼，对智与信仅作简单讨论。

仁，是中国文化特别是中国儒学的核心观念。在文字造型上，“仁”从人从二，体现了人的相互之间的共存、互助和互爱。仁的基本含义是对他人的尊重、友爱和扶助。前文说到，孔子视“仁”为“克己复礼”。那是因为在孔子的时代，正是中国春秋时期的“礼坏乐崩”之时，僭越礼制、犯上乱纲、弑君弑父的“无道”行为时有发生。故孔子一方面要求人们特别是贵族之间要“克己复礼”，一方面又把“仁”视为人们之间相处的道德原则，强调“仁”就是“爱人”[③]。仁的要求和规范，是要实现人与人之间的自我克制、相互妥协和相互包容，实现人与人之间的互爱、互帮和互助。对自我的克制、妥协和包容，孔子还进一步提出了“夫仁者，己欲立而立人，己欲达而达人”[④]和“己所不欲，勿施于人”[⑤]的基本原则。也就是说，自己希望达到的，也要让别人能够达到；自己不愿意的事情，就不要强加于别人。孔子的学生曾参就将“仁”的这两条原则概括为“忠恕”，应该是孔子的原意。忠恕与互爱互助之道，应是孔子“仁”的学说的中心意思。

渐渐地，“仁”也成了中国民本法文化的基本原则和法律规范。《唐律疏议·名

---

① 冯友兰：《中国哲学简史》，涂又光译，北京大学出版社 1996 年版，第 170 页。

② 贺麟：《五伦观念的新检讨》，载胡晓明、傅杰主编《释中国》（第二卷），上海文艺出版社 1998 年版，第 1204 ～ 1218 页。

③⑤《论语 · 颜渊》。

④《论语 · 雍也》。

例》中说："平其徽缦而存乎博爱"，长孙无忌等人在《进律疏表》中更进一步表述说："而体国经野，御辨登枢，莫不崇宽简以宏风，树仁惠以裁化。"[①]宋代理学家朱熹也说："虽曰杀之，而仁爱之实已行乎其中。"以及《清史稿·刑法志》引《尚书》所说："明于五刑，以弼五教"和"士制百姓于刑之中，从教祇德"等论述，都很清楚地将仁作为了中国传统法律的基本原则和行为规范。这一原则在刑法律条上的突出表现就是慎刑和恤刑的宽宥制度。包括死刑复核、诸司会审、秋审朝审、秋冬行刑等慎刑制度，以及对老、弱、病、残、鳏、寡、孤、独和对妇女、儿童的恤刑制度。[②]这些制度，自西周《吕刑》到《大清律例》，各朝各代的法律正典都有律文规定。作为中国民本法文化中体现法的宽容和仁爱的原则，自《北齐律》之后，一般都作为法律原则而载入法典的首篇《名例》之中，起到了指导和规范全篇律文的作用。如《唐律疏议》中对加役流的疏议就称："加役流者，旧是死刑，武德年中改为断趾。国家惟刑是恤，恩弘博爱，以刑者不可复属，死者务欲生之，情轸向隅，恩覃祝纲，以贞观六年奉制改为加役流。"[③]在中国传统的文化观念里，德、仁、善是意义相通的。所以，我们讲民本法文化的道德原则，主要是在说它的仁和它的善。

当然，除了我们已经说到的仁与礼之外，传统中国法律的道德原则还有义、智和信。我们已经说过，义的基本含义就是适宜、恰当，其内又含有正当、正义、公平、公正的意思。[④]公正，这是人类法律的共性之一。无论我们处于何时何地，也无论我们是什么民族和信仰何种宗教，以及对公正的理解又有何不同，但公正立法，让法律体现公平与正义，却是人类普遍的立法与执法原则。自然也是传统中国法的立法原则或法律根据。正如《唐律疏义·名例》序中所说："律者，训铨、训法也。《易》曰：'理财正辞，禁人为非曰义。'故铨量轻重，依义制律。[⑤]"在阶级社会中，义的正当性又与人的身份有关。这也是世界各国旧有法律的一大特征。在中国古代，人虽有地位及身份的区别，历来的统治者却在儒

① （唐）长孙无忌：《进律疏议表》。

② 传统中国法律的慎刑与恤刑制度，一直具有悠久历史。其涉及中国古代民法、刑法等多方面的法律规范。可见于古代诸多法典的《名例》篇，《历代刑法志》中都有相关记载；又可见于［美］D. 布迪、C. 莫里斯《中华帝国的法律》，朱勇译，江苏人民出版社 2004 年版，第 86 ～ 106 页，"司法制度"或《中国法制史》中有关司法制度的部分。

③⑤（唐）长孙无忌等撰：《唐律疏议 · 名例》。

④《唐律疏议 · 名例》的序中有"理财正辞，禁人为非曰义"。这里的"义"，可解释为：义，宜也。言以此行之，得其宜也。

家思想的影响下，接受“三纲五常”之教，都把仁与义综合起来思考，统称为仁义。仁有自我约束与规范之德，有互助互爱之为；而义有合理、正当而利他的道德要求与行为规范。故仁义是自我规范而又利他的德和行为，这是中国民本法文化的一大特色。

在中国的民本法文化中，“杀人者死，伤人者刑”。但对具有“亲、故、贤、能、功、贵、勤、宾”等身份的皇亲国戚、功勋贤能之士，其犯罪要交由君主裁决或按减免处罚的“八议”制度依法从轻从宽。对有官职的人有以官职折抵刑罚的“官当”制度；以及怜老恤幼、抑强助弱的法文化思想及宽宥的法律规范。所有这一切，在内涵上都体现了中国“义”的法原则性，体现了现代社会关于公正、公平与正义的基础内涵。

至于智，即智慧、聪明而有才能、有智谋等。在中国文化中，智既是人类的知识又是人的智慧。但并不是所有的知识或智慧都是中国民本法文化中的“智”。中华文明中的“智”，曾被视为实现最高道德的原则，是合乎于仁、义、礼的知识与智慧。所以，这种智是德智，是仁的重要内涵和条件。其表现为中国人的大智若愚、明智通达、贤能宽厚，为法律所尊。在中国人的眼中，要达德明智，必须经过“知”和“智”的五个阶段，即博学、审问、慎思、明辨和笃行。例如在中国民本法文化中，人分为士、农、工、商。而士人和农人是良民，工及商为贱民。良民与贱民身份不同，权利和义务也存在差别。[①]尊智，是中国传统的社会风尚和法律原则，以智划分身份是中国古代法律的特色。除尊智以外，中国民本法文化及法律实践对弱势群体历来都有社会帮扶、体谅和刑罚减免的规定与习俗。《唐律疏议 · 名例》中就有：“诸年七十以上、十五以下及废疾，犯流罪以下，收赎。八十以上、十岁以下及笃疾，犯反、逆、杀人应死者，上请；盗及伤人者，亦收赎。余皆勿论。”[②]这些法律的规定，在本质上体现了中国的“智”中之德，体现了智中的仁义。对于此举，以美国学者 D. 布迪和 C. 莫里斯为代表的一些西方学者亦大加赞赏。[③]

除仁、义、礼、智之外，“五常”之中尚有“信”。信在中国传统文化中有信仰、信念、信义、诚信、信用、信心等若干含义。中国民本法文化中的“信”

---

① 参见瞿同祖《中国法律与中国社会》，中华书局 1981 年版，第 130 ～ 249 页。

②（唐）长孙无忌等撰：《唐律疏议 · 名例》。

③ 参见［美］D. 布迪、C. 莫里斯《中华帝国的法律》，朱勇译，江苏人民出版社 2004 年版，第 24 ～ 31 页。

主要是指诚信，即诚实，讲信用，不虚伪。中国的儒家，把“信”作为立国、治国的根本。《论语·学而》中有“吾日三省吾身，为人谋而不忠乎？与朋友交而不信乎？传不习乎？”信近于义。在现代社会，诚信是当代中国的核心价值观，是人类的元伦理，也是中西方民法法典的基本原则之一。西汉时期，学者戴圣将秦汉以前的部分典章著作编辑成《礼记》一书。该书阐述了中国古代的社会制度、政治、哲学、伦理、宗教、礼法、律令等方面的思想和理论，是古代士者必读的“十三经”之一。在《礼记·月令》中就记有中国古代“物勒工名，以考其诚；功有不当，必行其罪，以穷其情”的制度设计。这一制度在中国传统法律中也多有规范。如《唐律疏议》十二篇，其第八篇《诈伪》就是对国家承袭制度中的不诚实行为的处罚规定。如“非正嫡诈承袭”条规定了“诸非正嫡，不应袭爵，而诈承袭者，徒二年；非子孙而诈承袭者，从诈假官法。若无官荫，诈承官荫而得官者，徒三年……”①在私法领域，《唐律疏议·杂律》以及《唐律疏议·擅兴》等篇，亦规定了“诸造器用之物及绢布之属，有行滥、短狭而卖者各杖六十……”②这些规定和条文，都是根据《礼记》“物勒工名”的精神，以诚实信用作为中国古代民法和民商法的共同原则和法律规范。

在中国的现代法学论述中，我们常会看到和听说：中国古代社会的传统法律缺失民法和民商法，或两者皆规定不足。这一论述，在一定程度上是对的，却也有不全面之处，主要是对传统法律的认知不够全面。中国的传统法是一个大法，混天理、国法、人理为一体。在法律门类的划分上，中国传统法确实不如西方划分得那么详细。但在中国民本法文化的观念中，天理是人的本性和自然规律之所在。但天理却又以人的认知为准，以人代言。天理之中，就充斥了人理和人性；国法也由人来制定与规范，其上达天理下通人性，又与人理相合拍。故此可见，中国传统大法中的天理、国法最终都要落实于人理或人道之中。所以，中国传统的法虽然是以天理、国法、人理混为一大法律系统，没有详分出民法、商法、行政法、劳动法等门类，但你不能说中国没有民法。只是因为，在中国民本法文化中，天理、国法与人理一脉相通，一线相连。中国的许多民法规定已写入德礼规范和刑法之中，亦常见于乡规民约与习惯法。《唐律疏议·名例》中的“大不敬”就有注说：“指斥乘舆，情理切害。”对“情理切害”又加以解

①（唐）长孙无忌等撰：《唐律疏议·诈伪》。

②（唐）长孙无忌等撰：《唐律疏议·杂律》。

释说："旧律云'言理切害'，今改为'情理切害'者，盖欲原其本情，广恩慎罚故也。"① 原其本情，是要求执法者在执法时应考察违法人员的违法动机、违法环境和违法情节，能以仁爱之心广恩慎罚。原其本情和广恩慎法，两者都源于人理和人道。这也是中国民本法文化的德与仁的体现。人情人理，情与理，最终都要归之于理，合于道。无理之情，并不符合中国人的道德观念，是失德的恶，非仁爱之举，于法也不容。所以，在中国的传统文化中，情乃根植于理，合于理。人情人理，最终又要植于天理，合于道。同样地，天理、国法、人理都要归于一理；天理、法理、人理实为一理。这个理或道，就是人生长于世、发展于世的基本要求和权利，即人的生存权和发展权。这是民本之本，是人理，是中国道的基础和本根，也是中国传统民法和民商法的基础和基本规范。

人理是传统中国社会的主流思想和价值判断。于传统中国而言，这个人理，最初融于"德"，后来又与"礼"相结合，逐渐成为中国特有的思想体系和行为规范，即中国古代"德"的思想与德礼规范。人理的核心内容即本节所说的"三纲五常"，古代学者将其称为"纲常名教"。在传统中国社会，上至帝王，下到平民，士之精英与普罗大众，无不以"三纲五常"来约束自己，规范自己的一言一行，并将之作为立法的准则、执法与法律评价的标准。正如宋代理学家朱熹所说："盖三纲五常，天理民彝之大节而治道之本根也，故圣人之治，为之教以明之，为之刑以弼之，虽其所施或先或后，或缓或急，而其丁宁深切之意未尝不在乎此也。"② 具体到中国传统法律的典籍、律文、案例，凡其法理原则符合"三纲五常"的，则都具有了合理性和合法性，即符合于人理。而不符合"三纲五常"的法律与判决，则失去了合理性与合法性，失去了人理。所以，一些法学家把中国传统法律称为礼法或情理法。我们在前文中谈到，中国传统法律因其根植于道德，仁心善治，也确实充满了人的情理。但情又源于理，合于道，而理又根植于道德，表现于礼，故将之称为德礼法规或德礼规范，可能更适宜一些。

当然，以现代法的眼光来看，"三纲五常"作为传统中国社会的道德准则及法律规范，其封建性、专制性与宗法性也是显而易见的。用现代法文化思想的视角来观察，其在人格与人权上的不平等，也为新时代男女所批判，弃之而不用。就如任何思想的不足与缺陷常常是与它的长处与优势并存一样，"三纲五常"中

---

①（唐）长孙无忌等撰：《唐律疏议 · 名例》。

② 转引自杨鸿烈《中国法律思想史》，中国政法大学出版社 2004 年版，第 141 页。

尤其是仁、义、礼、智、信之“五常”在中国社会能够长期为人所接受，就在于它符合于道与理。而其“纲常”中的人本性，也体现了中国民本法文化的最高原则和最大的价值追求，及对民的生存权与发展权的诉求和实践。

在中国人看来，以民本为根本和以“纲常”为主体内容的中国民本法文化，其道德原则是人的本性。以人为本，或以民为本，都是立足于人性与民权的道德，体现了人与人的德及对人性的确认、保护和促进。在中国的夏商时期，原始的法律规范依旧以“天罚神判”为主，依然处于自然法的神权阶段。但从西周开始，人们对规则的主体性和理性渐于增强，人文法也逐渐地代替了原始的神权。到春秋战国时，法家兴起。而西汉以后，虽朝廷“独尊儒家”，实则是儒法合流，法的规则与儒的伦理相结合。到了唐朝及以后，更形成德礼法一体、德主刑辅的中国传统法律制度。《汉书·元帝纪》里就记载了汉宣帝训斥太子的一段话：“汉家自有制度，本以霸王道杂之，奈何纯任德教，用周政乎？”汉宣帝所说“霸王道杂之”的政治制度，中国历史上称其为“儒表法里”或“外儒内法”。也就是我们现在所说的德礼规则，德主刑辅的法律文化。这是中国古代已经高度发达的人文法。本书称其为德礼规则，其正当性来源于它的道德性和民本性。从今日社会思想的立场和视角来看，剔除它那过时的，满含封建性、专制性和宗法性的陈腐观念及规则，传统中国法的人文性在今天仍具有深厚的可取价值。这些价值，包含了它对人的德性，对仁、义、礼、智、信的倡导，对以民为本的法律原则的遵循。孟子说：“人之所以异于禽兽者几希，庶民去之，君子存之。”① 故“无恻隐之心，非人也；无羞恶之心，非人也；无辞让之心，非人也；无是非之心，非人也”②。而仁与义，乃德的核心。自古以来，中国人就将德列为从小人到圣贤的品格区别。法必须以德为价值，以民本为原则。法的这种人文性和民本性，就是中国民本法文化的本性。

中国民本法文化的本性，其具体体现就是从民本出发，以人的生存权和发展权为中心，以仁义为核心的善。在传统中国的法律观念中，仁义是法的本质的内涵。正如《唐律疏义·名例》中所说，法的宗旨是“防其未然”和“存乎博爱”，并因此而设立了一系列的法律法规。元朝学者柳赟，对《唐律疏议》中的此议而加评论说：“盖姬周而下，文物仪章，莫备于唐。始太宗因魏征一言，遂

---

①《孟子·离娄下》。

②《孟子·公孙丑上》。

以宽仁制为出治之本。中书奏谳，常三覆五覆而后报可，其不欲以法禁胜德化之意，皦然与哀矜慎恤者同符。”[①]《唐律疏议》的这种立法宗旨，体现的就是传统中国的民本法文化思想。正是因为中国的民本法文化，有以仁和义等“五常”价值思想的指导和规范，传统中国的理，才成为中国人的基于道德观的一种诉求。认理、说理、服理乃人类的天性，更是中国人的天性。这也是中国民本法文化同于西方，而又异于西方之处。同于西方，是因为中西法文化都有德与善的追求；异于西方，是因为我们表达的重点与内涵的差异。我们的德，是基于家国同体、天下为公、求仁求义的民本原则，而仁、义、礼、智、信之五常，有自我的约束，也有利他的要求。这是个人的规则，也是群体的规范，更是社会的共识。而西方的德，主要基于对个人权利的诉求，是自我的及对他人的要求，是个人的权利和对他人要求的义务。中国的以德为仁的思想，约束自己而利于他人的德和以民为本的行为规范，则是中国民本法文化的闪光之处。

因为在中国文化的思想和观念之中，万物有道，道中有德，德又贵在于生。生，用当代的文化观念来理解，有生育、生活、成长之意。故生是万物应有的天赋权利，是万事万物的生存权和发展权，是天道。生而万物竞之，但又不能剥夺任何一物的生的自然权利。生是万物之本，也是人之本。所以，中国人的从人的生存权和发展权引申而出的德，是自我规范、利他、奉献与责任的合一，天与人的合一。人类社会与自然界的万事万物，一旦失去了德，失去了自我规范、利他、奉献和责任，则社会将陷入动乱，万物将归于寂灭。所以，人类社会的文明与进步，人与自然的和谐共处，就在于人的最本质的德及基于德而产生的规则：自我规范、利他、奉献和责任。利己和索取的无限制，这在中国文化中是一种失德之举。在中国哲学经典《老子》中说：“上善若水，水善利万物而不争。”这种从《老子》中发展而来的中国哲学，自古以来，就深深地影响着中国人的思想和行为。中国古代典籍《大学》中有言：“大学之道，在明明德，在亲民，在止于至善。”明德、亲民并止于至善的观念，反映到中国民本法文化中，就是纲常中的五常而体现的德与善。德与善的本性是仁、义、礼、智、信，这同时是传统中国法律的本质。在制度的设计上，它们既成为中国人的行为规范，也成了中国传统民法的基本通则。在一定意义上，以民本、德与善为法律原则，以仁、义、礼、

① （唐）长孙无忌等撰：《唐律疏议·序》。

智、信为法律通则和行为规范而设计的传统中国的德礼规范就是中国的传统民法。这一德礼规则，既包含了国家制定的德礼规范，也包括以五常为法律通则而形成的乡规民约与习惯法。

传统中国法，这种以德向善的法律通则，其坚实的法理和哲学思想，就在于德与善皆为人类的首则，是道德的本原。没有道德，人将不为人，而沦为他类、兽类。对此，中国古代先贤孟子和西方哲学大家康德都有过论述，尽管他们的用词有所不同，但思想的内涵和本质是一样的。可以说，以德向善的道德是中西方文化的共识。遗弃这些思想中旧的不适宜现代社会的思维和行为方式，弃其糟粕，以德向善的理性之光依然是中国人的至善之道和法律原则，对现代人际关系、族际关系和国家关系的协调与发展，仍将发挥指导性的重要作用。

就以德向善的观念而言，中西方的共同之处，我们理应继承和发扬；不同之处，可以相互尊重、相互借鉴和相互学习。如果把以德向善的中国民本法文化之理与西方之理做一比较，我们首先看到的是，传统中国法的道德原则，首先确认的是人的德，是以德向善的品行。无德而不成为人。因此，道德在中国人的眼中是人作为世间万事万物的主体，而其正当性之所在，是人类社会存在及治理的理之所在。人类没有道德或缺少道德，人类社会就无法正常运行。所以，以德向善的德能够确立和维护健康的人际关系，是人类社会存续和发展的基础和根本。《荀子·王制篇》中说：人“力不若牛，走不若马，而牛马为用，何也？曰：人能群，彼不能群也”。而群的基础，是人的相互间的共存、互爱及相互间的帮扶和支持，是相互间的以德为善。相对于中国的以德向善的道德观及以民为本、以德为基础的民本法文化，西方法文化虽也强调德，但法的核心理念是个人权利及其人的自由原则，表现为以自由为依归的人文主义、权利观和社会契约论。出于西方自由原则的法文化，其首先看到的是人的个体性和人的权利，然后才是人的群体性和社会性。因此，自由和权利是西方法文化的基点。在西方人的眼中，人的社会关系建立在以个人自由和个人权利而搭建的社会平台上。西方的法律规范也是以个人自由和个人权利为出发点。这就是中西方法文化中关于以德向善观念在法律实践中的不同。这种不同，表现为各有其长，又各有其短。

对于中西方法文化的这种基于法律原则和价值观念的不同，日本学者寺田浩明曾这样评介说：“西欧似乎是选择以个人作为秩序形成出发点的发展道路。把秩序理解为就是保护每个个体所拥有的正当利益而得到的总和。个人所拥有的正当利益被称为‘权利’，而权利完全实现的状态则被称为‘法’。权利就是实现这个法的机关。其观念形态的发展最终归结为社会契约论。与其相对，中国则是以全部个体的共存为基础。无论其基本的经济单位如何趋向于个体化或分散，但要求所有个体都顾全大局并作为一个和谐的集体中的一员来生活却一直被视为不证自明的道理。首先有全体的生存，才会有个体的生存。代表全体的利益要求每个个体互助与互让，同时对于每个个体有时会出现的私欲膨胀予以抑制或处罚，这些都被看作是公共权利应该履行的职责。”[①] 寺田浩明关于中西方法律观念的这种认识，得到了我国许多法学家的认可，也符合传统中国法文化的思想。法是公共权力的核心形式。传统中国法以民为本，以德向善的法律原则和法律规范，就是基于个体权利之上的群体及社会权利，以及群体和社会权利对个人权利的优先；而西方法文化则是以个人自由和个人权利为本，并以此作为法律原则及其法律规范，是基于个人权利优先兼及群体和社会的权利。中西方不同的法文化观念，产生于不同的社会，不同的历史环境，不同时代的法治目标及任务的不同。正如美国法学家博登海默所说的那样：自由资本主义时期，尽管没有否认安全与某些平等形式（例如权利与机会的平等）的重要性，但却将促进自由视为是政府政策的首要任务。在社会主义国家，人们试图消除收入与财产状况的差别，其最终（但却是分期实现的）目的乃是达到对需要的平等满足。[②] 以此可以看到，即使在西方资本主义社会，个人与社会、权利与义务、生存与发展，不同的时期都会有不同的重点和倾向。中国是一个幅员辽阔、民族众多、人口庞大、文化深厚、政治体制悠久的泱泱大国。在全球化风起云涌的今天，中国既要继承传统，又要走全球化之路。从对古今中外各国法治史的观察来看，无论是以德向善的法治观或是自由权利的法治原则，任何一项都不足以解决人类至今所面临的问题。自律与他律、权利与义务、道德与责任、个人与社会、生存与发展，问题复杂而纷乱，并因此而不断引发冲突，也常常困扰着人类社会，人类常因此而面对历史上前所未有的复杂局面。凡顾此而不及彼，走入极端的做法都会给各国自己乃至人类社会带来动乱。所以，中国的路永远是中国人在走，中国的路还应该由最了解中国的中国人民来决定。中国的法治现代化，既是历史的继承，也是不断学习世界各国先进文化与不断创新的结果。以民为本和以德向善的法治观，和以个人自由与个人权利为中心的西方

---

① ［日］寺田浩明：《清代民事审判与西欧近代型的法秩序》，潘健译，《中外法学》1999 年第 2 期。

② ［美］E. 博登海默：《法理学——法哲学及其方法》，邓正来、姬敬武译，华夏出版社 1987 年版，第 244 页。

法理，是各有其价值，各有其长处，都值得我们不断地学习、继承和比较。或许，我们在继承传统法的社会性的同时，也要比过往更注重个人的利益和权利，并以推陈出新，发展与进步的观念与方法，走出中国自己的法治现代化之路。

第五章
中国民本法文化的结构层次

道生一，一生二，二生三，三生万物。

——《老子》

心之官则思，思则得之，不思则不得也。

——《孟子·告子上》

哲学家们只是用不同的方式解释世界，而问题在于改变世界。

——马克思《关于费尔巴哈的提纲》

自然与人世之万物，皆是由不同元素或相同元素而组成，并成为不同的结构体系，大至宇宙、自然界、人类社会，小至一个文字、一首诗歌、一个原子。事物的存在与品性也由其结构所决定，而结构的构成却离不开结构的要素、相同或不同的元素及结构方式等。文化是人类思想与情感的表述方式，也自成一体系，而隶属其中的法文化则是文化结构中的一个子系统。我们通过对中国民本法文化的结构探讨，可以更好地了解和认识中国民本法文化的本性、作用及对当代国家法治的意义。

第一节　中国文化与中国民本法文化的结构

20 世纪中叶，西方学术界曾掀起一阵阵的“结构主义”浪潮。这一浪潮的兴起，对人类的思维，无论是对社会科学、自然科学或人文艺术的认识都产生了很大的冲击和影响。因为，世间的万事万物，无一不是一种结构，都是相同或不同元素的组合。事物的存在由其结构所决定，事物的性质也由其结构所决定，即由组成此一结构的要素单元及组成方式所决定。“结构”决定了事物的性质。相同的要素，不同的结构，会产生不同性质的事物；不同的要素，不同的结构，更让世界显得多姿多彩。就如汉字的点、横、竖、撇、捺、折六种基本笔画，因为不同的组合及结构，就产生了成千上万个形、音、义不同的汉字；英语的

26 个字母，也会因结构的不同成为不同意义的单词；音乐中的多、来、咪、发、索、拉、西、多七个音符，会因为音乐家不同的谱写而演绎出人类多少悲欢离合的情感。同样地，人类的思维也是世界上一切事物在人类大脑中的组合。不同的人，对事物认识的结构与组合的不同，会产生不同的思维，形成不同的思想和观念。可见，对事物结构的认识是我们认识事物的基础。在文化领域，结构有构成文化包括其子文化的功能，同时也是认识文化、了解文化的钥匙。

1968 年，瑞士著名儿童心理学家皮亚杰出版了《结构主义》一书。在书中，皮亚杰对各种结构主义学说进行了分析和综合性的研究，试图从中找到结构主义的一般特点和共同的性质。皮亚杰认为，结构主义的共同点有两个：第一是能从自身结构中找出自己说明自己的结构规律和本性；第二是要找出结构演绎的公理与模型。于是，皮亚杰提出了结构三要素：整体性、具有转换规律和法则、自身调整性。所以，“结构是由具有整体性的若干转换规律组成的一个有自身调整性质的图式体系”。所谓结构，实际上就是一个系统、一个集合或一个整体。这个结构的界定，要由组成这个结构的那些转换规律来确定。转换，在有些学科叫变换。转换规律就是变换规律，表示了事物的变化和引发变化的规律。许多时候，我们还可以用一个以上的数理逻辑公式来表达。①

皮亚杰同时认为，结构主义的最大意义表现于它的方法论，结构主义就是一种方法。又因为结构主义本身的集合性，结构主义在方法论上是开放的，它可以在一切发生接触的边缘领域与其他学科或功能互为作用，互为研究。20 世纪中期以来，结构主义之所以能在社会学、法学、经济学、历史学、美学、数学、生物学等若干学科领域被广泛运用，打破了学科研究越分越细的历史惯性，正是因为结构主义在认识上的系统性和整体性。也正是因为学科的精细化割裂，从而减弱了学科之间的联系与作用，让学科的研究在取得成果的同时也遇到了极大的困难和不能克服的矛盾。但是，结构主义在方法论上的整体性也并非要素之间的简单的和及部分的组合，而是对系统性和整体性的关注。结构主义，既要了解要素组成的整体性质，又要从组织的整体性出发来认识部分，认识部分之间及部分与整体之间的关联。于是，从整体性出发，以系统的方法来研究和探讨，这就是结构主义的革命。这种从整体的、系统的，全部集合起来开展

① ［瑞士］皮亚杰：《结构主义》，倪连生、王琳译，商务印书馆 1984 年版，“译者前言”第 2 ～ 3 页。

的研究，被称为结构主义的研究。[①]

长期以来，法学的研究和实践都被分成若干门类：宪法学、法理学、民法学、刑法学、经济法学、行政法学、国际法学、诉讼法学等。法文化学的研究把这些不同的法学门类连成了一个整体。同样地，中国民本法文化也把涉及中华法系的不同的法律现象视为一个文化整体而加以研究，探求其系统的功能属性及内在规律。

结构主义中关于结构的整体理论，与20世纪80年代在我国内外兴起的“系统论”有许多共通之处，在学科理论和方法上也时相呼应。系统是由若干元素组成的有机整体。系统论，又被称为系统科学。它是研究关于系统的本质、特点和运动规律的科学。其研究内容涉及对系统要素、系统结构、系统功能、系统环境、系统行为及其整体性、有序性、层次性、动态性、相关性等系统特征的广泛探讨；对系统运动的一般规律，包括系统的发生、存在、发展、老化甚至消亡的研究；关于不同类型的系统及其关系的研究。结构主义不是排他性的学科。正好相反，结构主义的研究也是从整体从系统的视角，在整体间，整体与部分之间，部分与部分之间予以整合，并全面地研究，综合地分析，总体地认识。社会是一个整体，构成社会机制的文化及各种亚文化也是一个整体。关于结构主义的这些认识，对我们研究法文化尤其是法文化的结构，将会是很有启示和指导作用的。

我国历史学家庞朴于20世纪80年代，提出了“文化结构三层次”说。庞朴先生认为：文化是一个立体系统，其结构可以分为外部的物质层，内部的心理层和中间部的心物结合层。外部的物质层是文化产生的土壤。内层的心理包括了人类的价值观、人类思维与信仰等一切人的心理产品。中间层既体现了外部的物，又内含了受到物质环境影响的人的心理产品——思想，以及受到思想影响而产生的非物质形态的各类制度、社会组织、教育、法律等客观的存在。[②]

当代美国文化学者及人类学家克鲁克洪却将文化分为显型文化和隐型文化两大结构。有形的文化可以通过人类的文字和客观形态表现出来，人们在耳濡目染中得到感受。这是显型文化。隐型文化是一种抽象的心理感受，是文化在人类意识上的微妙而又最为精彩的反映，可意会不可言传。隐型文化由纯粹的

① ［瑞士］皮亚杰：《结构主义》，倪连生、王琳译，商务印书馆1984年版，“译者前言”第3页。

② 参见庞朴《文化结构与近代中国》，载《东西文化与中国现代化讲演集》，浙江人民出版社1986年（临）第17号，第9～11页。

形式构成，而显型文化既有内容又有结构。[①]这种隐型文化与显型文化的切分，对法文化结构的认识极具启发和帮助。如，我们可以将制度性文化视为显型文化，将理念性文化看作隐型文化等。但在实际中，法文化学者关于法文化结构的设计同其关于法文化概念的理解是密切相关的。比如，有美国学者认为法文化就是一切法的观念的总和，他的法文化结构自然是法律观念或法律意识的构成；苏联文化学者阿列克谢耶夫则认为，法文化是法及法律现象的一种形态，法文化的结构就是一系列的状态的总和。阿列克谢耶夫还同时指出，法文化是由一系列相互联系相互影响的要素所构成。其中的基本的要素有四项：一是社会的法律意识状态，即社会存在的知法、懂法、守法、执法和护法的程度；二是法制状况，反映了国家法制的完整性及实现法治的程度；三是立法状况，国家立法的内容和形式的完善；四是法院、检察院及其他一切适用法律的司法机关的实际工作状况。

20 世纪 80 年代是我国法律文化得到大发展的一个时期。在这个时期里，我国法文化学者也曾对法文化的结构做了一些有意义的探讨，形成了一些不同的观点。其中就有：蒋迅先生的三纵向、九横向，两个时间序列的法文化网络结构[②]；刘学灵先生的表层、中层、深层三结构论[③]；武树臣教授的法律思想、法律规范、法律设施和法律艺术四要素说[④]；郑成良教授提出的将法律知识、法律情感和法律评价三种基本成分同法律规范、法律机构、法律行为联系起来，以法律文化的公设和法律文化热点相综合，反映了法律文化的静态和动态结构[⑤]；张文显教授则认为，法文化结构是法律文化要素相对稳定的、有序的组合，是要素与要素之间以及要素与系统联结的纽带或中介。这种组合可区别出认识结构、评价结构、心态结构和行模结构[⑥]。

法律文化是一个系统，但它又是人类文化系统中的一个子系统。在相对独立的法文化系统中，其实体的内容一般又包括法律心理和法律意识，以及与法律心理和法律意识形态相适应的法律制度、法律规范、法律组织和法律设施等。

---

① ［美］克莱德·克鲁克洪等：《文化与个人》，高佳、何红、何维凌译，浙江人民出版社 1986 年版，第 8 页。

② 蒋迅：《法律文化刍议》，《比较法研究》1987 年第 4 期。

③ 刘学灵：《法律文化的概念、结构和研究观念》，《河北法学》1987 年第 3 期。

④ 武树臣：《让历史预言未来——论中国法律文化的总体精神与宏观样式》，《法学研究》1989 年第 2 期。

⑤ 郑成良：《论法律文化的要素与结构》，《社会学研究》1989 年第 2 期。

⑥ 张文显：《法学基本范畴研究》，中国政法大学出版社 1993 年版，第 228 页。

它们之间，又会因国家、民族、历史及文化要素的不同而构成不同的系统，一个整体但不同的结构组成。

中国民本法文化，首先是世界法文化系统中的一个相对独立而又相对完整的系统。它产生于中国文化，也产生于中华法系，受中国文化与中华法系的双重影响，其最基本的特征就是“一体多元”。一体的本质，在于它是中国的或中国特色的法文化系统。无论历史怎样的风云变迁，也无论其在现代化的进程中吸收或移植了多少异域之精华，中国民本法文化始终是也必须是中国的民本法文化，也是中国的民族法文化。中国民本法文化的一体特征，首先表现于它的中国性，中国的地域特征和民族特征。这个本质特征的主体反映于中华汉文化，其中，又以儒、法、道文化的影响最为深厚。归于民本之道，行于德礼之规，遵于法家之律，儒表法里，合而为中国民本法文化；多元，是指中国民本法文化除受汉文化影响之外，还受到中国境内各少数民族文化的深远影响及域外不同民族文化的一定影响。中国民本法文化正是在这种“一体多元”的文化氛围中形成和发展，有了中国自己特立的法律意识、法律规范和法律制度。中国民本法文化的“一体多元”，不仅体现于全国性的民本法文化，也体现于各省市区的民本法文化之中。如前文中，我们谈到的贵州民族法文化就是“一体多元”的典型。以中华文明为一体，集儒法道及其他文化流派，融各少数民族的法文化观的多元。而这其中，汉民族文化观念中的民本思想也自然成为中国民本法文化的根本原则，也当然是贵州民族法文化的根本原则和核心价值观。大一统的国家观念、家国同体、以天下为己任、德礼同举、以义制利、中和为道、德施普也、平等与公正等文化观念以及少数民族法文化中的自治思想共同构成了中国民本法文化的根基。如果说，中国文化是中国民本法文化形成的土壤，那内含于民本法文化之中的根本原则、基本价值就共同构建成中华民族的法律心理、法律意识和法律思想，也就构成了中国民本法文化的根层结构。我们将这些法律的心理、意识和思想统称为中华民族的传统法律意识形态，简称为传统法律意识。从民族的法律心理到法律意识，再到法律思想，这是中国历史环境和文化意识对法律和法治实践的反映，是一个由法律实践认识到法律感情的培育再到法律理性的渐进和发展的过程。在此过程中，法律心理是法文化根层结构中的深层层次，是人们在实践中对法律现象的直观感受和心理反应，及由此长期形成的习惯和风俗的心理产物。这是一个民族千百年来文化的沉淀，具有很强的稳定性，长期地隐藏于中国人的意识深处，表现为一种潜意识或无意识。

但这种潜意识或无意识又常常通过我们的言行而表述出来。在法文化的研究中，很多学者常常使用“法律传统”来描述民族文化中长期凝结的风俗、习惯、心理等历史沉淀。但法律传统的表述有时又显得涵盖过大而比较模糊。法律传统也无法同法律心理完全等同。故在更多的时候，表现于法律传统的风俗、习惯及其他行为方式只是渗透在民族心理中的法律原则与法律价值。如我们前面说到的民本思想、大一统的国家观、天下为公、德礼同举、平等、公正、自治等法律原则与法律价值。所以说，传统的法律意识形态是法律心理的重要渊源。

法律意识是民本法文化根层结构中的第二个层次。法律心理是法律意识的初级阶段，法律意识是法律心理向法律思想的过渡，是两者之间的中介层。所以，法律意识是在一定的社会经济条件下，人们对法律和法律现象的认识和评价，进而调节自身行为的意识的总称。在法律意识中，占核心地位的是由文化观念转化而来的法律原则和法律价值及其对法律规范的影响。法律原则是法的基本精神、指导思想和根本准则；法律价值是人们在法律实践中形成的对一定法律的认识、信仰、评价和行为观。一个国家和一个民族的以法律原则和法律价值构成的法律意识决定了这个国家的立法、信法、守法、执法和司法的状况与质量。中国民本法文化中的法律意识是从中华文化中走出来的，犹以民本为根本法律原则，以国家的大一统观、家国同体、天下为公、德施普也、中和达道、义利均衡、平等、公正、责任、自治等法律价值为导向的文化意识。所有这些，也就构成了中国民本法文化的根层结构中的法律意识层。在中国两千多年的封建社会中，这些法律意识曾经占据了中国社会思想的统治地位，左右着中国传统社会的法律制度、法律地位、法律的作用和法律的实践。

在实际的社会生活中，法律看法、法律观念又往往是离散的、具体的。这些离散的、具体的法律观念和法律意识经过法学家和法律工作者的总结与提升，使之系统化、理论化，就成了完整的法律思想。法律思想是法律文化根层结构的最高层次，是高水平的法律认识。相比较法律心理和法律意识而言，法律思想的最显著特征是其完整性。所以，法律思想是对法律和法律现象的理论化和系统化了的法律意识和法律价值观的总和，是对有关法和法律现象的一系列问题进行整体的、理论的和系统化的思维。在实践中，法律思想往往以法学理论与法律学说的形式出现。法律思想的理论性和系统性，决定了法律思想在国家的法律制成和法律实践中的指导性地位和作用。当代美国法学家弗里德曼曾有一个很精辟的论点："法典背后有强大的思想运动。"[①] 在一个正常国家里，占社会统治地位的法律思想总会集中地反映该国民众和国家统治阶级的主体意识，以及他们的利益、愿望和要求，反映了社会的共同意志。这种共同意志一旦上升为国家意志，便可制成法律，成为全社会共同遵守的行为模式。如"民族自治"这样的法律观念，在历经岁月的磨炼后，不仅成为中国人的一种法律思想，更成为社会的共识。于是，为"民族自治"设定了法律，民族自治也成了中国基本的社会制度，成为中国特色的社会治理模式之一。

以民为本并在其实践中形成的法律心理、法律意识和法律思想，共同构成了中国特有的法律意识形态，成为中国民本法文化的根层结构。从法律心理到法律意识再到法律思想，这是一个逐渐提升也逐渐理论化、系统化的过程。在此过程中，它们相互作用、相互影响，又共同地影响了法律制度和法律规范的制定、运行和发展，影响着国家的法治状况。

法律意识形态是法律文化的灵魂。任何立法，任何法律制度和法律规范的制定都要受到法律意识形态的影响，都要将法的根本原则和法律价值作为自身立法的核心理念。另外，任何法律的创制都离不开法律文化的思维，必须以民族的法文化为中介，以反映中国的大多数社会成员的法律心理、法律意识和法律思想，再经立法者的思维和劳动，最后成为法律。故可以说，法律制度和法律规范都是民族的法文化的外化形式。任何民族法文化的客观存在都表现于法律的存在，没有法律及其他法律形式的存在，民族法文化就仅仅是观念的存在，就没有了实体的存在，也失去了客观实践的价值。所以说，法律意识形态或法律文化的根层结构要素，一方面可以是立法的灵魂和中介；另一方面，它还对法律的运行以及法律的遵守、法律秩序的建立和法治的实现起到了非常重大的促进作用。法律是制度化及规范化了的法律意识形态。法律制度化和规范化的过程，就实质而言是法律意识的国家化，是法律意识的人民性向国家意志的转移。因为有了这种转移，法律才最终表现于人民意志和国家意志的结合与统一。法律才具有了"全社会一体遵行"的功效和以国家强制力保证实施的合法性，才能成为全体社会成员普遍和必须遵守的行为准则。

中国民本法文化的枝干结构，是由中国文化及中国的以民为本的法律意识

---

① [美] 劳伦斯 · M. 弗里德曼：《法律制度——从社会科学角度观察》，李琼英、林欣译，中国政法大学出版社 2004 年版，第 241 页。

形态润育长大的法的外在表现，是中国民本法文化这棵参天大树的枝干。这一枝干的结构是以法律制度为干，以法律规范、法律组织和法律设施为枝的外表结构。这些与法律有关的制度、规范、组织机构和设施，都是法文化的外在表现，是法律意识形态的外化物。英国文化学者马林诺夫斯基认为："社会制度是构成文化的真正要素"[①]，"文化的真正要素有它相当的永久性，普遍性，及独立性的，是人类活动有组织的体系，就是我们所谓'社会制度'"[②]。没有文化的润育就不会产生法律，没有法律，也就没有法文化。法律是法文化的这一社会文化存在的前提和基础。所以说，文化、法律、法文化互相影响，互为因果。法律是一种文化，作为法律表现形式的法律制度和法律规范是法文化的组成和外在表现。另外，为了保证法治的实现，与法律相关的法律实施机构和运行设施也自然地成为法文化建设与发展的重要内容，成为国家法文化的枝干结构。

法文化的关键枝干是法律制度。法律制度包括了除法律意识形态以外的一切法律现象中的法律规定、规则、程序、范型以及实施这些规定、规则、程序的组织机构与设施等。法律制度是法文化中法律意识形态的表现，是人民意志和统治阶级意志的综合体现。有了此，整个法文化的功能与作用就可以通过法律制度来实现。

在法文化的表现结构中，法律规范是基本的。法律规范将一个国家中占主导或统治地位的法律意识形态用法律的形式反映和表现出来，规定了一个社会的政治制度、经济制度、文化制度及法律制度，规定了法律组织机构和法律设施的设置和建设，规定了法律创制的各种规则和法律运行的程序，也规定了能予制约全体社会成员的行为方向、行为模式和行为准则。没有法律规范，就没有法律制度、法律组织机构和各项法律规则。有人说，法律主要是法律规范。但法律规范也属于制度性文化范畴，是制度性法文化的主干与核心内容。

通常，人们把法律规范分为义务性规范、禁止性规范、授权性规范。法律规范又主要以权利义务的规定而出现，以法律的形式告诉人们，你可以做什么，应该做什么，禁止做什么，并以此来指导、约束、监督和调整人们的行为，给社会行为模式确定了一套可供选择的价值标准和行为模式。同时，它也成为判断和评价个人及社会组织行为的好与坏、合法与非法的标准。另外，法律规范

---

① ［英］马林诺夫斯基：《文化论》，费孝通等译，中国民族文艺出版社 1987 年版，第 17 页。

② 同上书，第 18 页。

还有对国家意识形态，对国家政权性质、政治制度、国家政权组织形式和国家经济体制的规定，以及对法律创制、法律运行等程序规则的规定等。所有这些，都构成了国家法典的内容，法律规范体系。

在民族法文化的枝干结构中，除了法律制度和法律规范以外，法律组织机构和法律设施也是其两大重要枝干。法律组织机构和法律设施是一个国家的立法制度与司法制度的重要构成内容。法律组织机构根据法律设定的不同职权而分别设置。不同的法律机构的设置，表明了法律活动和法律秩序中的不同的权力和职能。法律组织机构的设立和发展，反映了一个国家或社会的法文化的意识及其变迁。西方的议会制是西方历史文化传统的结果；同样地，人民代表大会制度也是中国国情以及政治、经济和文化传统的体现。英国的衡平法院、美国的最高法院、中国四级人民法院的设置，以及西方一些国家的宪法法院等组织形态，无不也是各国历史文化和法文化的反映和表现。

法律组织机构和法律设施的演变，也反映了一个国家或社会法文化的发展与演变。法律组织机构和法律设施的发展变化，产生于社会的物质生产方式和生活方式的发展变化。中外国家初期，其法律组织大多是混合型的、诸法合体的。如中国传统社会的府县衙门，大多是民事、经济、财政、司法、执法等全览在手，县府官员即是执法者，又是司法审判人员和法律监督者，诸法合于一身。随着社会经济的不断发展及社会分工的更加明细化，法律组织机构也从混沌状态中分化开来，趋于专业化、明细化和部门化。立法、执法、司法、法律监督机构也应运而生。近代以来，产生于19世纪的行政法律体系，使得行政机构也从原来单纯的行政职能向既有行政职能又兼具行政执法的机构转变。在一个法治国家，行政机关不仅要依法办事，同时也要依法执行行政法规。国家关于经济、工商、税务、环境、规划、文化、食品、医药、城市管理等方面的法规执行，也成为相关行政机构的法定职能。这些行政机构因此而成为“准法律组织机构”。另外，随着社会职能分工的精细化，相伴法律组织机构而生的法律职业者也纷纷涌现出来。这些法律职业者是法律组织机构得以正常运行的操纵者和执业者，是法律组织机构实践活动的承担者。美国学者埃尔曼说：“法律专业人员负有塑造法律制度的结构与类型的使命，并在很大程度上确定法律运作于其中的一般趋势。”[①] 这些法律的操作者包括立法人员、法官、检察官、律师、法律顾问、法律教学人员及法学研究人员等。法律执业者的发展依托于法治的需要及分工以及法律组织机构的专业化，但最终地与法律所需要维护并执行于其中的法律秩序的需要与发展方向密切相关。法律执业者是国家法律的象征，代表着国家法律的形象，是“人格化”了的法律。人们对国家法律的态度、观念、信仰和评价，对法律组织机构的观念、信仰和评价，除了对法律本身的观念和评价外，更多地来源于法律职业者的言行、形象，对法律的信仰与责任，执行法律的公正与否。法律一经创制出来，执法的公正与否始终是人们判定法律好坏、社会是否公平正义的一个重要标准。这也是中国人自古以来对司法公正和社会公正的一种法律期望。苏联学者、法学博士卢基扬诺夫曾在《苏维埃国家七十年》一文中指出：不管已颁布的法律有多么好，法律只有在得到切实遵守和适用时才有生命力。因此，改进法律适用机关和法律维护机关的工作有特殊的意义。……为法律秩序事业献身的人，在法律、国家、人民面前应如同水晶一样纯洁清白。[②]

在法文化学界，是否将法律组织机构及其设施列入法文化的结构和内容，一直以来都有相当大的争议。争议的一个重要原因在于法律组织机构和法律设施都具有物质形态。但一些学者强调说，既然法律制度作为法文化的构成已经在法文化学界取得较大认同，为什么不能将法律组织机构和法律设施列入法文化结构呢？从整体的意义上来讲，法律组织机构及其设施是法律制度体系的不可分割的一部分。法律组织机构及其设施是法律制度得以运行的重要条件。有时候，甚至会影响到法律制度的实施及实现的程度。另一方面，既然我们已经认可“法律文化是法律上层建筑的总称”，法律制度本身就是法律的上层建筑，而法律组织机构及其设施作为法律制度的组成部分以及法律制度得以实现的重要条件，法律组织机构及其设施当然也是法文化的构成。这一构成不仅具有理论的价值，更表现于它的实践意义。所以，英国著名文化人类学家马林诺夫斯基才说：“任何社会制度亦都是建筑在一套特质的基础上，包括环境的一部分及种种文化的设备。”[③]

总括以上对法文化结构的分析，我们是将中国民本法文化建构成中华文明

① ［美］H. W. 埃尔曼：《比较法律文化》，贺卫方、高鸿钧译，生活·读书·新知三联书店 1990 年版，第 104 ～ 105 页。
② ［苏联］A. N. 卢基扬诺夫：《苏维埃国家七十年》，金浩译，《环球法律评论》1988 年第 2 期。
③ ［英］马林诺夫斯基：《文化论》，费孝通等译，中国民族文艺出版社 1987 年版，第 18 页。

史上的一棵参天大树。这棵大树植根于中华文化的深厚土壤，以民本、大一统、家国同体、义利制衡、中和达道、德施普也、公正、自治等民族文化的根本原则和核心价值构成它的法律心理、法律意识和法律思想的组合。这一组合而成的法律意识形态为中国民本法文化的根枝，以法律制度为主干，以法律规范、法律组织机构和法律设施为主枝，合成中国民本法文化的总体结构。这一结构，既是对中国民本法文化组成构建的了解，也是对中国民本法文化认知的一种深化与具体化、形象化的了解。

结构是世间万事万物的基本构造，也是对事物本质的认识基础。凡世间的一切，都是事物内外矛盾的不断运动和发展的结果。而事物的结构，也会在此运动和发展中，不断地变化和再造。中国民本法文化的结构，也是在社会运动和国家法治的不断进步中，不断变化和再造着。

第二节　中国民本法文化的结构再造

随着时代的发展和进步，中国民本法文化也伴随着时代的步伐不断地创新，不断地发展。特别是近现代以来，随着西学东渐而产生的冲击，传统与西学之争，一直是困扰中国人的难解的心理情结。戊戌变法以后，中国社会及其志士仁人就曾在“中体西用”“中本西末”或“器”与“道”之间展开了长期的激烈争论，尽管概念和表达的方式有所不同，其解不开的死结却至今犹存。随着21世纪社会的变迁，冷战结束后，西方的“文化终结论”也曾风行一时。但中国的时代并未在此寒鸦社鼓声中终结，随着西方政治、经济、社会、文化的渐趋低落，对中国传统文化的重新审视也在西方的“文化冲突论”中风起云涌，重振雄风。与此同时，文化的“全球化”也有新的不可阻挡之势。中国民本法文化也就在时代的冲击和传统的、全球文化的影响下，重新自审与再造。是全面移植西方文化，彻底西化；或中西并举，走多元化之路；或如贵州文化两千多年的发展途径，以中华文化为本体，各国各民族优秀文化的相互学习、融合与并存，“一体多元”，共尊、共融和共存。回顾贵州文化发展的道路，这种“一体多元”的，相互学习、相互融合与共存共荣的文化发展之路，于今天看来，仍值得我们去学习、借鉴和传承。

中国，作为世界历史上最悠久的文明古国之一，虽自先秦到清的同治年间，时有其他民族入侵，或异域文化的侵入，但中国始终以自己的儒法道墨文化为主体，用中华民族的文化价值观构建了一个自己的、久远而绵延不绝的中华文明，并以此而独立于世界民族。中国传统的民族的民本法文化也历经岁月的洗礼，辗转相承，以民为本、德礼入法，儒表法里，以丰富多彩的中华法系植根于华夏，颁播于四邻。并随着社会经济的发展而不断地“轻其所轻”“重其所重”；重成文法也重习惯法，亦重家法、族规等法外规则对社会与家庭关系的调控作用；重治官与治民的结合；重法治与伦理道德教化的综合作用。这种独具中国特色的民本法文化也因此绵绵相传了两千余年。

中英鸦片战争以后，中国传统的民本法文化也曾遭到外力的巨大冲击和解构。洋务运动、辛亥革命、五四运动直至十四年的抗日战争，中华民族到了最危险的时候。中国的民本法文化也随着中国主权的不断丧失，逐步地失去了以民为本、国家一统、家国同构的政治依托，以及其民族价值观念的丧失。那时的中国文化，处处面临着重建新的政治制度以求支持的再造任务。西方文化包括西方的法律制度和法文化观念，也随着大炮的隆隆声响而强势输入和移植入中国，使一个相对独立的中华文化失去了它的单一性。1949 年，中华人民共和国的建立，一个从历史的传承中走出的社会主义制度的建立，也给中国的民本法文化带来了新生。建立在古老民本思想基础上的“人民当家做主”“为人民服务”和“为人民谋幸福”的观念，逐渐成为中国民本法文化的新生命。后来，虽因市场经济的重大冲击，使中国民本法文化的再造走了许多弯路。但传统却在新生，在吸纳世界先进文化的同时又重新走上了中国自己的文化之路和法治之路。一个新的中国特色的民本法文化正在重建、正在兴起之中。

但就中国民本法文化的再造而言，我们却自始至终存在着两种矛盾的心理和难言的情结：

一是伴随西学东渐，中国传统制度的解体及中华传统文明的势弱，对“万难固守祖宗成法而不变”的困惑、烦恼及情绪的冲动。于是，就有了一些人对本土文化、对传统文化信心的丧失，全盘否定的鼓点不时敲响，寄“西化”为唯一的自救之路。自洋务运动到新文化运动之间，无论是保守的或激进的，左的或右的，许多中国的文人精英都在否定中国文化。叫嚷着“中国传统社会是专制的封建制度”“儒教是吃人的文化”“中国文字要拼音化”“废除中医”等。应该说，这些口号和主张在那个民族存亡的时代确有一定的合理性，它促进了中国人对自身落后的反思，但却带来了民族虚无主义的悲泣与哀伤。于是，我们中的一些人都在自觉或不自觉地以西方文化的观念来认识中国，又以西方法文化的观念和法律规则来描绘中国的现实，规范中国的制度。但常常是国情还是中国的国情，问题也还是中国的问题，解决的方案和规则却是西方的，表述的语言也非中国化了。西方法文化的规范和词汇慢慢地抹煞或简约了中国的民本法文化。中国的许多问题依然没有解决，争论也依然还在。但一些人就先西化了，中国的月亮比美国的都要小。

二是一些人的“爱国自大”，乐观于“21 世纪是中国儒家文化的天下”这样一种盲目的自信。凡言行皆谈《论语》，凡子女教育皆以《弟子规》为准，汉服汉礼。一厢情愿的“乌托邦”式的设计，却忘记了当今时代的“全球化”和互联网、大数据的深度影响，依然在文化的优越感和自卑感中反复地折腾。应该说，中国文化包括儒家文化中的许多知识和观念，我们是应该学习与传承的。但时代变了，国情变了，旧文化中的许多知识和观念或已经落后，或已经沦为糟粕。所以，我们在学习和传承中华文化的过程中，也必须有去其糟粕，取其精华的态度和方法。

今天的中国，我们面对的是急剧转型的社会，是伴随中国现代化而来的中国特色社会主义的建设。今天的中国，依旧面临着新与旧，现代与传统，保守与创新，本土与全球的矛盾和二元困境。中国民本法文化与西方法文化的关系，如何处理传统的继承与向先进学习的矛盾，依旧需要我们摆正心态，调整好关系。今天的中国在国家法治现代化进程中面临的一些问题和困境，在某种程度上说是继承和学习的矛盾，也反映了中西法文化在观念上的矛盾与矛盾的情结。对此，我们应该有一个清醒的、向前看的现代思维。正如美国学者亨廷顿所说：“现代化并不一定意味着西方化。非西方社会在没有放弃他们自己的文化和全盘采用西方价值、体制和实践的前提下，能够实现并已经实现了现代化。”[①] 现代中国是一个实例，这种实例在世界上一些国家也是有典可数的。

所以说，无论是对传统的民族法文化，还是对西方法文化，我们都必须以

① ［美］亨廷顿：《文明的冲突与世界秩序的重建》，新华出版社 1998 年版，第 70 页。

批判的眼光来认识，在批判中继承与学习。既不能借爱国主义及中华悠久历史的文明来美化或复兴旧文化传统中腐朽和落后的垃圾，也不能以现代化的名义将西方文化中不适宜中国国情，或在世界文明史上已经表现出虚伪及混乱的思想观念，毫无批判地移植入中国。我们需要警惕和批判固守残缺的本土意识，也需要警惕和批判对西方文化的生搬硬套。以法治国既然是我们已经选择了的治国方略，那讲求国情，适应本土，继承和发扬民族法文化中的精华，学习西方法文化及法治的先进经验，则是中国法治之路的必然。

中国是一个大国，是一个有着悠久而辉煌历史的国家，中华文明的独特性和完整性以及中国社会的复杂性，也就意味着中国的法治之路没有模本，只能在继承和学习中不断地改善、创新，走中国自己的路，走中国特色的法治之路。中国特色的法治应该是中西法治文化的结合，传统与现代的结合。

首先，中国的法治要实现现代化，就必须重视和继承中国民本法文化的传统资源。一个国家的文化传统，尤其是像我们这样一个有着悠久文明的大国，其活生生的文化既存在于历史，也存在于现实的社会，是不能也不可能轻易割断并与之脱离的。自洋务运动以来，无论我们怎样想摆脱传统的约束，怎样批判传统并企图与传统彻底决裂，“如果移植过的法律能较好处理好本国关系，与本国法融为一体则认为移植成功，反之就是失败”[①]。中华文化的传统是一个巨大而厚重的存量，它不断地被中华各民族儿女所吸纳、共享和发展，并历经岁月沧桑的净化与沉淀，得以绵延与传承，具有高度的稳定性并得到中国人的认同。所以，中国的法治必须由中国人来创建，中国民本法文化的发展必须是适合于中国国情的发展。继承和发扬中国民本法文化的优秀精华，是中国民本法文化再造的第一步。

其次，是中国的法治现代化必须学习世界先进的法文化和法治经验。人，作为世界生物圈中唯一具有高级智能的动物，其知识和智慧是相通的。各国以及各民族的法文化相互影响、相互渗透或相互移植是早已有之。在人类文明发展的过程中，罗马法在欧洲的传承，日本等东亚国家对中华法系的广泛吸纳，英美法系与大陆法系的相互辉映，以及近现代以来西方法文化对中华法系的大力度影响等，都已说明：“法学只能是世界性的。”[②] 在全球化日益深入的今天，

---

① 李敏：《法律移植过程中中国法律文化的发展现状问题研究》，《法制博览》2018 年第 9 期。

② ［法］勒内·达维德：《当代主要法律体系》，漆竹生译，上海译文出版社 1984 年版，第 21 页。

中国的法治现代化及中国的民本法文化的发展已不可能离开“全球化”的总背景。自中国改革开放以来，中国已经融入了世界大家庭，成为全球化中的一员。我们分享了全球化给我们带来的物质生活，也因此而分享了世界上一切先进的健康的精神财富。在这一过程中，中国民本法文化的再造已经超越了“本土化”的时空，成为传统、现代及中外法文化的融合体，是新的“一体多元”的中国民本法文化。在以中国为一体的“母系血缘文化”中，既兼容了马克思主义法学的影响，也兼容了现代西方法文化的影响，亦即民族的、传统的、马克思主义的、现代西方先进法文化共生共荣的，新的中国民本法文化。

那又如何进行中国民本法文化的结构再造的？在前文中，我们曾将中国民本法文化结构设计为植根于中国传统文化土壤中的参天大树。其根系结构是中国民本法文化中的法律意识形态，即民族的法律心理、法律意识和法律思想。法律意识形态是法文化的灵魂，是决定一个国家的立法、守法、执法及司法状况与质量的根本。所以，中国民本法文化的再造，首先而且根本的路是从法律意识形态的改造开始。中国民本法文化的传统意识形态，是以“民本”为其根本原则与核心价值，以国家的大一统、家国同体、天下为公、德礼同举、义利制衡、中和达道、德施普也、公正、公平、自治为民本法文化的根柢价值。在这个民本法文化的意识形态的根系结构中，首先并已经再造的是作为中国民本法文化根本原则的民本思想。传统的民本思想，在概念上兼容了两种民本观：一是以君王为主体，君王以民为本的民本观念。这种民本观常常为君王所利用，成为君王的驭民之术、统治之术。后来虽有孟子的“民为贵，社稷次之，君为轻”[①]以及荀子“天之生民，非为君也。天之立君，以为民也”[②]等本原的民本观念的呼唤。但在中国的传统社会中，以君为主体，君再以民为本的“君王本体”观始终占据了中国传统法文化的重要地位；二是“民贵君轻”和“立君为民”的民本观。这种民本思想真正地体现了“民惟邦本”的真谛，也是民本思想最初的原始含义。在中国古代先进的知识分子中，这种民本观一直占据着主导地位。到了明末清初，黄宗羲、顾炎武等人不囿于天意君德的说教，大声疾呼以“公天下”而取代“私天下”，直指君王与臣民、治者与民的权利义务关系。黄宗羲关于“天

① 《孟子 · 尽心下》。
② 《荀子 · 大略篇》。

下为主，君为客”[①] 的思想，更清楚地表明无论是为君为臣，治者都要为天下服务，为社会大众谋利。这个思想是对孟、荀等先贤思想的一种发展。到了清末民初，像中国这样的堂堂大国却累遭宵小之国的欺凌，从殿堂之上到江湖之中，到处是变法、革命、强国、复兴的呐喊和关于君主、立宪、共和、民权的激烈争论。在此争论中，在政治与法学领域能够融会中西、损益变通的应有二人之大成。一是法学家和改革家沈家本，一是我国民主主义革命的先驱孙中山。在清末修法过程中发生的礼教派和法理派的争论中，沈家本是法理派。沈家本认为，凡立法或修法，虽须考虑“我国历世相沿之礼教民情”，但也应认识世事之变化，“折中各国大同之良规，兼采近世最新之学说”[②]。在实践中，沈家本亦以“融会中西”的“法律之原理”[③] 修订了《大清律例》。突破了中华法系中诸法合体、民刑不分、实体与程序混一的老传统，制定了《大清新刑律草案》《大清民律草案总则》《刑事民事诉讼法》等新的法律法规；并力主司法专门化，设立律师制度和陪审制度；主张物权与债权的区别等。在孙中山的政治法律思想中，最基本的是包含民族、民权、民生的三民主义；立法、司法、行政以及考试和监察的“五权分立”；人民的“选举、罢免、创制、复决”四权与政府的“立法、行政、司法、考试、监察”五大权能的分治；地方自治权等。近现代以来，沈家本、孙中山等一大批志士仁人对中国民本法文化的一系列改革与革命，虽历经波折，但对中国民本法文化的再造依然发挥了巨大作用。直到 1921 年以后，中国共产党以崭新的面貌走进中国历史，中国及中国的国家治理重新焕发了勃勃生机，走上了中国自己的民本法文化的再造之路。

中国共产党从诞生之日起，就一直将“解放人民、为中国人民谋幸福、为中华民族谋复兴”作为革命之初心。后来，毛泽东将中国共产党人的这种初心概括为立党、革命、执政的四大宗旨，即“为人民求解放”“让人民当家做主”“为人民服务”和“为人民谋幸福”。此四大宗旨，我们可以称之为中国共产党人的“新民本主义”或“新民本思想”（以下，我们即以“新民本思想”称之）。中国共产党人的“新民本思想”是中国古老的民本思想的现代版，也是对孙中山的“三民主义”的创新。比起传统的民本思想而言，它少了许多“君本”的内涵，退

① 《明夷待访录 · 原君》。
② 《大清光绪新法令 · 沈家本等奏进呈刑律分别草案折》。
③ 沈家本：《寄簃文存 · 论杀死奸夫罪》。

去了若干驭民术的外衣；相对孙中山的三民主义概念，中国共产党人的“新民本思想”以不容置疑的概念和内涵，更清楚地表明了中国共产党人的坚定不移的信念：即以人民为中心，“情为民所系、权为民所用、利为民所谋”，一切为了人民。以中共十九大“新时代中国特色社会主义思想”来表述，就是：中国共产党人始终坚持以人民为中心，始终同人民想在一起，干在一起。始终把人民的利益摆在至高无上的地位，把人民对美好生活的向往作为奋斗的目标，依靠人民创造历史伟业。当然，这种以民为中心的思想观念，无论我们在表述上有怎样的变化，怎样的深入，其最终的目标始终是立足于“为中国人民谋幸福，为中华民族谋复兴”的建党初心。这就是中国共产党人的“新民本思想”。所以，中国民本法文化的再造，首先是对中国传统民本思想的再造。这种再造，其现代的概念和内涵是以中国共产党人的“新民本思想”为本。所以，新时代中国民本法文化的根本原则和核心价值就是“以人为本”。人与民，一字之差，却少了君王之道，多了人民的主体性；少了地位、民族、财产、性别、年龄、文化等的区别，却代表了中国绝大多数人民的利益。以人为本，充分地反映了新时代“人民当家做主”“为人民服务”和“为人民谋幸福”的“新民本思想”的本质。

除以新民本思想为现代中国民本法文化的根本原则和核心价值外，中国传统法文化中的其他价值观念，如大一统的国家观、家国同体、天下为公或天下责任、德礼同举、义利制衡、中和达道、德施普也、公正、公平与自治等观念，再经个人与集体、权利与义务、民主与法治的改造，其基础的“人本”意义更加深厚，也成了现代中国民本法文化的根系结构。如义利制衡，它既受到传统观念的影响，也受到中国革命进程中讲理想、讲奉献、讲毫不利己专门利人的观念及在中华人民共和国成立后，公有制、计划经济和统一分配模式的影响。社会主义市场经济的确立和进步，对传统“以义制利、以道制欲”的经济伦理价值带来了巨大的冲击。取而代之的是亚当·斯密的“经济人”说和边沁追求利益最大化的功利主义说。西方的这种市场经济观念，调动和促进了中国人的“发财梦”，也推动了今日中国的经济大飞跃。但这也带来了一些社会问题，引起了争论。其争论的焦点，是亚当·斯密追逐自利的“经济人”与边沁追求个人利益最大化的功利观和中国传统经济伦理的价值的冲突。就在于人，首先是经济人还是道德人，应当是个人至上还是社会至上，是以义制利、以道制欲还是利益至上、欲望至上。从心而论，一个国家的发展必须有对利的追逐，而一个国家的成熟又必须以德为本质。历史上，中华民族走过的复兴与盛世之路，也充分证实，在义与利、道与欲、个人与社会、经济人与道德人的关系上，只要我们始终心怀民本思想，以民本思想为基础，发展新民本思想中以民为上、以民为主体的原则，并以此原则来处理义与利的关系，在发展中兼及社会及个人，让社会发展，也让个人的利益得以保证。如得如此，中国的发展可得以持续，中华民族的复兴与中国人民的幸福可得以突现。

以新民本思想为根本原则和核心价值，其他的传统的民族法文化价值观，也宜在新民本思想的观念下予以再造。只要社会有一个以民为上，以民为主体的新民本思想，传统的大一统国家观、家国同体、天下责任、德礼同举、义利制衡、中和达道、德施普也、公正、公平和自治的法律价值，及以此培育而成的中国传统法律意识形态就会得以新生，更为茁壮地成长。

中国民本法文化的结构再造，包括对传统法律意识形态的改造，对世界上一切优秀法文化思想的学习与交流，这种改造、学习与交流的结果，最终成就了中国共产党人的新民本思想，又进一步内化而成新时代中国特色社会主义的核心价值观，富强、民主、文明、和谐的国家，自由、平等、公平、法治的社会，爱国、敬业、诚信、友善的人民。把中国共产党人的这种新民本思想和核心价值观归为一句话，这就是：以人民为本，人民至上，让“人民当家做主”，“为人民服务和为人民谋幸福”。这是百余年来，中国人民在重振中华，再造中国的历史选择中的结果，也是中国人民在百余年艰难奋斗中对未来的最终考量和决定。

这种以新民本思想为法律的根本原则和核心价值，以中国特色的社会主义核心价值观为中国民本法文化的法律价值的形成，使新民本法文化从法律价值到法律意识，从法律意识到法律思想并形成新的法律意识形态，又从而形成现代中国的新民本法文化的根系结构。

当然，这种新民本法文化中的法律意识形态，有些是能够以法律规范的形式进一步表现的，如文明、民主、自由、平等、公正、法治、爱国、诚信等；有的则可在成文法中以法律宣示的形式予以表现，或将其意义表现于法律规范，或主要表现于新的德礼规则。在继承和发扬我国古代以法治国、以德育人、德法并举、德法规范的治国传统中，让传统中国社会优秀的治国理政之道，成为今天中国治理的大计良方和参考。

从新的中国民本法文化的法律根本原则和法律价值出发，我们可以改造和完善已有的法律制度和法律规范，形成新的具有中国特色的民本法文化的主干，再据此设计和改革具有中国特色的法律组织机构与法律设施，共同形成新的民本法文化的结构体系。到此，我们就完成了对旧的民本法文化结构的再造，形成了新的中国民本法文化的新体系。这个新的结构体系，当然也会随着中国国情的变化以及中国的日益国际化而不断地改造。但以新民本思想为根本原则和核心价值，以中国特色社会主义的核心价值观为法律意识形态，应该是也必然会成为中国民本法文化的不变的根源，成为中国民本法文化的最基础的根系结构。

政体是国家政权的组织形式，表现于国家政权的机构组成、执政宗旨和执政能力。国家政体之本又在于制度。国家制度决定了一国政体的本质，决定了国家政权的属性，为了谁，又如何执政等国家的根本问题。所以说，由宪法所规定的国家制度是一切民族的法文化的核心内容。

第三节 法律制度是一切民族法文化的核心内容

制度是国家在一定历史条件下形成的政治、经济、社会、文化体系，是人们共同遵守的根本准则与根本规程。在国家制度中，法律制度是国家政治制度的重要组成部分。我国的国家性质、国体、政体、政权组成形式、经济制度、文化教育制度、军事制度、民族区域自治制度以及公民的基本权利与义务等国家的根本制度和根本规则都由宪法所规定；而其他的制度规范，如政府与公民的行为规范也分别由行政法、民法、刑法、合同法等若干法律所规定。所以说，法律制度是国家最基本和最重要的制度之一。

中国的法律制度是与中国民本法文化的根源结构——法律意识形态相适应的制度的表现形式，是制度化了的法律文化。法律制度一般由法律规范所规定，也是一个国家的民族的法文化的重要内容。所以，对一个国家或对一个民族的法文化的认识，可以从法律制度的认识入手。而各个国家的不同的法律制度，也体现了各国不同的法律文化。通过对这些不同的法律制度的比较研究，我们可以洞悉和了解各国不同的法律意识形态和法律规范，并从中发现各国文化及法文化的特点。而各个国家的不同制度的设立，是在实际上，从不同的角度体现了人类在长期的不同的法律实践中存在的法文化的积累和经验。

国家的法律制度构成了一国社会的核心规制，也是国家法律运行的主要形式。法律制度虽然由法律规范所规定，但却与法律规范不同。我们在前文中也曾谈到，法律制度与法律规范同属于我们设想的中国民本法文化的主干结构。但法律规范是中国民本法文化的主干的表层，由它源源不断地输送着法律意识形态和由这些法律意识形态产生的规则。法律制度是中国民本法文化的主干的内层，是支撑中国民本法文化的法律规范的骨干。在此主干结构中，法律规范一经颁布，除经法定程序的修订，便成了固定的静态的规则。而法律制度却一直处于运动之中，国家的政治、经济、社会的运行都必须依靠由法律规范所确定的法律制度来调控。国家的运行，政府职权的运作以及公民权利义务的实现，都由法律来确定并予以规范，这就是现代国家的法治。

而在现代国家的法治系统中，法律制度无疑起着重要的核心作用。因为它，既决定了国家的根本方向和大政方针，也决定了一国社会的所有法律活动及其过程中的规则与程序，决定了贯彻这些规则与程序的机构、设施等。同法文化中的法律意识形态相比，法律制度是国家承认、认定与获准的制度性规范，是一种现实性的文化品质和文化力量的体现。正因为如此，英国文化学者马林诺夫斯基才一再强调说："社会制度是构成文化的真正要素。"[①] 在社会制度中，法律又是法文化这一社会文化存在的前提和基础。从这一观点出发，法律既然是由一系列制度和规范体系所表现，只要认可法律是一种文化，那由法律规范表现的法律制度无疑就是构成法律文化的真正要素。

学者刘作翔先生也认为："在中国法治化的过程中，法律制度体系和整个社会的法律观念体系需要有一个良性的互动。如果这个互动中断，法律实施的效果就要受影响，良好制度实现的效果可能就不理想。"[②] 在刘作翔先生的《法治文化的几个理论问题》中，他首先分析了形成法治和实质法治两种法治观，再对法治文化做了定义，分析其内涵，剖析了法治文化表层结构和深层结构。刘作翔先生才得因此出了"法治文化建设就是制度性文化建设和观念性文化建设的结合和互动"的认识。刘先生的这一认识无疑是客观和中肯的。

---

① ［英］马林诺夫斯基：《文化论》，费孝通等译，中国民间文艺出版社 1987 年版，第 17 页。

② 刘作翔：《法律文化的几个理论问题》，《法学论坛》2012 年第 1 期。

现代国家的设立，首先是一系列制度的建立，而其中的法律制度的建立是最重要的部分。在法治国家中，国家、政府及公民个人的行为都要受到法律的约束、规范与保护。依法治国、依法行政和依法行为，这是一个法治国家的基准。这其中的法，就是法律规范，具体地讲，是由法律规范所确定了的国家、政府和个人在行为时所必须遵守的各种法律制度和法律程序。凡违反法律制度规定的行为都是违法行为，都会构成侵权，甚至会引发国家的动乱。所以，在国家建设和法律文化的发展中，法律制度历来都是一个核心内容，为各种不同类型的国家所重视。现代国家的治理，更是将法律及其他各种制度的建设放在最重要的位置。现代国家的一切政治家、思想家和学者，他们对制度的建立和完善，对制度履行的重视往往也超过了他们的前辈，因为国家制度是国家治理的基础准则，是现代国家法治的基础。

法律是治国之重器，良法是善治之源。国家要建设一套良好的法律制度，完善良好的法治体系，就必须从立法开始，发挥立法的引领和推动作用。我国法律制度的建设，要从民本法文化的原则和价值观念出发，要恪守以民为本、立法为民的理念，贯彻和履行社会主义的也是民本法文化的核心价值观，使我们的每一项立法都符合于宪法精神，反映了人民的意志，得到了人民的拥护。这其中，要将以人民为主体，立法为民和公正、公平、公开的原则贯彻于立法的全过程，从而增强法律法规的人民性、及时性、系统性和有效性。

宪法是国家意志和人民意志的集中体现，是人民通过民主的法定程序形成的国家根本法。所以，任何法律制度的设立都必须以宪法为根本准则，符合宪法的精神和规定；符合立法为民及中国民本法文化的原则与价值。一切违反宪法精神的法律制度都必须予以纠正和废止。同时，我们还要依法完善法律监督制度，健全人民代表大会对宪法解释的程序机制。对地方和部门立法的备案审查要形成制度，要提高和完善人大的备案审查能力。要把所有规范性文件纳入备案审查范围，依法撤销和纠正违宪违法的规范性文件及法律法规，禁止地方和部门的违法违规文件的颁布与施行。只有如此，我们方能在宪法精神的规范与指导下，建立和完善中国特色的社会主义法治体系，建立和完善我国的良治制度。

以人民为主体，立法为民，这是中国民本法文化的特征之一。中国的良治制度的建立和完善，是从中国的新民本思想出发并以此为基点的。故中国的一切制度的设立，都要立足于民本。以民为本，加快和完善能体现权利公平、机会公平、规则公平的法律制度。这种良法制度，规定了我国公民的人身权、财产权、基本政治权利及其不可侵犯性。有了制度的保障，我国公民在经济、文化、社会、政治等各方面的权利就有法可依，并可依法实现，做到了公民权利保障的法治化。在社会层面，尊重和保障人权的意识可得到增强和提高，公民权利的救济渠道和方式也可依法完善。

国家行为和个人行为的制度化、规范化和程序化是中国民本法文化的要求，也是国家实现民主政治的根本保障。在现阶段，中国特色的制度建设已有成功的四大主体设计：一是“让人民当家做主”的国家最高权力机关——人民代表大会制度；二是中国共产党领导的多党合作与政治协商制度；三是在少数民族地区贯彻执行的民族区域自治制度；四是体现基层民众自我协商、自我管理的基层自治制度。有了这四大民主政治制度的建设，中国新民本思想的实现就有了制度的保障。现在的问题是，我们应如何在新民本思想和中国民本法文化的根本原则和核心价值观的指导下，完善人民代表大会的制度建设，让人民代表能代表人民行使国家权力；让国家大政方针通过多党协商和人民的参政议政得以更完美，更符合人民群众的根本利益，更能让广泛的人民群众同心同德，共同建设我们自己的美好家园；让中华民族同为一家，各少数民族兄弟姐妹能当家做主，以国家主人的身份参与国家治理，建设大中华；让基层民众实现自我管理、自我服务、自我教育、自我监督。从而实现一百多年来，中国人民和无数仁人志士前仆后继、艰难奋斗的中国梦。

制度是权力的设置，也是以新民本为主导的权利的设置。所谓“权力”，就是指挥、支配和调控他人的力量。德国学者韦伯把权力定义为：在一种社会关系内部某个行动者将会处在一个能够不顾他人的反对去贯彻自身意志的地位上的概率，不管这种概率的基础是什么。[①] 美国法学家 E. 博登海默在其专著《法理学——法哲学及其方法》中则认为，权力“旨在实现对人的绝对统治。……这种统治形式具有一个显著的特征，即它往往是统治者出于一时的好恶或为了应急而发布的高压命令，而不是根据被统治者的长远需要而产生的原则”。权力的这种出于实践的观念，清晰地表明了权力在社会关系中的能动和易变性。在权力未受控制时，它是自由流动的、不断高涨的能量，其结果往往具有破坏性。

① [德] 马克思·韦伯：《经济与社会》（第一卷），阎克文译，上海人民出版社 2010 年版，第 147 页。

权力的行使，常常以无情的和不可忍受的压制为标志。在权力统治不受约束的地方，权力很容易造成紧张、摩擦、冲突与突变。而且，在权力可以通行无阻的社会中，权力往往会造成社会的权势阶层对弱势者的压迫与剥削。正是因为权力具有的这种特性，孟德斯鸠才深刻地总结道："为了防止滥用权力，必须通过事物的统筹协调，以权力制止权力。"[①] 在西方国家，权力的制约和监督主要采取"三权分立"的分权制度。在这些国家里，国家的权力被分为立法权、行政权和司法权，三种权力彼此分离，并掌控在不同的国家机关中。正因为这种分离，才促进了国家权力的相互制衡、相互约束，并不被滥用。"三权分立"的制度设计，虽在很大程度上约束了权力的滥用和私用，但又降低了权力的治理效率和治理成果，极易引发权力的扯皮，也会加剧不同党派和不同社会阶层之间的斗争，甚至会撕裂社会，造成社会的动乱，把国家导向失败。所以，在权力的制度设计上，我们依然要坚持人民的主体地位，让一切权力归于人民。在人民当家做主的原则下，让权力分立，也让权力互相监督、互相约束。中国是一个文化悠久、人口巨大、国土巨大、民族众多、信仰和民风各异、资源分布不均、地区间各有特色的世界大国。中国的发展，要根据中国的国情，从中国国情出发而设计，这也是中国民本法文化的总体要求。在国家法治的层面上，要不断完善以民主集中制原则建立的人民代表大会制度，现阶段特别要改革和完善人民代表的配置、资格、选举程序、权力行使程序等方面的制度建设，要真正让能代表人民的代表参与国家大政方针的讨论和决策，行使国家权力；同时，也要不断改革和完善我国现行的不同党派和不同阶层民众的政治协商制度，民族区域自治制度和人民群众的基层自治制度。

在法文化的观念上，权力制度的设立是为了保护权利的正当性与合法性，是为了权利的获得。以新民本思想为主导的权力制度的设计，是中国民本法文化在制度方面的另一思考。权利在本质上是一种资格，是人对自己的生存权与发展权及其他政治、经济、社会、人身权益和要求，予以合法作为或要求他人不行为的资格。但在中西方的法文化中，权利的主体不同。中国民本法文化强调民本，这个民是民众，是一国领土上的居民，是人民的集合。因而在中国人的眼里，家国一体，天下为公，每一个中国人都有一颗以家国为己任、以天下

---

① [法] 孟德斯鸠：《论法的精神》(上)，张雁深译，商务印书馆 1961 年版，第 185 页。

为己任的责任心。中国民本法文化中的民本思想就是集合的以民为主体的权利观。个人的权利融合于集体的、社会的、家国的权利之中。而在西方法文化中，权利是个人拥有的不可侵犯的自然权利，是与西方资本的政治共同体相一致的公民权。西方法学普遍认为，这种公民权，就是要求维护或者有时要求阐明那些应在法律上受到承认和保护的权利，以便使每个人在个性、精神、道德和其他方面的独立获得最充分与最自由的发展。作为权利，它们被认为是生来就有的个人理性、自由意志的产物，而不是由实在法授予的，也不能被实在法所剥夺或取消。由此可以看到，西方的权利主要是公民个人的，是与中国民本思想中体现的公民集合的权利不同的两种权利观。在法理学上，我们可以将它分为个人权本位的权利和生存与发展权本位的权利。人身自由和财产自由共同构建了自由资本主义。“戊戌变法”以后，西方以人权为诉求的权利观开始输入中国，尤其在中国的精英阶层产生了很大影响。但西方的个人权本位的权利与中国民众以生存和发展权为本位的权利，近现代以来一直争议与冲突不断。在中国民众的思想及中国民本法文化的观念中，传统“民本”观念依然占有很重要的地位。像康有为、梁启超、孙中山、陈独秀、李大钊等近代先贤志士，他们对中国改革或革命的思想中都不同程度地蕴含着丰富的民本观。他们也大多是站在中国的“以民为本”的思想观念上，考察和思索中国近代社会的衰落与挨打，都纷纷地围绕中国社会制度提出了自己的主张。改良的、改革的和革命的，世间一切对制度改变的方略，应有尽有。君主立宪制、联邦制、总统制、议会制、共和制，都想过或拿来试过、用过。由此可见，制度对一个国家生存与发展的重要性。从制度的设计中，也常常会看到个人权本位的权利和生存与发展权本位的权利的不同。其间的本质，实为西方权利观与中国民本观的不同。1949 年，中国革命胜利后，中国共产党人的新民本思想占据了社会思想的主体地位，并以此建立了中国当今的社会制度。所以说，当今中国的社会制度，它既是一种国家权力的设置，也是一种以中国新民本思想为主导的权利的设置。

以新民本思想为主导的权利，既包含了西方的个人权本位的权利，也包含了中国的生存与发展权本位的权利。所以，在法律的设置方面，我们既有对西方个人权本位的权利的赞同与设计，也有对中国新民本思想所内含的生存与发展权本位的设计。如在宪法的“公民的基本权利和义务”一章中，把带有西方个人权本位的权利，如选举权和被选举权、言论、出版、集会、结社、游行、示威的自由、信仰自由、人身自由、人格权、住宅权、通信自由和保密权、监督权等都写入了宪法，又同时在相关法律法规中予以落实，也予以一定条件的限制，完善和督促着中国的法治。关于中国新民本思想主导的人民的生存与发展权本位的权利，中国也将其写入宪法，并体现于国家所有制与分配原则、自然资源、土地制度、财产保护、教育、医疗、环境、劳动、养老、文化、民族、基层民众等部门条款之中。更在相应的法律法规中予以细化，拟制了贯彻执行的细则、方法、步骤以及程序。使权利的设置，不仅体现了西方关于个人权本位的权利，也体现了中国的生存与发展权本位的权利。国家权力和政府机构的设置，也同样围绕新民本思想的原则与价值而进行了制度性的设计。这就是中国特色的法律与西方的不同与共同之处。随着中国法治进程的日益进步和发展，中国法律在权力与权利的设置、落实和保护方面也会更加完善、更加完好。

由此可见，当代中国法律制度的设计，主要是从中国新民本法文化的视角出发，从权力以及权利的设置两方面去综合考虑。权力的设置，是要站在中国新民本思想的观念上，考虑到权力的人民性和服务性，从最有利于人民利益和让人民当家做主的立场出发，让权力的设置既要有利于权力的行使和权力的效率，也要有利于权利的约束和权力的监督。让权力民主化和法制化是当今中国国家治理的最主要的两条路。权力民主化，主要是指中央和地方的权力配置、各级权力的分立、权力的相互制约、监督与民主集中、人民代表的选举与人民权力的行使、政党协商与政治民主、民族自治、基层自治、社团组织和企事业单位员工的参与权等方面的制度设置；权力法制化，是要将权力的职能和权力行使的程序明细化、公开化、制度化。权利的设置，同样是要站在中国新民本思想的观念上，从最有利于人民的整体利益和让公民个人权本位的权利和生存与发展权本位的权利都能得到落实，并予以制度化。在中国民本法文化及其新民本思想的指导下，只要权力的设置和权利享有的制度得以完善，中国的法治定能走向更高阶段和更高的水平。制度的实现是法治实现的保证，也是优良治国理政的保证。故可以说，法律制度是中国民本法文化的核心内容，法律制度的完善也是中国法治的基础，是现代中国走向良治的开始。

但要改革和逐步完善中国的制度建设，应该从中国国情出发，从中国国家法律制度的改革和完善开始。而法律制度的改革和完善，却要依宪法而为，按人民权力和权为民用的原则逐步推进，逐步完成。

第六章

政策、乡规民约与习惯法

博览兼听，谋及疏贱。

——《尚书·舜典》

心之官则思，思则得之，不思则不得也。

——孟轲《孟子·告子上》

政策和策略是党的生命，各级领导同志务必充分注意，万万不可粗心大意。

——毛泽东《关于情况的通报》

经验是真知与灼见之母，因而它的一切举止都是明智而又坚定的。

——欧文《讲演词一》，《欧文选集》第一卷

法国著名思想家让-雅克·卢梭在他的《社会契约论》中提出，法律除了根本法、公民法和刑事法之外，“还存在着第四种法，而且是重要的法。它既铭刻在大理石上，也铭刻在公民的内心里；……它会维持人们的法律意识，逐渐用习惯的力量取代权威的力量。我们说的就是风俗、习惯，尤其是舆论。……它正是伟大的立法家在似乎局限于制定具体规章时内心注意着的部分，具体的规章不过是拱顶上的拱梁，而缓慢诞生的风俗习惯才是拱顶上难以撼动的基石”[①]。在中国民本法文化的集群中，政策、乡规民约与习惯法正是支撑中国国家法律拱梁的难以撼动的基石。

① [法] 让-雅克·卢梭：《社会契约论》，崇明译，浙江大学出版社 2018 年版，第 102 ～ 103 页。

第一节　政策，中国特色的集合性的行为准则

在中国民本法文化的规则体系中，政策是具有中国特色的集合性的行为准则。它与中国社会长期存在的乡规民约与习惯法一道，影响着中国人的法律意识和法律行为，共同成为中国法律的难以撼动的基石。与所有的知识和理论的学习一样，了解政策也要从政策的概念学习开始。什么是政策，政策是国家、阶级、政党或社会组织为实现自己在某一特定历史时期的任务而规定的行为准则。所以，就政策的集合性而言，政策可分为国家政策、阶级政策、政党政策和社会组织政策等。国家政策是国家政权为实现国家在某一历史时期的总任务而规定的国内所有居民都必须遵循的行为准则。在阶级政策与政党政策的关系上，政党往往是某一社会阶级或阶层的代表，这一社会阶级或阶层的利益及行为准则也往往体现于政党的政策之中。故在大多的情况下，社会阶级或阶层的政策就是代表它的政党的政策。我们也常常将政党的政策视为其代表的某一社会阶级或阶层的政策，将阶级或阶层的政策溶入政党政策。另外，我们常常将社会团体、企业事业单位、行业组织统称为社会组织，这些组织制定的为实现某一任务的行为准则就是社会组织政策。所以，我们一谈政策，主要说的就是国家政策、政党政策或社会组织政策。另外，政策按其所规定的行为范围的长久与大小而言，一般又可分为总政策、基本政策和具体政策三类。总政策是国家、政党或社会组织为实现特定历史时期的总任务而规定的总的行为准则；基本政策是政党或社会组织在某一社会领域为实现总政策而确定的重大策略与行为准则；具体政策是政党或社会组织为实现其某一具体任务而规定的较为明细化的行为准则。如在中国历史上，少数民族地区推行的羁縻制与土司制，就是当时中央政府推行的国家政策，是在大一统的国家制度下，对少数民族地区实行的“不留兵、不运粮”“夷汉分治”的民族自治政策。当今中国社会，我们要坚持以经济建设为中心，坚持四项基本原则，坚持改革开放的“一个中心两个基本点”的国家政策。这就是中国共产党在社会主义初级阶段的总政策。在此总政策的

指导下，建立和完善社会主义市场经济体制，则是中国国家和执政党的基本政策。其他的，围绕总政策和基本政策而展开的干部政策、科技政策、人才教育和培养政策、知识分子政策、市场准入政策、中外合资政策、产品和市场的监管政策等，都是国家或中国共产党在社会主义初级阶段的具体政策。基本政策和具体政策要服务于总政策，是根据总政策和为实现总政策而拟制的一定时期内的行为准则。政策是人的集合体的行为准则。所以，任何政策都具有人的集合体的意志，是此部分人的集合的意志的体现，代表并服务于此部分人的集合体的利益，如国家的、阶级的、政党的、社会组织的意志和利益。任何政策都具有意志性。为了实现自己的意志和利益，任何人的集合在制定政策以后，都必须踏踏实实地予以落实，赋予实践。所以，任何政策都具有实践性。政策来源于实践，是实践经验的总结，但又反过来指导于实践。从实践中来到实践中去，这是政策的本质。政策的意志性和实践性是政策的两大基本特性。这两大基本特性又表现在制定政策的人的集合的行为之中，要求此部分人的集合人人应遵守，并常以纪律甚至法律的规则来强迫你服从。一旦违反，就将受到纪律或法律的惩处。如计划生育政策曾是中国国家的基本政策，一旦违反，就将受到行政纪律及相应法规的处理。

由此，我们可以分列出政策的三大构成要素，即政策对象、政策目标和实现政策的手段。政策对象是政策所要依靠和调动，并予规范和约束的力量。一般说来，就是政策的意志和利益所代表的那部分人的集合；政策目标是政策在执行后所要实现的目的及结果；政策手段是为实现政策目标所规定的措施和方法，有纪律的也有法律法规的。

既然政策具有一定的强制力，也包含了对应的纪律或法律法规，是人规定并予以履行的一种行为准则。那政策是否属于法律类的，一直以来，这个争论也从未停止。但有一点却可以肯定，政策与法的关系是血肉相连、非常密切的。首先，政策与法都属于上层建筑，都是由一定的经济基础所决定的。国家层面的政策，还都体现了制定它的统治阶级或执政党的意志，也体现了人民的意志和利益，都以维护国家的政治利益和经济利益为出发点，都具有一定的约束力与强制力，都是约束人的行为的一种规范。

但从制定政策与法律的主体、表现形式、立法程序、调整对象和范围以及实施的方式上来看，两者又有不同，表现了两种不同的社会现象。在立法主体上，政策是由一定的人的集合体所制定，这个集合可以是国家统治阶级、执政党，也可以是非执政党和社会组织。而法律却是国家制定和认可的。法的制定和认可，必须经由国家权力机关按照法定的权限和程序予以施行；在表现形式上，政策表现于纲领、纪要、决议、宣言、指示、声明、报告、纪律等。而法律是由宪法、法律、行政法规、地方性法规等形式组成；在程序上，政策的制定不是很严格，一般可由有权力的机关拟制，交由会议或领导人批准即可。法律的制定却要经历法定程序，该程序对立法机关的权限、层级、立法人员、表决权、表决程序、废止事项等都有严格规定；对调整对象和范围而言，政策所调整的社会关系较为广泛和全面，而法所调整的对象却是对国家政权有直接和重大影响的，需要由国家强制力来保障实施的社会关系；政策的实施主要依靠政策的宣传、教育，模范的带头作用，以及纪律或一定法规的威慑。而法的遵守和执行，首先是靠人对法的理解及敬畏，还要依靠国家强制力来保证。在法定条件下，可施行国家暴力来保证法的履行。

由此可见，政策应不是法律。但政策与法却是相互关联、相互作用和相互制约的。政策指导法律，指导着法的制定和实施。执政党的政策往往会在一定条件下成为国家立法的渊源，转换成法律。所以，法律是政策的条文化和规范化。但任何人的集合体在制定政策时，都必须遵守法律，不得违背法律的规定。执政党的政策也要遵循法律、服从法律并受到法律的指导与制约，不能有违背宪法与法律的政策。政策的合宪性和合法性，是政策能以推行的前提和基础。执政党必须在宪法和法律的范围内活动，不能有背离宪法和法律的特权。这同样是政权合法性的前提和基础。

中国是一个大国，中国之大和问题之复杂，也使中国的国家治理不可能单靠某一部法律来完成。各省、市、地区都有自己的特异性，都会与其他省市区不同。故中国的国家治理，自古以来都是在国家大一统的基础上，实行中央与地方的分权制。除国防、外交等权项统一于中央外，财权、事权和司法权都以分权与集中或民主与集中的方式在中央与地方间统筹分工。所以，在中国民本法文化中，在国家法治中，政策都占有相当重要的地位。一般而言，当全国性的法律制定尚不成熟的时候，我国的国家治理可以采用政策的规定，或地方立法形式来进行。

在相当长的一段时间里，我们都在法治观念中，将“政策”视为人治的重要表征。也诚如一些学者所说：“在当下中国的法理学研究中，‘政策’并不是一个‘合法’概念——在很大程度上，中国的法理学研究是在‘制定法’层面展开的，虽然在近些年，对‘判例（法）’或‘习惯（法）’的探讨有逐渐升温的趋势，但‘政策’却被坚定地排除在法理学研究领域以外。”① 中国法学认知上的这种偏颇，一方面拒政策于法理学研究之外，一方面又在法律之中使用政策概念，于实践之中大量使用政策据统计。据统计从法律形式的角度来看，自1979年到2016年3月，我国计有88部包括宪法在内的法律和247条条文直接使用了政策概念，使用频次为306次。宪法是国家大法和根本法。在我国《宪法》条文中，就有两处条文涉及政策概念。一处是在《宪法》序言中宣示的“中国坚持独立自主的对外政策”，将“独立自主”列为中国国家外交的行为规范；另一处是《宪法》第一百一十五条：“自治区、自治州、自治县的自治机关行使宪法第三章第五节规定的地方国家机关的职权，同时依照宪法、民族区域自治法和其他法律规定的权限行使自治权，根据本地方实际情况贯彻执行国家的法律、政策。”此处提到政策，已类似于法律，但又是在法律的位阶之下的规范。于此也同时说明，政策受《宪法》规范，亦受法律规制，政策的制定和运行离不开宪法和法律，要遵守和执行宪法与法律的规定。另在其他87部法律的245条条文中有304次使用了“政策”一词，可见政策在国家法治中的重要地位。

另就政策的制定主体而言，我国法律认可的可制定政策的主体是多元的。既包括了“国务院”“国务院有关部门”和“地方各级人民政府”，又包括法律认可的领导机构，如中央国家安全领导机构、最高人民法院、最高人民检察院等。从政策制定的这些主体来看，政策的创制和施行都显示了如下特点：1. 政策制定和施行主体多元；2. 政策制定和施行层级多重；3. 政策制定和施行的权力分散。政策制定和施行的多元、多重、分散的格局，既让政策在社会行为规范中发挥了很大很重要的作用，又导致政策的泛滥和适用的主观随意性。这也是政策不为许多法学家认可，并斥之为人治工具的主要原因。

所以，在当今法治中国建设的背景下，如何将各种社会关系纳入法治化的治理之路，这是新时代法治的重大课题。实现政策的法治化，却是当代中国法治的必然需要。法治是规范之学，法学研究的核心是规则或规范之理。而政策的规范性也要求将政策的研究纳入法学研究的范畴，纳入法理学研究的范畴。

政策的法治化，最主要的是执政党政策的法治化。在中国民本法文化的国

① 吕明：《政策是什么——对我国法理学研究“去政策化”现象的反思》，《法学论坛》2010年第3期。

家观和大一统观的影响下，中国的国家治理历来采以中央统筹、中央和地方分权集中的国家制度。在这种以中央为权力中心的国家治理模式中，执掌中央权力的人的集合体，历史上是以皇权为中心的统治集团，现在是代表一定阶级而又为全民利益服务的执政党。执政党政策的优良与否，在很大程度上决定了国家治理的优良与否；执政党政策的法治化，也决定了国家法治化的进步及优良与否。从中国历史进步和稳定的需要出发，中国共产党会在相当长的时期内继续执掌国家政权。中国共产党既然是长期执政党，中国共产党的国家政策就决定了中国未来的发展方向和发展的前景。研究中国共产党的政策，中国共产党政策的法治化，也必将是中国民本法文化研究的重大课题。在讨论和研究中国共产党的政策，尤其是讨论和研究中国共产党政策的法治化时，以下几个问题是需要法治研究人员引以为重的：

首先，讨论和研究中国共产党的政策。其一，要注意执政党政策与国家法的关联性。一般来说，执政党的政策和国家法律是相互作用、相互促进与相互制约的。这种相互的作用，先是以执政党的总政策和基本政策指导法的制定，后又以执政党的政策作为法律创制的依据。我国现行宪法就是根据中国共产党在社会主义初级阶段“一个中心，两个基本点”的基本路线于1982年修订而成。其二，任何国家的法的实施都离不开执政党政策的指导。都是以政策的思想指导法的施行，以政策的观念指导法的方向。法是执政党政策的规范化、条文化、具体化。只有理解了执政党的政策，才能正确理解立法宗旨和法的精神，才能根据客观实际，审时度势，准确地掌握法的宽严幅度，正确地适用法律。

其次，要准确掌控和调节好政策与法律的相互制约作用。在我国新民本思想的指导下，执政党的政策和国家法律的行为目标、宗旨都是一致的，都是人民的意志和利益的体现，是执政党的主张与人民意志的统一。所以，执政党的一切活动都必须在宪法和法律的范围内，不得超越宪法和法律，不得在法外行为。否则，也就背离和违反了自己的政策与宗旨。另外，从加强国家法治的角度而言，执政党在宪法和法律范围内活动可以取到标杆和榜样的作用，是加强国家法治的关键。而执政党的政策，历经规范化和法律化，已成为代表国家的意志的宪法和法律。执行和遵守宪法和法律，实质上就是执行和遵守执政党的政策。

法律面前人人平等。任何政党、组织和个人都没有超越法律的权利，都必须在宪法和法律的范围内活动。在建设法治中国的今天，在主要依靠政策治国向以法治国转换的今天，法在治国理政上的作用越来越大，也越来越重要。建立和完善中国社会的法治体系，也是执政党的一项基本政策。总之，法治中国是中国国家治理现代化的基本途径。执政党政策的法治化也必然是法治中国的必经之路。讨论和研究中国共产党的政策应从法的研究开始，以法理学的基本理论和法律的规则来看待及研究中国共产党的政策。让政策的实体规定，制定与实施的程序都有法可依，都符合相关法理之理及相关法律的规定。

与政策一样，乡规民约与习惯法也是中国民本法文化的基础内涵，是中国社会法治的基本行为规范，同时是中国国家法律和法治拱梁上不可撼动的基石。讨论和研究乡规民约与习惯法，是构筑国家法治基石，走向国家治理法治化和现代化的必然。

第二节　中国民本法文化的基础：乡规民约与习惯法

中国自古以来就是多民族“混居”[①]的国家。和贵州各民族混居的状况一样，在中国国土领域内的各个民族，也长期处于一种小聚居、大杂居，相互融洽、相互认识和相互扶持的混居状况。正是因为这种混居状况，中国各民族的文化也在相互交流、影响与融合中，形成了大一统的中华民族文化。在大一统的民族文化中，因为民族的小聚居，又形成了大大小小的民族居住区域，及与该区域内居住民相适应的文化板块。乡规民约与习惯法，即卢梭所说的“第四种法”，也就广泛地植根于当地民族传统文化的沃土之中，以各民族的风俗习惯为基础，无论在历史上或是在当今的现代社会，都发挥着“第四种法”的作用，具有“准法律法规”的性质。

长期以来，中国各民族地区的乡规民约与习惯法都在规范和调整着该地区的各种社会关系。乡规民约是各民族地区的居住民按一定程序并经协商确定的

① 混居，是因为历史、政治和经济等缘故，在同一地区形成并相对稳定的多民族聚居、杂居、散居、交错而居的多元并存的民族居住状况。这种民族混居状况，常在融入发达地区先进生产力和汉文化的同时，又保存了各自民族传统的生产方式与文化、民间组织和民间规约。

规范该地区各种社会主体的权利与义务、协调和解决其利益的法律形式。习惯法是在乡规民约基础上按一定程序认可的较为成熟的乡规民约。这些乡规民约与习惯法，无论其内容与形式，都成长于一定民族地区的社会和经济发展之中，与这些地区的社会和经济发展状况相适应。这些浸透着各自地区和各自民族精神与民族观念的制度形式，在历经这个地区居民的选择、接纳和共享，再经岁月的冲洗、净化、积累和升华而得以绵延与传承。乡规民约与习惯法，归于“民间法”。这是一种生于民间，出于习惯，在中国基层的乡间俗里为解决矛盾与冲突，具有自发性和地方性色彩的传统法。在 1949 年以前，由于国家动荡和分裂以及中央政府国家制定法的不完整，在法的施及力也不达乡野及边陲的情况下，乡规民约及习惯法在中国基层相当普遍，得以形成和发展。中国基层民众在解决各类纠纷时更多地依赖这种地方性的民间规范。它在形式上为私力救济，是国家法的一种补充与替代，构成中国民本法文化的重要组成部分。1949 年以后，由于国家的统一和中央治理能力的现代化，乡规民约与习惯法的作用也日渐消退。但民族区域自治、农村村民自治和城镇居民自治制度的推行，新型的乡规民约与习惯法在一定程度上又得以发展。但此时的乡规民约与习惯法已经脱下了民间法的外衣，成为我国基层民众进行自我管理、自我教育、自我约束和自我监督的基层制度，成了国家法的外延和补充，但又不是法律。只有当其被认定为公序良俗时，才可能作为一种民法法律规范而显现，并得到一定程度的认可。

自古而来，被认可的乡规民约与习惯法在表现形式主要有民间契约、居住民制定的约法、道德规范及其规范下的家法家规、官方在乡民社会的非正式规章、习惯法等。

但无论乡规民约与习惯法表现于何种形式，这些乡规民约与习惯法都具有一些共同的特征和运行模式。一是适用范围的地域性。传统的乡规民约与习惯法大多形成于相对与世隔绝的农村地区或少数民族地区。这些乡规民约与习惯法也大多由区域内居住民的道德规范、礼仪习俗、禁忌习惯或民间约法演变而来，是一种地方性、封闭的民间行为规范。其作用和实施也是靠地方组织如宗族会、社团、地方自治机构的强制力，或民间习惯、舆论与自身约束力来实现。所以，乡规民约与习惯法都是地域性的。二是内容的广泛性。传统的乡规民约与习惯法由于调整的范围相当广泛，其内容也就相当全面。如我们前面谈到的贵州的“清水江文书”，其内容就涉及民间契约、族谱族规、纠纷调解书、民间制定约法、登记册簿、官府告示、碑刻等，涉及乡村自治、民法、刑事、家庭婚姻关系、财产关系、生产、环境生态、诉讼等方方面面。三是具有私力救济性。由于乡规民约与习惯法大都产生于中央权力与法律较为薄弱的乡村和边疆地区，国家力所未及，而许多社会关系的调整要依赖民间力量的权威和信任。所以，这些乡规民约与习惯法是一种私力救济。四是制定、认可和实施乡规民约与习惯法的机构，多具备地方权力机构的性质。这些机构，或由居住民推选，或家族认可，或是权力的继承，其在地方都具有相当的权威和力量，不仅监管司法，也组织生产，掌控本地区资源和财务等，具有了地方权力机构的特征。

乡规民约和习惯法的形成与我国大一统国家制度下，各民族小聚居、大散居、交错混居的历史格局和国土广域、高山大河阻隔、各地区发展不平衡等人文地理的环境密切相关。再加上历朝历代统治者都实行了“分而治之”和乡村自治与民族区域自治的国家治理方式，也使得乡村和民族地区有了一定的地方自治权。同时，为处理好本地区的内外事务，调整和解决区域内居住民之间的各种矛盾和社会关系，更好地解决本地区的生存和发展问题，这些地区的居住民一般都推选了由一个或几个头目组成的地方自治机构。这些地方自治机构是管理和处置所辖地区内外事务的民间组织机构，制定和实施了民间规约，对本地区事务具有一定的管辖权，可约束居住民的一定行为并形成惯例；许多乡规民约与习惯法都是祖祖辈辈传承下来又为当今民众所公认为合情、合理和合法，是自然或历史形成的习惯规矩。以此规矩，可调整本地区居住民的行为，维护本地区及与其他地区的既定秩序。所以，乡规民约与习惯法和地方自治是中国传统社会基层治理的基本方式和基本制度。

在汉族及以汉族为主体居住民的地区，这种地方基层自治主要是通过由长者及乡贤组成的宗族会、乡贤会或乡村议事机构等基层组织，以乡规民约与习惯法、宗法、族规、民间禁忌、宗教崇拜等民间规约来管理和处理本地区事务，调整本地区的各类社会关系。

在少数民族聚居地区，同样存在着与汉族居住地区相似的，由地方长老、族长、乡贤组成的基层自治组织。这些民间基层组织按照乡规民约与习惯法来调整内外纠纷，分配利益，维护地方秩序。正如恩格斯说的那样：“它无非是这种社会状态所特有的自然长成的结构；它能够处理在这样组织起来的社会内部的一切可能发生的冲突。"[①]

中华人民共和国成立后，过去在乡村基层和民族地区实行的族长制、乡贤制、土司制等地方基层自治制度被取消。代之而行的是农村村民自治及城市居民自治的基层自治制度。在基层人民政府的指导和监管下，城乡基层居住民通过民主选举产生自己的基层自治组织，即农村村民委员会或城市居民委员会。农村村民和城市居民通过自己的自治组织，管理和处理自己的行政和日常事务。而这些基层自治组织的权威和力量，除基层人民政府的一定授权外，更多是来源于基层民众的信任和乡规民约的行为规范。这些由文字表达的或由公序良俗表达的乡规民约，相比国家成文法而言，却以更平常、更通行的方式介入到基层民众的日常生活与社会关系中。通过这些乡规民约与习惯法，中国基层民众的自治组织动员了更广泛的人民力量，维护基层秩序，体现基层服务，调解基层矛盾，善化基层治理，真正实现了人民的当家做主。

时至今日，历史新形势下的乡规民约与习惯法，依然在注重社会和集体权利与利益的同时，更关注个人的权利和利益。其内容更加广泛，既涉及国家法律法规的宣传与普及，也涉及传统公序良俗的继承与新的公序良俗的创新，涉及劝善惩恶，教化风俗，维护公共财产和公共利益，促进居住民间的互帮互助，也促进居住民间和民族间的团结。在内容上减少了民间宗法、禁忌和宗教的色彩，代表了社会建制化的权威与服务。这种准行政性的乡村村民委员会与城市居民委员会作为新时代中国的基层自治组织，与传统的民间社团一样，也要依据法律法规乡规民约与习惯法来管理和协调本地区居住民的各项事务。

法律是一定社会形态的反馈并与之相适应的规则，一定的社会形态决定了法律的形式和内容。乡规民约与习惯法是一种社会规则，它也要与社会的形态与发展相适应。法律是民族文化的载体，乡规民约与习惯法也是民族文化的载体。乡规民约与习惯法及其"善治"观念的世代相传，其本质就是民族文化保存、传递和继承的过程。乡规民约与习惯法的形成也离不开民族生存与发展的历史条件、地域条件和文化背景。

自秦汉以来，中国基层社会和少数民族地区一样，"大抵人物犷悍，风俗荒怪，不可尽以中国教法绳治，故羁縻之而已"[②]。我国历代中央政府在乡村基层或

---

①《马克思恩格斯选集》（第 4 卷），人民出版社 2012 年版，第 175 页。

②《史记》卷一一六《西南夷列传》。

民族地区推行的这种“羁縻”政策，虽在形式和权限上大有不同，但其本质都是一种地方自治政策。这种基层自治或民族区域自治，皆以宗法族规和乡规民约与习惯法为准绳，也为乡规民约与习惯法的形成与实施提供了一定的合法性，是乡规民约与习惯法成立的法定条件。另外，山川相隔，风俗相异也是乡规民约与习惯法形成的自然条件。一定的乡规民约与习惯法的形成，总是依赖某一特定的人们共同体所处的历史时期和其特定的自然生存环境，是这些基层居住民在面对环境与生存的压力时，自然而然形成的一种体现公众意志、相对合理而有效的选择。所以，乡规民约与习惯法的形成，更多地体现了地区间不同的自然与人文环境及其所形成的文化。传统中国社会，历来就有“没有规矩，不成方圆”“家有家规，国有国法”的认识和习惯。这种民族文化观念的认识，使得中国人历来就很注重规矩，注重礼教的行为规范。这也使生活在最基层的民众，在国家法典力所不及的地方，非常重视乡规民约与习惯法这样的乡土“法律”。同样地，乡规民约与习惯法的形成也离不开本地区文化习俗的影响。

有一点需要说明的是乡规民约与习惯法，无论它是贵州的或中国其他地方的，也无论是汉族或其他少数民族的，其大多强调了保家卫国及民族的和社会的利益，鼓励居住民之间的团结友爱、互帮互助，提倡并鼓励家庭与社会的尊老爱幼，讲文明、讲礼仪，义利中和，并在以一定的惩戒为执行保障力的同时也强调了说服教育。对制定和约定俗成的规约，也大都关注了全体居住民的可接受程度。所有这些，都表明了中国传统乡规民约与习惯法的积极性和有价值的一面。另一方面，中国传统乡规民约与习惯法也受到了中国民本法文化的影响，强调社会的和集体的权利。在某些方面，对个人的管理和约束过多，对个人的要求和利益重视不够，一定程度上压抑了社会成员的积极性和个性；它重视风水，讲究迷信禁忌，求神拜佛，宗教迷信的色彩过浓；有的地方私法过大，一定程度上对抗中央法治，甚至引发地方割据。因此，传统中国的乡规民约与习惯法与国家制定法在法文化方面既有一致之处，可作为国家法治的补充，但也有矛盾和冲突之处。随着时代的进步和现代中国法治的推进与发展，中国传统乡规民约与习惯法的准法规性和私权救济性都渐于弱化，而社会契约性或良俗性却渐于增强。这是中国社会日益进步的结果。

中国传统的乡规民约与习惯法，与世界其他国家的民间规约及习惯法一样，都与某一社会群体成员的生产方式和行为习惯相适应，“在社会发展某个很早的阶段，产生了这样一种需要：把每天重复着的生产、分配和交换产品的行为用一个共同规则概括起来，设法使个人服从生产和交换的一般条件。这个规则首先表现为习惯，后来便成了法律”[①]。1991 年由上海翻译出版公司出版的《牛津法律词典》关于习惯法的条文释义认为，习惯法是“被某一地区的居民接受为本地区的部分法律而遵奉的实际做法”[②]。

历史上，中国传统乡规民约与习惯法在中国民本法文化的体系中，大致有以下几点公认的法文化特征：

一、这种产生于民间习惯和社会风俗的民间规约，深受中国文化尤其是中国民本法文化的影响，是中国民本法文化的实践性产物。

二、私力救济是中国传统乡规民约与习惯法议立（立法）和实施（司法）的基本特征。这种私力救济没有国家制定法的严格程序和表达，也没有法理的解释。但它却是本地区居住民为适应生存与发展的需要，体现居住民意志而做出的有效而合理的选择。

三、准法规性。任何乡规民约与习惯法都是一种民间的社会规范，其功能显示为一定地区社会关系的调节作用，对社会秩序的维护作用，对破坏和妨碍本地区优序良俗的制裁作用，曾体现为准法律。

四、救济程序简单，虽有一定强制力，但大多采用“调解”方式解决纠纷，借以平衡各方利益与矛盾，能取到矛盾缓和与舒解的作用。但中国传统的民间规约，其宗教色彩都较为浓厚。

五、集体性和群众性。阶级性是国家制定法的基本特征之一，但传统的乡规民约与习惯法大多产生于中国基层较为落后与隔绝的地区，而本地区居住民的生存与发展更多地依赖集体和集体的力量。所以，这些乡规民约虽也有阶段性，但更多的是集体性。村寨和家族的集体利益高于个人利益，个人与集体休戚相关、荣辱与共。另一方面，乡规民约与习惯法从酝酿、形成、实施到修订，一直都建立在群众的习俗和认同之中，具有广泛的群众基础。这种群众性还体现于它的平等原则于它的平等原则。于它的平等原则。一切仪事皆经协商，从平等、无贵贱上下之分。

六、乡规民约与习惯法一经形成，就具有了很强的稳定性。合成为当地民众长期信守的一种习惯或习俗。稳定性，也是中国的乡规民约与习惯法的法文

① 《马克思恩格斯选集》（第 3 卷），人民出版社 2012 年版，第 260 页。
② ［英］伊丽莎白 · A. 马丁：《牛津法律词典》，蒋一平等译，上海翻译出版公司 1991 年版，第 134 页。

化特征之一。

以上中国传统乡规民约与习惯法的特征，在本质上保证了中华民族在国民感情上的凝聚性和民族文化的传承，体现了中国民本法文化中自古以来的基层民主自治，以及传统乡规民约与习惯法对国家法治的促进作用和补充作用。乡规民约与习惯法，是中华法系的地方性法规。一些乡规民约与习惯法历经岁月的认可与磨炼，逐渐地上升为国家法。而一些乡规民约与习惯法却在历史的演进中成为公序良俗，自始至终地维系着传统基层社会的秩序并实时地调整不同人或不同人群之间的权利与义务，起到了中国基层社会“稳定器”的作用。中国传统乡规民约与习惯法的形成与发展，不仅在实践上也在法理上丰富了中国的民本法文化，其自身也成为中国民本法文化的基础构成。

历史上，中国传统乡规民约与习惯法，一部分通过了国家立法程序而成为国家法或地方性法规，另一部分却历经岁月的淘汰，去其不合时宜的、不符合社会公理或社会公益的部分而成为社会的公序良俗。这些公序良俗，不仅得到了社会公众的普遍认同，也得到国家和国家法的认可，成为调节社会关系，解决社会矛盾，稳定和推进社会发展的社会准则。

第三节　公序良俗，国家认可的社会准则

在中国民本法文化中，德礼入法一直是中华法系的历史传统之一。而当代中国之法律，虽然依循现代法理，并未将德礼列入法律规范范畴。但中国是具有自己民族特色的社会主义国家，中国民法的性质和根本任务也将由中国法律的人民性所决定。在中国的民法系统中，我们始终将社会公德和社会公共利益或公序良俗列为守法、执法的基本原则。中国民法的这些基本原则自然也体现了中国法律在法理上与其他国家的共性与个性的统一。

2009 年修订的《中华人民共和国民法通则》第七条规定 :“民事活动应当尊重社会公德，不得损害社会公共利益，扰乱社会经济秩序。”而在 2017 年 3 月通过的《中华人民共和国民法总则》第八条更明确规定了 :“民事主体从事民

事活动，不得违反法律，不得违背公序良俗。”同样地，“不得违背公序良俗”的原则在总则第十条中也作了相应规定。可见，公序良俗已成为我国法律认可了的社会准则。

民事主体从事民事活动不得违背公序良俗。公序良俗指的是社会的公共秩序和良善习俗。社会公共秩序，简称为公共秩序，是指社会的政治、经济、文化等领域的基本秩序和根本理念，是关系国家、社会和人民整体利益的基础性原则、价值及其秩序。在以往的民商立法中，我们称之为社会公共利益。良善习俗，是指基于社会主流的道德观念和核心价值而形成的习惯、风俗及乡规民约。过往的民商立法中，我们又称之为社会公共道德，是全体社会成员都普遍认可，普遍遵循的道德与行为准则。良善习俗是一个国家的文化的体现，也是中国民本法文化在中国漫长的历史进程中的体现。良善习俗都具有一定的时代性和地域性，随着时代的变迁和地域的改变，一定地域内居住民的道德观念和行为习惯也会改变。于公序良俗而言，公共秩序强调的是国家、社会和人民的整体层面的价值观及其行为，良善习俗却突出了基层民众的道德观念和日常行为。但两者又是相互关联、相互影响、相互作用的。公共秩序的维护和稳定，离不开社会公众包括个人和人的集合体的良善习俗的形成与行为。而社会个人和人的集合体的良善习俗也必然会维系和推进社会的公共秩序；另一方面，社会公共秩序的长期稳定和健康发展，也为良善习俗的形成准备了宽容宽松的社会环境，并推动了社会良善习俗的形成和发展。

一个宽容宽松的社会，也必然是一个具有良善习俗的社会，一个文明、和谐、法治与民主的社会。在中国传统文化中，“中和”之道历来是中国社会追求的一种崇高的价值观。中，是对宇宙万事万物变化的全面而又辩证统一的把握；和，首先承认了差异的存在，然后以他平他，求同存异。中而和，就有了文明与和谐。中和达道，就是指这种中而和的意识与行为符合于社会及自然的法则。

而文明，既是国家与社会进步的重要标志，也是现代国家的重要特征。从汉语词源来看，“文化”既有“人文化成”之意，也有“以文化人”之意。美国著名人类学家、民族学家摩尔根在其著作《古代社会》中，就将人类的早期历史划分为蒙昧时代、野蛮时代和文明时代，这一观点曾得到恩格斯的高度评价。当人被文而化之后，蒙昧与野蛮就演化成了文明。而此“文”，既包含了人类对自然、对社会和对自身的认识、智慧与知识，也包含了公正、诚信、友善、和谐、法治等价值观念，更包含了社会公序良俗的行为规范。在中国人的传统文化和思想中，我们的老祖先从来都认为，人如果仅有利与欲这样的自然之性，那就和一般动物没有了根本的区别。故孟子在《孟子·滕文公》中直言不讳地说过："人之有道也，饱食、暖衣、逸居而无教，则近于禽兽。"所以，用中国民本法文化的思想来观察人，人之所以能异于禽兽，超于禽兽，其最主要的价值正体现在他的社会性中。人的这种社会性，正来自于对人的教化。德国古典哲学创始人康德就说过："人只靠教育才能成人，人完全是教育的结果。"[①] 人的文化濡化，实际上就是人类个体适应其自身生源地的文化，并经学习和教化而成为社会之人、民族之人的过程。这种文的教化，除学堂的教育与学习外，更主要来自于社会行为的规范，尤其是优序良俗的规范。当这种人的教化深入到人的思想意识之中，优序良俗就成了每一个社会成员的行为习惯。而此时，社会就有了文明，人也才能成为社会有用之人。这时的人首先作为社会之成员，在自己的日常生活中常常会坚持一种知书达理的方式，并以此来处理人际关系，参与社会交往，也会以公序良俗来规范自己的语言和行为。从这一点来说，公序良俗既是文明之始因，也是文明之结果。

一个具有公序良俗的社会，必定是一个和谐的社会。东汉学者许慎在《说文解字》中是这样解释"和"字的，和"相应也。从口禾声。户戈切"。

"相呼应"，则意味着各种各样的因素相互并存、相互关联、相互配合、相互呼应，构成了一个系统。在这样一个相互呼应的系统中，各种关系相互协调而优化。就如同在一个乐章中，因有各种音律的高低快慢调和而谱成一首优美动听的乐典。和，就是各种音调、音色的相互调和。"谐"字在《说文解字》中解释为"詥也。从言皆声。户皆切"。以"谐"有"詥"，为融洽、协调之意。"和"与"谐"组合而成一词组，这在中国古代的一些重要典籍中早已出现，如：《周礼·地官·调人》中有"调人掌司万民之难而谐和之"；《左传·襄公十一年》中有"如乐之和，无所不谐"；《诗经·周南·关雎》中有"关关雎鸠"，而东汉大儒郑玄笺注说："后妃悦乐君子文德，无不和谐。"

纵观这些历史典籍，"和谐"主要表达了"和睦""协调""和解""和好相处""和顺"等意思。在中国传统的文化认识中，和与同的含义是有差别的。"和"指不同事物，不同要素的和合与统一；"同"指相同东西的相加或统一。在西周末年，

① ［德］康德：《康德教育论》，瞿菊农编译，商务印书馆 1930 年版，第 5 页。

国家治理出现危机，周王室多难。郑桓公曾问策于史伯。史伯认为，周的衰败和戎、狄的兴盛相关，原因在于“今王”弃高明有德而近奸邪昏庸，在理论上就是“去和而求同”。为此，史伯提出了“和实生物，同则不继”的观点。史伯所说的“和”，就是“以他平他”的思想。即是说，如果世间的不同质的事与物能够和谐统一，成为一体，事物就得以成长和丰盛；而如果只是相同的事与物聚集一堆，事物就只能是简单地重复与增加，没有质的变化，新的事物也无从产生。史伯反对“去和而取同”。为论证自己的观点，史伯进一步指出：自然界的万物都是“和合”金、木、水、火、土五行而生成；调和酸、辣、苦、甜、咸五味才成为可口的佳肴；谱黄钟、太簇、姑洗、蕤宾、夷则、无射之和音才有悦耳绕梁的音乐。[①]

事物如此，人的社会也如此。国家治理要以稳定和谐为目标。在中国古代，上至王、公、大夫，下达士、皂、舆、隶、僚、仆、台等不同阶层人士皆要和谐相处；各民族之间皆能和亲互市，平等如家人一般；从持不同政见的官吏中选取谏臣，善于听取不同意见。只有如此，社会方能稳定和发展。国家治理才能创造一个“和同”的大环境，社会上下才能“和乐如一”。史伯强调的理想的社会，即是一个多样性的和谐统一的社会。从现代哲学的辩证唯物论观点来认识“和实生物，同则不继”，史伯看到了事物的矛盾和统一。“和谐”与“统一”，实乃事物发展中不可缺少的阶段。唯有“和谐”才能创造稳定的社会环境；唯有多样性的统一，社会才能发展。那如何实现和谐又不排斥“异己”，并又能和而统一呢？这在中国古代社会，基层自治和维持基层自治的乡规民约与习惯法起到了基础的作用。中国传统社会大一统的维护和传承，中国民本法文化中基层自治和乡规民约的基础作用至关重要。传统中国，无论是哪朝哪代，也无论是哪一个民族主政中央政权，正是因为有了基层自治和乡规民约，中国的基层治理一直以和谐与发展为主导思想，并处于长期的相对稳定状态。

孔子的学生有若在《论语·学而》中说：“礼之用，和为贵。”这也是孔子的观点。这里的礼，是基于德的思想观念的礼，以德而为礼。所以，德礼为一体。“礼之用，和为贵”则表达了两个观点。第一，德礼与国法，与乡规民约一样，都是人们行为的一种规范，也是社会治理的很重要的优序良俗之一。国家和社会治理中的国法，更多的是以强制力来规范和约束民众。而乡规民约与习惯法的社

① 《国语 · 郑语》。

会调节作用，对民众行为的规范和约束，大多来自思想的教育以及行为的习惯。民众会因为害怕犯罪，害怕强制力的制裁而约束自己的行为；民众也会因为思想的德化和依习惯而自我的约束与自律。有了法律的威力，国家可以实现社会的稳定。但这种稳定并不一定和谐。在中国民本法文化中，虽然德礼入法，也让部分德礼规范有了一定的强制力。但德礼更注重的是教育和规范，更多的是培养人们的善恶观、好坏观和羞耻观，让人从内心深处约束自己的思想，在实践中自觉地约束自己的行为。如果一个国家，一个社会都能以德惠民、以礼齐民，则民众不仅能避免犯错犯罪，更能培养道德之心而为礼，恪守规矩而为守法之人。所以，一个和谐的社会也必将是一个公序良俗的社会。

当前，我国社会正走入一个新时代。在此新时代中，一个文明、和谐、法治与民主的社会需要更多的更好的优序良俗，这对传统中国社会的优序良俗观也提出了一些新的更高的要求。这个新时代的优序良俗的建设，其最终目标是为了建设一个民主法治、公平正义、诚信友爱、安定有序而又充满无限活力，人与人之间、人与自然之间都能和谐相处的社会。这个社会的核心观念，除了前面已经说到的文明与和谐之外，更有民主与法治。

民主的英文是 democracy，新文化运动时期叫它“德先生”。但民主一词最早却来源于希腊文的 demos（人民）和 kratia（统治或权威），并由这两词组合演变而成，最初的含义就是“人民的统治”。人民的统治，即全体人民而非其代表，每个人平等地、无差别地参与国家的决策与管理。用我们今天时尚的、最熟悉的话来说就是“人民当家做主”。但在中国这样一个人口 14 亿，国土面积近千万平方公里的超大型国家，要让每一个人平等地、无差别地参与国家决策与管理，简直是不可能之举。1972 年的诺贝尔经济学奖获得者、美国经济学家肯尼斯·约瑟夫·阿罗曾采用数学方法论证了这种完全平等的、无差别参与国家治理和推举领导人的方式，在数理理论上的不可能。这就是鼎鼎有名的“阿罗不可能定理”①。阿罗的研究结论是从理论上证明了“完全民主”的不可能，而在实践中“完全民主”也并不存在。也就是说，在现实社会生活中，根本不存在每个人都能平等地、无差别地参与决策和管理的民主，甚至也根本不存在一种既能按少数服从多数规则议事，又能保证效率并尊重个人喜好和利益的民主

① 转引自郭万超、辛向阳编著《轻松学经济——300 个核心经济术语趣解》，对外经济贸易大学出版社 2005 年版，第 1 页。

议事方案。任何民主都是相对的。“阿罗不可能定理”是对阿罗提出的理论的通称。这个通过高深数学和社会实践证实了的理论认为，在社会实践中，不可能在已知社会所有成员的个人偏好与利益都存在轻重大小的情况下，通过一定的程序,把各种各样的个人偏好与利益次序归结为单一的社会偏好次序。也就是说，在社会实践中根本不可能通过一定的合理的程序，能使社会上各种不同人们的各种不同的诉求形成合意，从而实现最优化的公共决策。这实实在在也是人类在社会选择上的一种无奈，是对民主的一种无奈。

但在传统中国社会，关于基层自治和基层民主的选择与实践，却让平等的、无差别的民主议事成了历史事实和历史经验。中国传统社会的这种基层自治与基层民主之所以能对中国古代社会和中国传统文化的长期稳定与发展起到不可磨灭之功绩，正是因为中国基层社会自治有民主与法治的传统。从世界各民族形成的过程来观察，历史上任何一个民族的形成都有着血缘与亲情的关系，并因为文化的相通和地域的相近而形成了各种不同的人们共同体。加上古代经济社会发展的落后，基层人口相对稀少，又有地域的限制，自治与民主相对来说易于施行。这和西方民主发源于希腊、瑞典等城堡社会一样，血缘、亲情及同一人类族种，加上同一文化、小型社会、小型人口等因素都构成了这种基层自治与民主的凝结剂。这是人们在生存与发展中的自然选择。只是后来，西方这种城堡式的社会形态演变成了若干小型国家。中国古代社会却因文化的不断融合与传承，成为既保留着基层自治传统而又是大一统的巨型国家形态。在中国传统社会的基层自治中，汉文化地区与少数民族地区的基层自治又略有不同。汉文化地区一般都以村镇为自治单元，推行乡贤或族长制的治理模式。但这种基层的乡贤或族长制约治理模式，也常被地方的有钱有势的乡绅所操控，让传统的民主议事程序大为减弱。而在民族地区长期推行羁縻政策和土司制度，让民族地区更具备基层自治的基础。但不管是汉文化地区或是少数民族区域，维持着基层自治与民主的基础是地方的乡规民约与习惯法，以优序良俗发挥着主导的作用。作为基层地区的优序良俗，它不仅维持了基层社会的正常秩序，巩固了村寨民主的议事制度，传播着民族的文化，并且作为基层社会的主要法文化之一，在调整和规范人们行为中也发挥着引领的重要作用。正如摩尔根所言，人类社会制度中凡是能维持长久的，都与一定的永恒需要有关。

在历史文化的视野下，我们可以看到优序良俗在基层治理中的重要作用。而这些重要作用，我们又可以归纳为以下几点：

一、可以调整和巩固基层村寨的民主议事制度。这些从民族社会萌生成长并一直延续下来的民主议事制度，虽然在后期可能被乡绅或黑恶势力所操控，但作为传统社会的治理基础，一直是深入民心的传统治理方式，并保持着强大的生命力。但在国家势力强大的时候，基层的民众议事会议会被弱化和改造，或被少数族长、乡绅及土司等特权人物所操控。但在中国传统社会，这种由中国民本法文化所决定并影响至今的优序良俗，却一直得以延续至今，久久不断。

二、可以维护基层社会的秩序，强化其对社会的调节和控制。一直以来，优序良俗都是西南地区各民族基层社会根据传统习惯和社会经验，自然采取的一种有效的社会控制方式。

三、可以促进中国民本法文化的传播与继承。特别在文化欠发达的民族地区，因为躲避战乱与天灾人祸，一些弱小民族及人们的集合体在没有文字记载而又受到土豪劣绅统治的情况下，这些优序良俗的创立和传承，就起到了凝结民族共识、共同对抗侵扰和伤害、团结抗灾、发展生产的作用。与此同时，这些标志着民族意识的文化传统也得以流传下来。

中华人民共和国成立以后，人们的社会生活发生了很大的变化。特别是国家和社会的治理日益法治化和现代化以后，过去的一些乡规民约与习惯法不能再起到调节、规范人们社会生活的作用；同时，现今的社会基层与过去相比已发生了巨大变革，农村村民委员会和城市居民委员会已通过立法成了城乡基层的法定自治组织，代替了传统中国以乡贤、族长、土司牵头的一切基层自治机构。在基层自治日益法治化的今天，乡规民约与习惯法的本质已从过去的准法规演变为基层民众自我管理、自我教育、自我约束和自我监督的基层自治规约，已不具有地方法规的性质，但却成了新的优序良俗。

这些新的优序良俗虽不再具有地方法规的性质，但仍起着调节和规范社会观念和社会行为的作用。所以，它的设立和运行必须具有以下特点：其一，应符合和遵循国家的现行方针、政策、法律、法令的精神和规范，不得违背；其二，应符合当地的民风乡俗和客观实际，并有利于当地民众的生产和生活的需要。在符合国家政策法律的情况下，可吸收旧乡规民约与习惯法的有益部分；其三，弱化了强制性，强调了自我遵守、自我约束和自我教育的作用。其效力也仅限于立约范围，其目的和宗旨主要在于调整民事纠纷，维护生产和生活秩序，保护生态环境，维持社会基层治安等方面；其四，注重基层文明和人的行为道德建设。结合社会主义核心价值观的宣传和落实，增加了若干关于社会主义文明、民主、和谐、公正、平等、爱国、敬业、诚信、友善、法治等方面的规定。在客观实践中，又起着新的乡规民约与习惯法的作用，与国家法律法规和地方性法规、单行条例等共同规范和调节着我国基层社会的各种社会关系。全国统一性法律法规和地方性法规条例通过准许、默认等方式认可了优序良俗的社会规范作用。在基层的社会生活中，这些优序良俗在基层社会最为民众所了解、所认可，也最为实用，极具生命力。所以，我国民法在实际上承认了优序良俗，并把它列为应予遵守的法律原则之一。在湖南湘西，人们还习惯地称这些优序良俗为地方的“小宪法”。

综上所述，我们可以看到和认识到，乡规民约与习惯法在历经社会、法律与道德的磨炼后成为优序良俗，并在基层社会的稳定和法治中发挥了日益重要的作用。这些已成为优序良俗的乡规民约与习惯法，作为中国民本法文化“多元一体”的一个子文化系统，对推进基层法治建设、构建和谐社会及促进经济建设与社会发展方面都做出了重大贡献，发挥着不可替代的作用，推动了我国的新时代建设。中国基层自治也需要更多更好的优序良俗。

第七章
自治与分权，民本法文化的制度设计

宽以济猛，猛以济宽，政是以和。

——《左传·昭公二十年》

事在四方，要在中央。

——《韩非子·扬权》

真理的标准只能是社会的实践。

——毛泽东《实践论》

中国是大一统的多民族国家。中央政府对地方的治理，主要是通过对地方各级政府的授权来实现有效的控制、动员、协调和管理。但中国又是一个地广人众，多民族、多文化、多地貌的巨型大国。正如《韩非子·扬权》上所说："事在四方，要在中央。"对地方政府的设置和地方治理的授权，中国历来的各朝各代都实行了直接治理和分权治理的不同制度。地方自治，就是中国民本法文化中关于中央授权与地方分权的重要制度设计之一。

第一节　中华民族在地方自治中的实践

自战国后期，秦灭六国，统一了文字、货币，实行了书同文、车同轨，并设郡县制，集权于中央，建立了大一统的国家政权以来，中国历史上各朝各代对地方的治理大都采用秦制，以"事在四方，要在中央"的原则，通过对地方政府的授权，实现对地方的控制、动员、协调和管理，以利于发展生产、调节民生，有效治理国家。这种在中央授权下的地方治理模式，主要有中央直接授权的郡县制和中央分权的自治两类。但无论是郡县制或地方自治，其地方政府的设置都必须考察两项原则，一是视其能否有效治理地方，并能根据中央政府指令组织事权管理、发展生产、完善人生；二要看其自身的发展是否会与中央疏离、对抗，甚至闹独立，从而分裂国家，威胁中央权威，破坏国家的大一统。

一般来说，历代中央和地方的关系，总的态势是强干弱枝。“要在中央”，即关系国家统一、生存与发展的权力归中央所有，如国家宪政权、立法权、政令权、军权、外交权、人事任免权、考核与监察权等。“事在四方”即其他事权，如财政权、税权、社会治理与人事动员权等，则由中央授权或中央与地方分权。地方权力的大小，以上述两项原则为考核重心，视实际的情势而定。

一般来说，实行郡县制的地方，中央通过对地方各级官吏的选拔、任命、考核、升迁和惩处，直接管控了地方各级政府。中央政府通过对全国户籍人口、资源、土地、赋税、徭役、生产与财政的征调、利用和分配的权力，从而控制了地方财力的大小。中央政府对地方政府定期或不定期的考核与监察，以及中央的司法惩处、军事强制力的威制作用，都能保证中央政府对地方政府“如身之使臂，臂之使指，莫不制从”[①]的长臂管理。

关于地方的自治，在中国民本法文化的制度设计中大体分为两类：一是在民族地区实行的羁縻制或土司制；二是基层自治制度。这两项自治制度在中国的推行，除地域、民族、文化、人口、政治等相关因素外，还和中国民本法文化的“以人为本”的根本原则紧密相关。长期以来，中国人的思想和价值取向，从整体而言都是人文主义的，追求自我的人格超越和人与人、人与自然之间的和谐相处。故儒家以齐家、治国、平天下为宗旨。在中国传统政治的经典名著《大学》中，其开宗明义就讲道“大学之道，在明明德，在亲民，在止于至善”。这里的大学之道，即治国理政之道。用现代语言来表述，即是说国家治理，其首先的任务就是要把原本就属于人所具有的善良、通明、有德的品性表达出来。从而彰显自身的光明德行，再光明整个社会。要身躬力行地与人相亲近，为民着想，有一颗关心社会的心，知人所难，助其所危，求其所安，尽善而尽美。这是一个多么高远的治国理政的愿景！按现代社会的价值观念而言，这种国家的治理方式就必然地落实于国家的富强与文明，让社会充满着公正、平等、和谐与法治，让人们有爱国心，有诚信、友善、勤奋的精神和品行。中国传统社会的自治观和自治制度之设计，也就建立于这样的“大学之道”上。

纵观人类漫长的发展史，人类总是聚群而居。人类群体的集合，不仅有单一的民族共同体，也有多民族共同体。多民族共同体是由若干民族组成的一个

① 《汉书·贾谊传》。

共同体，或源于不同民族的人们组合成一个新的民族共同体。民族迁徙和民族流动是民族共同体产生和存在的根本原因之一。当然，这种民族的迁徙和民族流动在大多情况下都仅仅是民族内部一部分人的迁徙和流动。这些民族的一部分人或一个国家多个民族的一部分人迁徙到异国他乡，在当地形成一个民族的变异体 ethnicity，民族学家称它为“民族集团”，如在海外的华人群体。这些身处异国他乡的不同民族的中国人，有着共同的祖籍国，在血统、语言、文化、饮食、习俗和宗教信仰等方面相同或相近，虽然都不同程度地受到驻在国语言、文化及风俗习惯的影响，但他们仍保留着中华民族的若干优秀传统，刻苦、勤奋，保留着一定的民族文化，不忘故土，不忘祖先，又常常共同地生活在同一个社区，形成了新的华人集团或华人共同体。在异国他乡，成了有别于所在国原住民族的新的多民族共同体。这种新的多民族共同体现象，不仅存在于华人圈，世界各国也还有犹太人共同体，或其他如“小俄罗斯”“小波兰”“小意大利”等多民族共同体。

另外，由于多民族之间长期的小聚居大杂居，也成为多民族共同体形成的又一根本原因。这种多民族共同体的形成，首先是依赖于长期的混居杂处，这是基础。其次，因为混居杂处而发生了密切的经济联系和文化、语言、习俗的相互影响与参合。因为有这方面的因素，最终就创造和形成了一定程度上的共同的民族意识和民族文化。这种多民族共同体与单一民族不同，又与民族集团存在微妙异别。民族集团的本源族裔和族性要更集中，其传承性也更浓厚；而多民族共同体的成员更复杂一些，对原本族裔和族性的依存既有保留，也有改变与融合。所以，它们是“多元一体”的民族共同体。与贵州民族共同体的形成一样，中华民族也是典型的多元一体的多民族共同体。这个多民族共同体的概念，虽只在 20 世纪伊始方才诞生，至今不过一百多年而已。但在事实上，在中国人的岁月史中，中华各民族却早已共同生存和发展，存活于五千多年的共同的历史、文化和血统的渊源。

自古以来，在中国这片美丽而辽阔的土地上就生活着众多民族，虽汉居中原，“四夷”分处于东西南北，但各民族之间一直相互交流，共同进步。秦统一中原，建立了多民族的国家，“四夷”也就归于中原的中央王朝。汉“夷”之间，虽时有分和，但大一统的、家国同体和天下为公的观念，却始终主导着各民族的国家观和国家治理的思想。国家的大一统与多民族共同体的融合占了华夏民族史的主流。民族之间的纷争，主要是对中央政府和中原主导权的争夺。夏之前，古代中国人就以一种原始的部族联盟的方式维系着华夏大地的社会稳定。而各部族酋长通过选举产生“天子”，天子一统天下。自此，中国人就有了自己的“天下”观。这种“天下”，既是古代中国人对世界的一种泛称，更是对自己统辖的这片土地的一种说法。先秦时期，《诗经 · 小雅 · 北山》中有“普天之下，莫非王土；率土之滨，莫非王臣”的说法。也就是说，无论汉“夷”，只要它掌握了中原的主导权，取得“天子”之位，也就“王天下”和“得天下”了。这种“王天下”的国家观下的民族，无论其为汉“夷”，都被视为“天下”之子民，是国之民。自秦汉而始，多有少数民族入主中原。彼时彼地，是汉掌“天下”之权，或少数民族执中原之牛耳，各民族在实体和本质上都为一国之民，是一个多民族共同体。这个多民族共同体中的各个民族，共同生活在同一个“天下”，除保有自己的民族特性外，尚具有通用的语言和文字，有共同的思想、文化、历史和习俗，相互通婚，互为亲属。所以，中华民族自始以来就不单指汉族，而是中国各民族共同体的总称。

近代人文学者梁启超曾言：“何谓民族意识？谓对他而自觉为我。‘彼，日本人；我，中国人。’凡遇一他族而立刻有‘我中国人’之一观念浮于其脑际者，此人即中华民族之一员也。”在这里，梁先生将中国人与中华民族的概念是等同看待的。是中国人，即中华民族之一员。而中华民族，无论其为哪一个分支民族，也必为中国人。这种观念，初萌于明末清初。伴随着“中国”从华夷观念向现代国名的历史转变，使以“中国”自称的“中国人”在中国的各个民族中形成共识。特别是 1840 年以后，外强侵入，国家风雨飘摇，中国各民族人民都面临着亡国灭种的民族危机，各民族人民团结起来，为中华民族的历史复兴而共同奋斗，就成了那个时代中国人的共同志气和奋斗目标。

中国和中华民族的概念，就是在振兴中华、民族复兴的历史大浪中日渐清晰，也日渐明白的。近代中国，清政府以“中国”国名与外国列强签订了若干城下之盟，表明了“中国”在国家主权和法律形式上的国际承认。尽管这种承认，是在中国与西方主导的世界秩序和条约文本中完成，但却是中国历史从内部的朝代政治向国家政治的转变。这一转变又包含了两个主权实体和两个法律概念的转变：一是国家主权从朝代向国家的转变，“中国”从华“夷”观念转为现代国名，代替了过去的朝代称呼。中国，既成为国家的代名词，也成为中国国家主权的法律概念。二是中华民族从单一的民族概念到复合性的民族共同体的转变。中华民族，既是中国的主权实体，也是中国各族人民共有的名称和共同认可的法律概念。

一百多年以后，我们再来回顾这段历史，中国各族人民在重振中华和民族复兴大业上的艰难和奋斗，他们的精神，他们的民族大义，点点滴滴，都让我们始终难以忘怀。以下，就是那个时代发生的几个案例。从中，我们可以看到生活在这个伟大国家的各个民族，他们对国家的爱和对中华民族的共同认可。他们同为“黄帝之孝子顺孙”，相互间的平等、融和，又“一体出力”，“共保吾种，共存吾国”。那种大声的呐喊，共同的奋斗，为中华民族的复兴，为了国家的富强和统一而共同奋起的精神和实践。

1907年6月29日，以恒钧、乌泽声、穆都哩、裕端等为代表的留日人，在日本东京创办了《大同报》。1908年，他们在北京又创办了相类似的《北京大同日报》和《大同白话报》。这些报纸，都以提倡“满汉人民平等，统合满、汉、蒙、回、藏为一大国民”，尤以“满汉融和”为办报宗旨。同时倡导了立宪政治，建议用宪法将中国各个民族均立为“黄帝之孝子顺孙”，共同团结起来，“共保吾种，共存吾国”。这就是当时执政的满族人对国家认同，对民族一体化的自觉和其清晰的毫不含糊的民族主体意识。

随着反帝反封建斗争的深入，旧民主主义的革命先驱孙中山、黄兴等人也突破原先的民族狭隘，认同了中华民族的共同性和民族整体利益的共通性。1912年3月19日，黄兴、刘揆一等各民族人士发起成立了“中华民族大同会”。大同会的成立，不仅反映了当时社会对民族融合的深切期望，也反映了革命党人，当时的各派政治力量和各个民族的共同意愿。孙中山晚年，对“中华民族”的概念就曾有过多次阐述。1923年1月，在孙中山的直接领导下，作为中国各民族共同体的“中华民族”被写入“中国国民党宣言”，并倡导说“吾党所持民族主义，消极的为除去民族间之不平等，积极的为团结国内各民族，完成一大中华民族”。就是在这种民意和各政党、各民族意志的推动下，民国政府对“中华民族”这个多民族共同体的认可，亦表示了积极的态度。

1913年初，西蒙古王公会议通电声明“蒙古疆域与中国腹地唇齿相依，数百年来，汉蒙久为一家。我蒙同系中华民族，自宜一体出力，维持民国”。这一声明，实际代表了中国各少数民族对自身同属于“中华民族”的认同。

1921年才成立的中国共产党，自成立之日起，在其党章、重要的党内文件和关于民族政策的实施中，始终如一地坚持了中国各族人民的平等，也始终认同“中华民族”为中国各民族共同体的概念。

1939年12月，毛泽东在《中国革命和中国共产党》一文中，以中华民族为题，专门对中华民族为整体性和共同性做了超越前人的解释，毛泽东认为，中国“十分之九以上为汉人。此外，还有蒙人、回人、藏人、维吾尔人、苗人、彝人、壮人、仲家人、朝鲜人等，共有数十种少数民族，虽然文化发展的种度不同，但是都已有长久的历史。中国是一个由多数民族结合而成的拥有广大人口的国家"[①]。由个人思想而到党的基本观念，中国共产党也最终确立了中国有四万万五千万人口，组成中华民族。中华民族包括汉、满、蒙、回、藏等几十个民族，是世界上最勤劳、最爱和平的民族。中国是一个多民族的国家，中华民族是代表中国境内各民族之总称[②]的民族观。

中国共产党在其追求人民解放，谋求民族复兴的过程中，团结中华各族人民共同奋斗，建立了中华人民共和国。新中国成立后，雄伟宽宏的人民英雄纪念碑竖立在天安门广场。碑文由毛泽东主席撰写，周恩来总理所题，纪念着从1840年起，到新民主主义革命，再到人民解放战争三个不同时期，"为了反对内外敌人，争取民族独立和人民自由幸福，在历史斗争中牺牲的人民英雄"。这里所说的"民族"，即是代表中国各个民族的共同体——中华民族。这是一座表达了中华民族历史的丰碑，记录着中华民族的荣与辱，奋斗与英烈的历史！

重回历史，再用历史实践的眼光来观察中华民族的共同史，其渊源和特点大致可以归纳为以下五个方面：

一、大杂居，小聚居。两千多年来，中华各民族的这种混居杂处既广亦深。广，是说少数民族的自治区域已占全国国土面积的64%。据2010年第六次全国人口普查资料，55个少数民族人口11379.2万人，占全国人口总数的8.4%，全国70%以上的县市都有两个以上民族共同居住；深，是说各民族混居杂处越来越深厚，不仅少数民族广泛生活在全国各地，汉族人口也深深地扎根于民族聚居区。各个不同的民族不仅在文化、经济、资源、科技等方面相互交流和融合，更由于长期的混居杂处，相互通婚，其语言、文化、衣食住行、礼仪风俗、思想观念和人种特征等方面也渐趋通融。

二、共同的历史与社会舞台。夏是中国有文字记载的最早的国家形态，与夏并存的民族国家有"万邦"之多。到春秋时期，"万邦"虽然少了，但仍有1200个左右。战国为十余国，而后七国。公元前221年秦统一了六国，分天下为36郡，后在少数民族地区又增设4郡、44县，其地域包括了黄河中下游以

① 毛泽东：《中国革命和中国共产党》，《毛泽东选集》（第二卷），人民出版社1991年版，第622页。

② 《抗日战士政治课本》，中共中央统战部编：《民族问题文献汇编》，第808页。

及南至长江，北至长城广大地区的诸夏，以及诸夏之南的壮侗语系诸族和苗瑶语系，诸夏以北的阿尔泰语系诸族，以及西部的氐羌族等，从而实现了各个民族混居杂处于同一国度的国家大一统。自秦以后的两千余年，各朝统治者既有汉人，但也有少数民族，如北魏、东魏、北齐、西魏、北周及辽、金、元、清就是少数民族政权。这 9 个朝代的统治约占了 1000 年的时光，是自秦以来中国历史的一半。另一方面，少数民族还曾在历史上建立了若干割据性的政权，如绵延百余年的 16 国等。在华夏这块广袤的土地上，汉族与少数民族统治者共同演绎了一部中华民族史。但不论是汉族统治者掌握中央政权的朝代，还是少数民族统治者掌握中央政权的朝代，以及少数民族割据的地方政权，在其统治的区域内都存在小聚居、大散居式的多民族混居状况。在统治集团内也常常是汉“夷”同在，共同地治理着自己的国家。如在唐太宗时期，官居五品以上的将军和中郎将的突厥人就有百余人，占了朝廷武官的一半；后汉高官中，汉族 33 人，少数民族 3 人。元世祖也曾用汉将张弘范、李庭、刘国杰领兵征战；清朝军队主力既有满八旗，也有汉八旗，而绿营军则全由汉人组成。清初的官制是满汉并用，并曾设博学鸿儒科，邀聘汉族学者 143 人，取 50 名授翰林院官吏，以编修明史。由此可见，历史上的中国舞台，是中华民族各民族的共同舞台。中华民族的不同的民族子系，也共同在这个舞台上演绎、生活，共同创造了中华民族辉煌的历史，并还将创造中华民族光明而美好的未来。

三、融为一体的社会经济体。历史上的中国曾因为自然地貌及资源的不同，分为农耕区和畜牧区。但从整体的国家角度来看，各不同经济区常常是联为一体、相互学习和互通有无的。秦汉之时，大批汉民开始移居岭南，给当地越人带去了先进的农耕技术，推动了粤桂闽等地区的发展。魏晋南北朝时期，大量的北方牧民迁入中原，带来了牛、马、骡、驴、羊等的养殖技术，也带来了高粱、玉米、芝麻、胡萝卜、西瓜、黄瓜等新型果蔬。中原地区生产的丝绸、瓷器、茶、铁器等也源源不断地输入少数民族地区，并再通过这些民族地区输往南亚、西亚、中东、欧洲等世界各国，形成了闻名于今的丝绸之路、茶马古道。即使在中原王朝与少数民族争战的时期，各不同政权间的边境贸易也是时常有的，如唐与西域民族和北宋与西夏的绢马互市、明清的茶马互市等。另外，中原地区与民族地区的经济和文化交往，不仅繁荣了华夏不同地区的经济，推动了中国社会生产力的整体发展，也同时推动了少数民族地区社会的进步。

四、文化和语言的兼容。中华文化博大精深，中华文明历来又是一个坦荡大度、兼收并容的大文化系统。自古以来，中华文化不仅容纳了除汉文化以外的各民族的文化，也兼容了世界各民族的优秀文化。早在西汉时期，中原的“穿井”之术就传入西域，汉家的衣物服饰、礼仪制度也通过曾留居中原的龟兹王后带到了西域。源于尼泊尔和印度的佛教经西域传入中国。到魏晋南北朝时，汉族的大量典籍流入少数民族地区，《魏书·西域传》中就曾记有高昌“国人语言与中国略同，有五经、历代史、诸子集”。十六国和南北朝时期，先后立国的少数民族首领多习汉文化，后赵羯族首领石勒还提倡“衣冠华族”。到北魏统一时，入主中原的匈奴、羯、氐、羌、乌桓等少数民族已多用汉语。隋唐以后，中国各民族之间的交流日益频繁。汉语文化也汇入了大量的少数民族词语，如突厥语的“阿大”（父亲或祖父）、满语的“罢”（无事）、蒙古语的“篷篷”（小窝棚）、“胡同”以及源于傣语的“水”、源于藏语的“糌粑”等。而少数民族的文字也多借自汉语语言文字及语音，如契丹文（大字）、白族的“白文”、水族的“水书”，壮族和部分侗族人使用的“土俗文”等。这些有自己的文字语言的少数民族，也同时使用汉语文字。在客观实践上，汉文字成了我国各族人民共同使用的通用文字。在现代使用的民族语言，各少数民族的语言都内含有大量的汉语词汇，白语中有一半的汉语词汇，侗语中有大量汉语借词。在许多民族地区，汉语可以通行。回族和满族几乎全讲汉语，居住在福建一带的畲族人说汉语客家话，广西壮族的汉语借词有 30% 左右。汉语语言也在实际上成为我国各族人民的通用语言。

五、具有共同的民族意识。自古以来，因为地域、人种、政治、经济、文化、语言等多方面的长期的影响和融合，中国境内各民族之间早已血缘相附、文化相通、祸福相依，渐渐合而为一个号称“中华民族”的多民族共同体。这个民族共同体中的各个民族，都有一个共同的民族意识，即我们都是中国人，共同属一个民族——中华民族。我们不仅意识到自己是中国人的一分子，也意识到自己是中华民族中的一员。在和平时期，各民族兄弟姐妹们共同劳动，共同建设着我们自己的美好家园。在外敌侵略，民族危难的时刻，中华民族的各族人民又团结一致，共同担负起保家卫国的责任，留下了多少可歌可泣的故事。在抗日战争时期，东北抗日联军的部队里，有汉族战士，也有满族人、朝鲜人、赫哲族人、达斡尔族人、鄂伦春人、回族人、蒙古人等。中国历经十四年的抗日战争，实际就是中华民族的全民族抗战。中华民族的 56 个民族，地无分南北，人无分男女老幼，皆以共同的国家责任和共同的民族精神，不惜牺牲，英勇抗击敌寇，共同谱写了中华民族不朽的民族精神。

民族混杂与民族融合是一个世界性的社会现象。世界上的不同国别、不同人种、不同民族的大混居和大融合，最早就是随着资本主义工业革命和海外殖民而出现的。正如马克思和恩格斯所指出的那样，随着资产阶级的发展……随着工业生产以及与之相适应的生活条件趋于一致，各国人民之间的民族隔绝和对立日益消失了。在整个资本主义发展的历史阶段，民族混居和民族融合大体趋于两种方式：一种是因为生产发展对劳动力的大量需求，从而导致大量人口的迁徙和混杂相处；一种是伴随资本无限制扩张的民族迁徙和海外殖民。如在15—16世纪，因美洲的大发现，西班牙人、葡萄牙人、英格兰人、苏格兰人、爱尔兰人、法国人、荷兰人大量的迁往美洲。与此同时发生的，还有西方殖民者从非洲贩卖去的一千多万黑人奴隶。这种伴随资本主义发展，因移民和相互通婚而造成的民族大融合，形成了今天存在的若干民族共同体。如现在美洲若干国家的人民，大部分都是混血人种。

但中华民族却是中国历史和中华文明磨合的结果，是一个历史的产物。正如上文所说，这个多民族共同体的形成源于地域、人种、文化的相近相融，并因为久远的历史而形成的大混居小聚居状况，从而有了共同的社会、共同的经济、共同及相互兼容的语言文字和共同的民族意识。各民族之间虽有矛盾，也有斗争，但在五千多年的中华历史上却大一统为一家人，渐趋于融合，也渐趋于形成了今天的多民族共同体——中华民族。

当然，中华民族不是一个单一民族。中华民族是发源于中国境内有着共同的历史命运和共同的文化渊源，共同的国家意识和国家责任，平等互助、相互学习，共同创造自己美好未来的，由56个兄弟民族组成的多民族共同体。

1949年，中华人民共和国的成立又为中华各民族间的血肉相依、患难与共、有福同享创造了空前的社会条件。首先是国家大一统下的制度同一，国家通过共同的法律法规和政策，牢固地确定了我国各民族间的文明、和谐、自由、平等和公正；其次，历经社会的大规模改造，各民族之间的阶级差异和阶级结构已经趋于一致，原有民族间的阶级对立已经消除，民族关系成了人民内部的关系，民族矛盾成了人民内部的问题；其三，除了地区和行业的分工外，各民族共同所有的公有制经济体系已经完成并在逐步完善中，而更能体现人人所有的混合经济体系也开始在建。在中国这个大一统的经济体系中，各个民族都居于不同的分工和责任，以公正、平等、爱国、敬业与和谐的姿态加入到这个经济体系的生产、交换、分配和消费之中，享受着共同发展、共同富裕的阳光；其四，各个不同民族的文化在相互尊重、理解和包容的情势下得到持续的发展。民族文化依旧多姿多彩，充满了无限的生活力。与此同时，一个融各民族文化的优秀传统，而又不断包容，不断创新的充满着新时代价值和内容的中华文化体系就更加丰富，更加完美，更得到中华各民族人民的喜好，成了新时代各族人民共同的思想观念、共同的道德准则、共同的价值观念和共同的文化自信。它就像一根生命之纽带，把各族人民紧紧地融合为一体，有了共同的声音、共同的爱憎善恶、共同的目标和共同的行为，为了共同的理想而共同奋斗。因为历史和文化的久久磨合，生活在新时代的中国各民族儿女又因为上述诸多方面的共同性，就有了一个融入了中华各民族的伟大的民族共同体——中华民族。

在中华民族共同发展历史过程中，大一统和自治的难题一直困扰着中华各民族的领袖。一方面，中国国土领域广阔而多姿，中国各民族人民有大混居小聚居的历史。另一方面，各地区间的社会生产力和文化都存在差异，距离也远近不一。如何在这样两难的历史条件下，既要坚持中华各民族共同的中华民族观和大一统的国家主权，又要保证中华各民族的生存和发展，各地区文化的相承和民族的和谐。面对这一难题，中国历朝历代的统治者，无论是中央政权的统治者，领导一方的藩王或领主，在实际上都接受了在国家主权统一下的分权观，即在中央政权统领下的自治制度，包括民族区域自治和地方基层自治。

地方自治制度是中央分权制的主要制度设计。在中国历史上，地方自治制度历经了分封制、羁縻制和土司制三种类型。分封制自西周而始。公元前1046年，周武王姬发灭商后建立西周。到周公摄政和成康时期，周王朝为了有效控制全国各地，大规模地推行了“众建诸侯，裂土为民”的分封制度。其基本的制度设计，是将周王朝的同姓宗亲或功臣分封各地，建立诸侯国，代天子而实行地方自治。比如封周公于鲁、姜尚于齐、召公于燕等。这些诸侯国要尊周王室为中央政权，定期朝觐天子，接受问政，向周王纳贡和服役，并担当保卫周王室的义务。而在诸侯国内部，却实行了宽泛的地方自治，财政、赋税、治安、劳役、官吏任免，甚至军队都由诸侯统领。周王朝的分封制度，在历史上被称为封建制。周王朝的分封制是春秋争霸、战国动乱的基本原因。历史上，西汉的“七王之乱”、南北朝时期分裂的中国及历史上的若干战乱和国家的动荡，在原因上都与分封制和军阀割据有关。故自秦废分封，推行郡县制以来，分封制在中国历史上虽然起起伏伏，争论很大，但基本上是否定的。

对少数民族地区实行羁縻政策和土司制度，是中国历史上推行的另一类地方自治制度。史载“盖闻天子与夷狄也，其义羁縻勿绝而已”。羁縻制作为一种宽松的民族区域自治政策，自唐代开始大规模推行。土司制的地方自治的性质与羁縻制大体相同，但中央政府对地方的控制能力较羁縻制强。直到1949年中华人民共和国成立，一种崭新的民族区域自治制度在我国少数民族地区推行。每一个少数民族都以崭新的兄弟姐妹般的亲情汇入中华民族的大家庭之中，为中华民族的伟大复兴而共同奋斗。

中国是单一制的多民族国家。在多民族的中国实行单一制的国家主权结构，并在单一国家制度的主体体制下，实行中央政府统一领导下的民族区域自治制度。民族区域自治是国家主权统一而事权分权的一种国家治理形态，是中国古代先贤们追求的国家形态之一，也是马克思主义关于民族自治和中国传统文化相结合的一种设想。我国七十年的治国经验证明，这种民主集中的单一制国家形式，既有利于集中力量从大计，办大事，有利于大规模的国民经济建设，有利于加强各族人民的团结、富强、爱国之心，融团结奋斗于国家的政治、经济和文化的发展。在全球经济、社会、文化日益融合的今天，更有利于中华民族的发展和崛起，也有利于防止外敌的侵略与颠覆活动。

中国现行的民族区域自治是国家法治与民主集中制原则的集中体现，也是与历史上的民族自治制度不同的根本点。我国宪法明确表明“中华人民共和国是全国各族人民共同缔造的统一的多民族国家”。少数民族区域自治制度是我国的根本国家制度之一。我国《宪法》和《民族区域自治法》也明确规定了我国民族区域自治的性质、原则、自治机关设置、自治权和自主权以及在经济、文化、语言、宗教信仰等方面的权利等。民族区域自治是国家的宪政制度，是依法自治。这与历史上的民族自治主要依靠中央政策和利益诱使，在恩威并举下的自治形式，就更加制度化，也更能体现中华民族的大家庭性质，更能体现中华各民族的统一、团结、互助、平等、友爱。在法治与民主集中的原则基础上，中国民族区域自治必须遵循以下原则：

这是在国家领土范围内，在国家领导下，各少数民族聚居区的地方自治。自治不得违背国家主权。

这是以少数民族聚居区为基础建立的，与历史上的“民族自治”及所谓属人治理的民族分治不同。只要一定聚居区居住的少数民族达到一级自治单位，就可实行民族自治。在实践中，这种民族自治的类型大致分为三种：一如西藏自治区，是由单一少数民族聚居区建立的地方自治；二是由一个人口较多的少数民族聚居区为基础，包括一个或几个人口相对较少的少数民族聚居区建立的自治区域，如内蒙古自治区、新疆维吾尔自治区等；三是由两个或两个以上的民族聚居区联合起来设立的民族地方自治，如贵州的黔东南苗族侗族自治州、青海的海西蒙古族藏族哈萨克族自治州。

民族区域自治机关除可行使地方国家机关所拥有的职权外，还可行使宪法和民族区域自治法规定的其他自治权，其内容涵盖了政治、经济、文化、科学和教育等多方面。

中国民族区域自治制度的推行，除深受中国民本法文化中地方自治及民族自治思想，以及现代世界关于民族和民族自治思想的影响外，更注重了中国近代历史和各少数民族实际情况的影响。自鸦片战争以来，中国各民族均饱受外国势力的侵略与剥削，各民族之间也早已认识到，只有联合起来，才能共同反对外国侵略者的欺压，才能真正实现中华民族的独立；另外，中国各民族之间因为历史的原因，民族间虽然长久地混居杂处，实际却处于大混居、小聚居状况。各民族聚居区在地域、人口、资源、经济、教育、科技和社会发展上都有很大的不同与落差，这就让各民族的发展具有了很大的互补性、互利性和互助性，也形成了各民族之间的相互依存、相互帮助、共同发展的不可分离的血肉关系。这种关系，为改变各民族间的不平等状况和实现民族团结创造了前提条件。近代以来，中国各少数民族与汉族一样，在我国工人阶级及其先进政党——中国共产党的领导下，长期地团结在一起为中华民族的民族独立、民族复兴而奋斗。中国各族人民有维护国家大一统的传统，也有在大一统基础上实行地方自治，平等、独立和协商地解决自己的民族发展问题的传统。而在中华人民共和国成立的七十年里，我们仍然面临着维护国家独立和安全，民族生存与发展的巨大挑战。所有这些，都需要中国各族人民的大团结和共同奋斗。因而在20世纪50年代初，中国人民选择了统一国家下的地方自治制度，即在我们这个单一制的多民族国家实行少数民族聚居区的民族区域自治制度。一种中国特色社会主义的民族自治，也是一种具有中国特色的地方自治。

如何组织和管理基层社会，这是中国历史的一个遗留问题。自秦推行郡县制始，中国基层社会历来是一盘散沙，皇权不下县，基层主要依靠乡绅、乡贤或族长的治理模式。这种以乡村为主体的基层自治是中国民本法文化的传统内涵。一定程度上，国家也实现了社会安定、轻徭薄赋、居敬行简的基层治理目标。

第二节　中国民本法文化的基层自治与实践

中国传统社会的以乡绅、乡贤和族长为中心的乡村基层自治，一方面，其有利于巩固社会基层秩序，稳定社会，可以减少国家行政设置和国家的财政支出；另一方面，这也是中国封建社会长期停滞，中央政府缺少大规模的社会动员能力，难以抗拒战乱和自然灾害，不能适应现代化大生产和大型经济建设，从而向现代国家顺利转型的主要原因之一。近代以来，外国势力和工商业资本对中国乡村的大规模侵蚀，更加剧了农村的一盘散沙式的社会结构。封建社会原本就有的土地占有者更在土地分利和高利贷方面与官僚及资本结合，严重阻碍了农村资源和劳动力向实业部门的集中和转移。延续了两千多年的、中国传统的乡村基层自治模式也在封建社会的衰落和外国势力与资本的入侵中，大规模地走向崩溃。中国当时的一些社会贤达人士，如梁漱溟等也曾想通过乡村建设的示范和改良，将中国的基层社会重新组织起来，却以失败而告终。历史和事实告诉了中国人，没有一个统一的国家和强大的国家政权来保护中国农民和中国基层民众，并借以遏制外国势力和各类利益集团，中国农民和中国基层民众的权利是无法得到保障的。我国著名经济学家薛暮桥就曾对当时的农村社会改良运动评论说，本来组织起来保护农民的合作社，由于缺乏政权的有力支持和法律的规范，却因利益的诱使与资本、地主豪绅联合起来，借助土地兼并和高利贷，反而成了盘剥农民的工具，让农民更苦，农村更加没落。①

中国共产党正是因为将农民组织起来，通过新民主主义革命的胜利，才得以建立了一个人民民主的国家。再通过资本改造和土地革命，打破了土豪劣绅、买办资本和官僚资本等利益集团对土地与资源的垄断，实现了城乡生产资料的公有制，为构建一个比较公平合理的基层社会，建立真正的“民众的大联合”

① 参见《薛暮桥文集》（第十五卷），中国金融出版社2011年版，第166～169页。

奠定了坚实的前提。也正是在此前提下，中华人民共和国批判性地继承了中国传统社会的基层自治思想，推行了独具中国特色的社会主义的基层自治，并以法律的形式予以保障。这就是城市居民自治和农村村民自治。

中国城市居民自治和农村村民自治，既是一种具有中国特色的国家—社会关系，也是中国民本法文化的基层自治思想的继承和发展。中华人民共和国成立以来，正是这种基层自治的设计，让中国最基层的民众有了“人民当家做主”的信念。人民被发动起来、组织起来，以“主人翁”的身份投入到社会主义轰轰烈烈的建设之中。在中华人民共和国成立以后短短二十余年的时间里，中国就依靠组织起来的人民的力量，在一穷二白的基础上，克服了内外环境的种种艰难困苦，弥补了资金与技术的不足，集中资源和人力，并通过“一化三改”迅速地实现了国家初步的工业化，建立了一个门类齐全、技术先进的完整的现代工业体系，走过了西方国家一百多年时间才得以完成的工业化之路。

与此同时，中国人民又是通过这种自我管理、自我教育、自我服务的基层民众的自治，通过集体的协作与服务，并在国家的帮扶下，迅速建立了一个统筹兼顾、公平合理、有效而低成本的教育、医疗、养老、住房、社会保障和社会治安体系,基本实现了人民群众的安居乐业。当代中国的这种社会事业的发展，不仅超越了同等发展水平的国家，也得到联合国和一些国际组织的认可。正是中国社会的这种基层民众的自治体系，不仅将中国人民组织了起来，更让国家、政党、人民形成了共商共建共享的新型国家与人民的合作关系。人民的幸福与国家的发展具有共同的目标，利益共同，人民群众享受了国家发展的成果，人民则积极地响应国家的号召，艰苦奋斗，为长远利益而牺牲了自己的暂时利益。这从根本上改变了传统中国散沙一片、脆弱而充满风险的社会结构，打破了长期以来小农思想对中国现代化转型的阻碍。这是中国民本法文化的基层自治思想在当代实践的社会成果。

另外，以中国民本法文化的价值角度相言，这也是中国社会民主与法治的一种社会实践。我们说过，从民主的词源上探寻民主的本意，民主就是“人民的统治”，即人民的当家做主。以选票的方式来代替民主的实质内涵，是概念的偷换。前面说过，人民的统治即人民的当家做主，这在大型国土、大型人口、众多民族的国家是无法完全实现的。民主从雅典的城邦制开始，历史的实践也证明，人民当家做主的这种直接民主的方式，只能在小区域小人口的范围内实现。在当代中国社会主义的体制下，人民当家做主和依法治国是有机的整体。

人民性是中国特色社会主义的本质特征，是中国人民民主的根本体现。正如马克思所说：“国家制度本身就是一个规定，即人民的自我规定……在民主制中则是人民的国家制度。”在我国，无论从政治层面还是从法律上讲，人民都是国家的最高权力主体。国家治理的最本质的内容就是组织人民，支持人民的当家做主。最广泛地动员和组织人民群众，依法参与国家和社会各项事务的管理，维护和实现人民群众的根本利益。这在我们这样一个有着巨型人口和面积、发展不平衡、问题众多的国家，人民参与国家治理不可能一哄而上。人民群众的基层自治就是人民当家做主的实践，也是中国的人民民主的又一体现。

中国民本法文化的基层自治，在传统上是乡贤族长式的治理方式。在历史上，历经了长老会、宗族会、保甲长制、土司、长官司、土官等不同形式。社会学家费孝通在自己的《乡土中国》一文中，曾将包括中国城市和乡村在内的传统社会称为“乡土社会”，把旧中国的社会秩序称为“礼治秩序”，以与现代社会的“法治秩序”相区别。历久以来，我们的很多文章和书籍中都将传统中国的治理称为“人治”。其实，所谓“人治”与“法治”仅是相对的概念。“人治”即权力人“不依法治理”，任性而为；“法治”是权力人“依法而治”。两者都要通过人来治理。所以，人是第一因素的、首要的。可以想象一下，如果一个国家或一个社会的人们，其相互间行为、权利与义务，都没有一定规范可守，要依据权力者的好恶率性而为。那这样的国家、这样的社会必然是混乱不堪、民不聊生。因此，人治与法治是相对的。人治与法治之别，不在于人和法的区别上，而在于维持秩序的力量，是人根据规则而治理或由人率性而为之，是良治或劣治。

20 世纪 50 年代后期到 80 年代，我国农村推行的人民公社制度，集党、政、经济、财税、治安等权力于一体，更让我国基层自治的传统提升到一个更高更深厚的层次。但由于制度设计的薄弱，法规不显，也引来很多问题，终以撤销而告终。直到当代中国的改革开放时期，民主与法治的呼声已成为中国国家治理的基本愿景与基本模式，民众的基层治理也相应走上了民主与法治之路。20 世纪 80 年代和 90 年代末，我国全国人大相继在原有《城市居民委员会组织条例》和《村民委员会组织法（试行）》的基础上，制定和颁布了《中华人民共和国城市居民委员会组织法》和《中华人民共和国村民委员会组织法》两部法律，让城乡居民的基层自治有法可依。依法自治，也让人民当家做主的历史愿景和社会基层法治双双并轨，为新民本思想的实现夯实了坚实基础。

自改革开放以来，中国在致力于国家现代化的进程中，也在大力倡导并将“依法治国，建设社会主义法治国家”提升为国家治理的大政方略。自此以后，“依法治国”成了当代中国占主导地位的关于国家治理和维护社会秩序的指导思想及实践活动，成为当代中国占主流地位的法律意识形态。在这一主流的法律意识下，一些政治家和法学者也相继提出要在批判与继承的基础上，让中国传统社会的“多元混合治理”合理地得以推陈出新，既适应于中国社会的传统继承，也适应于中国社会的现代化转型。这种国家“多元混合治理”的结构，就是在承认国家宪法的宪政规范和中央政府治理权威的前提和基础上，承认乡规民约与习惯法中的优序良俗，推行德法合治，中央治理与民族区域自治、地方基层自治的多层治理，实行民主集中制与分权协商的多元混合治理。地方基层治理就是这种多元混合治理结构中的重要结构之一。

按照中华人民共和国《城市居民委员会组织法》和《村民委员会组织法》的规定，城市居民委员会和村民委员会都是辖区内居住民自我管理、自我教育和自我服务的基层群众自治组织。关于自治，马克斯·韦伯曾经这样说道，自治意味着该组织的秩序并非产生于外来者制定法上的行动，而是产生于其成员自身的权威，不管这是怎么实现的。[①] 按照我国城市居民委员会和农村村民委员会两个组织法以及对韦伯思想的理解，中国地方基层自治应该依据法律的规定，根据有关授权和自治章程依法依规而为。其自治委员会成员包括其主任、副主任和委员均应由辖区内有选举权的居住民直接选举产生。其职责和任务一般包括：在授权范围内协助基层人民政府开展工作；办理本辖区内居民的公共事务和公益事业；调解民间纠纷；协助维护社会治安；协助有关部门做好与辖区内居民利益相关的公共卫生、教育、优抚救济及其他工作；向上反映辖区居民的意见，向下传达和宣传党及国家的方针政策、法律法规；其他有利有益于全体辖区居民的事务等。这种地方基层自治的关键是依法自治、群众自治，真正地让人民当家做主。

中国地方基层自治是法理型自治和魅力型自治的结合。法理型自治对应的是法律法规章程的制度安排，以规则为取向，对规则的严肃遵从是自治合法性的基础来源。按照法律规定，城市居民委员会与乡村村民委员会都是群众性的自治组织，其与地方基层政府在法理上没有行政隶属关系，而是“指导—协助”

① ［德］马克斯·韦伯：《经济与社会》（第一卷），阎克文译，上海人民出版社 2010 年版，第 142 ～ 143 页。

的关系。[①] 从中国政治文化的实践角度而言，原传统中国的行政官僚体系，在实质上是自上而下的以权威和规则遵从为本质的监管与约束机制。又由于官僚任免的自上而下，使得中国行政体系中的上下级关系多了一些对彼此能力、信任、忠诚和道德的庇护。超越规则制度的约束，有了线上圈内，向上负责的历史惯性。学者周雪光称这种关系为魅力型权威。[②] 中国传统基层社会的乡绅和宗族治理就是一种魅力型自治。这种魅力型自治除了要依法而治外，在一定程度上也要依靠自治领导人的权威、能力、信誉和责任。

需要强调的是，法理型治理所依据的规则不仅包含了法律法规，还包含了除法律法规外的乡规民约与习惯法及其他制度设计。法理型治理是一个法律和制度被认可和接受的过程。对于基层社会的自治来说，国家的法律法规是处理基层社会事务以及维护基层社会秩序的最后权威与防线。但在基层社会，尤其在偏远的农村和边疆地区，国家法律对许多居住民而言往往显得还比较陌生，而不是人们的首选。在这些城市居民和乡村居民的基层自治中，真正起到常规作用的行为规范，则是各个基层社区根据法律法规制定的各种制度、公约，以及由乡规民约与习惯生成的非正式行为规范。正是这些正式的和非正式的制度设计与行为规范，加上基层熟人社会的魅力型权威，使得中国的社会基层治理具有了中国特色，更符合中国的社会传统，更体现自治中的权威和法治的共同作用。

在中国基层社会自治的传统中，魅力型治理对应的是绅士、乡贤、族长、部落首领等社会精英。帕累托曾描写这些社会“精英意味着最强大、最有活力、最有能力的人，而这些人的善恶品行则不在考虑之列”[③]。但在中国基层自治的实践中，每一个魅力型的社会精英都应具有一定的权威，也就具有一定的社会影响力。这种权威和社会影响力，包含了人们对他的最低限度的自愿服从。没有获得群众认可和自愿服从的社会精英，只能说其具有权力，而不具有权威。在此角度而言，只有精英中的好人，才符合魅力型权威的表率。而这些中国基层

---

① 邱国良：《多元与权威：农村社区转型与居民信任》，《国家行政学院学报》2014 年第 6 期。

② 周雪光：《运动型治理机制：中国国家治理的制度逻辑再思考》，《开放时代》2012 年第 9 期。该文的作者认为，在官僚体制下的国家治理存在着常规型治理和运动型治理两种机制，而此二种机制间又常存在着内在的紧张和不兼容性。后者虽常常是为了克服前者的失败而采取的临时性替代机制或纠正机制，但会在不同程度上削弱常规型治理机制的稳定性和可预测性，继而削弱官僚体制的权威性。

③［意］帕累托：《精英的兴衰》，宫维明译，北京出版社 2010 年版，第 13 页。

社会的魅力型精英，一般都处于国家与社会互动的结合点上，掌握了一定的优势资源，在基层社会有着很强的内聚力和社会调控力。过去有一种比较通行的看法认为，中国古代社会是“皇权不下县，县下行自治”，是中央集权与地方自治的双轨治理。中华人民共和国成立以后，我国社会的基层自治在继承传统的基础上，“正沿着国家主导—社会精英主导—大众主导的轨迹运行”[①]。

但从总体而言，我国社会的基层自治仍还处于“国家主导—社会精英主导”环节，向“大众主导”的过渡还在行进中。在此过渡进程，魅力型的社会精英治理仍不可少。这种魅力型的精英治理，既是强大的又是脆弱的。强大之处，在于它可以依靠行政权威和精英魅力的双重主导，具有很大的社会动员力与社会调控力；脆弱之处，在于它还没有真正将“人民当家做主”落实到实际之中，落实到人心之上。还没有真正实现基层民众的自我管理、自我教育和自我服务。这在一定程度上是传统中国行政管制和精英治理的残留。如果这种残留的精英治理的权威色彩过于浓厚，广大基层民众参与度就会降低，决策与管理也会陷入不透明、不民主的陷阱。如果精英的行为再缺少必要的制度约束，基层自治就容易落入精英垄断，基层民众也会失去“当家做主人”的自觉与感受，也就减弱了人民对政府的信任，对政府号召的响应与支持。一些地方的基层自治，甚至会如旧中国一样，落入黑恶势力之手，危害民众，从根本上动摇了人民当家做主和人民政权的根基。

另一方面，随着中国社会的日益现代化，传统中国社会的“熟人味”也就越来越淡。尤其在改革开放以后，伴随中国城镇化和工业化的进程，传统中国社会的基层流动加剧。传统，作为乡土化的本土资源，在本质上是地方性共享的知识和习惯，是基层民众长久的习得与维持，具有很强的同一性和继受性。社会成员的同质性和稳定性是传统形成的基础，而传统又因为人们的认可与服从而获得权威。传统型权威的合理性、合法性正是基层民众“在容纳有限权威的基础上实现自我的规范性建构和良善生活”[②]的期待。所以，中国社会基层的同质性和稳定性是传统型权威形成的基础。而在当今社会，因为社会改造和人口的流动，人们之间的异质性和不稳定性得以加强，人们的理性化和法治意识也得以升高。中国基层社会已开始从“熟人社会”向“半熟人社会”转移。传

① 张厚安、徐勇、项继权等：《中国农村村级治理——22 个村的调查与比较》，华中师范大学出版社 2000 年版，第 91 页。
② 叶会成：《权威、自治与实践合理性——重访“权威悖论”》，《法制与社会发展》2019 年第 3 期。

统社会的基层自治，精英治理的权威和主导地位也在人们的异质性和不稳定性中日渐减弱。这种状况对传统权威和基层自治带来了很大的冲击，加上现代资本无孔不入的侵蚀，民众意识的日益利益化和私欲化，中国传统社会基层自治的“国家主导—社会精英主导”模式，也必须适应社会的变化，加快地向“国家主导—社会精英主导—大众主导”模式的转变。

这种“国家主导—社会精英主导—大众主导”模式是一种混合型治理模式。在这种混合型自治模式中，主导的主体应是辖区居住民，是要让基层民众真正地“当家做主”。与此同时，也要适度强化“国家主导”的引领和监管作用及“社会精英主导”的智能作用，实现一种法理型、魅力型和人民性的混合型治理。

中国社会的基层自治离不开“国家主导”。中国是一个大一统的实行民主集中制的现代国家。分权的目的是为了提高中国社会的治理效率，分权的宗旨是为了中国人民的幸福、文明和发展，是为了建设一个富强、民主、自由、平等、公正和法治的国家。所以，中国对基层自治的分权首先是基础性的。这种基础性的分权以能服务基层，维护社会秩序，构筑一个良好的生活和生产环境为基础。

中国是一个人口大国，又是一个地域辽阔，有着悠久文明的发展中国家。苏联发展的经验证明，社会主义制度建立以后，没有人民监督的权力存在着异化变质，走向人民对立面的可能和风险。另一方面，世界大多数发展中国家在推行西方民主制上的不成功和失败，也决定了中国这样一个发展中的大国，走西方民主道路的结果，必将如许多发展中国家一样，陷入分裂、动乱、失败和落后的陷阱，久久地不能自拔。如何推行民主，如何真正让人民当家做主人？中国民本法文化的实践证明，在基层社会实行人民民主的自治，是一个历史已经证明和中华人民共和国成立以来的社会治理实践已经证明了的良政。当前的问题是如何在保持稳定和发展的基础上，继续改革一些不适宜现代国家建设和人民当家做主的旧意识及旧体制。在这方面，提纲挈领地可以考虑以下几个方面的深化改革，从而逐步完善和提升中国社会基层的人民民主制度，让人民自我管理、自我教育和自我服务的理想落归于实处，切切实实地让人民当家做主人。

首先，中国社会的基层自治应该是一种依法而为的基层民众的自我治理。在条件成熟之时，可以适当修改我国《城市居民委员会组织法》和《村民委员会组织法》。这两个城乡基层民众的组织法是我国社会基层自治的基本法。修法的主题是如何“让人民当家做主”，如何实现现代中国社会的核心价值观。要加强和完善基层社会的文明、民主、平等、公正和法治，培育基层民众的爱国、敬业、诚信、友善之精神。同时促进这种基层民众的自治从自我管理向自我治理的转变。从管理走向治理，既是向人民当家做主的根本性转变，也是国家治理及中国社会基层自治首先要明确的基本问题。关于管理与治理，目前的中国法学界，基本持以下三个认识：其一，管理是行政的权力行为，主体一元，下要服从上。治理是政府向社会的授权，主体多元，政府、社会组织、单位和个人共同依法而为，各行职权；其二，管理是刚性的，是管与被管的关系，是主动与被动的关系。治理却是各方的合作、协商与包容，其有效性源于各方的自觉自愿与共同的努力；其三，管理自上而下，治理却有着多向性，是上下互理，多向的互合。总之，从管理到治理是国家权力观念的深刻变革，是国家、社会、公民从管与被管，从对立到合作，是一种权力与权利的互商、互为与互享的观念革命。当然，从我国一切权力属于人民的角度而言，将管理全归于自上而下的强制作用也不完全符合中国国情。我国国家管理的多元性、多向性和权力的人民性，也决定了中国国家管理必须与人民协商，必须依照法律、法规、制度和规章而为，必须执行民主集中制的宪政原则。管理和治理有不同的区别，也有共通的地方。但治理在问题意识、作为的力度和团队的合作方面更具有全面性与全局性，更能发挥人、物与社会的合作。紧随着社会与自然的快速多重变化，社会关系与社会利益也越来越多元和多重，发展中的矛盾也会越来越多。对此，国家和社会就需要有更多更鲜明的问题意识，更全面的立体思维和智慧集成，更强大而又更合作的执行力。从管理走向治理，也必然是社会发展的一种需要与选择。

其次，中国社会的基层自治既然是群众的自我管理、自我教育和自我服务，加强和完善“自治”的结点就在于“自我”的落实。“自我”的落实是“让人民当家做主”的落实。所以，基层群众自治组织的负责人——“主任”，应通过居住地民众的直选产生，实行差额选举，可以实行资格竞选。只有这样，才能让基层民众真正选出能代表自己权利与利益的德才兼备的负责人，才能让人民真正体会到民主——人民的统治。地方政府可依法监督选举，以保证选举的有效性和合法性。通常情况下，地方政府不应该干涉基层群众的自治，包括候选人的提名和选举过程的宣传、投票、履职、罢免等相关程序。中国社会的基层自治是中国人民当家做主的最实际最贴心的一种体验，是人民对民主的实践。所以，基层自治一定要依法而为，要让民众说了算。如何让民众依法而为和说了算，关键在于良法的制定与推行。从中国民本法文化的渊源溯下，此“良法”包容了以民为本的国家的法律法规、地方政府的授权、地方优序良俗与习惯法、民众的自定规章契约等。基层民众自治的职权就来自于法律法规的规定、政府和居住民的授权。其职权的上下左右关系都应依法履行，协商解决，以多数基层民众的利益和便宜为基准。而基层民众也可依法对本区域内自治负责人予以监督、罢免和检举。在此新时代新情况下，现行的《城市居民委员会组织法》和《村民委员会组织法》应作适时的适当的修改，立足于更踏实的“让人民当家做主”的需要，更有利于民众的自治，更切实际，也更便宜操作。

再次，要能将关系民众切身利益的权利与事务落实于基层，如幼小教育、社区医护、社区文体、社区环境、社区治安、社区养老等有关居住民生老病死的自我服务。这些自我服务，有的可由政府授权或购买，有的可由居住民在协商的基础上自我约定，有的可根据实际需要由社区与相关单位合作提供。

总之，中国社会的基层民众自治与民族区域自治一样，是中国人民根据中国民本法文化的思想和传统，在国家大一统基础上推行的分权式国家治理，是民主的一种形式，也是独具中国特色的协商式民主的构成之一。随着时代的发展，我们也期待它得到加强，更为完善，更适宜中国国家治理的现代转型和国家法治化的进步，更体现中国人民的当家做主。

一百多年以来，许多中国人和中国的社会精英都把中国近代衰弱、国家累受西方列强欺凌和盘剥的原因之一，归咎于中国两千多年的封建制度和其专制性。在寻求“救国图强”、振兴中华的历史过程中，我们也不断地呼吁“民主与科学”。一百多年过去了，今天的中国正走在“人民幸福、民族复兴”的大路上。回首我们走过的路，从中国民本法文化的历史过程来重新审视中国的传统社会制度，寻找于今天依然有益的经验与教训，对建设中国特色的社会主义是大有裨益的。

第三节　中国民本法文化的政体特征

在大一统的国家观念下，中国形成了两千余年的集组织、制度、价值和权力于一体的传统治理模式。1911 年，辛亥革命终结了这个绵延亘古的帝国体制，也给新制度在中国的建立奠定了基础。但由于中华文明的深厚影响以及国家的长久分裂与内战，加上外强的干涉。自辛亥革命以后，君主立宪制、总统制、议会制、联邦制等一切现代政体都在中国试过，讨论过，推行过，最后都失败了。直到 1949 年，社会主义制度在中国的建立才给中国的民族复兴、国家富强和人民幸福带来了希望，一个繁荣、富强、文明、民主、和谐、公正和法治的中国正以自己独有的身姿走向新时代。

中国，也正在寻求一条最适合中国历史和中国国情的道路，这条道路最终将是中华文明与现代文明的结合，是中国民本法文化与现代法治文化的结晶。人本与分权是当今中国政治体制最根本的两个核心价值观。新民本思想的以人为本，这是中国国家建设和国家治理的根本原则，在前文中我们已累有论述。而本章本节主要论述的是中国民本法文化中的分权制及其与现代民主与分权思想的关联，新的中国特色的民主与法治体制的建设等。

分权是西方宪政思想的核心理念之一。分权与代议制混而合成了现代西方民主制的基本架构。1789 年，法国的《人权宣言》就宣称说："凡权利无保障和分权未确定的社会，就没有宪法。"著名政治学家弗里德里希也说："分权乃是文明政府之基础、宪政主义之内涵"，"通过分权，宪政主义对政府行动提供了一套有效制衡的体制……它是一套保证公平运作的规则，从而迫使政府对人民负责"。[①] 在西方关于民主与分权的学说中，英国学者维尔关于分权的"纯粹学说"是典型的分权观，维尔认为："政治自由的建立和维护，关键是要将政府划分为立法、行政和司法三部门或三部分。三个部门中的每个部门都有相应的、可确定的政府职能。政府的每个部门都一定要限于行使自己的职能，不允许侵蚀其他部门的职能，即立法、行政和司法的职能。进而，组成这三个政府机构的人员一定要保持分离和不同，不允许任何个人同时是一个以上部门的成员。这样一来，每个部门将对其他部门都是一个制约，没有任何一群人将能够控制国家的全部机器。"[②] 但在后来的一段时期内，维尔关于分权的"纯粹学说"很少有人认可，更难以付诸实践。但它确实是西方政治和法学理论中的一个"基准"或"理想"。其理论要点是将政府职能及其权力一分为三，并在机构、权力、职能、

---

① Carl j. Friedrich，Constitutional Government and Democracy，Waltham：Blaisdel，1968，pp.5、26.

② ［英］M. J. C. 维尔：《宪政与分权》，苏力译，生活·读书·新知三联书店 1997 年版，第 12 ～ 13 页。

人员上一对一的完全专设，从而能够形成各司其职、相互制约的国家权力架构。历史上，这种完全分权的理论并没有被普遍认可。一方面，制度的设计要由人来实施，而人之间又有千丝万缕的联系，情感的、利益的、权力勾结的，致使完全分权在实践中很难实现；另一方面，因为政治、经济和权力的斗争，完全分权的结果又常常是行政混乱、权力分裂、相互掣肘和效能的低下。纵观世界各国关于分权的制度设计也不完全一样。如美国和法国是实行分权制的两个典型国家，但两国在权力分立的设计上大不相同。就司法权与立法权、行政权的关系而言，美国的司法权力可以撤销或废止立法或行政行为，而法国的司法机关就不能干预行政事务。凯尔森在《法与国家的一般理论》中认为，司法机关审查立法权，本身就是在侵犯权力分立原则。

在西方法文化中，亚里士多德、洛克、孟德斯鸠等法学先贤都对国家的分权学说做出过经典论述。洛克在其名著《政府论》中把政府权力分为立法、行政和对外三种权力。强调立法权是国家的最高权力，应当关注普遍性规则的制定。在政府的分权中，洛克又强调了执行权的分立，并赋予了执行权是“负有这一委托，即必须根据当时情势和事态变迁的要求，只是为了公共福利来行使这一权力”①。在有些情况下，掌握执行权的人也参与立法。他既参与立法，则除他所参加和同意的立法机关以外，他并不从属于其他更高的立法机关和对之负责。②洛克的论述，后来也成了当时英国国王拥有的权力和美国宪法的规定，即行政首脑对立法的否决。这是立法权与行政权的部分混合与部分分立，是一种均衡政制，而非维尔的纯粹分权。③故后来有学者认为，洛克可以称之为“美国宪法之父”。

孟德斯鸠是西方分权理论中影响最大、最著名的学者。他在《论法的精神》一书中对自己的分权思想作了以下经典论述：首先“每一个国家都有三种权力：立法权力；对有关国际法事项的行政权力；有关对民政法规有关事项的行政权力”。而“一个公民的政治自由是一种心境的平安状态。这种心境的平安是从人人都认为他本身是安全的这个看法产生的。要享有这种自由，就必须建立一种政府，在它的统治下一个公民不惧怕另一个公民”。“如果司法权不同立法权和行政权分立，自由也就不存在了。如果司法权同立法权合二为一，则将对公民

---

①② ［英］洛克：《政府论》（下篇），叶启芳译，商务印书馆 2016 年版，第 96 页。

③ 参见［英］M. J. C. 维尔《宪政与分权》，苏力译，生活 · 读书 · 新知三联书店 1997 年版，第 10 页。

的生命和自由施行专断的权力，因为法官就是立法者。如果司法权同行政权合二为一，法官便将握有压迫者的力量。”而“如果同一个人或是由重要人物、贵族或平民组成的同一个机关行使这三种权力，即制定法律权、执行公共决议权和裁判私人犯罪或争讼权，则一切便都完了”。[①]

孟德斯鸠的论述源于对当时的英国政制的观察。英国政治体制中有关制约与平衡的各类要素，都被孟德斯鸠纳入了他的分权理论。所以，孟德斯鸠并不是纯粹的分权论者。他仅仅是用三权分立这样一种观念恰当地描述了当时的英国政制，是对当时英国的混合政体或均衡政体的另一种论述。

在西方的政治思想史和法律文化中，分权、制衡、民主是最重要的概念，混合政体和分权政制又是最有影响力的两种政制理论和政治实践。自亚里士多德开始，西方学者将一国之政体通常划分为君主制、贵族制和民主制三类。如果有某一国的政体同时具有以上三类政体的两类或三类的成分及特征，这种政体即为混合政体。在修昔底德、柏拉图、亚里士多德、波利比乌斯、西塞罗、阿奎那乃和美国的约翰·亚当斯等西方历代的政治和法学大家的著作中，对西方制约与均衡的国家权力论及不同时代的混合政体都有广泛论述。亚里士多德在《政治学》中分析和比较了各类政体，最后归纳而言道：“凡能包含较多要素的总是较完善的政体；所以那些混合多种政体的思想应该是比较切合于事理的”，“的确有些思想家认为理想的政体应该是混合了各种政体的政体”。[②]与此同时，亚里士多德又将混合政体称为共和政体，讨论了共和政体的各种形式：“我们业已阐明寡头和平民政体的性能，共和政体的性能也约略地可以认识了。‘波亚德亚’的通义就是混合这两种政体的制度；但在习用时，大家对混合政体的倾向平民主义者则称为‘共和政体’，混合政体的偏重寡头主义者则不称‘共和政体’而称贵族政体。”[③]亚里士多德在论及斯巴达具体的混合政体时，对该政体的哪一个构成部分代表了君主、贵族、民主的因素的不同看法，发表了这样的描述说：“这些思想家都把斯巴达政体看作君主政体（一长制）、寡头（少数制）和民主（多数制）政体三者的混合组织（但他们对于三者的解释却又各自不同）。”[④]实际上，

---

① ［法］孟德斯鸠：《论法的精神》，商务印书馆 2012 年版，第 186 ～ 187 页。

② ［古希腊］亚里士多德：《政治学》，学苑音像出版社 2005 年版，第 48 页。

③ 同上书，第 142 ～ 143 页。

④ 同上书，第 48 页。

古希腊、罗马共和的政治实践和西方古典政治学留下的都是混合政体的各种理论。这种混合政体在当时还被认为是现实中最好的政治体制，被许多学者所赞同、所研究。关于混合政体与分权制的关系与区别，美国政治学家马丁·戴尔蒙德则认为，混合政体因每个构成都拥有了统治权力的全部，分权的原则已不存在。传统的混合政体和美国的权力分立存在着深刻的区别。“混合政体理论的基础是这样一种确信，即必须让社会中的主要利益团体联合参与政府职能，以此来防止任何一个利益团体可能将自身的意志强加于其他利益团体；而纯粹形式的分权理论将政府职能分配给政府各个部分并限制任何部分只能行使其恰当的职能。再者，分权学说中明显没有混合政体理论的那种阶级基础。”①

然而，英国学者维尔在《宪政与分权》一书中指出，波利比阿在对罗马共和国的混合政体详加分析后已经认为，混合政体是可以成为或转化为权力的制约平衡模式的；即是说，如果将政府机构内不同利益集团或不同阶级利益的权利和意志的代表转化为国家权力的不同职能的代表，则机构自身就在政府权力内形成了一种制度性的制约。这样，混合政体就可以由社会中不同阶级或集团的权力共享，转化为不同职能机构的权力共享；再往前走一步，如能对权力的职能进行制度性的划分，实现权力的部分共享、部分分立，权力的分立与制约制度就代替了旧有的混合体制。这也就是 18 世纪英国的均衡政体。在 18 世纪上半叶英国的政争之后，分权理论被应用于混合政体，改原有的混合政体为一种新型的分权制衡体制。这种分权制衡的混合政体发展至今，已成为现今由国王、首相领阁的政府和议会组成的三权分立的君主立宪制政府。

均衡政制是根据国家的权力分立原则从混合政体中演化而来，混合政体是基础，融合了国家权力的分立。1787 年美国宪法设计了三权分立与制衡的政治体制，则是用均衡政制理论来修正权力分立，分权是基础。这是英美两国政治体制的合与不合。而英美两国政治体制也是当今世界的两大主流政体，其基础性的特征就是国家权力的分立与制衡。

长久以来，大多学者都把国家权力的分立与制衡归之为国家民主的基本要素。在其论文专著中，又常把中国传统社会的皇权政体称为专制体制，而把以英美为代表的分权与制衡政体称为民主体制。但当我们仔细地研究了中国传统

① ［古希腊］亚里士多德：《政治学》，学苑音像出版社 2005 年版，第 31 页。

社会的国家政治体制和中国民本法文化之后，我们会发现这种论调的不足和不全面。与英国政治体制的发展轨迹一样，中国传统社会的政治体制也有从专制到混合体制过渡的进程。分权、制衡、自治、协商与均衡早已成为中国民本法文化的主要观念。在中国传统政体的发展进程中，专制与分权制衡常常是交叉行进的。一个时期以来，皇权为大，专制的权力力量是国家权力的中心；而另一段时期，皇权衰弱，分权与制衡又成为权力的主体力量。但在中国传统社会的很长时期内，分权、制衡、自治、协商与均衡都是中国政体的主流，也是中国民本法文化的重要思想和观念。

中国传统政制的分权与制衡，大致可分为两类：一类是从上到下，又从下到上的分权与制衡，即中央权力与地方的自治。地方自治包括裂土封侯、民族区域自治和基层自治三种类型。这在前文中，我们已有分别的论述。另一类的分权与制衡是对国家权力的横向分立，这也包括两类：一是中央权力的分权、制衡、协商与均衡；一是地方权力的分权与制衡。

在皇权体制下，中央权力的分权与制衡主要体现于皇权与相权中。在中国，相权相当于内阁权，常常集立法权与行政权于一身。中国古代的相权最早出现在春秋战国时期，齐国的管仲、秦国的商鞅等都是当时著名的宰相。秦统一中国后，以分封制为基础的贵族统治基本消失，官僚行政体系逐渐建立起来，宰相就是中国传统社会中代表中央行政机构的首脑。但宰相一称，只是对中国古代最高行政长官的泛称。在中国历史上，行使相权的的职务名称有很多，如丞相、相国、三公（大司马、大司徒、大司空）、三省（中书省、门下省、尚书省）、内阁首辅、军机处首领等。另外，相权的行使是一个政府部门的权力，并不由某一个人来担任，宰相的人数也时有变化。中国历史上皇权与相权的权力划分，一直是中国国家治理中的一大课题。皇权与相权分立合理的，国家政权有良好运转，国泰民安；皇权大于相权的，国家常出现暴政、专制、动乱与战争；相权专政的，如西汉王莽、东汉曹操、明张居正等权相执政时，皇权会被架空，甚至出现篡权篡位现象。所以，中国古代的皇权政治并不一定是皇权专制，也不一定是皇帝说了算的个人专制制度。自古以来，国家权力的分立、制衡、协商与协调一直是中国传统社会治理的基本制度设计的原则和实践，也是中国民本法文化的基本思想。

隋唐及其后来的宋朝，数百年间实行了三省六部的中央行政管理体制。三者即中书省、门下省和尚书省，三省的长官都位列宰相一职，具体名称则有内史令、纳言、尚书令、尚书左仆射、参知政事、同平章事等。在职权分工上，中书省负责出令，拟制国家行政法规法令与政策；门下省负责审核批准；尚书省则负责执行。也即把国家的立法权、审批权和行政权“三权分立”。为避免权力的扯皮和提高国家治理效率，中央还设立了政事堂，供三省长官协商议事，推行了分权、制衡、协商与均衡的一系列制度设计。在分权与制衡的基础上，又在达成一致后方才分头去执行。一般情况下，只有重大事项和未能达成一致的事项，才报经皇帝，并由皇帝裁决定笃。

中国传统社会关于权力的协商与均衡，是与权力的分立与制衡相并行的制度设计。权力的分立与制衡，在于防止权力的专制和滥用；权力的协商与均衡，又构建了权力的平衡，防止权力的冲突和权力效率的低下。在制度设计上，中央权力的协商与均衡一般是在政事堂、内阁会议或军机处议决，特别重大的事项可呈皇帝并在御前会议上决处。权力的这种协商与均衡，包括了立法、行政、监察权在事前、事中、事后的对话、对抗、协商与议决。这是中国民本法文化中关于分权、权力制衡与权力协商的最初形式，也是中国民本法文化的协商民主的雏形。

经立法、审批和核准过的法令政策，由尚书省具体负责执行时，还有六部的分工负责。按中国古代行政权力的职责及其分工，吏部负责组织和人事；户部掌管财政和人力资源；礼部负责外交、教育、文化；兵部承担国家的军事和国防安全；刑部担当了社会治安、司法、立法等职权；工部负责国家建设等等。每部又下设四司，计六部二十四司，实行分工负责，统筹兼顾的责任负责制。

两宋的中央政权体制，于隋唐规制下略有变动，改三省为中书门下、枢密院二府。中书门下负责行政事务的管理；枢密院处理国家军政事务。另设三司，即负责财政税赋民政的三司。又再设了负责行政监察的御史台。二府、三司和御史台，分权负责，相互制约，都可在御前会议直接向皇帝报告，直接对皇帝负责，属一种“扁平型”的分权与制衡机构。

在宋以后的元、明、清时代，其中央政权的设置依旧沿袭了隋唐结构，只是名称和职权的分立稍有不同。唐代走的是链式分工负责，推行程序的权力制衡；宋却实现了事务分工，职权分立，分而制衡的行政体制。但无论在分工分权上有何不同，中国历朝历代皇权官僚制度的设计都掌握了三个原则：一是国家的治理效率，二是分权制衡，三是协商均衡。所以说，把中国皇权政治一律归之为专制制度是不完全对的。中国的皇权政治既有专制的一面，又有分权制衡与协商均衡的一面。

皇权受制于相权，皇权与内阁权的相互分权与制衡，其最典型的案例可见于明代嘉靖皇帝的“大礼仪之争”和万历皇帝的“国本之争”。嘉靖皇帝因非已故武宗之子，按祖制应尊武宗为皇考，称自己的生身父母为“皇叔父”“皇叔母”。此“大礼仪之争”历经嘉靖与内阁大臣相互驳回奏折的长久僵持，虽最后以嘉靖帝的强权取胜，但也可见内阁权对皇权的制衡；而万历皇帝在位时，因皇后王氏无子，其长子为宫女所生。但万历总想立宠妃郑氏之子。此涉“国本之争”，在皇帝和大臣之间前前后后争吵了二十余年。最后是皇权失败，依内阁大臣们的意见仍立长子为皇太子。皇帝本人却赌气与大臣们消极对抗，从此不再上朝。而明朝也在皇帝与内阁的吵吵闹闹中逐渐走向灭亡。罗素在《权力论》中就认为，世界历史上的各国君主制几乎都与专制独裁挂钩，唯中国例外：“在中国，皇帝并不独裁，只有焚书的秦始皇统治的时代（公元前三世纪）例外，在其他时期，儒士通常是能够挫败皇帝的。”①

皇权与内阁权，内阁权中立法、行政、监察权的分立与制衡；以及皇权与内阁权，立法权、行政权、监察权的相互对立、协商和均衡，构成了传统中国社会中央权力的分立、制衡、协商与均衡，以及中国民本法文化的国家权力观。

中国民本法文化中关于权力的分立、制衡、协商与均衡的思想与制度设计，不仅涉及中央政府一级，对地方权力的设置同样也采取了权力的分立、制衡、协商与均衡制。在省一级，行政权、军事权、治安权也常常是分立和制衡的。如贵州在1413年建省前，只设有都指挥使，负责掌管当时的云贵部分地区的军事指挥权。到了永乐年间，原为叔侄的思州与思南宣慰使因争夺土地和财富而常年争战，最后被明成祖双双处死，并“改土归流”。1413年，中央设负责行政事务的贵州布政使司于贵州宣慰司城（今贵阳）。又于1416年设负责地方治安的贵州提刑按察使司。自此，明代省一级建置的三司机构在贵州设立，贵州也成为明朝的第十三个行省。在明代省级权力机构中，布政使司负责行政事务，都指挥使司管理军事，提刑按察使司负责治安和刑狱管理。行政权、军事权、治安权三权分立，各行其责，各司其职，又互相监督和制约。省级权力以下，又置民族自治的各级土司及县以下的地方乡贤自治。历史上，我们可以从贵州

① ［英］罗素：《权力论：新社会分析》，吴友三译，商务印书馆2012年版，第146页。

地方权力的设置与运作，清楚地看到传统中国关于分权、制衡、协商与均衡的治理模式。

传统中国社会的权力设计，通过中央集权与分权，从上到下的郡县设置和与民族自治为主要形式的地方自治、基层社会自治等，实现了从上到下的权力分立、制衡、协商与均衡。在中央一级，主要是皇权与内阁权，中央立法、行政和监察权的分立、制衡、协商与均衡；地方上，则是省级行政、军事、治安权的分立与制衡，民族自治与基层社会自治等，从而构成了一个有中国特色的国家权力的分立与制衡、协商与协调的均衡架构。这种权力架构，既在很大程度上保证了权力的相互制约，从而防止皇权专制，又在很大程度上保证了权力的效率，防止了权力扯皮。这是中国民本法文化中关于国家权力的分立、制衡与协商协调，权力的均衡与效率的中国思想，是值得我们学习与批判地继承的。

由此可见，传统中国社会的国家结构虽然是皇权制，但却远非西方学者定义的专制制度。两千多年前，亚里士多德首先提出："统治有两个基本不同的方式：其一从统治者的利益为中心，另一则以被统治者的利益为基础，前者即所谓'专制统治'，后者即所谓'自由人统治'。"① 近代以来，著名政治和法学家洛克进一步论述道："统治者无论有怎样正当的资格，如果不以法律而以他的意志为准则，如果他的命令和行动不以保护他的人民的财产而以满足他自己的野心、私愤、贪欲和任何其他不正当的情欲为目的，那就是暴政。"② 洛克还认为："国王和暴君之间的区别只在于这一点上：国王以法律为他的权力的范围，以公众的福利为他的政府的目的，而暴君则使一切服从于他自己的意志和欲望。"③ 以后，孟德斯鸠也承袭了洛克关于专制的定义，把当时的国家政体分为三类，即共和制、君主制和专制政体。"君主政体是由一人依固定和确定的法单独执政的政体；专制政体也是一人单独执政的政体，但既无法律又无规则，全由他的个人意愿和喜怒无常的心情处置一切"④，按照这些西方政治与法学权威的定义，专制与非专制的区别主要取决于两点：是依制度设置的规则行使权力或依自己的意愿随意而为，权力的行使是为了治下民众或是为了自己的私欲私利。按照这样的概念

① [古希腊] 亚里士多德：《政治学》，学苑音像出版社 2005 年版，第 341 页。
② [英] 洛克：《政府论》，叶启芳等译，商务印书馆 2016 年版，第 127 页。
③ 同上书，第 128 页。
④ [法] 孟德斯鸠：《论法的精神》，商务印书馆 2012 年版，第 17 ～ 18 页。

定义，中国自秦以来的政体，应是中央集权的君主制，但又不是当今一些学者言必称之的“封建专制”制度。明万历年间来华的意大利传教士及学者利玛窦，经过长期的对当时中国政治的实地考察，并结合西方学者的说理，甚至认为:“在管理、政治与秩序等方面，中国的确超过其他民族。”①

以上论点，也曾被一些中国学者予以论述并加认可，如钱穆先生。钱先生在其专著《中国历代政治得失》一书中说道：“我们这几十年来，一般人认为中国从秦汉以来，都是封建政治，或说是皇帝专制，这是和历史事实不相符合的。”随后，钱先生又用了大量的历史事实予以了说明。钱先生在自己的另一部传世之作《国史大纲》中专门论及了专制：“谈者好以专制政体为中国政治诟病，不知中国自秦以后，立国规模，广土众民，乃非一姓一家之力所能专制。……自此以往，入仕得官，遂有一公开客观之标准。‘王室’与‘政府’逐步分离，‘民众’与‘政府’则逐步接近。政权逐步解放，而国家疆域亦逐步扩大，社会文化亦逐步普及。总观国史，政治演进，约有三级：由封建而跻统一，一也。由宗室、外戚、军人所组之政府，渐变为士人政府，二也。由士族门第而再变而为科举竞选，三也。唯其如此，‘考试’与‘铨选’，遂为维持中国历代政府纲纪之两大骨干。全国政事付之官吏，而官吏之选拔与任用，则唯礼部之考试与吏部之铨选是问。此二者，皆有客观之法规，为公开的准绳，有皇帝所不能摇，宰相所不能动者。……特以国史进程，每于和平中得伸展，昧者不察，遂妄疑中国历来政制，唯有专制黑暗，不悟政制后面别自有一种理性精神为之指导也。”②

由此可见，中华民族数千年来遗世独立，雄视四海，不唯中国的地广物丰，人民勤劳，更实有中国传统政治和国家治理之精彩。中国两千余年的君主制，实为一种分权制衡、协调均衡的混合治理模式。该模式既有皇权专制的一面，更多的却是官僚行政体系的专业治理。这个均衡的混合治理模式，在其国家统治和官僚行政体系的专业治理中，归前所述，大致有以下特征或本质属性：

一、国家权力的分权与制衡。其包括中央权力的扁平模式的分权与制衡；中央集权与地方自治的直向分权与制衡；地方权力的横向分权与制衡等。中央权力的扁平模式的分权与制衡，又分为皇权与相权的适度分权，内阁权中立法权、行政权、监察权的分立、制衡与协商协调；中央与地方权力的分权与制衡，主

---

① 转引自朱维铮《走出中世纪》（增订本），复旦大学出版社 2007 年版，第 83 页。

② 钱穆：《国史大纲》（修订版），商务印书馆 1996 年，第 14 ～ 15 页。

要体现于中央集权的大一统国家制度下，以郡县治理、民族自治为主要形式的地方自治和基层社会自治。这是一种除国防与外交受中央掌控，在行政上对上负责却又拥有广泛自治权的直向分权模式。而地方权力的横向分权与制衡，其又包含了流官与土官的分权与制衡，基层社会自治以及流官的军事指挥权、行政权和治安权的分立与制衡。国家权力的这些分权与制衡，构成了中国传统社会两千多年来的均衡混合治理模式。这个模式既非专制制度，也非民主制度，而是两种体制兼具而又协调与均衡的君主制度。自秦以降的大多数历史时期内，这种制度是成功的。它推动了中国历史的进程和社会的发展，形成了中国历史上的若干盛世之景，如两汉时期的文景之治、汉武之治、昭宣中兴、光武中兴、明章之治；隋文帝的开皇之治；唐的贞观之治、开元盛世；宋朝的咸平之治；明代的永乐盛世、仁宣之治、弘治中兴及清代的康乾盛世等。历史上，这种权力均衡的分权与制衡模式一旦被打破，国家就出现内乱，要不是皇权被颠覆，就是少数民族入侵中原，如五胡入华时期。又由于中国文化的影响，历经动乱或战争的中国，渐渐地又会重建一个新的大一统的国家，但那只是一个新的皇朝政治的开始。

二、国家治理体系和治理人才的专业化。长期以来，中国国家治理都是高度制度化和专业化的体系。这个体系包括了两大制度：一是人才的科举制；一是官吏的铨选制。中国古代行政管理人员的选拔，曾历经商周时期的世袭制、先秦的乡举里选、汉代的察举制、再到魏晋的九品中正制等不同的方式与制度。按规定，大多方式的推行都要考察被选人员的家世、道德、才能等指标。但在执行中，都因标准掌握尺度的不同，人为因素太多，程序缺失等弊端而告终止。至隋推行科举制以后的1300多年间，这种行政官员的选拔方式方才固定下来，并形成一套较为完整的人才选拔制度。与人才科举制同列的是官吏的铨选制度。自唐宋始到清，中国行政长官的任免，除最高职官由皇帝任命外，中低级官员的任免都要通过部门铨选。既是说，凡按规定通过科举、推选或原官起复而具有任职资格的人员都要到有关部门报到，听候铨选。一般来说，文官到吏部，武官到兵部，各部再依有关规定，对有资格的人予以审查、铨选和任命。这种行政官吏由礼部负责以科举选士，由吏部或兵部选吏以铨选举官的人员选拔任用制度，形成了中国古代与皇权分立又比较固定的专业化的行政官僚体系。

从历史的角度来看，科举制与铨选制虽也有弊端，但在总体而言，可说是中国古代乃至世界各国历史上相当贤明的政府官员选拔制度。这项制度的人员选拔与任用不以出身、门第、财富为标准，专注于人才的品德、学问与才能。这不仅为中国历代政权输送了源源不断的总体质量尚说可以的官员，也为中国培育了尊重学问、尊重知识的历史风尚。为此可说，这也是中国文化得以长久维系并不断创新的最重要原因之一。而中国文化的长久传承与创新，又使得中国的历史朝代无论怎样的变化与更迭，由中华文明培育的专业化的知识分子及其精英构成的专业化的官僚体系，都在维护着中国的大一统国体和治国理政的基本方略。也正是这种专业化的官僚体系的长期存在和治国理政的专业化，使皇权得以制约，专制得以控制。

三、以民本为道，以道为治国之总纲。道，这是中国政治哲学中特有的概念。在人类社会发展的历史中，中国古人与西方的先贤一样，都在久久地追寻一种社会永存的、普遍的指导原则或行为规范。这个永存的、普遍的指导原则，西方称之为正义。这一原则从古到今，始终是西方政治哲学和法学的主题。当代德国著名学者赫费就曾这样论述道："从概念上廓清政治的正义性观念，尽可能使它成为可应用的标准，成为正义原则，一直是哲学的最高任务。甚至，无论是柏拉图、亚里士多德或是后来的奥克斯丁、托马斯·阿奎那、威廉·奥卡姆，还是近代的霍布斯、斯宾诺莎、洛克、卢梭、康德、黑格尔和马克思，也就是说，直到欧洲启蒙时代结束后的一段时间里，所有伟大的哲学家，往往都是重要的法和国家思想家。反过来说，法和国家理论主要是由哲学家们写成的，其中，道德的观点，即政治的正义性，起到了核心作用。"①

那么，西方的正义观念或规则又是什么呢？这又是众说纷纭的了。古希腊时代的柏拉图认为"正义是善良和知识"②。正义的人首先要自己管理好自己，干好自己的事，而指导这种和谐的知识就是智慧。柏拉图的正义在实质上就是一种秩序，是和谐与智慧。当代学者罗尔斯的《正义论》是现代西方关于正义的最有影响力的论著。罗尔斯认为"正义是社会制度的首要美德"，③而真正的正义应具备两个原则，即平等的权利和均等的利益。历史以来的西方学者，无论他们对正义的理解有何不同，但将正义列为国家治理和国民观念的根本法则却是

---

① ［德］奥特弗利德·赫费：《政治的正义性——法和国家的批判哲学之基础》，庞学铨、李张林译，上海译文出版社 2005 年版，第 2 页。

② ［古希腊］柏拉图：《理想国》，远方出版社 2011 年版，第 26 页。

③ ［美］罗尔斯：《正义论》，何怀宏、何包钢、廖申白译，中国社会科学出版社 2009 年版，第 3 页。

一致的，这也是西方法治必须遵循的最高法则。

在中国，我们把在国家政治和国家治理上至高无上的原则或法则叫道。中国的道以人性为根本，结晶为对人性的洞悉，对人性的遵循和对人性的规制，并成为中华文明的主轴与命脉，是中华文明历经数千年而不衰的大思想或大法则。其中心主旨，即前文已经说到的民本思想，“天之生民，非为君也。天之立君，以为民也”[①]。人民的存在不是为了统治者，相反的，统治者却是因为民才能存在，“上莫不致爱其下而致之以礼，上之于下，如保赤子”[②]。因此，任何朝代的统治集团都必须以人民为执政之根本，爱民、富民、卫民，爱护老百姓要像爱护自己的婴儿一般。同时，要在以人民为本的基础上，以仁德来作为自己执政的理念，以德礼规范来约束自己的思想与行为；法为民立，以国家的法律来规范社会的管理与统治。中国的道是以民为根本，因应了最广大人民的利益与需要，而不以个人、少数人或利益集团的利益为指归，兼顾了所有人的利益欲求和未来发展的走向；中国的道也不单纯地以人们的物质利益为取舍，兼顾了人们的教化，对道德提升和精神文明的追求。故以民本为道，以道为治国理政的总纲和根本原则，此乃数千年来中国民本法文化的根基，也是中国古代的均衡混合治理模式的根本。

四、尚贤。也就是说，中国传统的国家治理不仅依靠一个专业的行政官僚队伍，更有一个尚贤任能的文化传统。在古代传说中，尧禅舜、舜禅禹的历史已经成为中国人尚贤任能的经典。其后，伊尹、姜尚、周公等的选用贤才也早已成为历史的美谈。这些传说和历史的记载一代又一代地传下来，成了中国国家治理的理想印记。尚贤，也就成了中国传统政治和国家治理中必须遵从的一项准则。“任官唯贤才”[③]，“建官唯贤，位事唯能”[④]，“故古者圣王之为政，列德而尚贤”[⑤]。尚贤，是对贤者能者的崇尚，并进而将贤能之人推举为国家统治者和治理者或置之于社会上位的思想观念。那何为贤能之人的？墨子认为：“贤良之士厚乎德行，辩乎言谈，博乎道术者。”[⑥]墨子谈了三个标准：厚乎德行、能言善辩、通晓道术。在这三个标准中，除能言善辩不获很多人赞同外，其于两个标准，

---

①《荀子·大略篇》。

②《荀子·王霸篇》。

③《尚书·咸有一德》。

④《尚书·武成》。

⑤⑥《墨子·尚贤上》。

即德与才，就一般意义而言，各家倒是均可接受的。

厚乎德行，是对贤良之士的首要标准和要求，是指人的道德高尚、品行端笃；博乎道术，这里的理解应一为道，一为术道。道，是指国家治理的大道，是关于国家和社会的安定与安全、经济发展与人民幸福、社会进步等的大政方略，是关于民本的思想和为民之策。这其中以孟子之说最为精彩。“居天下之广居，立天下之正位，行天下之大道；得志与民由之，不得志独行其道；富贵不能淫，贫贱不能移，威武不能屈”①；“欲为君，尽君道。欲为臣，尽臣道。二者皆法尧舜而已”②，既把道看作是君子的追求，大丈夫的行为与理念，并都以尧舜为学习榜样；术道，应视为人生生活与建设的技术，一种能力。道与术，可归为才。

贤，强调了人的道德操守；能，注重了人的才干和能力。这就是说，无论作为国家的统治者或治理者，贤能之人都应是厚乎德行，博乎道术之辈。不仅要道德高尚、品行端正，而且要有一颗为国为民之心，有为国家奉献，为人民办事，办实事的才干。尚贤，即强调了人的德才兼备，也正如《尚书》中所说的那样“建官惟贤，位事惟能”，贤与能并举，德与才兼具。

由此可见，数千年来中国传统的国家治理体系，实为一种权力均衡与专业治理的混合治理模式。这种国家治理体系之所以行之有效，并成为中华文明繁荣的根本，其中的缘故，一是因为它源于华夏，实践于本土，能为民众所接受，符合于中国之历史与国情；二是因为它产生于中国民本法文化的社会治理观，即：国家权力的分权与制衡、协商与均衡，国家治理体系和治理人才的专业化、以民本为道，以道为治国之总纲、尚贤并德才并举。这种权力均衡与专业治理的混合治理模式，如能在以民为本的大政思想和根本原则的指导下，将人民对权力的评价与监督落于实处，可更完善，也更趋于现代化。但这种落实，应区别和强调两点：一是区别对待人民和民众这两个概念，人民是政治学概念，民众是社会学概念。国家讲人民，这是国家从政治高度确立的对应关系。对各级政府而言，对应的是属地民众。如能实现属地民众对政府的评价和监督，就更能体现人民当家做主及民主的本质。二是让民众的权力能够渗入和参与到基层政府之中，真正把民众对政府的评价与监督权落于基层，使其显现化、载体化，更富于实在感。做到了这点，这个传承至今的中国特色的国家治理体系就更完善，

---

①《孟子·滕文公下》。

②《孟子·离娄章句上》。

更可独立于世，成果于世。而它所强调的国家权力的分权与制衡、协商与均衡，国家治理体系与治理人才的专业化、以民本为道，以道为治国之总纲及尚贤而德才并举的理念与实践，从本质上体现了人民当家做主的新民本思想，也充分地体现了中华民族的智慧和中国民本法文化的精髓。正因为如此，中华民族方能以其雄姿英态走过了数千年的历史长河，并为世界文明之发展和全人类的进步，贡献自己依旧标榜于世的璀璨文明。

第八章
家国同体与德法共治

大上有立德，其次有立功，其次有立言，虽久不废，此之谓不朽。

——《左传·襄公二十四年》

一曰德业相劝；二曰过失相规；三曰礼俗相交；四曰患难相恤。

——司马光《居家杂仪》

人的本质并不是单个人所固有的抽象物。在其现实性上，它是一切社会关系的总和。

——马克思《关于费尔巴哈的提纲》

家国同体和德礼共治是中华文明和中国民本法文化的基点，也是维护中华文明几千年之传承和国家大一统的根本。在中华文明的历史演进中，特别是近现代以来，中国虽不断地受到西方个人主义和中华共同体内部不同构成与不同利益群体的挑战，但家国同体和德礼共治的文化却不断地凝结了中华民族和中国人民的力量与智慧，维系和发展了中华民族的共同家园及中华文明的传承，发挥了基础性的保障作用。

第一节　中华民族的家国同体观及法文化之意义

如果说，个人及个人权利是西方法文化的重要基础，那么，家国同体及其共同的权利则是中国民本法文化的重要基础。几千年来，中国一直处于发达的农耕文明社会。在这样一个社会里，人们由于生产力的发展和生产关系的需要往往共同居住在一个狭小的地域，并依托集体的力量来抵御自然的灾害、异族的入侵和争取更大收成的获得。因此，由个人的血缘关系组成的家庭、家族、宗姓在中国的农耕文明中，一直是社会生产、社会生活和社会交往的最基本单位。也因如此，每一个个人的交往，以及家庭与家族之间的交往及其与社会之间的再交往，又都将个人及个人的利益融入这个人们共同体之中。慢慢地，这种家、家族、宗姓的交往与汇集，不仅包含了血缘的、生产生活的联系，更渗透于社会的、文化的、政治的以及人们生存与发展的全方位之中。中国人的家与家国同体观就在此基础上逐渐形成。在这一家国同体中，个人、家庭和国家的高度同构，并经由社会道德、文化、政治、律令、礼制、经济等因素的融合，成为一个不可分割的传统中国的社会共同体。由个人、家庭、家族而地区，而国家，而天下，逐步地外延。任何个人，从他的出生到成长再到其衰老而离世，无不由家庭而逐步走入社会，递进到国家。他们的生活，人生的荣辱，成功与失败，无不与家庭和国家的发展、荣辱、成功与失败息息相关。每个人的人生价值也只有通过家庭、社会和国家的共同努力与创造方能真正地实现，得到认可。

在中国的传统社会中，长期以来的主导文化，无论是儒家的王道、法家的霸道，或是道家崇尚自然的无为之说，彼此间各有其说又互有争议，自立而又共同培植了中华文明之花。在这“百花齐放、百家争鸣”的各派学说中，关于个人、家庭、社会与国家的观念与目标，却惊人地趋向于一致，都希望通过共同的努力，构建一个由个人、家庭、家族、民族、国家和天下共同组成的稳定的社会共同体。在这个社会共同体中，社会和国家的价值与利益高于单个人的价值与利益，而个人的价值、智慧与力量又主要体现于社会，体现于国家之中。春秋时期，鲁国贤士叔孙豹就已表达了这种观念：“大上有立德，其次有立功，其次有立言，虽久不废，此之谓不朽。”[①] 由此可见，立德、立功、立言早已成为中国古代贤人达士的人生最高价值和实践方向。而这三大目标的实现，又必须将人生的努力融于社会，融入我们的国家。也正如孟子所说：“居天下之广居，立天下之正位，行天下之大道。得志，与民由之；不得志，独行其道。富贵不能淫，贫贱不能移，威武不能屈，此之谓大丈夫。”[②]《大学》是中国古代的政治学名著之一，其中说：“古之欲明明德于天下者，先治其国；欲治其国者，先齐其家；欲齐其家者，先修其身；欲修其身者，先正其心；欲正其心者，先诚其意；欲诚其意者，先致其知。致知在格物。”中国古代知识分子历来遵循的人生要旨，即以修身、齐家、治国、平天下为自己的人生目标和最高的追求。其中，修身是为国服务的前提，没有良好的道德素养和出类拔萃的才能，就没有办法更好地为国效力。而修身的一系列准备和基础，就是格物、致知、诚意、正心。

①《左传·襄公二十四年》。
②《孟子·滕文公下》。

格物、致知是修身的最基本要求，就是要求人们通过实践来认识事物的道理和规律，透过现象看本质，使本心的认识达到无所不知的境地。然后是诚意、正心，是立德，是树仁、义、礼、智、信的道德观。因而，从天子到庶民，每一个人的存在和发展，每一个人的修身和作为，都关系着家庭、社会、国家乃至天下的存在和发展。中国人也因此而共同努力、共同奋斗，建设和保卫着这个共同的家园。一个家国同体之本位也由此而确立，发展壮大。

当然，在这个由家而家族，由家族而社会，由社会而国家，由国家而天下的社会共同体中，人们的角色和地位也并非完全一致。中国的家国共同体，在社会学意义上是一个有等级的差序社会。个人、家庭、家族、乡里、郡县、朝廷、国家构成了这个家国共同体的由低到高的各个层级。各个层级之中，长幼、父子、夫妻、官民、君臣、农商百工、三教九流，又各自有不同的身份和地位，形成传统中国的家国同体格局中的差序等级结构。这种有等级的差序，是中国传统社会不平等的重要原因之一，也是中国传统社会常常被西方以“人人生而平等”而诟病的因素之一。但从社会学和政治学的视点而言，人的等级是人身份地位的高低贵贱之分，会造成人的不平等。而差序却是自然和人类社会在不同发展期的自然形成。这种差序和因此而形成的不同差别序列，却是自然进化和人类社会进步的必然过程。差序是一种差别，但差序并非不平等和不公正形成的必然因素。综而视之，从自然界到人类社会，差别是无所不在的，差序仅仅是差别的社会表现。日有早中晚之序，月有盈亏之别，人亦有长幼之分。就一个人而言，也是从襁褓、孩提、黄口、弱冠、而立、不惑、花甲、古稀而至耄耋之年。人成长的各个年龄段之间，其智力、体力、知识、财富、地位等亦不相同，存在差别，也成了人生的差序。同一个社会，不同发展阶段会形成差序；不同地区和不同人群之间的发展也会形成差序。故差序是自然和人类社会发展的必然结果。

中国传统的家国共同体，基本上是由个人到家庭，由家庭至家族，由家族而乡里，由乡里到郡县，由郡县到国家，由国家而达天下的，累进递入而成的等级差序社会。这个共同体中的各个社会层级又还有不同的等级差序格局。不同的人或不同人的群体，在自己的家国共同体中承担着不同的角色和不同的责任。角色是可以转换的。父原为子，子又终成为父；民经由举荐或科考而为官，官亦会成为一介平民。但无论角色怎么变化，在这个共同的家国同体的社会中，每一个人或每一个人们共同体又都遵守着成文的或不成文的规则，共同维护着共同体的秩序、安全和人们的福祉。而这个家国共同体也维护着每一个成员的权利、利益和安全。于是，这个由家而国的社会共同体也就成了每一个中国人，中华民族的每一个成员安身立命、创家立业的大家园。

一个有序而稳定的家国共同体，历来是古代中国人的共同愿望。在这个家国共同体中，国家以民本为治国理政的愿景与宗旨。所以，国家和个人、和家、和家族的利益应该有很大的一致性，个人与家与国是命运的共同体。为了这个共同体的共同命运的繁荣与安全，中国人提出了“德礼”观和以德礼为规范的行为准则。也就是说，中国古代这个由家而国的等级差序社会，正建立在由“德礼”之观念和以德礼为规范的行为准则上。德礼思想、德礼规则、德礼之序，可统称为德礼规范，其与法共同酿成中国民本法文化的土壤和基石，共同构筑了几千年的中国社会和中华文明。

“德”是中国古代思想中具有本原意义的原初性的概念。早期文典《康诰》中有“克明德”；《尧典》有“克明峻德”“天地之大德”；以及《大学》中的“明明德”等思想和观念。在中国人的观念中，德为天地自然的本性，也是人的本性，是天道，是自然的法则。这个天道之德，体现于人的品行，却是符合于自然与社会运行秩序和发展规律的人的品性和行为。在《孟子 · 告子上》中，“德”被看作是人的“天爵”，“仁、义、忠、信，乐善不倦，此天爵也。公卿大夫，此人爵也”。赵岐注说：“天爵以德，人爵以禄。”朱熹进一步注说：“天爵者，德义可尊，自然之贵也。”[①] 也就是说，德乃自然之贵，是人天赋的本性。故孟子从“人之初，性本善”出发，首先就要求人们立德、为善，要求人们少考虑自己的利益，多为别人着想，要使自己具有舍己为人的崇高精神，戒贪婪、荒淫、奢求和不顾一切的利己。《尚书 · 咸有一德》说：“德无常师，主善为师。”就是要求我们不仅要在言行上，更要让善念占据自己的内心，驱逐所有的恶念，这才是真正的立德而为善，也才能成为一个有德的，完成了人的修养的人。

礼是人类“德”的外化，也是中国传统的核心价值观之一。礼在最初是祭神的宗教仪式，后来发展成表示人的身份、地位和责任的行为规范与礼仪制度。《礼记 · 中庸》中说：“礼仪三百，威仪三千。”可见在古代中国，礼仪的繁复和多样。在中国几千年的传统社会中，礼制已经涉及人们生活的方方面面，无

① 《孟子·告子上》：“有天爵者，有人爵者。仁、义、忠、信，乐善不倦，此天爵也。公卿大夫，此人爵也。”赵岐注：“天爵以德，人爵以禄。”朱熹在《四书章句集注 · 孟子集注》中又道：“天爵者，德义可尊，自然之贵也。”

大无小，人们举手投足之间都会有相应的礼仪和行为的规范。早在西周初年，周公旦制礼初成，就已奠定了中国以德礼为治的教化传统和民事行为规范的社会制度。这种制度，虽历代历朝也有争议和修改，但其基本的行为原则和行为规范却是一致的。孔老夫子对周公之礼极为推崇，他曾对其子孔鲤说："不学礼，无以立。"这就将德礼视为了中国人修身与治国的基础。礼之所以在中国传统社会如此重要，不仅仅是其主导了中国古人的行为规矩，更体现了中国人对礼后面所蕴含的道德伦理的信仰和追求。礼以严肃的行为规则承载着的德的本质属性，并体现于家国同体中的德礼之治。

中华民族的家国同体及其国家治理的实践，是中国民本法文化中以德主导的礼和以礼为规范的行为及与国家法的强制力共生的德法共治。正是这种德法共治产生的土壤和基础，才又使古代中国人以家为本原单位，并把这种人生观念带入到国家观念之中，中国古代也就有了家国同体的实践。反过来，又是这种人生观念被实践于家国同体，才有了中国古代的德礼之治，德治与法治并举，德法共治也就成了中国国家治理的传统，成为中国民本法文化的特色。这也是中华民族几千年的家国同体观及中国民本法文化之意义。

德治，或德礼之治，自先秦以来就在百家学说中引起争论。儒家的"德治"与法家的"法治"是其中的焦点。近代以来，在西方法文化的冲击下，德治更被一些人说成是人治的基础，与法治相对立。这是对中国民本法文化的不了解，更是对德治的不了解。从中国民本法文化的视角看来，德治是法治的基石。社会的主体是人，一个没有"德"的人和由这些人组成的国家，何来法治？中华文化历来视德为人之本。有了德，人们才会信法、畏法和守法，国家的法治才会有坚实的基础。故有古人说："徒善不足以为政，徒法不足以自行。"在社会学的层面，法律的原旨是去除"罪"，而德乃"非罪"的最高境界。从此意义而言，法律是成文的道德，道德是人内心的法律。道德与法律，两者都可以成为人们从思想到行为的约束，从而规范了人的思想与行为，也成为中国古代治国理政的重要方式和手段。中国传统社会，自将"德礼入法"后，德与礼对人们行为的规范也就更加社会化和规则化。德礼之治，旧说或为德治或为礼治。但从德与礼之别以及德礼对人们思想与行为规范的同与不同而言，将中国传统社会的治理称为德治或礼治都是不完全的。周公制礼，以血缘的"亲亲"和地位的"尊尊"为基础。君、臣、父、子各具其名。尊卑、亲疏、高低、贵贱各有其分，依礼而行。这个礼，更多地表现为显示人的身份的规矩和仪式。礼，虽经后代的不断认识和更改，多了对人的行为的规范，但仍不足以表达德从思想到行为的全部内涵，及其对人的从思想到行为的全面规范。但德在行为约束上的自觉，又常常因缺乏约束而导致“不自觉”。所以，本书将过去常称的德治或礼治合二为一，更全面地统称为德礼之治。德礼之治依德礼规范而为。德礼规范是以德礼为基准的思想与行为规则及其制度。从规范的范围而言，德礼规范主要在调整中国古代民事主体之间的人身关系及其依附的财产关系。由此可说，德礼规范是中国古代的基础民法。德礼规范，包括了由法律规范的德礼和未予入法的德礼，其共同构成了中国传统社会的民事行为规范，成为中国传统社会的民法体系。现代西方的一些法学家常称中国古代没有完全的民法，而中国的一些法学家也说传统中国法律是“重刑轻民”，这是以西方法文化的标准来观察中国古代的民事法律体系。中国传统社会的德礼规范，其由法律规范的德礼即德礼入法之部分，在条文上也主要体现于罪与非罪，即主要体现于刑律。但上述西方及部分中国法学家的认识却忽视了未入法的德礼规范。中国古代未入法的德礼，其不仅从思想上规范和约束了人的行为，更将这种规范变成了人的自觉与自我的约束，也将之化为礼仪、宗法、乡规民约与习惯法等，以社会法的形式成为中国传统民法体系的一部分，一个很大很广泛很具有规范性的部分。所以，传统中国的民法体系包括了入法的德礼规范和未入法的德礼规范。

故我认为，西方法学界及受西方法学影响的相当一部分中国法学人士认为，中国传统法学“重刑轻民”，缺乏完整的民法体系，甚至说没有民法的观念是不准确的。中国古代不仅有民法，而且有比较完整的民法体系。这个民法体系就是以中国古代“德礼观”为主体思想构成的德礼规范。而此德礼规范又分为入法的德礼和未入法的德礼。入法的德礼体现于国家法；未入法的德礼体现于社会法，即礼仪、宗法、乡规民约与习惯法及由德礼规范的人们的思想和行为规矩等。中国古代社会，历来就有“官有政法，人从私契”“民有私约如律令”等说法。[①] 中国古代民法是公私法兼有的法律体系，有官府制定的，有被社会所承认而官府认可的。如现今在贵州清水江流域已经发现和存有的 10 余万件“清水江文书”，我们已经可以窥视到中国传统社会的民法体系。在类别上，“清水江文书”已实际涵盖了民商、财产、会计、契约、婚姻、人身、调解、民族关

① 转引自吴大华、潘志成《黔法探源》，贵州人民出版社 2013 年版，第 204 页。

系等各个方面。凡民事部分无所不包，其中，既有官府的文告判例，也有民间的乡规民约与习惯法。这些乡规民约与习惯法产生了如同国家律令一般的效力，与官府律令一样调整着中国古代社会人与人、人与自然和人与社会之间的民事法律关系，并有效地调整了中国传统社会的社会秩序及发展中的稳定。

德礼主导，因俗而治的法文化思想，历为中国古代民法的基础。如在明清时期，贵州就因是“夷汉杂居”[①]，边远蛮荒，自古就处于化外，民众尤其是少数民族民众对国家法律并不了解，社会治理也大都采用了德礼主导，因俗而治的德礼规范或“以不治治之”的政策策略。民族区域内发生的纠纷，一般均按“苗例”处理，以习俗赔偿或由寨老、土司等依习惯法处之。这种因俗而治的法外之“法”，是为民众所认可，也获官府一定承认的乡规民约与习惯法。其关键之处，是要遵循德的规范，合符礼的议程。

为此，中国古代对民事纠纷的处理，除告官依律而处或由寨老、族长、团甲首领依俗例而办外，又多采用了民事调解方式。在贵州的清水江文书中，就保存有大量的民事纠纷的处理案例。在这些案例中，除少数官方诉讼文书外，大多是经由民间调解的民事调解书。调解纠纷的主持人或中人也多是寨老、乡贤、族长、亲朋长辈、地方团甲首领等。纠纷调解成功称为“清局”或“了局”。为增强调解效力，以免日后反悔的麻烦，这些调解文书多制成契约形式。当民事纠纷清局或了局之时，纠纷各方当事人在主持人或中人的监督见证之下，共同就纠纷的解决方案订立契约，并以此约束各方的行为。

当然，因时景不同，这些民事纠纷调解文书的名称也不尽相同。有的叫“清白合同字”，带有一定“声明”或“宣告”的意味。主体在于调解双方纠纷，但不表明纠纷双方谁是谁非，是典型的以调解方式“清局”的纠纷调解协议；而另一种叫“认悔错字”“甘服悔咎字”或“错字”等的调解文书，大多为理亏一方所立，除调解纠纷外，兼具了道歉书、保证书等的作用。这类民事调解文书大多写明了民事诉讼双方的谁是谁非，错的一方还要在文书上具明“以后痛改前非，不敢妄为”，或“我等不得借故生端。如有此情，自干不便”等戒约条例。对于悔约者，常由寨老、族长、地方团甲首领等保证与告诫，可依德礼规范或依约予以处罚。“倘有负固不服逞刁抗公，立即联名禀官重究”。

① 转引自吴大华、潘志成《黔法探源》，贵州人民出版社 2013 年版，第 158 页。

今天，我们在翻阅“清水江文书”时，常可看到中国古代民事纠纷处理的这些方式。中国古代的民事纠纷处理，除经诉讼而由官衙决断之外，尚有协商、调解、契约、保证、告诫、公示等不同的方式。而由家国同体产生的德礼观，由德礼观而生的德礼规范及上述各种民事纠纷的处理方式，合成了传统中国的社会性民法。此社会性民法与官定民法再一合而成中国古代的民法体系。此一民法体系又反之作用，稳定社会，维系了中国古代传统的大一统和家国共同体，也维系和发展了中华几千年的灿烂文明。

所以，我们才可以说，家国同体及德礼规范不仅是中华文明和中国民本法文化的基点，维系了中国国家的大一统和中华文明之永昌，并于其中起到了基础性的保障作用。这同时也是中华民族的家国同体思想及其实践的法文化意义。

社会利益与个人利益，个人权利与社会义务，其相互的保证和均衡，这不仅成了当今中国最大的社会问题，也引发中西文化及政体之争。那在中国古人的眼里，在长期的家国同体的社会运营模式下，中国人是以怎样的智慧来调节和处理传统家国共同体与国民个人的关系，又如何去认识传统家国共同体中个人的价值和权利。古人的关于这方面的经验和教训，是值得我们去探索和认识的。

第二节　家国共同体的社会责任与德法共治

社会与个人，社会责任与个人权利，这不仅是当今之争，也是古人之争。在中国民本法文化的思想和思维中，中国传统家国共同体中的个人地位和作用，或个人的价值与权利，都主要体现和贯穿于整个家国同体的责任体系。

早在春秋战国时期，社会与个人的问题就已有杨朱与墨翟之争。《孟子·尽心上》有一言说：“杨子取为我，拔一毛而利天下，不为也。墨子兼爱，摩顶放踵利天下，为之。”[①] 在社会与个人的关系中，杨朱取个人主义，强调的是个人本

① 《孟子·尽心上》。

位，以个人利益和个人权利为本体，乃至认为“人人不损一毫，人人不利天下，天下治矣”[①]。墨子坚持社会本位和利他主义，强调以社会利益和社会责任为本体，个人的利益与权利应置于社会之中，体现了一种社会大同主义。从历史的经验而言，个人主义盛行，往往会导致家庭与国家的淡化，导致人与人之间的不平等和社会的分裂，导致家国的动乱；而社会大同主义，又往往脱离现实，导致理想主义泛滥和个人利益与权利的虚化，从而损害个人利益。故自儒家思想兴起后，孟子就率言直斥了这两种主张，孟子说：“杨氏为我，是无君也；墨氏兼爱，是无父也。无父无君，是禽兽也。”[②]无君，也就无视了国家的存在和社会的整体利益；无父，确又将家庭利益淡化，从而损害了家庭作为国家基本单元的作用，也会动摇国家的利益。至于孟子斥之为“禽兽”，又有点偏激了。

人自结成社会、组成国家以来，这个社会或国家都是多层级的。正如前文所说，中国传统的家国共同体，就是由个人、家庭、家族、宗姓、乡里、郡县、国家而天下的多层次的等级差序社会。中国人生存于这个社会之中，人的一生以及人的一切利益与权利，无不与这个多层立交社会的每一个层面相关联。离开或丧失了这个社会的每一个层面的支持和关怀，人就失去了社会性，也就会失去一切。所以，孟子所提倡的儒家之学，历来就倡导在中国传统的家国共同体中，个人、家、社会与国家都必须遵循一系列的责任伦理原则。朱熹是宋代儒学大师，其理学思想曾主导中国的主流意识形态达七百年之久。在《孟子集注》中，朱熹反复强调了孟子关于家国共同体中人所必须遵循的社会责任。而人之所以为人，是因为人具有仁、义、礼、智、信所表达的责任和伦理，及蕴含在这些责任和伦理中的社会性。在传统中国的家国同体的社会中，社会与国家的价值高于和优先于个人价值，所有个人价值的存在又主要体现于个人在这个家国共同体中的存在、成长与奉献。与此同时，这个家国共同体也有责任和义务承认并保障个人价值的实现。正是在这种家国共同体中，以社会责任为基础的个人价值的实践，才让中华民族共同承担、维护和发展了中华一统大业的社会责任，中华民族才得以家国同体的责任度尽岁月之沧桑，存于世界文明之林达数千年之久而依然璀璨光芒。

应该从历史和现实的角度来认识中国人的这种社会责任。因为是家国同体，

---

①《列子》卷七《杨朱篇》。

②《孟子·滕文公上》。

故中国人在尊重个人价值与权利的同时，更强调了个人的存在是与家、与国共同的存在。个人与家、与国是一个不可分离的整体。人的可贵，人能以个体之弱势应对各种比自己强大的自然和社会的挑战，正是因为人具有了社会性，有了荣辱与共的社会责任。《荀子·王制篇》在说明人是作为一个有机的社会整体而存在时，强调了："人何以能群？曰：分。分何以能行？曰：义。故义以分则和，和则一，一则多力，多力则强，强则胜物。"荀子承认了人的分，就是承认人与人之间是有很大差异的；但荀子又强调了人的义。义是人们在共同生存和发展过程中必须遵守的原则。人之间的差异正是通过情与义，才有效地、合理地结合成一个统一的有机整体，以整体的力量和智慧去迎接人类面临的各种挑战。只如此，人方能成为世界的主人，方能以共同的人去迎接人类的明天。

那什么是"义"？义何以能成为中国人自古以来就共同遵守的社会原则。在中华文化的语意中，义，作为中国传统社会的基本价值规范，其字的本义原就有合适合宜的行为表现的内涵。对这种合适合宜行为的判断，又以社会公认的准则为标准。故中国古人在造字时，在繁体的"義"字中造入和内含了群我之关系。也就是说，凡符合群体规范的言行则视为"义"。义，是传统中国社会以家国的群体价值为中心和主体的道德范畴及行为规范。在古代中国，成为中国人对人生中行为取舍的准则。孔子就曾言说："不义而富且贵，于我如浮云。"[①]由此可以看到，孔老夫子将"义"视为了人生多么高的一种境界。于此，又才有了"义然后取""见得思义""见义勇为"等符合"义"的种种行为要求。在中国人的行为规范中，如有所取，必符合义的要求而后为；如有所去，当思其是否不适义的标准而所去。孟子继承和发扬了孔子关于义的思想，其言曾称："生，我所欲也；义，亦我所欲也。二者不可得兼，舍生而取义者也。"[②]在中国人的心中，"舍生取义"与"杀身成仁"就成了人生的最高价值标准。义，作为中国传统社会的核心价值理念，也因此而传承了数千年。

于是，中国人又把传统中国社会以仁和义为核心的价值观念、道德标准和行为准则合而为一，统称为"仁义"。仁，体现了爱。《论语》中有"樊迟问仁。子曰：'爱人'"之说。后来，孟子又在其著作《孟子·离娄下》中将其归为"仁者爱人"。造字时，中国古人将二人之义称为"仁"。这里的"二"，表明的是人

---

①《论语·述而》。

②《孟子·告子上》。

与人之间的关系。所以，“仁”是人与人之间的相互了解、同情、互助和友爱。最终体现了人类之爱。而义，善也。我们将以上关于“义”的理解进一步表白，可以认为“义”就是天下合适合宜之理，是公正、合理和公益的道德与行为。中国古人将仁之爱与义之善合而为之，称为“仁义”。所以，“仁义”就成了传统中国社会最核心的价值观念、道德标准与行为准则。传统中国社会更以“仁义”为核心，建构了包括孝、悌、忠、恕、礼、知、勇、恭、宽、信、敏、惠等为内涵的完整的伦理思想和价值结构。仁与义，也成为中国人自我修养与评价他人的根本准则，成为中国人内敛与外为的规范，成为中国人权利与义务的合成，一种社会的责任。

在《现代汉语词典》中，责任被解释为分内应该做的事。如进一步解释，责任应该是分内应该做而且应该做好的事。分，是整体的一部分。而人作为社会的成员，也即为社会的一分子。所以，人的所作所为，不仅利害于自己，也利害于他人，利害于社会。为自己的利害也为社会的整体利益与社会的发展，人作为社会的一分子则应该做和做好自己的事，这就是责任。这种应该做和做好事的责任，是人内心爱和善的表现，也充分地体现了人的自然本性，表现于中国人的“仁义”观念。按我们现在对“仁义”与“责任”的理解，责任就是人作为社会成员应该做的于社会合适合宜的行为，这些行为又体现了爱与善，体现了公正、合理与公益。所以，在中国传统社会，责任体现在中国人的“仁义”观念及行为之中，而“仁义”之观念及行为正是中国人作为家国成员所应有的，本分内的意愿。

但自 19 世纪后期到现代，中国传统的家国本位受到西方个人本位思想的挑战。这种挑战，一方面是私人所有制和契约化市场经济在中国的发展，另一方面是西方思想家如洛克、孟德斯鸠、卢梭、伏尔泰、康德等关于个人本位、人权、自由、平等、私人财产所有权不可侵犯、言论自由、个人权利、民主等思想的影响。中国早期的思想启蒙者和社会改革者都不同程度地受到了这些社会变化及思想的影响。如康有为就在其早期著作《实理公法全书》中将“人有自主之权”列为社会的第一“公法”，并因此而对传统中国的家国同体中的责任伦理而一一加以否定。在家国关系上，他直斥“君主威权无限”，“则必有擅权势而作威福者”；主张“父母不得责子女以孝，子女不得责父母以慈，人有自主之权焉”。由此而及君臣、长幼、师弟、朋友、夫妻的关系都应如此，即应独立自主，彼此平等。

但于当时而言，康有为的这部《实理公法全书》并未公开发表。而第一个公开抨击传统家国共同体和其责任伦理之人，应是深受西方文化浸淫的严复。甲午战败后，严复在天津《直报》上连续发表了《论世变之亟》《救亡决论》等著名政论，旗帜鲜明地倡导西方的个人本位、自由、平等、民主、人权等思想。反之，他批评了中国古代的不平等、不尚贤、不崇尚公、不尊民等。严复的中西比较和批评，当然是片面和不确切的，自有断章取义或罔顾历史之嫌。他在评《老子》一书时，再次强调了“故今日之治，莫贵乎崇尚自繇，自繇则物各得其自致，而天泽之用存其最宜，太平之盛，可不期而自至”。一方面，严复大力批评了传统中国的家国共同体所蕴含的伦理和原则；另一方面，他又极力推荐要用西方的个人本位来代替中国传统的家国同体的本位主义。同在甲午战败之后，章太炎、梁启超等当时的社会精英都不约而同地呼吁了个人本位，倡导维新变法，力图救亡图存，还中华之复兴。1901 年，梁启超在《霍布斯学案》中就极力称赞了霍布斯关于“人人各以其自主之权而行其自由德义，实为立国之本”的主张；在《卢梭学案》中赞赏了“人人自由，人人平等”，并称其“永为后世万国法”。

个人本位、个性自由和个性解放，就曾是“五四”新文化运动中的响亮口号。继严复、梁启超之后的新一代社会精英，如陈独秀、胡适等人也曾提倡个人本位主义。这种个人本位主义，以“天赋人权”“人人生而平等”为依据，力主个人高于社会，高于国家。个人权利、个人利益、个人意志高于家国共同体的集体权利、共同利益和社会意志。在法理上，是将人假设为独立“法人”。因此，人与人和人与社会之间，都是通过契约、法律、法规而结成一体，结成家庭、社会和国家。在这个个人通过契约而结成的社会中，核心的主体是具有独立人格的人。于是，自由资本主义的私人所有制得以建立，市场得以自由流通，一切可交换的物品都成了商品，人的全部社会关系也成了可以交换的交易或契约的关系。个人权利成了一切社会关系的核心要素。

围绕着个人本位主义，中国百年来历经了君主立宪、百日复辟、五权共和等不同阶段，军阀割据、动乱、外敌入侵，争吵、革命和内战，以个人为本位的一切社会改革在这些阶段都流于失败。历史明显地表明，一切以个人和个人权利为本位的社会经济基础在中国都缺少根，又因土地贫瘠，成不了参天大树。个人本位的呼吁大多游学于知识分子之中，解决不了中国的实际问题。实践也证明，要洗涤中国人百年来的屈辱和民族复兴，实现国强民富，中国人民只能通过社会的动员，凝结集体的力量，以家国一体的决心和智慧，去奋发，去斗争，才能最快、最成功地争取到最美好的未来。

历史也清楚地表明，当那些个人本位的倡导者真正地离开讲堂，离开理想的想象而走进变革中国的社会实践，特别是他们真正走入现实的国家治理和社会革命时，他们才很快发现，中国的一切社会治理和社会建设都离不开中国人的组织，离不开人的集体力量，离不开中国人对家国同体的信仰。所以，这些个人主义的倡导者，在不久之后都陆陆续续地放弃和部分地放弃了自己的主张，转而从家国同体的角度去参与社会实践并从中寻取力量和智慧。康有为组织的保国会、保皇会是如此。章太炎组织光复会，后又参加同盟会也是为此。梁启超撰写《新民说》，对个人本位的批判却越来越多，也越来越激进。而一些支持个人本位主义的名人，如曾参加筹安会，为袁世凯复辟帝制而四处奔走的严复，又如后来参与筹建了中国共产党的陈独秀，以及当了国民政权大使和院长的胡适，无一例外地走向了与自己初衷相背离的路，重归家国同体的中华传统。

无疑地，几千年来家国共同体的实践形成了中国人的家国同体观和家国文化。家国同体也成为中国民本法文化的主流思潮和核心价值，并不断维护着中国国家的大一统和国家的发展，文化的传承。大一统、家国同体也成为传统中国的主要法源之一。明洪武年间，贵州宣慰使霭翠亡故，其妻奢香代袭。时任贵州都督马晔以借口鞭挞奢香，想以此激发兵变，达到尽灭诸罗土司，代以流官的目的。诸罗土司闻此皆怒，欲反。宣慰同知刘淑贞知道后制止了变乱，并赴京师向朝廷告了御状。明太祖朱元璋闻奏后招奢香来京，听取了奢香的“诉马晔激变状”及愿效忠朝廷，开发西南，世世代代保国卫边的决心。太祖大悦，赐奢香夫人绵绮、珠翠、如意冠、金环、袭衣等。同时，召令马晔还京，罪之。这是历史上，一个以家国同体的法文化思想处理民族问题的典型案例。奢香在自身饱受屈辱的情况下，满抱家国情怀，以国家大局为重，化干戈为玉帛，从而制止了一场有害于国家统一和民族团结的战争。其凛然大义，在贵州历史上，也在中国民族史上留下了永远的历史丰碑。而这种爱家爱国的情结，不管世事如何风云变化，它永远激励着中国人，也是中国人民永远推崇的文化思想和法价值观念。

中国历史上的这种家国情怀和法价值观念，同时并生了中国人的“民本”思想。但在中国历史的一段时期内，也因为对家国情怀的过度强调而屡屡产生“愚忠”，出现“愚民”。“民”在实际生活中成了一个抽象的整体。个人权利的被忽视，民虽有“邦本”之尊，却只被强调了责任和义务，少了许多自己的权利。以皇权代表家国和以“官本”代表家国的特权就此形成，“民”在实际上变成了被统治者，被治理的对象。这种现象在许多地方许多时候还至今犹存。所以，在法治中国建设的今天，我们一方面要继承传统，重拾并发扬中国人的家国情怀和由此而生的法文化观念；另一方面，我们也要觉醒中国人，进一步把我们从“愚民”的意识中解放出来，认识到自己的“人”的身份，认识到自己的人的尊严，人的权利和人的自由。也就是说，要将家国的代表从“官本位”转向“以人为本”的“人本位”。在国家的治理上，一定要将“以人为本”落实到实处，在强调和发扬家国情怀和家国责任的同时，也要注重个人的权利。个人权利的观念与家国责任的观念一样，应该成为法治中国的最基本的民本法文化思想。

但在现代中国，一切又都处于现代化和法治化的进程中。一切都在变革，一切又都在学习和继承。在这个变革和发展的时代，传统的家国观念在旧有“官本位”思潮影响的同时，又遭受了市场经济和资本的冲击。在这双重的影响及冲击下，家国共同体和家国观念也因此而面临着新的与个人本位思想的二元对立。

一方面，因为市场经济的发展与资本的推动，个人权利和个人利益比以往任何时候都被强调。在个人、家和国的三边关系中，个人更趋于回归了家，个人权利与家的利益更趋于结合。在“官本位”加强了行政官员权力的同时，因为民主与法治的不成熟，权力可通过资源的特别配置，为自己和自己的家庭谋取利益，从而让腐败和社会的不公正、不平等现象日益严重。其结果，又让中国社会走向了两极分化，让我们的家国共同体充满了矛盾和问题。

另一方面，是个人主义随着市场经济和资本力量的迅速膨胀，人成了经济人，成了个人权利和个人利益的单纯追逐者。这种极致化了的个人本位主义，也让人漠视了家国观念，漠视了个人对社会和对国家的责任，使人成为自私自利的人。同样地，这种极致化的个人本位也严重侵蚀了家国同体的法文化基础，会威胁并导致我国传统家国共同体的瓦解和国家的重构。

因此，在这大变革的新时代，如何继承和发扬家国同体的民本法文化思想，并学习世界一切优秀文化，包括西方文明中个人本位、个人权利等法文化思想的有益成分。将责任与利益、权利与义务有机地结合，并重新融入和建设新的家国共同体。这个新时代的家国共同体，必将回归“以人民为中心”的理政治国观，并高高地举起“人民”的旗帜。以“以人为本”的思想来调节并融汇当代社会中关于个人、家、社会和国家的关系。在强调个人、家和国家利益共同性和家国责任的同时，会更多地注重个人权利与个人利益。其关键之处，是如何将“以人为本”的法文化思想落实到为人民谋幸福，为民族谋复兴的法律实践和治国理政的实际之中。而当今时代的一条良政之策，是将新时代社会主义的核心价值观入法。因为这一观念体系，既包括了中国国家、社会和个人三个层面的法文化思想，也包括了中国民本法文化与西方法文化思想的精华的融合，是中国文化发展史中“一体多元”文化的现代版。在技术层面，它也将传统家国共同体的责任与现代社会的个人本位有机地结合，优化和协调了当代社会中个人与社会，与国家的责任和利益、权利和义务的关系。而此价值体系的法治化，可以让我们相互友善、和谐、爱国、诚信、敬业，让自由、平等、公正和法治来调节人与人、人与社会和人与国家之间的关系，也让中国人同心协力，共同奋斗，努力地建设一个富强、文明、民主和法治的伟大新中国。

第九章
司法，实践中的民本法文化

以德配天，明德慎罚。

——西周·周公及《尚书·康诰》

德主刑辅，礼刑并用。

——中国古代刑法思想

司法，是法文化思想的实践，即法律意识和法律价值的实践化。司法实践又是国家治理以法律规则为规范的实践活动，是国家及社会规范在人们行为中的自我约束及社会监管的双向实践，是国家法治的主要形式，也是国家强制力的主要体现之一。

第一节　刑的民本思维

司法作为国家存在的特殊社会现象，是人类社会随着国家的产生和法律制度的创立而出现的产物。与世界上所有的民族一样，在国家形成以前，中国也长期地处于没有阶级和阶级差别，也没有法与法治的原始社会之中。至公元前21世纪，夏启建立了中国第一个奴隶制国家——夏，中国的国家形态由此产生，法与法律制度也逐渐形成。中国特色的民本法文化也随着国家的产生和发展，又在法律的不断实践中产生和形成。

中国国家与法，从中国氏族血缘的形成开始，也随着中华民族的形成而形成。所以，中国国家与法，无论在思想、观念和实践上都带有中华民族的浓厚色彩。在此形成和发展的过程中，传统中国原有的氏族家长制、伦理观念与血缘亲情无一例外地带入到中国国家的传统治理之中。家长制的集权，伦理观念下的德礼规范，由血缘亲情泛化而成的民本思想，同时构成了中国民本法文化的主要特性。这些特性，自奴隶社会起一直贯穿到整个封建社会，并融汇于中国民本法文化，至今影响犹存。

也正因为这些民族文化的影响，几千年来，中国国家政治制度以民本为根本原则，以中央的集权和分权为基本模式，传统的法律也偏重于管理，刑法较为发达。但夏商时期，听命于天，从命于神是当时时代的主要法文化思想。后来，商的统治者又将自己比为天子，把自己的统治描绘成“奉天承运”的天的意志。法律也代表了天意。这种把天帝与祖先、天命与人意合二为一的思想，直接影响到后世中国的家国文化和民本法文化的理念。但中国刑法的民本思想却是在周代以后才逐渐成型。

西周建立之初，统治者为了证明自己推翻商朝暴政、统治天下的合法性，除由周公旦宣示自己继承夏商以来的“天命”之说外，进一步提出了“以德配天，明德慎罚”的政治主张。也就是说，“上天”把国家的统治权配给“德”者，失德者也就失去了天意，应由有德之人取而代之，让有德之人获得天下之权。所以，治者应“以德配天”。这里的“德”主要包括三个方面：敬天、敬宗、保民。即要求统治者恭行天命，尊崇天帝和祖宗的教诲，爱民护民，做一个有道有德的君主。敬天、敬宗、保民，“以德配天”，其德的关键和应落实之处在于“保民”，在于“明德慎罚”。这种“明德慎罚”的法律思想，主张用“德教”来治理国家，让道德的教化深入民心，以德让民心服、口服、臣服。这是传统中国实行德法共治的开始。在适用法律特别在适用刑法上，提倡宽容、缓和、谨慎，不应一味地使用严刑峻法。“实施德教”，这是法治的前提，是第一位的。而“德教”的发展，逐渐形成了君臣上下父子兄弟各依其序，各执其礼的规则，并慢慢地成了后世成形的德礼之治。德礼规范与刑罚，也成了传统中国国家治理的两个主要法律体系，即以德礼规范为体系的民法和以“明德慎罚”为指导的刑事法律体系。

“以德配天，明德慎罚”，虽然是西周统治者为了解决商汤伐桀、武王代商的合法性而提出的政治观念，但却很快成为周王朝的基本治国方略。其不仅对西周各类法律制度的形成与发展起到了决定性的作用，并深深地扎根于中国传统的法文化思想中，被后世奉为各项法律制度的原则。这其中，保民、护民、养民和为民的民本思想首次被提出来，并逐渐成为中国民本法文化的基础原则与基本价值，深深地影响了传统中国的国家治理。

周亡以后，古代中国曾历经了春秋战国的分裂和动乱。至公元前 221 年，秦统一中国，“法治”与“重刑”是秦朝法律制度的基本特点。但秦的重刑与横征暴敛却激起民变，至其二世而亡。到了汉代，统治者从秦帝国的迅速灭亡中吸取教训。成立之初，朝廷推崇黄老学派的“无为而治”，推行“与民生息”的政策，出现了历史上颇为称道的“文景之治”。到汉武帝时，又“罢黜百家，独尊儒术”，提出了“德主刑辅”“大德而小刑”“礼法并用”的法文化思想。具体而言，就是要把汉初“让民”的政策，深化为民本之策。在国家法治上，对民以礼义教化为主，刑法处罚为辅的双重手段。而且，国家刑法应以德礼教化为标准，以德礼规范为内容。这就是所谓“礼刑相为表里”“出礼入刑”。

自汉武帝让儒家思想独霸中国的政治和文化舞台以来，儒家的民本思想也由此而深刻地影响传统中国的国家治理。“礼法并用”“出礼入刑”“亲亲”“尊尊”及“以民为本”的原则与价值被纳入国家法制和法律条文的思考，许多德礼规范直接进入了刑法。对这一系列德礼教化、德主刑辅的法文化思想，其主要的思考和目的都是为了国家的稳定、社会的发展和民心的获取，是必须立足于民本思维的。也正因为如此，中国古代社会的历朝历代的国家政权，其关于国家治理和法的思维，无论其出发点如何，有关民和民本的思维都是必不可少的。儒家一系列关乎人性的价值原则和德礼的规范，正是基于“民性”的考虑。中国古代法律的儒家化及其“民本”的思维，也让德礼规范和法律规范共存一体，并融入传统中国刑法，成为中国刑法的中国特色。

唐是中国历史上的强盛时代之一。在唐以前，中国的封建体制已存在一千余年，无论从政治、经济、文化、思想与社会而谈，传统中国的社会体制都已逐渐走向成熟。自汉中期“独尊儒术”以后，儒家思想借助官方力量成了传统中国的主导文化，并与道、佛及其他文化思想融合与交流，发展成极具稳定，又极具包容力的中国特色文化和价值体系。于此期间，历史上各个王朝的治乱兴衰也为唐之统治者提供了许多治国理政的经验和教训。而其主要的一条，就是认识到了以法治国和以民为本的重要性。唐初治者在谈及法律时就曾这样说道：“禁暴惩奸，弘风阐化，安民立政，莫此为先。”[①] 贞观二年，唐太宗李世民对大臣王珪说道：“凡事皆须务本。国以人为本，人以衣食为本。”[②] 基于这种认识，唐自立国开始，即以人为本，并行法制为先、德礼规范，并据此作为治国理政的要策。在中国历史上，唐无论从指导思想、法理文化、法律制度和司法实践哪一方面而言，都走到了中国传统法律与法文化的成熟期和高峰期。

正因为德礼为本和以人为本，唐在德与刑之间强调了“德礼为政教之本，刑罚为政教之用”的方针，即将德礼作为治国理政的根本，将刑与罚作为“德治”

---

①《旧唐书·志第三十·刑法》。

②《贞观政要·务农》。

和“礼教”的工具与手段。在此原则指导下，唐将大量反映人伦关系和德礼规范的条文纳入法典之中，使德礼反映的人文观念与规则和法的规范融为一体。从而形成唐律“一准乎礼”“礼法结合”的特点。也正是基于人本的考虑，唐在立法上强调宽简、划一与稳定。在法律适用上，强调执法的审慎。法律的宽简，是指法律在定罪量刑时应以仁恕为原则，反对苛刻残暴的重刑主义。这种对刑罚的宽大、仁恕、简约与执法的审慎，反映了国家立法对民本的思维。

《唐律疏议》即《永徽律疏》，一般简称《唐律》。这是唐高宗永徽年间，在《贞观律》基础上修订完成的中国法治史上极为重要的一部法典。此法典总结了汉魏晋及唐初以来的立法和法律解释，不仅条文严谨、宽仁，对法律原则、法理和法律制度皆作了精要的解释与说明。这些解释与说明尽可能地引用了儒家经典和中国民本法文化的思想观念，并将之作为法律条文的理论根据或实践注释。可以说，《唐律疏议》不仅是中国法制史上的最高成就，全面地体现了传统中国法治的水平、风格和基本特征，也是中华法系的代表性法典。

在唐律中，名例律集中地规定了唐律各篇通用的刑罚种类和刑罚原则。在立法原则上，除维护王权与封建特权，维护国家经济利益和社会秩序的考虑外，还充分体现了“民本”和“民权”的思维。传统社会的“三纲五常”及一系列人伦道德，如忠、孝、友、悌等都在法典中予以体现，其中的许多条文直接渊源于传统社会的德礼规范。借着对法律条文的详细疏议，儒家的“仁”与“义”在唐律中得到了充分阐发和应用。仁义之道成了唐律的核心价值。也是出于民本的考虑，唐律用刑持平，在刑事立法上也“宽简适中，得古今之平得”。如刑罚种类，唐律只规定了笞、杖、徒、流、死五种，死刑也仅有斩、绞二种。较之前朝的磔、裂、戮、宫、族及后世的凌迟、充军、枭首等种种酷刑，显得平和多了。其次，唐律对罪的惩罚也常体现人性的本质，如对老、疾、幼等犯罪人员的减免，对部分犯罪人员在刑罚上的减、赎、当[①]以及私罪从重，公罪从轻[②]，同居有罪相为隐和类推出罪等[③]，体现了唐律在刑法上的宽松与仁恕。中国传统刑法的这种民本思维，虽然也常从维护皇权统治，缓减社会矛盾，减少民

① 减，即例减，凡六、七品官员及直系亲属、兄弟、姊妹、妻子犯流罪以下照例各减一等处理。赎，凡可“议、请、减”及八、九品官员和六、七品官员的亲属犯流罪以下可收赎。当，即官当，以官职抵当徒刑的规定。

② 公罪，指承办公务不力、失误或差错，非为私利而犯罪。私罪，指与公事无关，因私利而犯罪。

③ 出罪，指刑罚的减轻或免除。

众造反等意愿出发，但在实质上仍是基于“民惟邦本”的考虑，是人性的思维。

唐以后的宋、元、明、清，特别是元、清少数民族入主中原，将少数民族地区的农奴制残余也带入了中原。统治者出于民族利益与巩固政权的考虑，在其立法上又恢复了许多野蛮落后的刑罚，如凌迟、剥皮、抽筋、阉割、族诛、醢、劓、黥等。[①] 在量刑上也区分了民族、僧俗等不同人群的种别。但在总体来说，这些朝代的刑法都不同程度地受到《唐律疏议》的影响，仍然保留了一定的民本思维。明律对诸如“典礼及风俗教化”等一般性犯罪的量刑就比唐律轻，如对子孙别籍异财，唐将其列为“十恶”中的“不孝”罪，徒三年，而明律是杖一百。父母丧匿不举哀，唐律判流二千里，明律杖六十徒一年。这种“轻其轻罪”，既突显了“重其重罪”的效力，也对收缓民心，缓和社会矛盾起到了一定的作用。

另外，传统中国对民族地区实行的分权自治制度，在本质上也体现了中央政府的民本思维。这种民本思维在制度设计上，充分体现于从汉唐以来的羁縻府州制和到宋以后的土司制度。《元史·仁宗本纪》载：“从本俗职权以行，对蛮夷土官，不改其旧，顺俗施政。”明亦有在民族地区“不可尽绳以法”[②] 的规定。这就使得民族地区的法治更多适用民族习惯法的便利与合法性。

纵观各少数民族习惯法，虽有其落后的一面，但也有其人性化的一面。调解，就曾是民族地区纠纷解决的主要方式。在少数民族的习惯法中，调解机构、人员、权责、方式和处理原则、程序、处罚、执行等方面都有详细规定。其调解原则一般是：1. 双方自愿；2. 符合民族习惯法；3. 调解不是诉讼的必经程序。调解方式和调解过程也始终充斥了人性，表现了“以民为本”的思考。

随着时代的进步，西方法文化思想和人权观念的引入，更进一步对中国刑法的民本思维产生了很大影响。如《大清新刑律》就采用了罪刑法定主义，删除了旧律中的比附制度；采用了法律面前人人平等的原则，废除了因官秩、良贱、服制而适用法律的不同；取消了“八议”制，采用了缓刑、假释、正当防卫等西方法律制度；对幼年犯罪适用惩教结合、教育为主的原则。1928 年，中国第一部现代《刑法》公布。1935 年 1 月 1 日，该《刑法》又经修订后重新颁布。无论在原则和体例上，该《刑法》都基本仿效了西方刑法制度的规定，充分地体现了西方法文化的人权思想，但也不乏中国民本法文化的民本思维。在

① 醢，一种把犯罪人剁成肉酱的酷刑。劓，割掉犯罪人鼻子的刑罚。黥，在犯罪人面上刺字并染墨作标记的刑罚。
②《明史》卷三一七《广西土司列传一》。

一定程度上，乃西方法文化人权思想和中国传统民本思维在刑罚设计中的结合，并对当代刑法的制定产生了深刻影响。

自古而今，人居于世，除生命与人身的可贵外，财产则是人安身立命的最重要保障，也是其最重要的权益之一。财产关系是人的主要社会关系，涉及财产所有人依法对自己的财产所享有的权利，包括占有、使用、收益和处分的权利，及与此有关的人的社会身份，人与他人之间的社会经济关系等。

第二节　民本视角下的财产关系

自西周立国，“以德配天”，推行德教和敬天、敬宗、保民政策始，民之观念也渐为中国历史上各朝各代的根本立法原则与法价值观。在传统中国社会，土地是社会的最主要资源，也是当时人们的最重要财产。所以，传统中国社会的财产关系主要体现在土地和土地的所有权上，其他财产关系都是依附于土地，从属于土地所有权的财产关系。即使到今天，我们对传统中国社会财产关系的讨论，也应立足于对土地和土地所有权的讨论。因为，这是传统中国财产关系的基点。

从整体来看，传统中国的财产关系与其他民事法律关系一样，主要靠德礼规范和习惯法来调整。在土地所有权方面，天子对土地和居住民享有的所有权与贵族、居住民的个人财产权并存。西周时期，曾实行裂土封侯的国家治理策略，即按贵族的等级亲疏、功勋大小，对土地与土地上民的所有权进行了层层分封。但秦以后，国家废封建而立郡县制。在土地所有权方面，同时确认了土地的私人所有权和开阡陌为己所有的土地制度。到了西汉时期，无论是汉初以黄老学派的“无为而治”或自汉武帝起以儒家思想为治国指导，朝廷大多采取了各项措施以缓和社会矛盾，促进民生，稳定社会。从现有历史资料来看，汉代法律中涉及所有权保护、债权、契约、借贷等反映财产关系的民事法律规范也渐丰富。除此以外，为适应中央集权和保障民生的双重需要，自汉开始对两种贸易实行了国家控制，一为盐铁的国家专营，从而保证了国家必要的财政收入，国家武装力量和农耕生产对铁的需求及对民众食盐的平价供应；一为对外贸易须经国家批准，既控制了国家战略物资的进出口，也在一定程度上保证了民众的需要。

总之，汉律作为传统中国法律制度确立的基本标志，其特点是把儒家倡导的德礼规范纳入律令之中，有关财产关系的规范也不例外。自汉将儒家思想作为立法的指导思想以来，儒家思想中关于“亲亲”“尊尊”为核心的伦理规范和以“仁义”为主导的义利原则也都纳入了社会财产关系制度。这其中的核心思想“在知人，在安民……安民则惠，黎民怀之”[①]，“彼裕我民，无远用戾”[②]，“用咸和万民”[③]等。在这些经典的字里行间，我们无不感受到传统中国的国家治理，那“以民为本”的丝丝暖意。

到了唐代，我国古代的法律制度已基本完善，财产关系的律令也趋于成熟。唐律除对过往朝代的律令根据时代的需要而加以修订、完善之外，更根据时代的发展，从维护传统经济关系、国家利益和民生的角度，制定了一些新的法规律令。其中重要的有《均田法》《租庸调法》和《赋役令》等，从而加强了人口户籍的编制和管理，保证了课役的征收。均田制是自北魏孝文帝时期推行的土地制度。到了唐代，更将其规范和法制化。唐初律令在不影响原有土地所有者权益的情况下，将未开发的荒地和无主的土地分给农民，地方官吏也可以按其职位的高低授以数额不等的职分田。对农民的授田，一般是每一男丁百亩，其中永业田 20 亩，口分田 80 亩。土地为国有制，耕作一定年限后可归其所有。在均田制的基础上，又实行田租、身庸和户调三合一的赋役制度，即《租庸调法》。该法与《赋役令》一起共同构成了唐代赋役的基本制度。其中，租为田租，每丁 2 石谷物税；调是人头税，按户按人口交纳一定数额的绢或布；庸是徭役，每丁服役 20 日为正役。不役者可纳绢布等代，为庸。由此，我们可以看到传统中国社会，那以土地所有制为中心的财产制度的基本立法原则，即“以民为本”基础上的家国观。随着时间的推移，均田制虽因各种社会原因而归于失败。但民本之思维一直贯穿于各朝各代，是历朝统治者的基本治国理念，也是各个朝代各个时期财产制度制定的根本原则，在法令的施行中占有很重要的指导作用。如宋初以降，国家就加强了土地所有权变更的法律规范，土地与房屋等资产的

---

①《尚书·皋陶谟》。

②《尚书·洛诰》。

③《尚书·无逸》。

典卖都须向官府报告，纳税和订立书面契约，在一定程度保护了个人的财产所有权。在典卖活动中，又以法规来维护家长、老幼妇弱等人的权益。其中关于土地的租赁称佃，租佃制是当时法律调整的最重要的债务关系之一。宋初律令规定，租佃双方应以契约约定租佃关系，佃农被官府登记入户籍，享有一定的自由和权利，叫“编户齐民”。

这种“民本”的法文化思维，在元代由于民族关系的特殊性有所弱化。元朝曾以法律维护民族间的不平等和农奴制的残余。在土地和财产关系上，蒙古人、色目人（西夏、回回）以及僧侣享有特权，可以对土地大肆兼并，战俘和罪犯家人没籍为奴。奴婢不享有人身自由，对主人无偿承担劳役，主人还可任意买卖奴隶，对奴隶施以刺面、割鼻等私刑。这些规定在中国历史上，历被认为是“民本”思想的倒退，反映了元代法律在维护农奴制残余方面的倒退。

明代在财产关系上的“民本”有所加强。布衣出身并依靠农民起义坐上皇位的朱元璋，从心里明白“民本”之重要。除为维护君主专制，以“刑乱国用重典”外，明代律令加强了两个方面的治理。一是治吏，立法严惩贪官污吏，凡贪赃60两银以上者枭首示众，民众可绑缚害民官吏赴京陈诉；另一是让民，以法令形式确认了土地占有的各种所有权，保护了土地所有权人的合法权益。严惩欺隐田粮赋役，盗卖冒认他人田宅的行为。限制私人借贷利率。同时制定了钱、税、茶、盐等专门法规，强化了市场监管、商品价格、度量衡等方面的法律调整。客观上保证了国家的经济发展和社会的稳定，也推进了民生的改善。到了清代，因为是少数民族掌握中央政权，国家在法令上为维护满族特权，允许满人强行圈占土地，保护旗地、旗产和官田、私田的所有权。清户律中，就有旗地旗房不准民人典卖的规定，私下典卖者罪。只是到了后来，因为社会已趋于稳定，顺治、康熙年间先后制定了《赋役全书》和《垦荒定例》等法令，在一定程度上减少了民众的赋役，承认了垦荒人对所垦荒地的一定所有权。雍正元年（1723），又在全国各地推行了“摊丁入亩”制，进一步推动了农业生产的发展，改善了民生。

“摊丁入亩”制原创于明朝。清雍正年间，政府为稳定社会，发展农业生产的需要，将历代相沿的人头税废除后并入了土地税。所谓“摊丁入亩”，在本质上是将人口缴纳的丁银并入田赋征收的一种赋税制度。在客观上，是政府对农民人身控制和户籍管理的一定松绑，这让农民和手工业者有了自由迁徙的可能，并可以出卖自己的劳动力谋生。这就出现了“其派丁多者，必其田多者也。其派丁少者，亦必有田者也”[①]的社会状况在实际上缓和了农民对土地的需求，提高了劳动者的生产积极性，促进了生产的发展。

在一个以农业立国的国家，土地历来是传统中国社会的立国之本，是社会经济关系中的主要关系，也是国家存亡盛衰的主要社会问题。以土地所有权为中心的财产关系，不仅为历来统治者所重视，贯之以“民本”的思考，并作为国家立法和国家治理的主要准则。土地，对历朝历代的农民起义者而言，也是其“造反”合法性的基本依据和宣传纲要。在中国历史上，农民对地主阶级的反抗和农民的起义，大多源于地主对农民的残酷压迫和剥削。这其中的主要原因，就是官僚、贵族、地主通过对土地的各种巧取豪夺，严重的土地兼并，从而控制了数量惊人的大量土地。大量农民因失去土地而无法谋生，或成为困苦的流民，或再去给土豪劣绅们打工，受尽劳役及各种苛捐田赋之害。所以，一旦有了适当的机会和缘由，大规模的农民起义和农民的战争就会因此而爆发。历史上各朝各代的农民起义军，对土地和土地所有权也曾提出大小长远不同的要求。明朝末年，先后就有高迎祥、李自成、张献忠等人领导的农民起义，并提出了“均田免粮”的政治主张，这标志着中国农民起义从“王侯将相宁有种乎”的改朝换代思想，向建立国家新制度新模式的转变。清朝后期的太平天国运动是中国历史上最大规模的农民起义和农民战争。1853 年，太平天国定都南京后，制定与颁布实施了《天朝田亩制度》。这不仅是太平天国国家政权的基本纲领和关于土地的法律准则，更是中国农民第一次系统地提出的国家土地大纲，是一部改革中国土地制度的重要法令。

《天朝田亩制度》以土地所有权为核心，废除了土地的皇权和私人共同所产生的政治经济制度。在土地所有权上，主张建立一切土地和财富归天帝所有，再按法令和一定原则、办法平分土地，由农民使用土地的新型土地制度。该制度在财产关系上既体现了农民阶级对贫富悬殊的仇恨，反映了他们追求平等、均富的民本思想，也同时反映了农民的绝对平均的空想主义。在实践中免不了私欲和贪婪，最终归于失败。

传统中国社会的财产关系是以土地所有制为中心的社会经济关系，而土地所有制又是以土地私有制为主体，皇权所有、公有和私人所有的混合结构。在

---

① 中国社会科学院历史研究所清史研究室编：《清史论丛》，中华书局 1982 年版，第 138 页。

此混合结构中，各朝代的皇权统治者都会出于维护和巩固政权，稳定社会秩序的需要，对民实行一定的惠顾，特别是在新政权建立之初。这些惠民政策，体现于土地的所有和使用权上，主要有三个方面：首先是将无主的或荒废的土地分配给有军功、有贡献的军人与士民，如土地封赏、屯田驻军等；其次是鼓励开荒，开荒者所得土地可自己使用，税赋减免，在一定时期和一定条件可归为己产；再次是把公有土地租给无地农民耕耘，失地者交纳赋税，从而保证国家治理所必需的财政收入。对于部分无地而贫困的农民还可用劳役抵交税赋。在政权稳定后，一些朝代为了保障农民在土地所有权上的权益，还会出台一些限制土地兼并和豪强势力的措施与律令，这也在一定程度上维护了民之权益，缓和了日益激烈的阶级矛盾，稳定了社会，推动了生产的发展。如北宋王安石变法中的募役法、方田均税法，明末张居正的一条鞭法等，都反映了当时统治阶级在政权安稳和生产发展基础上，对民心、民生的立法思考。这些法令的实施，有的一开始就失败了，有的执行一段时间后也归于失败。但在传统中国，无论是建国之初对民的让步与惠顾，还是为了巩固政权而推行的大多失败了的变法，其在一定程度上都反映了统治阶层关于“民惟邦本”的思考与行为，反映了传统中国社会以土地和土地所有权为中心的财产关系的基本状况，及其关于民本的法文化思考。

值得注意的是，在传统中国社会，这种以土地和土地所有权为中心的财产关系，既表现为占有、使用、收益和处分的完全物权，也表现为某些权能与所有权分离的不完全物权。如一些朝代的统治阶层，出于巩固政权、稳定税赋与民意的需要，常会将公有土地分给无地或少地农民耕种，农民除按规定缴纳税赋外，结余归己，享有了土地的占有、使用和部分收益权。

从物的占有、使用、收益和处分的四项权能而言，其每一项权能都具有相对的独立性，因而是可分的。从法和法文化的角度来说，这四项权能中的某一项或某几项权能脱离财产所有人，财产所有人并未丧失其物的所有权。但这种权能和所有权的分离，却会让所有权人丧失或部分丧失某些权能。如上述公有土地分给农民使用和部分收益时，官府作为公有土地所有权人的代表，也就丧失了占有和使用的权能，以及部分的收益权。

从法文化的层面上来说，财产所有权正是通过自身权能的分离与回归来实现自身价值，即民法和物权法上说的“所有权的弹力性”。财产所有权权能的转移、分离与回归，在本质上不仅是民事活动的客观需要，也是财产所有人行使所有权的表现。在行为上，又表现于所有权的买卖、转移、租赁、继承、质典、没收、确认、灭失等民事法律行为。在法的权益中，又可表现为地上权、地役权、典权等用益物权和抵押权、留置权、质押权等担保物权。所有这些财产关系的行为变化和财产权益的形成，在传统中国的法和法文化中都有表现。如贵州的“清水江文书”，就保有大量的这类契约、账册、登记簿、官府文告、调解协议等。与统治阶层处理财产关系要考虑民心、民利、民权一样，这些民间契约、协议等法律文书也在一定程度上反映了传统中国社会，人作为平等主体的存在。所以，民作为传统中国法的主体之一，既反映在其财产关系中，也反映了中国民本法文化对物权、对财产所有权的影响。

人是社会的主体。人生存于世，就有与其人身不可分离的，以特定精神利益为内容的民事权利。这种权利，我们称为人身权。人身权就其含义而言，有属于民事权利的，也有属于政治权利的。我们在这里讲的主要是属于民事权利的人身权。

第三节　以生存和发展权为基本的人身权

现代中国人，与世界上任何其他国家的人一样，都是从历史中走出，是自身历史环境和民族文化的产物与结果。所以，当代中国人对于现代社会的建设和对未来的设想，总带有中国历史文化沉淀于身上的“质”及其影响。面对未来，他是一个创造性的主体；面对现实，他又是由历史的时空和民族文化塑造的一个客体。也因于此，我们在学习和探讨中国人眼中的人身权时，也离不开中国历史和中国民本法文化遗传给我们的文化基因。

与西方法文化关于人身权是从个人的身份权说起不一样，传统中国社会关于人身权的法文化却是从人的人格权说起。人身权依不同的标准可以划分为不同的类别。按人享有权利的性质的不同，人身权可分为人格权和身份权两类。人格权是人作为法律上的独立人格所必须享有的民事权利，包括了人的生命权、健康权、姓名权、肖像权、名誉权等；而身份权是指人作为民事主体因其具有的特定身份所应享有的权利，如公民的政治权、荣誉权、署名权、监护权等。但人格权与身份权又有所不同，人格权是每一个国民毫无例外地依法享有的终身权利，不能剥夺。而身份权却必须具有一定的身份方能享有，也不具有终身性，可在一定条件下丧失或被剥夺，如对犯罪分子，就可在一定时期内剥夺其政治权利。

因为地理隔绝和历史发展的不同，中西法文化对人身权的关注基点各有不同。中国人更关注人的生命与健康，即人身权中的人格权，也因此将人的生存权和发展权视为人的最基本也是最重要的权利，则有了中国民本法文化；西方先贤们更关注人身权的身份权，也就有了当代西方法文化中的人权观。传统中国社会更关注人格权，是因为中国具有数千年的大一统的国家史，民众具有悠久的家国思想。在传统中国的家国同体的社会，民虽有身份与地位的不同，但民最关心的却是自己的生存与发展。而中国古代的尚贤、科举与德礼之治，又较好地解决了草民的升迁和不同社会身份的转换问题。因此，传统中国只除了少数年代，因为暴政、灾荒等原因而推高了社会的不平等，加重了民的生活困境，有了"王侯将相宁有种乎"的身份的呐喊，进而有了农民的起义。而西方社会先贤，如格劳秀斯、霍布斯、洛克、卢梭等，他们更关注人的身份权，是因为他们所处的时代，正处于资本主义发展的上升及宗教、贵族对资本打压的时期。资产阶级作为西方社会的新兴的第三等级，其代表人物最早地打出天赋人权的旗帜。并以人权神圣的名义，向教会代表的第一等级和君主贵族组成的第二等级发动了猛烈进攻，最终凭借其雄厚的物质力量，把教会重新请回了神坛，实现了政教分离；把君主贵族或者送上了绞架，或者置之于虚位，或只让其在权力中枢分享一羹。于此，我们可以清楚看到，中西方关于人身权的侧重点之所以不同，是因为中国与西方在历史发展进程和社会发展状况上的不同。

历史上，传统中国长期地处于大一统及家国同体的文化影响与实践之中，生存与发展历来为中国人最基本的人生追求，也是中国人最重要的政治需求。所以，在人身权上侧重于人格权，在人格权上侧重于人的生存权和发展权，这是中国民本法文化和中国人权观的特征；而欧洲作为西方文化和西方法文化发展的源头，在历史发展中多处于分裂、小国和寡民状况，追求民族独立之风在历史上历来盛行。后来的资本私人占有及资本在与宗教、贵族斗争中对社会身份的追求和商品生产与流通的需要，让西方社会在人身权上更侧重于身份权。后来资本对宗教和贵族势力的胜利，更让这种对身份权的关注，逐渐演变为今日西方法文化中以个人主义为基本的人权观。

在客观的实践中，以生命健康为基本的生存权与发展权，不仅是中国人也是全球人类的第一需要。人的生存，是人生命存在的状况。它既可表现为人的衣食住行、人的欲望，也可表现为人的权利。所以，生存权是一种复合型权利，在内容上它包含了自然形态的生命，维持生命的物质即财产状况，劳动作为实现生存权的手段，社会对生命的救济（包括环境、健康、医疗、和平、安全在内的生存要素）、国家对生命的保障等。在以生命健康为基本的人身权的实现中，传统的国家基本上是一个旁观者。而在当代，国家则视人民的生命健康为自己执政的重要职能，国家是人民的生存权的关系人。

而在人格权中，人的发展权是与生存权并列的最重要的权利。发展，是指某一社会或某一自然主体持续不断的进步状况。它表现为人、事物或社会的由小到大、由生到老、由弱变强、由劣到好、由旧换新、由落后到进步、由贫穷到富裕的运动与变化的过程。发展权一般包括国家发展权、社会发展权、民族发展权、企业发展权以及个人发展权等。个人发展权，其现代内容表现为生命的发展、生活的发展、个性的发展、与国家发展同步的需要、对社会发展成果的享受、对社会发展的参与等。

生存与发展是人身权的基础和根本。但在不同的国家及不同的历史时期，对人身权的侧重有所不同。在中国悠久的历史中，因为国家的大一统和家国共同体下的相对稳定，中国在人身权上的第一关注是人的生命与健康，即反映了人的生命与健康的权益——人格权。对人格权的重视，在中国特有的法文化思想中表现为对人的生存权和发展权的特别重视，从而构建了中华民族的“民本”思想的基本原则和内容。所以，体现于生存权与发展权的人身权是中国民本法文化的基点。

传统中国是一个农业大国。生存权与发展权在传统中国的产生，其主要原因就是在土地的生产关系中土地所有者与土地劳动者在生存欲望上的统一。在生产力尚不发达的农业社会，作为土地所有者的生存基础是在土地生产中投入劳动力，生产出粮食果蔬。没有劳动力的投入，土地就会荒废，也就没有了粮食果蔬，就会危及土地所有者的生存。所以，维持劳动力的生存与维持土地所有者的生存在生存权上趋于统一。这是维持和改善劳动力生存的条件同时也是维持和提高资本生产的条件，从而维持和提高商品生产，这与当代资本主义的认识是一致的。对劳动力的过度榨取，甚而影响到劳动者的生存，会让劳动力资源失去信心或趋于枯竭，使生产难以为继。让劳动者及其繁衍的后代享有维持生存与发展的最一般条件，劳动者的生存得以维系，也借此提高了土地生产力。这对土地所有者是有利的，也是必要的。对土地所有者而言，劳动者的生存与发展也是为了土地所有者更好的生存与发展。这在中国历史上，是大多数皇室成员、官吏、士人、土地所有者和劳动者的共同认识，是中国民本思维的基点之一。

其次，当农民的生存和繁衍受到威胁时，农民的反抗就会出现。中国历史上多次的农民起义和农民战争对传统中国社会和皇权的冲击，就是中国农民为了生存权的斗争，也是中国历史上改朝换代的阶级因素。为此，中国历朝历代统治者不得不关心民的生存，对农民作出一定的让步。中国古代，人的生存权的被肯定，可以说是中国历史上的农民起义和农民战争对土地所有者的胜利。早在我国的春秋时期，齐国著名政治家管仲就曾谈到“治国之道，必先富民”①的道理。他的这句话与其在《牧民》一篇中提到的“民本”思想是相辅相成、可合二为一的。也就是说，老百姓只有人身权有了保障，即其生命健康的权益有所保障的基础上，社会秩序才得以维持，人民才会安居乐业。才有了“君，舟也；人，水也。水能载舟，亦能覆舟”②之说。

当代西方政体，多党并存，竞争上岗是其主要的政治特色。但无论哪一个政党问鼎政权，他都会声称自己“来自于人民”。而其选举政纲除了一些自由、平等的标榜外，最主要的内容来自于对国民福利的承诺。这一承诺对大多数社会成员更有意义，对他们来说，奔向福利社会比奔向自由王国更实际一些。所以，对生存权的承诺也成了西方各国政党维持权力或爬上权力宝座的阶梯。而一旦上台，他们或多或少也会兑现一些承诺，推出一些改善民生的政策。

由此可见，生存权是基于生命健康的人格权中衍化而来，是人身权的主要成分和基本内涵，是人的最重要的自然权利。从社会学的角度而言，它又是国家政治、经济、阶级和法律等多种因素的共同促成品，其必然地存在于社会的各种矛盾和矛盾的斗争之中。

发展权是生存权的延续，是自然的、社会的、生理的，任何生命运动的必然过程，也是人最重要的自然权利。生存需要发展，发展基于生存，两者互为基础，

① 《管子·治国》。
② 《荀子·王制篇》。

也互为关联，互为运动。从生命运动的客观规律来看，生存与发展的互为关联和互为运动，又必然地表现为没有生存，也就没有了发展；相反地，发展停止了，生存也就停止了。正如生命与健康是一体的两面一样，生存与发展，生存权与发展权同样是一体之两面，共同构成了人身权的根本和基础。

发展权虽与生存权共同构成人身权的基础，但就人的生命与健康而言，生存是首要的。对一国内部的政策与立法而言，生存权的设立，首先要解决的是人作为人的最低限度的生活需要。在中国历史上，我们往往会看到各朝各代虽都以儒家的“德治”和“礼教”作为国家治理的根本策略，但在皇室、官僚贵族及大土地所有者的根本利益面前，国家首先要解决的“民本”问题也大多是人的基本生活需求，如田赋、垦荒、农民获得公田的使用，以役抵赋，酷刑的消减等。只有当人的基本生存权获得满足时，社会才会稳定，生产才能发展。这种基本的生存权，是人生存的基础需求，并不附带使人生存得更好的平均因素。均富、大同社会的理想也基于人的生存权的满足。原先，它就只存在于中西方先贤的思想论著之中，存在于对未来的憧憬。但就人类社会的发展而言，这又是社会发展的必然过程，是人从生存走向发展的必然。

所以，作为人身权一面的发展权，在一国内部的社会关系中不存在强与弱的平均问题。在民本法文化的思维或国家政策法令的制定中，也从来就被认为是人人都应该普遍享有的权利。在这一点上，生存与发展作为基本人身权的两面，就有了均衡的、共同协调的一致关系。在法文化的思维中，于一定历史发展的阶段内，生存权是社会弱者所必需的并应由国家保障的权利，发展权则是社会强者和弱者都要有的和必需的权利。生存，是人活下去的需要，是最基本的“人人生而平等”的权利；发展，是人生进步的需要，也是“人人生而平等”的权利，更是社会进步的需要。故从人身权的保障和保护出发，我们首先要保障人的最基本需要，保护弱者，保护和保障人的生存权。这是现代法的基本价值，也是中国民本法文化的基本思想。与此同时，我们也要保障人在发展权上的自由、平等和公正，不能妨碍人在发展上的竞争，不能搞绝对的平均主义。没有竞争的绝对平均主义是对社会发展的阻碍。

在现代法文化的基本价值中，发展权的参与包含了一个原则和三个方面：一个原则是机会均等原则，这是人身权对平等、公正的追求。它主张人的发展以能力和品德为主，反对因国别、民族、贫富、身份、血统、性别、地域等的因素，人为地设置障碍，甚至剥夺他人的发展资格。三个方面是指人平等参与的社会政治、经济和文化发展的三大领域。政治领域的发展，体现为人才的选拔与任用，官吏的任免、现代社会中不同的合法党派的选择与参与，对国家事务的建言建议，对政府官员的揭批等；经济领域包括职业选择，公平竞争、收入分配、社会福利的享有等；文化领域的人的发展权，可体现为教育均等、学术自由、智力成果、知识产权保护等。

由此可见，在中国文化的观念形态中，生存与发展于人生之重要。生存与发展，也历来成为中国民本法文化的基本原则和基本价值。“夫利，百物之所生也，天地之所载也，而或专之，其害多矣”①，可见在中国传统社会，很早就认识到：夫利，乃生于天地之间，由百物而生，以天地承载，故利应由天下人共同享有，而不应由少数人所垄断。把利益垄断起来，其造成的危害将是非常巨大的。防止少数人搜刮民财、大量聚敛财富，同时把财富合理地分配给天下百姓，使人人都能过上好日子，这就是中国人关于利益与生存权的最朴实的思维。所以，中国历来有“义以生利，利以丰民”②的民生主张，即将社会的道义规则与利益相联系。道义虽然不能直接产生利益，但它能极大地鼓舞和激发人民创造财富的潜力，指导人们合理地分配财富，促进国家的稳定与繁荣富强。因此，国家在人身权的保障和保护方面，应注重道义的传播，以德礼规则来规范人的生存权与发展权。以道义创生利益，让利益惠民，让人民得以丰衣足食。这就将基于人的生存与发展的人身权作为了中国民本法文化思想的基本。

“筑城者，先厚其基而求其高；畜民者，先厚其业而后求其赡”③，这句古话如译成今天的语言，即是说，要修筑城墙，先就要把城墙的基础夯实，加宽加厚，再筑高，这样垒起来的城墙才能结实不倒；而要养民护民，首先就要巩固人民的产业，有了产业人们才能走向富裕。在古代中国这样的农业社会，土地和附于土地的手工业是经济的基础。所以，要实现人身权的保障，首先就要让广大农民和手工业者有生存与发展的条件，要使农民有土可种，有地可耕，而手工业者有技艺可为。其次，国家应整治社会治安，维护社会秩序，发育和保护市场，从而使有地之民可获耕作之收成，无地之民可从业于手工制作，使商业买卖能有序流通。汉、唐、宋、明、清等各朝，皆是因为有了这种对人的生存权和发

①《国语·周语上》。

②《国语·晋语》。

③（西汉）桓宽：《盐铁论·未通》。

展权的关注，推行了各种惠民政策，才有了百业的兴旺和国家的太平盛世。唐代学者陆贽曾因此归纳而言:“人者，邦之本也，财者，人之心也;其心伤则本伤，其本伤则枝干凋瘁颠根柢蹶拔矣。”[①] 此话说到,人民也只有人民才是固国治邦的依靠。而财产是人民利益的所在,是人民生存与发展的基础,是构筑民心的所在。人民的利益受到了损害，民心就受到了损伤，国家就失去了依靠，社会的枝干就会衰败，国家的根基也就倒塌了。陆贽的这句话从本质上指明，人民的生存与发展对于国家生存与发展的重要性，以及损害人民利益会给国家带来的根本性危害。所以，保障和保护人的人身权，应从保障和保护人的生存权与发展权开始，从维护人民的利益开始。人民的利益有了保障，国家的长治久安就有了内在的根基。这也是传统中国国家治理的根本宗旨，以后一千多年的中国史也证明了陆贽此话的真理性。

在人身权的保障上，传统中国各朝各代都会从人的生存与发展方面推出一系列惠民政策。而除此以外，于法治上的“明德慎罚”思想也通过各朝各代的德礼之规，规范了从统治者到民的行为。于统治者而言，要以民为邦本，要保民养民,要“以德服人,中心悦而诚服也”[②],以德服人,政在得民,即认识到人民、民心、民利、民生于国家的重要性。

前面谈到，这种政在得民的思想，在民的人身权上的反映，主要体现于民的生存权与发展权。故孔子不但主张对民要“教之”，还要“富之”，要“足食”。于民上，要减轻赋税和徭役，反对重赋。孟子则强调了“制民之产”，要让黎民百姓衣食温饱,不受冻馁。荀子不但主张“利民”“裕民”“富民”,还主张“富国”,“不富无以养民情”[③]。在荀子认为,人的本性是好利多欲,国家的政策法令就是要满足人的这种好利多欲的愿望，满足人的生存与发展的欲望。但这种欲望也不能无限制地发展。所以,历来的中国统治者在“裕民”的同时,又都主张用“德礼”来治理国家，以适当的刑罚来约束民众的非法欲望与行为。

刑与罚，直面的人身权，首要直面的依然是人的生命健康权，其次为人的姓名权、肖像权、名誉权、荣誉权、监护权及个人在社会、婚姻、家庭中的身份等。传统中国在人身权的分类上并无现代法这样的区别。人身权于刑罚上，

① （唐）陆贽：《论两河及淮西利害状》。
②《孟子·公孙丑章句上》。
③《荀子·大略篇》。

主要体现于三点：第一，是从民本思想衍化而来的德与德法之治。从人生价值出发，道德都以适应人的生存与发展为最高尺度，即以追求中国古代先贤及西方哲人称之为的“至善”为标准。马克思主义认为，人身权是人的“自由全面发展”。这种“至善”与“自由全面发展”对人的综合要求，在人类思想和行为上表现为以德教化后的自律和以刑罚为约束的他律，是人对德与法的全面规范。但无论自律与他律，传统中国基于民本思维上的人身权视点，最后都要落于德上，落实于中国古代的仁与义。所以，自古中国就有德刑之辩，有了“德主刑辅”和“明德慎罚”[①]的刑事处罚原则。第二，基于儒家“明德慎罚”和法家“明法重刑”的双重影响，中国刑罚历来在“宽”与“酷”之间徘徊，一时之宽，又会演变为一时之酷。但是宽是酷，都是古代统治者于治国理政上的个别选择。中国民本法文化的指导思想，总的趋势乃从人的“性善”出发，主张“德治”而施以“仁政”。孟子曰：“以不忍人之心，行不忍人之政。治天下可运之掌上。”[②]在“王霸之辩”中，孟子是反“霸道”而主张“王道”的。“王道”就是“以德服人”，“以力服人者，非心服也”，“以德服人者，心悦而诚服也”。[③]荀子对法与刑的看法，与孔孟明显不同。荀子认为人“性恶”，其吞吐百家，衡断诸子，提出以“一天下”为目的，以礼为核心，隆礼重法、尊王重霸为内容的思想体系。荀子主张“王”“霸”兼用，“德”“刑”并举。只是将王道和德、礼放在了第一位，把霸道与刑放在了第二位。而“礼”是荀子思想的基石与核心，关系到人的生存与发展、事业的成功、国家的安定。故要隆礼尊贤，重法爱民。由此可见，仁与礼，基本上体现了中国民本法文化在人身权上的思维。第三，因为“礼”的存在，传统中国一直是个等级社会。身份和因身份的不同，在刑与罚上也是不同的。中国古代司法的一个特点就是对皇室、官僚、贵族和土豪等高身份阶层的保护。如唐朝律令中的八议制度。按唐律规定，凡亲、故、贤、能、功、贵、勤、宾等八类人犯死罪，一般司法机关不能直接审理，而应提交皇帝“集议”，集议后一般均可获得减免处理。唐律中的议、请、减、当、赎、荫亲等制度的设立，皆可让特权阶层因身份的不同而获得保护与优待。

总之，传统中国的大一统和家国共同体的历史延续，以及由中国传统文化派生而出的中国民本法文化，使传统中国在人身权的司法实践中以人的生存与

---

①《尚书·康诰》。

②③ 均见《孟子·公孙丑章句上》。

发展权为基本思维和立法准则，充分地表现了中国文化的德、礼、仁、义、和观念。德法并举，宽猛相济，德礼合治，展示了传统中国德治与法治相结合的治国之道。在人身权及由此延伸而出的现代人权观上，也展示了中国历来以人的生存权和发展权为人权根本和基础的历史性视野。

婚姻是人类生息繁衍的本源。任何一个国家或任何一个民族在其形成和发展的过程中，必然会产生与本地区和本民族生活习惯相适应的婚姻制度及婚配习俗，进而丰富和发展本民族的法文化思想。与其他社会生活与司法实践一样，传统中国的婚姻家庭关系也深深地受到中国民本法文化的影响。其婚姻家庭关系、婚配习俗及婚姻家庭法也是在中国民本法文化的指导下予以展开和实践的。

第四节　民本法文化对传统婚姻家庭关系的影响

在人类的各类社会关系中，婚姻家庭是以两性结合及血缘关系为自然条件的基本社会关系，是人类社会发展到一定阶段出现的两性和血缘关系的社会形式。一般来说，婚姻是为当时社会文化和社会制度所承认的，男女两性互为配偶的结合。家庭，则是以婚姻、血缘和共同经济为纽带而组成的亲属社团。

从法文化的角度出发，婚姻的内涵首先应是男女两性的结合，即婚姻双方须为异性男女。在传统的法文化观念中，同性结合不被承认，也不成为婚姻。至于现代西方一些国家，同性结合组成家庭，被其新婚姻法所承认，是西方文化发展的结果，尚不能被中国法文化和中国法律所认可。其次，婚姻是男女双方以夫妻身份的结合，姘居、通奸等两性关系不称为婚姻。再其次，这种男女两性的结合应为当时当地的社会制度、文化、习俗等认可，不被认可的男女双方虽长期共同生活也不成为婚姻。

另外，从法文化的观念再出发，传统中国的家庭概念就包括了以下内涵：第一，家庭是一个亲属社团，同一家庭的成员都以婚姻或血缘的关系而结合在一起，收养是家庭关系构成的例外。第二，家庭构成的基础是共同的经济关系，以家庭为基本单元组织生产，共同生活。第三，家庭成员既有亲属关系又构成了基本的经济单位。亲属关系的网络十分广泛，亲属不一定就成为某一家庭的成员。一般来说，家庭是由共同生活的近亲属所组成。

在人类历史的发展进程中，婚姻家庭是随着人类社会与人类文明的进步而逐渐发展而成的。在婚姻形式上，人类曾有过群婚和对偶婚制，是伴随文明的进步才走向了一夫一妻。根据摩尔根《古代社会》中的描述，恩格斯又在其《家庭、私有制和国家的起源》中进一步加以研究后认为，人类走出“兽”的范畴后，直系血亲之间的两性关系已被排除，父母和子女，祖父母、外祖父母和孙子女、外孙子女……之间的婚姻已被严格禁止。在原始社群内发生的群婚制，主要存在于辈分相同的男女之间，一般有两种形态：亚血缘群婚制和对偶婚制。亚血缘群婚制又叫普那路亚婚制。这种婚姻排除了同胞兄弟姐妹、堂兄弟姐妹或从兄弟姐妹间的两性结合，常常是族外的或远缘男女的婚姻；对偶婚制是以女子为中心的婚姻制度。女方定居于本氏族，而男方多来自其他氏族。但相较于群婚制下“知其母而不知其父”，对偶婚制下子女的生父一般说来是能够确定的。这就从血缘结构上为父系氏族和一夫一妻制的产生准备了前提。

“一夫一妻”的产生，是人类从原始公有制转为财产私有制的必然结果。这种建立在私有制下的“一夫一妻制”，是人类社会的婚姻家庭制度的重要发展阶段。在传统中国社会，这种婚姻家庭制度根植于财产私有并具有婚姻不自由、男尊女卑、夫权统治等共同特征。

到了奴隶社会，中国的婚姻家庭关系基本上从属于宗法家庭制度，以礼制和在民众所通行而为官府所认可的习惯来调节。包办、买卖婚姻盛行。家长权、父权和夫权三位一体，支配了婚姻和家庭的关系。这个时期的有关婚姻家庭的礼制，在《礼记》《仪礼》《周礼》和其他古籍中都有比较系统的介绍。

由此可见，婚姻家庭制度在传统的德礼规则中占有很重要的地位。这种以德礼规则为主要规范的婚姻家庭制度，与传统的“家国一体”观和用血缘关系维护的宗法制度紧密结合，成了传统中国的婚姻礼制及家庭礼制，是中国古代婚姻家庭法的最重要渊源。例如，同姓不婚；又如“父母之命，媒妁之言”，婚娶方面的纳采、问名、纳吉、纳征、请期、亲迎的“六礼”，成了古代婚姻成立的形式要件；而解除婚姻方面的“七出三不去”，就是传统中国解除婚姻关系的“礼制”或习惯法。所谓“七出”，是指女子若有不顺父母、无子、淫乱、忌妒、恶疾、口多言、盗窃七种情况，夫家有权休妻。“三不去”是严禁夫家休妻的三种情况。“有所娶而无所归”者，是指女子出嫁时有娘家可依，到休妻时已无本家亲人可靠，则不可离。“与更三年丧”，女子出嫁后在夫家与丈夫一起为公婆守了三年孝，尽了媳妇之道的不能休。“前贫贱后富贵”，即妻子进门时夫家家庭贫贱，以后富裕了，也不能休妻。因为按传统的德礼规则，“妻者，齐邑”[①]，喻夫妻同体，如贫贱时娶之，富贵时休之，则仁之不为，义不可取，也违背了德和礼的规范。但如果夫妻双方通过协商，自愿离婚，则法不追究，叫“和离”。这在一定程度体现了传统中国在婚姻关系上的自由。

“父母之命，媒妁之言”“六礼”“七出”“三不去”是在中国古代宗法制度影响下的基本婚姻制度，自西周始行，几千年来一直影响着后世中国男女的婚娶休离。直至唐代，中国古代的婚姻家庭立法才进入了一个全盛时期。现存的《永徽律疏》中，以户婚为第四篇，计四十六条，对有关婚姻家庭的户籍、赋役、田宅、婚姻、家庭关系等各方面，作出了相应的法律规定。其主要特点是“一准乎礼”，“以礼为出入”。在婚姻方面，唐律对订婚、重婚、各种婚姻限制，违律为婚的后果，婚娶违律时主婚人的责任，婚姻离异等方面都有具体规定。在家庭方面，唐律通过一系列的规定强化了家长制，如祖父母、父母对其子孙别籍异财、违反宗法、立嫡违法等方面的惩处。除户籍篇外，又将控告祖父母、父母，未经祖父母、父母同意私立门户、分家析产，对祖父母、父母供养有缺，为父母尊长服丧不如礼等行为的“不孝”和殴打或谋杀祖父母、父母等尊长亲属的“恶逆”等列入“十恶”之中，及亲属相犯时尊卑同罪异罚等规定。这些规定都是在封建礼教和伦理纲常的基础上，以维护父权、夫权为中心的传统家庭关系与家庭秩序的婚姻家庭制度。又因为这些制度出于德礼，起于规则，礼法并用，所以，它在一定程度上也体现了中国古代行为规则在婚姻家庭关系上关于“人”的思维。

中国古代婚姻家庭法中关于“人”的思维，建立在以土地为主体的生产资料私有制和小生产经济基础上。这种小农经济的社会经济基础，让中国古代婚姻家庭法中关于“人”的思维及实践，既有等级上的不平等，又有对人的平等的追求。家族长制，是这种人的等级制的中心。这种以家族长为中心的等级制，是中国古代以家为单位的小生产经济发展的必然结果。家族长拥有的若干权力，与家庭作为基本生产单位和经济核算单位的状况相适应。由家而及国，就产生了中华民族的家国共同体和与之相匹配的宗法制度。家族长制、父权、夫权及

① “妻者，齐邑”是自西周始行的礼制规范。依照“礼”的规则，夫妻同为一体，应该共同生活、贫富相依、患难与共，决不能有因富而弃妻的行为。

德礼规则中的孝、悌，所谓的亲亲、尊尊、长长，以及男女有别、男尊女卑等一系列不平等的婚姻家庭关系，正是这种以家为基本单位的小生产经济关系在中华法文化思想中的反映。另一方面，又是这种以家为基本单位的小生产经济和家的血缘亲属关系的结合与统一，使中华法文化因为血缘、亲属和共同生产生活的原因，关于人身权和由此而及的民本思想，也时时地体现于婚姻家庭法的实践之中。比如中国古代的“出妻”，就是以男权为主的很专权的离婚制，离婚权基本属于丈夫和夫家，女方多处于无权地位。而在实际操作中，因为律令、德礼规则和习俗的限制很严格，操作上很难。“出妻”的“三不去”规定，也很大程度地约束了夫家的休妻权。在一定程度上，又体现了对妻权的尊重和对平等的追求。

传统中国的婚姻家庭关系，在很大程度上受到儒家“三纲五常”的深刻影响，并奉之为德礼之本。正因为德礼规范和习惯的影响，许多地区仍然保留了男女共同劳动、平等生活、夫妻共同持家甚至妻子当家的现象。妻子留有私房田、私房钱，家境好的女子也有机会进入私塾读书。明初，贵州宣慰使及宣慰使同知就因夫亡子幼，其职位皆由其夫人奢香和刘淑贞代袭。对父为子纲的执行，在子必孝父母的前提下，也保有子向父提建议及子责父过的一定权利。

由此可见，传统中国社会的婚姻家庭关系虽然受到德礼的规制，有很强的以男权为中心的等级制，却也在实践中保留了一定男女老幼、尊卑贵贱的平等观念。用西方法文化的角度视之，这是对人和人权的肯定，也是对中国传统人本思想的继承。中国的这种人本法文化思想，在基层社会和基层民众中尤受重视。

除男女婚配外，立嫡和宗祧继承也是传统中国婚姻家庭法中的重要规范。立嫡，或称嫡长子制，是自西周创立的关于权力和财产继承的一项制度。从夏王朝开始，父系氏族就面临权力和财产由谁继承的问题。这其中，儿子和兄弟都是与父亲血缘最亲近的人，儿子与儿子之间，兄弟与兄弟之间也存在继承的问题。嫡长子制就是在这种背景下，为防止血缘间争夺而制定的权力和财产的继承制度。嫡长子，即嫡子中的长子。嫡子，即正妻所生的儿子，与之对应的是由妾所生的“庶子”。在中华法文化的思想中，只有“嫡子”中的“长子”才有继承权力与财产的资格。其他“嫡子”和“庶子”是没有这种继承权的。这种“传嫡不传庶，传长不传贤”[①]的嫡长子继承制不仅适用于皇权的转移，也适用

① “传嫡不传庶，传长不传贤”，是从西周始行的中国传统继承制。此制度以嫡长子为中心和第一继承人，是嫡长子对身份、权力与财产的继承，是传嫡不传庶，传长不传贤的制度设计。但在实际执行中，对庶子、其他兄弟和女眷也会有适当分配。

于诸侯、士卿大夫、土司权位的继承。后又延伸到民间的家庭财产的继承与转移。这种嫡长子的继承制，不仅在制度上保证了贵族阶层在政治上的垄断和特权，也在一定程度上防止了权力和财产继承的纷争与内乱。另一方面，由于传统中国人本法文化思想的影响，在嫡长子继承的同时，也有向其他儿子和兄弟分出一定封地与财产的规定。裂土封侯就曾是嫡长子继承制下的权力和财产的继承方式。

宗祧继承又叫宗法继承。宗，指祖庙；祧，是远祖的庙。宗祧继承是根据血缘与辈分继承宗庙世系的制度，是与嫡长子为中心的传统继承制。宗祧继承虽也涉及财产继承，但与财产继承并不等同。有宗祧继承的必有财产继承，但有财产继承的未必有宗祧继承权。所以，宗祧继承是宗法社会的产物，它与嫡长子继承制共同构成传统中国的宝塔式的阶级体系。于其中，嫡长子是主要继承人，可以继承权位、土地和其他财产。次子、庶子则可分得部分土地和财产，但不能继承权位。故财产的继承以宗祧继承为前提，只有宗祧继承者，才同时拥有权力和财产的继承权。这种继承，本质上是身份继承与财产继承的双重继承。财产继承从属于身份继承，庶子可分得财产，但无权力可以继承。

男女婚姻、家庭、财产与继承，乃婚姻家庭法调整的基本关系。传统中国的婚姻家庭规则大多从属于中国古代的宗法制度。宗法是我国古代调整家族成员的权力与等级秩序及其权利义务与身份关系的制度，是氏族社会父系家长制的延伸。春秋时期，其核心规制演变为嫡长子制。中国古代的宗法制度规范了父子、夫妻、嫡庶、兄弟之间的身份，及其在等级、秩序、权力、土地、财产、继承等关系上的权利与义务，形成了以男权、父系和嫡长子为中心的从上到下的塔式结构。但自秦始，贵族式的宗法关系逐渐与国家行政权力分离，退守到家族内部。其间，所有的宗族都制定了族规，族长通过祠堂集神权、祖宗权和族权于一身，通过族规统率族人，行处置、调解和庇护之权。当时的国家法令也承认了这种权力，从而形成基层社会的国家代理权及县以下的乡村自治权。宋明以后，这种以宗法调整的基层社会自治权，成了传统中国仅次于国家行政权、民族自治权的三大权力结构之一。

宗法来源于中国古代的人伦思想。伦，为条理、顺序之义。《说文解字》中言："伦，辈也。"人伦，即人尊卑长幼之间的辈分关系。这种尊卑长幼的人伦关系，虽然有等级差别，但又强调了人之间的亲、慈、和、善。《孟子·滕文公上》说："人之有道也……教以人伦：父子有亲，君臣有义，夫妇有别，长幼有序，朋友有信。"可见，在孟子看来，父子、君臣、夫妇、长幼、朋友之间的人伦关系虽有差序，但在基本面上是人与人的关系，是有差序也有平等的“五伦”关系。于人之间的亲、义、别、序、信，体现了人性间的平等，人心的“善”。《礼记·礼运》对孟子的五伦之说做了进一步阐释，解为“十义”，即“父慈、子孝、兄良、弟悌、夫义、妇听、长惠、幼顺、君仁、臣忠”。中国古代由“五伦”“十义”构成的人际关系基本准则，是传统中国社会关于人际关系和社会伦理的核心内容。

由此看来，传统中国的婚姻家庭法和法文化，虽立足于旧的宗法制度，但却以德和礼为基准。以民为本，法治加德治，德法合治是中国民本法文化的根本原则及价值基础，也是中国国家治理的优势与特征。这些融德、礼、法及人伦亲情的原则与价值，同样汇入了传统中国的婚姻家庭法与习惯之中，指导与规范着传统中国的婚姻家庭关系。

道德是法治具有合理性、正当性、合法性的内在依据。法文化的思想、价值、精神、原则、法理和规则大多建立在道德的基础上，法治的诸多制度和规范原本就是社会道德和社会关系的制度化和法律化。所以，传统中国的婚姻家庭法虽在古老的宗法关系下充斥着男权与父权的印迹，但因为传统中国的德与礼，它同样也满溢着人性的诉求。“道，所行道也”[①]，道是事物运动变化的规律或万物的本体。老子《道德经》又说：“德者，得也。”故道德是自然的和社会的客观规律内化为人的素质，在本质上是人类对自我生存与发展的一种规范、设计与引导，是人类自我实现和自我完善的方式。人类的这种自我实现与自我完善是一种自由的设定，本质上又是人类自我的内在的“自治”。这种“自治”是有意识的、积极的、自觉的精神与行为，是人类“向善”的理性实践。传统中国的婚姻家庭法对人性的诉求，就是人对处于自然和社会之中的本性与客观规律的追求，本质上是对自我生存与发展方式的规范。在中国古代社会，这种追求一方面体现于人性的“善”和自律。另一方面，中国古代将“德”的法治化，形成了中国特色的关于婚姻家庭关系的德礼规则。“德礼”规范，这是中国古代婚姻家庭法和婚姻家庭习俗的亮点和特色，也体现了中国古代法对人性“善”的关注。在法文化的传承上，反映了中国民本法文化的思想精髓，即人的生存与发展及其权利。

中国是中华各民族人民共同生活和发展的家园。在这个美丽、辽阔、多姿

①《说文》中将人行走的道路引申为事物运动和变化的规律，这种规律也成了万物之本。

多美的国土上，奔腾不息的长江大河，高山、峡谷、森林、草地、平原、丘陵、沙漠、湿地以及那蔚蓝的海洋、丰富的自然资源、多样化的环境，不仅养育了一个勤劳、勇敢、智慧的民族，也同时培养了这个民族对自然的敬畏、爱护，那种“天人合一”的精神。

第五节　民本法文化下的生态与环境

复杂的地理自然环境、多样性的气候及其丰富的资源，这不仅造就了我们伟大祖国旖旎的自然风光，也为中国人的生存和发展提供了基本的物质自然条件。自古以来，生活在这片国土上的中华各族人民，热爱国家、热爱家园，也热爱这片土地上的一草一木、一山一水。他们卫护着自己的国土，不断地改善自己的生活条件和生存环境，在“天道”和“天人合一”观念下重视对自然环境的保护，有着强烈的生态保护意识，形成了自己特有的民本视角下的自然法及环境保护的习惯。

道，是中国古代表述宇宙本源和自然规律的哲学概念和法文化观。在中国古代思想家中，老子是论“道”最多的。5000余字的《老子》，“道”就被提到70余次。老子的“道”有两种基本含义：一作为宇宙的本原，一作为自然规律。但老子在政治上主张返璞归真、清静无为，向往的是“鸡犬之声相闻，民至老死不相往来”[①]的桃花源。所以，老子的“道”主张无为。这种原始初民的“道”的状况，确有令人向往之处，可惜历史不会倒流，桃花源已经回不去了。管仲是杰出的政治家，也是杰出的法家。道，管仲也谈了不少。“道者，扶持万物，使得生育，而各终其性命者也。故或以治乡，或以治国，或以治天下”[②]，这种治乡、治国、治天下之道，最本原的最终的归宿，是要养育、保护和扶持人及世间一切有生命的万物，使其能够生存和发展，能够繁衍生命，各终其所。在具体的

① 《道德经》第八十章。
② 《管子·形势解》。

治理施为中，管仲更提倡了“爱之、利之、益之、安之，四者道之出，帝王者用之，而天下治矣”[①]的四道之说。“为人君者，倍道弃法，而好行私，谓之乱”[②]，“失天之道，天下不可得而王也”[③]，从管仲对国家治理的这些论述中，我们可以看到管子对治者的劝勉，对世间万物生存与发展权的关注。这种关注，体现于人及万物的生命，它的生存与发展。于人而言，这种道的运用要有利于国家富强、人民幸福。于物而言，万物皆有生命。爱之、利之、益之、安之，乃生命之道，自然之规律。

“天人合一”，这是中国古代思想中关于人与自然关系的经典命题。在原始社会，人智未开化之际，华夏先民把“天”视为有意志的神灵。最原始的“天人合一”观就建立在这种人与神灵的沟通上。到了东周时代，人们把天神化的作用渐渐淡化，开始转向人与自然的关系。后来的道家，视“天”为道，把天作为自然真理和自然法则的代表。故老子说：“人法地，地法天，天法道，道法自然。”[④]这就是一种自然而朴实的人与自然的关系。只是到了战国时期，著名思想家和道家学派的代表人物庄子，才首次对“天人合一”观作了比较系统的论述。在庄子看来，“天”就意涵了整个自然界，人仅仅是这个自然的一部分。所谓：“有人，天也；有天，亦天也。”[⑤]所以，人和自然在本体上是相通的，理应为一体。人与自然的隔离，是因人的文化、各种典章制度、道德规范及私利而造成。从而使人脱离了自然的本性，变得与自然不太和谐。而人应该顺乎天、顺乎于自然和自然规律，实现人与自然的和谐，将人的先天本性与自然相结合，回归自然，归根复命，“绝圣弃智”[⑥]。只有这样，人性才能解放出来。人重归于自然，也就能实现庄子的“万物与我为一”[⑦]的“天人合一”的绝妙境界。

在这种符合于“道”而又“天人合一”的绝妙境界中，人与万物一样，基于生命，求其生存与发展。这种基于生命的生存与发展之道，即“道法自然”的“道”。道法自然，则必“爱之、利之、益之、安之”，这就是中国独特的自然法观念，

---

①《管子·枢言》。
②《管子·君臣下》。
③《管子·形势》。
④《道德经》第二十五章。
⑤《庄子·山木》。
⑥《道德经》第十九章。
⑦《庄子·齐物论》。

法自然之道。这种对人对万物的“法自然”之“道”，伴随着历史的发展，也夯实了中国的以人为中心的民本法文化的思想基础，和对自然的敬畏与保护。

千百年来，人置身于自然之中，以人为中心的民本法文化思想，就自始至终设计和规范了中国人与自然的关系。这种关系出于道，归于“天人合一”的对大自然的“爱之、利之、益之、安之”。这就是中国古人最朴实和最朴素的生态与环境保护思想。

对大自然的敬畏与崇拜，这在古今中外都是有的。英国人类文化学家泰勒就曾说过：“自己被保护教会了人把太阳、月亮和星星当作人格化的生物来崇拜，并向它们祈祷。”① 人类将自己赖以生存的一切动植物、气候现象、自然变化都加以神化、人格化，对它们顶礼膜拜，敬畏和尊重，这是世界上一切民族的本能反应。“万物有灵”，所以要“爱之、利之、益之、安之”，在中国就有了“天人合一”的思想，就有了人类的最本性的自然敬畏与崇拜，有了最本质的生态环境保护的意识和最基础的环保行为。

人类最初的对自然的敬畏与崇拜，本源于人对自然神灵的恐惧，害怕自己的行为惹怒神灵而遭到报复。所以，人类对自然敬畏的初衷是求神的保佑，然后才发展到人与自然融为一体的思维，人与自然的和谐共处、共生。因由此，诸多自然资源和环境保护的最朴实的习惯法就产生了。比如在打猎时留母留幼，采集果实时会部分留种，采草药时会在地下留根并撒些米，以示自己和土地神的交换等。这些朴实的对自然和环境的敬畏，常常会演化为民间的传说与神话。在中国文化中，山有山神，水有龙王，林有林怪，花有花仙，地有土地，五谷杂粮皆有神管。几乎是处处有神，步步皆仙。每逢春种秋收，水旱虫灾，人们都要举行一定的仪式，祭祀各类大仙神灵，以求保佑。这些祭祀活动，有的就发展成为地方习俗或民族节日。如在中国的原始社会末期，尧将天子位传给舜。舜感谢尧对他的信赖和重托，以及尧对平民百姓的关心和爱护。便选了一个日子，每年都带领部属祭告天地和先帝尧。而舜在位时，也像尧一样，关心百姓，处处为民办事，十分受人爱戴。人们为了纪念舜，便把祭告天地和尧的那天当作一年最重要的发首之日。发首即开始，开始即第一。太阳从地平线升起，即一日之始。太阳为日，地平线像线“一”，太阳从地平线升起就组成了一个象形

① ［英］爱德华·泰勒：《原始文化》，连树声译，广西师范大学出版社 2005 年版，第 300 页。

字“旦”。元为年之始，也为日之晨，人们就把这天作为一年之首，叫正月初一，也称为元旦，即新年开始的第一天。1912 年，当时的民国政府把春、夏、秋、冬定为四季，元旦为春节，端午为夏节，中秋为秋节，冬至为冬节。正月初一就有了春节之称。1949 年 9 月 27 日，中国人民政治协商会议第一次会议通过使用“公元纪年法”，正式规定阳历的 1 月 1 日为我国元旦，阴历的正月初一为春节。春节就成了中国人祭祖、祭神、祭天地、迎亲拜友、阖家团圆的重要节日，有了迎春接福、五谷丰登的祭祀活动。在这一天里，人们会有戏龙耍狮、舞虾弄蚌、鞭春牛、贴窗花贴春联、送财神、拜土地等一系列活动，表达了自己对天地和自然的敬畏，并祈求风调雨顺，来年丰收。其实，在中国人的许多民间节日里，都有这种对自然对环境的敬畏、祈求保护的意志与行为。这些意志与行为不仅表现在节日的祭祀活动中，也表现于人们的日常生产与生活之中。

贵州是一个多山的省份，许多地方密布着森林。森林是几乎所有的陆地生物的乐土，也是陆地生态系统的主体。从很古的时代开始，人们就已意识到保护森林就是保护人类自己的家园。在贵州黔东南州的锦屏、黎平、榕江、天柱一带，自古以来就是层峦叠嶂、纵横千里的大林区。早在明初，朝廷就在这里征派“皇木”。而生活在这里的苗族、布依族同胞也深知森林对人类的重要，信奉“山青水秀，地方兴旺；山穷水尽，地方衰败”的理念，一边靠山吃山，采林伐木；一边又植树造林和封山育林。在锦屏县的“清水江文书”中就至今保存了大量植树造林、山林登记和林木交易、保护的契约文书。在许多林区路口，现今仍可看到用石碑或木牌竖立的封山育林公约，标明了四至界限和具体条款、严禁内容和封山时间等。苗族先民早就知道“封河才有鱼，封坳才生草，封山才生树”的道理，创制了一系列生态保护的乡规民约和习惯法。贵州是山地省，许多地区山高林密，森林资源丰富，这也是人们历来重视植树造林、保护绿色植被的结果。

另一方面，中国又是一个水资源相对贫乏的国家。水在中国往往被视为圣洁之物，不容亵渎。特别在中国北方地区和如贵州这样的山地省，历来就有缺水的困扰，水资源的匮乏严重地影响了人们的生产和生活。因此，保护水源，清洁河流在中国各地都有不同的乡规民约与习惯法。如在贵州许多地区，有禁止在水源地杀生、清洗污物；禁止向水中倾倒垃圾；禁止在水源地大小便、修建厕所或牲畜栏棚；溪沟以及河流不能使用毒药捕鱼等习惯法和公约禁忌。如有违反，会受到各种处罚，如罚款、罚粮、劳役等，有的地方甚至会向破坏水源的违犯者灌茶枯水。在许多乡村和民族地区，还把水源与生活用水分开，如云南丽江的“三眼井”就是典型代表。有的地区为保护水源清洁，规定了不同的用水时间，一般是先取饮用水，然后才能用于洗菜和洗衣物等。除保护水源外，中国是水利建设开发最早的国家之一。大禹和大禹治水是中国古代最早的水利史记录。成都的都江堰和广西的灵渠都是古代著名的水利工程，至今仍在发挥重要的水资源利用和开发的作用。中国许多地区，都会对修建堤坝、防洪护城的有功人士刻石表彰。如晚清黔江知县张九章历时五年，修建堤坝，使黔江“雷霆不惊，暴雨无虑”。黔江百姓为感张公执政为民之德，立“张公万柳堤德政碑”，并书“保障黔黎”，以记其事并表其功。[①]

在敬畏自然，与自然和谐相处的岁月里，中国各地都有爱护野生动物，善待人类朋友的习俗。贵州也不例外。在黔西北、黔东南、黔西南的许多地区，各族民众对居住在村寨周围的鸟类和一些珍稀动物，常以“草标禁约”的方式，严禁捕杀和伤害。在农耕时代，因为自然资源的地域性，人们也常常“靠山吃山、靠水吃水”。一些以渔猎为生的民族，在进行渔猎活动时也会有一些习俗和禁忌。如前面说到的“留母留幼留种”和在动物繁殖期间禁止渔猎活动的习惯和规定。

中国古代没有环境资源保护法，环境资源保护的意识也大多体现于对自然的敬畏，对神灵的敬畏和对自身的保佑。其保护环境资源的思想和行为，主要表现为乡规民约与习惯法。这些乡规民约与习惯法当然不具有现代环境资源保护法的科学性、严密性和系统性，但却世世代代为中国的各族人民所遵守。其中的核心价值，是人类在充分及合理利用自然资源的同时，要保护和维持环境与资源的自然平衡。从而实现人与自然的和谐共生，保证自然资源的再生及存续利用，最终地实现“以民为本”和“天人合一”的中国观念。从中国民本法文化的思想观念出发，我们可以看到这种古老的“以民为本”和“天人合一”的环境资源保护观及其行为的法文化特征：

环境与资源观念和行为的社会性。以民为本和天人合一的环境资源保护观是人与自然的矛盾与和谐的统一。人要生存与发展，需要对自然资源的充分利用，而自然资源却表现了既丰富多彩而又有限和脆弱的两重性。人对自然资源的无限追求与自然资源的有限和脆弱是人与自然的主要矛盾。这种矛盾是社会性的，

① 《黔江县志·张九章》。

非一人一物能予解决。所以，自古而今的环境资源保护法都具有社会法，体现了人类的需求与自然的矛盾，体现社会大众的共识与行为。这种共识与行为的基础是人必须与自然和谐共处。环境保护了，人类才有自己的家园；有了自然资源的永继和创新，人类才能不断地发展。这种共识和行为是社会大众的共同认可，也必须由社会大众来共同遵守、共同行为。古代中国，这种环境资源保护的共识与行为大多体现于社会契约，由地方社会的乡规民约与习惯法来规定。这也是古代中国关于环境资源保护的社会性的特色。

环境与资源观念和行为的民本性。以民为本，这是中国法文化的根本原则和核心价值。同样地，中国古代环境资源保护的基点也是从民生出发，以民为本。在与自然的相处和不断地斗争中，人类是出于自然、根在自然。所以，人类的生存与发展离不开自然的生存与发展。人的衣、食、住、行及人类生存与繁衍的一切民本之需，自始至终离不开美好的自然环境和资源的不断丰富与多样。故此可知，也由此可见，中国古代朴素的环境与资源保护观念与行为，常常都是从民本出发，体现于习俗与契约。这样的行为，既能满足人对自然的长久需求，又体现了人对自然的敬畏和人与自然的和谐。

环境与资源观念和行为的综合性。自古而今，环境与资源保护法的调整范围和对象，无论从空间和地域而言，都比其他部门法广泛得多。其次，它所调整的社会关系也十分复杂。人类生存与发展的各个领域，从生产、流通到生活，都与环境和资源的开发、利用、保护有关，涉及人与环境、人与自然资源、人与人、人与事和人与社会等方方面面。古代贵州的“清水江文书”，从林业种植、养护、砍伐、贸易、运输到制作等各方面，面面俱有。在调整方式上，有山林登记、契约、账册、乡规民约、官府告示、调解协议、碑刻等不同形式，涉及租赁、买卖、典当、继承、分家析产、婚姻嫁娶等广泛领域。从中，我们可以看到古代中国环境与资源保护法文化的综合性。当代中国的环境与资源保护法，其调整范围与调整对象，比传统社会就更加丰富、更加广泛，更涉及人与自然的方方面面了。

环境与资源观念和行为的技术性。环境与资源保护的法文化不仅具有综合性，也具有各种技术性。姑且不说现代环境与资源保护法涉及大量的现代技术规范、操作规程、环境标准、污染处理的各种工艺技术要求等，就是在技术低下的古代也是一门高超的技术活。这种技术活在农田养护、山林种植、水利建设、禽兽养殖及若干环境资源的保护方面都存在许多技术标准与操作规范。可见，从古到今的环境与资源保护法都是技术性非常强的法律部门。

环境与资源观念和行为的共同性。人类生存的空间是相通相连并无自然界限的一片天地;人类对资源的需求也是共同共有、相互补充、互通有无的。因此,环境与资源的问题历来就是人类共同面临的问题。正如一条河流,上游污染了,下游也必遭殃;下游的鱼儿遭罪,上游也必无鱼产卵。环境与资源的问题,历来需要不同地域人们的交流与合作。古代中国对水源及河流的利用和保护,常常就采用上下游之间协商立约的方式,以共同利用、共同保护为主。在环境与资源保护的法令中,也较多地涉及生产、生活、管理、资源利用和相关技术等方面的问题,也需要各部门之间的协调与配合。

当然,中国古代社会由于生产力比较低下,那时的环境与资源问题主要是因农牧渔业生产所引起,对森林、土地、河海及动植物等自然环境和资源的开发、利用和破坏,以及人口集中的城镇居民在生活消费中造成的局部环境污染。为了防止农牧渔业生产对自然环境和资源的破坏以及人口集中造成的局部环境污染,中国古代颁布了一系列的律令,并设有专职的官吏予以管理。但那时的环境与资源保护还仅仅停留在对自然的敬畏和对生存与发展的渴望上,是一种朴实的带有人类本质需求的观念和行为。这与当代环境与资源保护的人与自然的共生生物圈、生态系统、生物链、循环资源利用、大数据环境与资源保护等观念与行为相差甚远。但中国古代关于环境与资源保护立足于人,以民本为基本原则,永求人与自然环境的共生共存、共同发展的思想却是弥足珍贵的,值得学习和继承的,也应该成为当今环境与资源保护立法的核心价值观之一。

结 语

中国传统法律之道即民本之道

中国正在崛起，中华民族也正以走来之初心和未来之理想实现着伟大的复兴。在国家崛起、民族复兴的伟大进程中，中国道路、中国经验以至于中国模式，早已成为海内外热议并争论不休的话题。中国向何处去？从回归“纯粹”的社会主义到全盘私有化的资本主义；从倡导新权威主义到与之截然对立的新自由主义；从要求人们都成为“经济人”，实现利益最大化，到努力保障人人都能自由、平等而全面地发展；从法律至上、推行宪政的“公平”“正义”，到德法合治、基于社会和谐的“正义”与“公平”，如此等等，似乎都有一定的道理。我们正生活在一个丰富多彩，多元而又相对独立，活跃而又相对固执的时代。

也正因为如此的多元与活跃，法治和依法治国才比任何时候都显得更为重要。法，自古于今，世之万国，无不举之为治国重器。百余年来，中国、中华民族及中华文明所面临的挑战，主要就来自于西方列强的“坚船利炮”和霸权文明的侵蚀。一次次的战败，一次又一次丧权辱国不平等条约的签订。中华五千余年的文明面临如此沉重的冲击与巨变，让中国的社会精英及草根大众一度陷入迷茫，对自己的文明也不再那么充满自信，总觉得自己万事不如人。人们怀疑自己所走过的路，对自己的历史文明不断地批判，不断地找错纠错，不断地革新。一代又一代的志士仁人，从林则徐、洪秀全、曾国藩、张之洞到康有为、严复、梁启超、孙中山、章太炎、蔡元培，再到陈独秀、李大钊、胡适、鲁迅，最后到毛泽东、周恩来、刘少奇、邓小平等一代共产党人，教育治国、科学救国、实业救国、宗教救国、革命救国及那些投身于各种救国建国事业的芸芸众生。他们都曾热心地向欺压自己的列强学习，远法于欧美，近学于东洋，或效法于苏俄，力图从他们的强盛中找到富国强兵救中国的良方。一百多年来，经过多少次的试错，又历经多少岁月的磨难，在成功与失败、喜悦与悲泣的反复实践后，中国人终于明白了一个道理：我们可以学习任何国家的先进文明甚至失败的教训，但别国的成功不能替代自己的成功。对我们这样一个有着悠久文明和悠久历史的巨型国家、巨型民族而言，中国、中华民族、中华文明的发展及对未来的思考，都必须垂重于自己的历史文明，以中国人的角度，独立的思考、独立的探索，要在继承自身悠久文明和向一切优秀文明的学习中，走出一条适合自己国情的中国道路。

走中国自己的路，走具有中国特色的社会主义之路，这就是历经百余年的失败和成功，从经验与教训中寻找到的中国道路。马克思和恩格斯在《德意志意识形态》中说过："历史不外是各个世代的依次交替。每一代都利用以前各代遗留下来的材料、资金和生产力；由于这个缘故，每一代一方面在完全改变了的环境下继续从事所继承的活动，另一方面又通过完全改变了的活动来变更旧的环境。""历史的每一阶段都遇到一定的物质结果，一定的生产力总和，人对自然以及个人之间历史地形成的关系，都遇到前一代传给后一代的大量生产力、资金和环境，尽管一方面这些生产力、资金和环境为新的一代所改变。但另一方面，它们也预先规定新的一代本身的生活条件，使它得到一定的发展和具有特殊的性质。由此可见，这种观点表明：人创造环境，同样，环境也创造人。"马克思和恩格斯的一生，都是在历史的风风雨雨中，不断地探索历史，寻求历史发展的规律和人类的道路。也正是这种不断的探索和追寻，人们才发现历史的发展与人类生产力发展的关系，以及人类生产力对历史发展与进步的调整、改变及推动作用。这种作用，因生产力的继承和发展，也推动了历史的继承和发展，社会的同与不同。每一个社会都在走自己的路，就是在积极地"利用以前各代遗留下来的材料、资金和生产力"，在"完全改变了的环境下继续从事所继承的活动"，再"通过完全改变了的活动来变更旧的环境"。但这种变更总是有限的，因为历史上各朝各代遗留下来的"一定的物质结果，一定的生产力总和，人对自然以及个人之间历史地形成的关系"，已经"预先规定新的一代本身的生活条件，使它得到一定的发展和具有特殊的性质"。

从各国历史发展的轨迹和中国道路的发展进程，我们可以真实地看到马克思和恩格斯以上认识的客观性和真理性。几千年的中华文明，本来就是一个具有原生性、地域性、独立性和自成体系的文明。在历史研究的领域，有以民族国家为单位和以文明为单位研究的两大体系。如以欧洲而论，各民族的长久分散、融合与混居，就导致了许多欧洲民族国家无法独立地叙说自己国家的历史。英国历史学家汤因比就主张将历史放在一个更大的即文明的视野上来研究，分析与比较。在汤因比的十二卷本的《历史研究》中，曾列举了古中国、埃及、苏美尔、米诺斯、安第斯、玛雅、赫梯、巴比伦、古印度、希腊、伊朗、叙利亚、阿拉伯、中国、印度、日本、朝鲜、拜占庭、俄罗斯、墨西哥、育加丹 21 个成熟的文明。前 6 个即古中国、埃及、苏美尔、米诺斯、安第斯、玛雅，这是原生性的第一代文明，后 15 个是由第一代文明衍生而出的第二代文明。另还有波利尼西亚、爱斯基摩、斯巴达、奥斯曼和游牧文明 5 个中途消失或融入了其他文明的文明。

从原始人类算起，6000 余年的人类文明史，只占人类历史的 2% 不到。因而，所有的人类文明都几乎是同时发生的，具有同时性；各种文明的产生和发展，又与其所处地理环境，以及人类为了自己的生存不断面对环境的“挑战”和“应战”而产生的生存与发展。所以，各种文明都具有地域性；而人类 6000 余年的文明史，与人类社会看似久远无涯的未来和对美好生活的无限追求，都显得那么短暂和微不足道。因而，所有的文明从哲学的角度来说都具有无穷发展的空间，在哲学上都具有等价性。

实际上，对人类文明的任何学习与研究，都离不开人类文明的同时性、地域性和等价性。当然，对中华文明的继承与创新，也要基于人类文明的同时性、地域性和等价性。

汤因比正是从以上视角出发，将处于世界东方的中华文明划为原生性的文明。这个文明是与世界其他文明同时发生的，与世界其他文明具有同时性；但它又发生在世界的东方，与世界其他文明相比就具有了地域性；相比较人类文明发展的无限前景，中华文明与世界其他文明都是等价的独立文明。中华文明是人类文明体系中自成一体的最优秀的文明之一。

在中华文明与世界其他优秀文明的相比较中，文明之间的同时性、地域性和等价性，也让中华文明在不断与其他文明的相互学习、相互交流中取长补短、存优去劣，在不断地相互影响和相互融合中自成体系，历千百年而不变。中华文明的这种独立性和体系性，表现于语言、文字、思想、哲学、文化、艺术、道德、法律、行为和物等各个方面。传统中国法律，作为中华文明的一支，既是国家永固和中华文明永续的支撑力量，又从中显示了中华文明的独特性、独立性、体系性和优质性。所以，传统中国法律，自古而今都是中华文明最重要的表现之一，也是世界法律体系中独成体系的优良法系之一，叫中华法系。就法的体系而言，世界上任何法系都来源于实践、体现于实践和作用于实践。而这实践的精华，又表现于人的思想。任何人的思想都来源于实践，又作用于实践，是行之有效的实践的提炼。而人的思想中，最能体现人对实践的思维，而反作用于实践，从而优化人类的生存与发展能推动人类社会进步的本体，就是人类思想中关于实践的原则和实践的价值。就此而比较中西方优秀文明的思想本体，因其产生和发展的地域性而显得不同，又因其社会实践的同时性及认识的等价性，使中西方文明各有其优又各显其短。

这种起源于人类不同社会实践的思想本体，表现为人类思维的根本原则及其核心价值观。在此方面，中西方的表现是不同的。中国古代思想体系的根本原则是以民为本，其核心价值包括了国家的大一统、家国同体、天下为公、德施普也、中和达道、义利相宜；西方思想体系的根本原则是个人至上，也因此而有了被称为“普世价值”的民主、自由、平等、人权等。中国古代法律体系与西方法律体系的各长各短也因此而来。

价值因原则而生，社会的核心价值也出自于社会原则特别是社会根本原则的指导与润育。无论西方或中国古代，其社会的根本原则和核心价值都出自于当时的社会生活和社会治理的基础环境。在西方资本主义兴起的初期，新兴的资产阶级出于资本逐利的需求，从一开始就不断地挑战当时的皇权专政。这是因为资本只有在市场的流通中才能逐利和增值，资本的增值也需要资本的自由流通。所以，自资产阶级产生以来，其高举的旗帜就是向皇权要求民主、自由、平等和人权。但这些民主、自由、平等和人权的诉求，又都始于资本逐利及其增值的需要。说简单一点，就始于个人利益与个人欲望的需要，基于个人的目的。从历史和经济发展的角度而言，这些诉求直接推动和结束了几千年来封建特权的统治，也同时冲垮了宗教神权的种种禁锢，解放了历史上不断地受到鄙夷的个人利益和个人权利，极大地鼓励和调动了人的积极性和创造性，又高度地推动了社会经济的发展，推动了历史的进步。故此可言，这些建立在个人主义原则上的“普世价值”，不仅在推动资本主义的建立方面立功巨伟，就于今日而论，它在推动社会进步和历史发展方面仍具有深远的影响。

由此可见，资本主义的发展是建立在个人主义和个人至上的原则上，是资本逐利和增值及市场经济发展的结果。又正如任何事物都有其两面性，都是矛盾的统一体一样，个人至上，又常常把个人利益置于集体利益之上，把个人权利置于社会权利与国家权利之上。在发展市场经济，提升资本效率，推动经济发展和社会富裕的同时，它所激发的致富冲动又会让个人的贪欲不断地侵渔社会，危害他人。物欲化了的自己，常常会自觉或不自觉地坠入个人至上和拜金主义的牢笼。于是，人与人之间的相互侵害和对立加剧，社会的贫富差距和社会的不公正会进一步拉大，社会族群分化，社会不断地撕裂，从而又会引发严重的社会对立、社会动乱或社会革命。反过来，又阻滞了社会的进一步发展。历史上，个人至上和市场经济的汪洋恣肆也曾泛滥成灾，殖民统治、贩卖黑奴、掠杀土著居民、两次世界大战、经济危机、阶级斗争、黄赌毒、黑社会……人类历史上的若干不幸与苦难，莫不与此相关。

所以说，西方的发展最终是个人至上及其市场经济和资本逐利的结果，由此而产生的社会效率，也是社会生产力提高和社会资本化的必然。资本的生产和社会的资本化是资本主义社会的经济基础。正如马克思论述的那样，经济基础决定上层建筑。民主、自由、平等、人权等一系列西方个人至上的价值观，虽早自奴隶制的雅典城邦时代就已经产生，但一千多年来它一直被西方社会所摒弃。直到 17 世纪末和 18 世纪初，因为资本生产和资本主义发展的需要，资产阶级才把它重新祭出，并以此作为与皇权专制斗争的武器，作为市场经济发展和资本逐利的社会重器。又伴随资本主义经济基础的完成，走上社会舞台中心的资产阶级才慢慢地把它重新包装，刮去个人至上和资本逐利而沾染上身的斑斑血迹，抹去了历史的记忆，成为人们挂在口上的“普世价值”。

通过这些，我们依然可以看到，一个国家如以个人至上为社会的根本原则，以资本逐利为社会发展的动力，它所具有的进步性和它的破坏性都是共同存在，也同样表现于社会的。

而在本书中，我们将“以民为本”作为中国古代社会的根本原则而加以论述。当然，中国古代的民本思想具体起源于何时何地，现已无从考察。《尚书》是我国第一部记录虞、夏、商、周各代历史文献，追述上古历史事迹的经典著作。在其《五子之歌》中曾说道：“民惟邦本、本固邦宁”。这或许是中国人最早记载并唱得最响的民本之说。国家以民为根本，这个根本牢固了，人民就会幸福，国家就能富强，社会才能进步。中国的哲学以道为根基。“道”是天生万物的自然规律，“道者，扶持万物，使得生育，而各终其性命者也。故或以治乡，或以治国，或以治天下”[①]。可见，中国古代先贤是把“道”作为扶持万物，使其

①《管子·形势解》。

能够生存与发展的自然之规律。于万物之扶持，就要“爱之、利之、益之、安之，四者道之出，帝王者用之，而天下治矣”①。而这其中，人是自然之主，乃万物之灵，故万物的扶持，应以人为本。于国家而言，就是要以民为本，爱之、利之、益之和安之；于君主而言，就是要以民本为治乡、治国、治天下之大策，本固邦宁，则天下治矣。可见，在以万物之法则为中国道的核心体系中，民本为根本之原则。

在中国古代的法学大家中，韩非子是集大成者。战国时期，七国争霸。韩非子是战国后期的韩国人，韩国宗室成员，曾与李斯等人求学于荀子门下。故韩非子的法学理论大多根植于荀子的“性恶”论，认为人与人之间的关系都是利害关系，人心无不“畏诛而利庆赏”。所以，国家应以德法并治，使民畏威而归利。民被爱之、利之、益之和安之了，则本固也，邦宁也。韩非子承认道的普遍性，因为“道者，万物之始，是非之纪也。是以明君守始以知万物之源，治纪以知善败之端”②。所以，一个贤明的君主应该“以民为本”，以民本为国家治理之大策。“圣人之所以为治道者三：一曰‘利’，二曰‘威’，三曰‘名’。夫利者，所以得民也；威者，所以行令也；名者，上下之所同道也。”由此可见，中国古代法家以道为自然法则，以道来治国理天下。而这道的自然之法，其根本的原则和基准就是“民本”。以民本为治国理天下的国策，其基点是要利民，从满足民的生存与发展的需求入手，让民有成就感和幸福感。只有如此，人民才会拥护你；于是，你就有了民授予你的权力，就有了组织政府，出策行令，治理国家的资格和能力。你就有了威望，有了民对你的信任和委托，你也就有了执政的合法性。至此，君与民同道而守法，上下同道则国家治矣。秦汉之后，儒学渐为中华文明的主流。在儒家思想中，又何谓道？道有二者，一是治国理政的道，即施仁政。“道之以德，齐之以礼，有耻乃格”，依孔子之说，治国之道就是忠恕、仁义、德礼；一是作为治者之道，即所谓君子之道。孔子说：“君子道者三，我无能焉：仁者无忧，智者无惑，勇者无惧。”他在推许子产有君子之道时，又说“其行己也恭，其事上也敬，其养民也惠，其使民也义”。可见孔子对治者的要求是：德品高尚、智勇皆全、笃敬守道、惠民仗义、以天下为己任。这个标准是很高的。治国理政之道与君子之道，两者虽有区别却又是统一的。治国理政要行仁政，治者及管理者要是仁德之人，二者皆要统一于国家的政治

①《管子·枢言》。

②《韩非子·王道》。

思想、制度和规范之中。国家的仁政，治者的仁德，二者的基础都是人，都要落实于人心之善和行为的德与仁。将仁政与仁德，将人的善、德与仁都统而视之，于国家、于社会层面就表现为“以民为本”的思想和原则；于民而言，表现了人与人之间的亲善、诚信、公正、平等与和谐，表现了人的立德、立言和立行。

中国古代社会正是从“民本”出发，将民本作为社会生活与国家治理的根本原则和行为规范。从而在传统中国的漫长的历史实践中，演绎和形成了独具中国特色的核心价值观，这就是:国家大一统、家国同体、天下为公、德施普也、中和达道、义利制衡等。这些在民本思想指导下的核心价值观，通常又表现为中国古人的仁、义、礼、智、信。西汉董仲舒提出“独尊儒术”后，又于《天人三策》中说：“仁、义、礼、智、信五常之道，王者所当修饬也。”中国古人，之所以将仁、义、礼、智、信称为“五常之道”，是因为“常”表述了一种永恒不变之义。后来，“五常”就成了中国传统社会不变的精神信念和行为规范，成为中国古代思想的核心价值和行为规范的基本准则。

但无论是国家大一统、家国同体、天下为公、德施普也、中和达道、义利制衡的核心价值观，或是仁、义、礼、智、信的精神信念与行为规范，在本质上，它们都是以民本思想为社会的根本原则，及由此原则演绎而出的价值体系或行为准则。这些原则和价值，又从根本上表达了中国人自古迄今的族群意识，即家国意识、天下意识和由此而生的责任与担当。

这种群体性的家国意识和以天下为己任的责任与担当，是中国自伏羲、神农、黄帝等神祇传说时代就已有的。那时的中国，尚处于部落文明的初期。伏羲是中国人的文化始祖。他熟知自然规律，发明了八卦，让人们学会去认识自然。教会人们用火及织网捕鱼。又让人们学会以符号记事，引导人走出了杂婚时代，制定了原始的婚姻制度；神农则是中国最古老的农畜牧业家和医学家，他遍尝百草，又撰写了人类最早的医药巨著《本草》，教会人们种植五谷杂粮，训养家畜，是中国传统农业和医药业的始祖；纪元前 27 世纪，一个由酋长姬轩辕带领的有熊部落在今天的河南新郑一带兴起，这就是黄帝。在中国历史上，黄帝与蚩尤、炎帝一起，都是中华儿女的始祖，是中华民族的创始人。从文明发展的角度而论，黄帝更是中华文明的主要奠基人。黄帝时代是中华农耕文明主要完成和贡献的时代，也是国家一统，国泰民安，人民生活稳定和进步的时代。正是因为中华民族的这些先祖，他们的创新、为民、立国之精神，也逐渐成为中国古人的共识，最终演变为“以民为本”的思想及社会的根本原则。在这种思想和原则的影响下，国家大一统、家国同体、天下为公、德施普也等社会价值观念也渐渐萌生。中华文明的基础，大至社会制度，小至日常生活所必需的点点滴滴，许多使传统中国及世界历史不断前进的创造和发明都起源于黄帝时代。正因为黄帝对中华文明的这些伟大贡献，从历史一直至今，中国人都以“黄帝的子孙”而自居自豪。以后，又历经了尧舜禹的禅让与励志图强，春秋战国时的百家争鸣，秦汉、隋唐、两宋、元明清等不同朝代的不断进取和发展，中华文明终成世界文明史上历史最为悠久而源流踪踪不绝的优秀文明而传承至今。

与西方文明的社会原则与社会价值是基于个人主义及个人至上而不同，中国古代社会的根本原则和核心价值都是建立在族群根基上的群体主义。正是这种群体主义的思想观，才有了“以民为本”的社会根本原则和国家大一统、家国同体、天下为公、德施普也、中和达道、义利制衡的社会核心价值，及其仁、义、礼、智、信的精神信念和行为规范。这种由群体主义衍化而来的国家大一统、家国同体和天下为公的原则和价值，既是保证中华文明的久长久远和社会进步的根本，也是保证中国社会的稳定与发展，人民能够安居乐业的基础。

当然，与任何事情都具有两面性一样，群体主义的思想和行为也常有自己的不足与弊病。其最大的弊病就恰恰是群体对个人权利的伤害。自古以来，中国人都满怀着家国情怀和天下为公的理想。一方面，这种理想的实践，确实保证了中华文明的延续和中国国家的进步；另一方面，社会又容易以国家的名义侵犯个人权利。有些时期的君主，也会将朕作为国家的唯一代表，从而推行了帝王专制，大大侵害了民利民权。在中国历史的进程中，虽有“以民为本”的治理原则和分权与权力制衡的制度设计，但在个人利益的曲解和侵蚀下，家国至上的原则常常会被人利用，成为加强皇权和官僚统治集团权力的工具。这也是中国历史上，时不时出现专制统治的主要原因之一。家国至上与个人权利之间的矛盾，始终是中国传统社会挥之不去的难解之结。

人类的历史，弹指即过。特别是近现代以来，中国社会是在西方大炮和文化的冲击下，跌跌撞撞地走入世界，迈入现代的。因为技不如人，挨打受骂，割地赔款成了常例。所以，中国的若干社会精英也将目光转向了“打人的强者”。在“救亡图存”的感召下，向西方学习，不仅学习了西方的器具和利炮，也学习了西方的文化和制度。自此以后，西方的个人主义及其民主、自由、平等、人权等一系列价值观念，也就随着西方的“大炮与黄油”，伴着传教士喃喃的祈祷和留洋海归的步伐而传入中国。

纵观近现代以来，西方文化对中国的影响，经济与法律是流入中国最早也是影响最深的社会学科。与任何系统的科学学科都有其基础理论一样，法理是法学之理，是法律科学的基础理论。而在法理学中，法律原则和法律价值又是理中又理。一切法律的基础理论或所有的法律规则，宪法、民法、刑法、经济法、行政法等法律规范，实体法或程序法，无不是在法律原则和法律价值的指导与规范下予以制定、执行和实践。也正因为世界各国的历史情景不一样，历史发展的路程也各不相同，各个国家的法律原则和法律价值有名实相同的，也有名不同而本质相同的。但各个国家又都有极具本国特色而又别于他国的社会原则和社会价值。这些不同的社会原则和社会价值应用于法学，也就构成了不同的法律原则和法律价值，构成了不同特色的法理和法律体系。

本书正是基于传统中国社会的根本原则和社会价值，从贵州出发，以贵州古代社会的治理实践为样例，学习和探索传统中国的法律实践，又尤以内含其中的法学之理为重。但本书对中国古代法理的探讨，主要是从法学和文化学的双重角度，试探着了解和摸索中华法系的根本原则和核心价值，它的形成机制、环境、优学点及其弊端，它与西方法学的法律原则和法律价值的比较，它的司法实践及对当代中国法治的影响等。

正是通过这一系列的摸索和比较，让我们对不同国家的政治传统和国家治理实践有了初步的了解，也更清晰地认识了传统中国法的根本原则和法律价值，这一传统中国的法理之理，并将之归纳如下：

人类的品性是相同的，他对社会的需求也是共通的。所以，人类治理社会的思想和手段也有若干相通之处。正如塞缪尔 · P. 亨廷顿在《变化社会中的政治秩序》中所认识的那样：“各国之间最重要的政治分野，不在于它们政府的形式，而在于它们政府的有效程度。”也就是说，政府的形式不区别于“民主”与“专制”，而政府的合法性却取决于它是“为了谁”及其治理的有效程度。纵观世界上的所有国家，无论是共和制、君主制、君主立宪制、联邦制，或是多党选举、竞争而出，或是一党执政、多党合作，其国家治理的思维和方式不外乎以下三要点：立国行政的目的，为了谁，又依靠谁；国家治理所要实现的目标；国家治理的基本方式及执政的效果。

立国行政的目的，既是国家成立的宗旨，也是国家成立所要解决的问题。但立国行政的目的又是多元的、多样化的，涉及政治、经济、社会、军事、民生等多个方面。而在其中，国家成立和执政的目的是为了谁，又依靠谁？这是立国行政的首要问题，也是国家政权合法性的根本所在。为了谁，依靠谁？是为了一人一家，一个由少数精英组成的社会阶层；或是为了占人口最多数的国民，是为了人民，这是国家性质的所在，也是国家政权合法性的所在。为了一人一家的政权，是皇权政治。而为了少数社会精英阶层的政权，无论其采用何种政权形式，其与君主政权一样，都是国家少数人对大多数人的统治。在政治学上，国家专制与国家民主的本质区别，其根本性在于国家政权是由少数人执政或是实行了“人民统治”。国家由一人一家或由少数人统治多数人，这在本质上就是专制的。所以，国家政权无论采取何种形式，是否经过多党选举，只要是少数人对多数人的统治，在本质上都或多或少地带有专制的特色。只有实行“人民统治”的国家，即国家的统治代表了最大多数民众的意志，人民当家做主，是为人民谋利益。这样的国家统治才具有了合法性和正当性。这就是国家立国行政的目的。国家立国行政是为了谁，依靠谁的问题，这是本文的主题，即国家“以民为本”的问题。

国家为了谁，依靠谁，既是国家立国行政的目的，也是国家政体建设之所在。国家以民为本，国家政权为民本政体。民本之观念，虽起于周，但在中国历史上，“以民为本”的执政思想却是随着政体的建设逐步发展而成。如夏商两朝，国家提倡以德治国，其政体主流可勉强称为“德政政体”；周以礼治国，也暂称为“礼政政体”；秦却是依法治国的“法政政体”。真正的“民本政体”应起源于春秋战国时期的齐国。齐国在管仲执掌相印时，大力倡导了“以人为本”和“人民至上”的执政思想。《管子·霸言》中说：“夫霸王之所始也，以人为本。本理则国固，本乱则国危。”人是国家的本，是国家最根本最基础的要素。又如管仲在《管子·五辅》中所说的那样：“人不可不务也，此天下之极也。”极是至上、终极的表达。这句话有两层意思：一是，人为天下之极，也即以人为上；二是，为人服务，乃天下事务之极也。一句话，最终地表述了现代意义的人民至上，为人民服务的立国行政的终极目标。管仲的“以人为本”“以人为上”的执政思想，在与齐桓公的一次问答中说得更加明白，更是清晰。齐桓公问管仲曰：“王者何贵？”曰：“贵天。”桓公仰而视天。管仲曰：“所谓天者，非苍苍莽莽之天也。君人者以百姓为天。百姓与之则安，辅之则强，非之则危，背之则亡。”[①]

① （汉）刘向：《说苑·建本》。

“以人为本”，“君人者以百姓为天”和“人不可不务也，此天下之极也”。管仲的这三句话，完全明白地表述了国家立国行政的目的：即要以人为本，以百姓为天；以人为上，以服务人民为立国行政的终极目标。

在为民，服务于民的思想上，“以人为本”超越了民本思想的“以民为本”。但“以人为本”的根基依然是“以民为本”。民本思想的主题是“民贵君轻”。民是与君王、贵族和官吏分立的概念，在社会身份上有等级差序。但君的执政基础是民，要“以民为本”。而对“人”来说，民、君王、贵族、官吏等皆是人，虽有身份之别，但在人格上，在人的权利上却没有高低之分，都是自由平等的。故管仲说：“君臣上下贵贱皆从法”[①]，即“法律面前人人平等”。

正是因为管仲的开创，春秋齐国成了中国历史上第一个以人为本、顺应民心、德法并治的民本政体。这个政体以民为本，在国家治理的目标上，是要建设一个“天下为公”的王道社会。何为王道？在中国政治史和国家治理史中，《尚书·洪范》可能是最早的具有宪法性质的政治典章。其对王道的定义是：“无偏无党，王道荡荡；无党无偏，王道平平；无反无侧，王道正直。”意思是说，王道是没有偏私、没有党派、没有反侧的，完全公平正直、公正无私的社会。这个社会除以德治国和以法治国外，更“以民为本”，“以天下之财，利天下之人”，分阶段实行“天下为家”的小康社会和“天下为公”的大同社会。

在传统中国的皇权社会里，社会阶层已经产生，社会的贫富悬殊也在不断扩大。也就是在此国情之下，出现了“天下为家”的小康思想和适宜当时国情民意的小康模式，即

“今大道既隐，天下为家。各亲其亲，各子其子，货力为己。大人世及以为礼，城郭沟池以为固。礼义以为纪，以正君臣，以笃父子，以睦兄弟，以和夫妇，以设制度，以立田里，以贤勇知。以功为己，故谋用是作，而兵由此起。禹、汤、文、武、成王、周公，由此其选也。此六君子者，未有不谨于礼者也，以著其义，以考其信。著有过，刑仁讲让，示民有常。如有不由此者，在势者去，众以为殃，是谓小康”[②]，这个模式，着力描绘了一个国家富强，社会稳定，并已分田到户，自负盈亏，以礼义为规范，各守其责，各尽其力的小康社会。这个社会诚信、守法、讲究仁义，社会和谐，家庭和睦，人人都以天下为家。这样一个美好的社会，

①《管子·任法》。
②《礼记·礼运》。

也是传统中国国家治理的基本目标和方向。

但人们并不满足于此，在他们的心中，更憧憬着一个更高层次的社会，即以“天下为公”的大同社会：“大道之行也，天下为公。选贤与能，讲信修睦。故人不独亲其亲，不独子其子，使老有所终，壮有所用，幼有所长，矜寡孤独废疾者，皆有所养。男有分，女有归。货，恶其弃于地也，不必藏于己；力，恶其不出于身也，不必为己。是故谋闭而不兴，盗窃乱贼而不作。故外户而不闭，是谓大同。”① 在这样一个大同社会里，人人皆以“天下为公”，讲信修睦，选贤任能。路不拾遗，出不闭户，无奸无盗，社会和谐、文明。老有所终，壮有所用，幼有所长，男女有为，矜寡孤独废疾的人，都能养起来。是谓大同。

当然，时代不同，国情有别，小康社会和大同社会的标准是会有所区别的。但人类对此的追求却是惊人的一致。于国家而言，在立国行政是为了谁，依靠谁的问题解决之后，憧憬大同社会的未来，着手小康社会的建设，就成了国家治理和国家建设的基本目标和远景规划。

建设和实现国家治理的基本目标，是实现国家远景的基础，也是国家立国行政的第一步。而为了实现国家治理和国家建设的基本目标，这就要涉及国家治理的基本方式和执政效果。一般来说，在国家治理的目的和目标已经确定了的情况下，执政效果取决于国家治理的基本方式。

国家不同，文化传统与国情不一样，国家治理的基本方式也会不同。但无论国家治理的基本方式如何的千差万别，如何的不同？就治国理政的实践而言，人类治理社会的若干要素又是相通的。正如塞缪尔·P. 亨廷顿说的那样：“各国之间最重要的政治分野，不在于它们政府的形式，而在于它们政府的有效程度。”② 而政府治理的有效程度，又主要决定于四大要素及其组合，取决于国家对此要素组合的执行力度和执行效果。国家治理的四大要素，即国家治理的道义与责任、问责与法治的执行状况。

道义（justice），取决于国家治理的目的和目标，并据此塑立和建造以社会根本原则和核心价值为根基的道义，从而建构和凝结不同社会利益集团的思想品行并协调其共同利益。

责任（responsibility），国家治理的责任，是对国家及国家主体负责，并

① 《礼记·礼运》。

② ［美］塞缪尔·P. 亨廷顿：《变化社会中的政治秩序》，王冠华等译，三联书店 1996 年版，第 1 页。

不断平衡社会整体与部分、现在与未来、稳定与变化之间的关系及其利益。

问责（accountability），代表国家或人民的利益，对社会集团尤其是强大的执政集团的责任追究。

法治（rule of law），以国家暴力为后盾，以法律规则为手段，维持和维护国家稳定及正常的政治、经济、社会秩序，从而推动国家发展、社会进步和人民群众的安居乐业。

在我们仔细研读了世界各国的政治理论和治国纲略以后，我们会发现，尽管各国之间的政治和治国史情各不相同，他们治理国家、管理社会的思维和方式也是千差万别的，但归根结底，任何国家治理的方式和方法始终围绕着道义、责任、问责、法治而展开。在西方文明的发展史上，雅典与斯巴达是希腊社会的两大相邻城邦，在城邦结构与社会管理上也无多大区别，如果能共建共处，本可成为推动希腊社会进步的两驾马车。却由于政客的煽动，民众对彼此制度的蔑视和利益的争夺，终于爆发了著名的伯罗奔尼撒战争。战争终结了两大城邦，也终结了希腊社会的发展。后来，古希腊历史学家修昔底德在《伯罗奔尼撒战争史》中总结说："战争之所以不可避免，是因为雅典的崛起与斯巴达守成而产生的恐惧。"美国哈佛大学教授格雷厄姆·艾利森就此提出了现今所说的"修昔底德陷阱"，一个虚拟的不应发生的陷阱。所以说，国家治理的好坏与国家设立的程序和组织结构并无多大关联性。国家的成功却基于道义而获得的责任，出于道义、责任而产生的问责与法治。首要的、根本的基石是国家治理的道，即国家设立和国家治理的道义何在，是为了谁，又为谁服务？

为了谁，又为谁服务，这首先体现于不同国家治理的根本原则。中国传统国家治理的根本原则是"以民为本"，这是中国国家治理的道，或道义，或根本原则。由国家治理之道而衍生出社会核心价值，进而有了国家治理的责任，有了对责任的问责和法治。由此可见，一切国家治理的理及其规则，即一切国家治理的法理和法律规范都源于国家治理之道，即源于国家治理的根本原则和社会价值。中国传统社会治理的法理和法律规范，就源于中国国家治理的"民本"原则和其价值，及由此衍生而出的国家政策、法律法规、德礼规范、优序良俗与习惯法。故可以说，中国传统法律之道即民本之道。

传统中国的民本之道及由此道衍生而出的传统法理及法律规范，又基于中国古代社会的国情和民意。自秦汉以降，中国社会的主体结构是自给自足的小农家庭，或由家庭构成的宗族基层社会。中国国土广袤，地广人稀，历史上虽有豪强富家，社会的贫富差距也很大。但就农耕而言，以长子继承为主的遗产分割制，常常会“富不过三代”，也形不成稳定的“社会阶级”。缺乏阶级分化就缺乏阶级意识，就有了“百姓”或“民”这个非阶级性的统称。左丘明著的《国语·齐语》，记载了2700年前管仲对齐桓公的论述。该论述将“民”划分为“士农工商，四民分业”。荀子在《荀子·荣辱篇》中说到了“至平”社会。至平社会，即一个平等的社会，也必然是一个“农以力尽田，贾以察尽财，百工以巧尽械器，士大夫以上至于公侯，莫不以仁厚知能尽官职”的社会。在这个社会里，人人平等，人人又各尽所能，各尽其责，都在为这个社会奉献。反过来，这个社会的治理也要“以民为本”，按照“德理道义”，以“仁厚知能尽官职”，对民承担责任。故自公元前221年，中国成为统一帝国以来，历朝历代的中国政府都是由“士”组成的职业治国集团来领导。这个“士”也多来自于民，或经察举，或举孝廉，或过科考，一经入仕，即“以民为本”，强调了对民的“道义”和“责任”。这个责任，就是在国家和社会的治理上，以对民生和民权的负责为本职，推行“德法并治”的正当性与合法性。在国家的组成上，除皇权的表征外，中国政体的核心是一个优秀的职业治国集团，其优秀性表现于下：

一、这是一个具有家国情结，坚持民本主义的士的集团。这个士的集团，正如范仲淹在《岳阳楼记》表述的那样，“居庙堂之高则忧其民；处江湖之远则忧其君。是进亦忧，退亦忧。然则何时而乐耶？其必曰‘先天下之忧而忧，后天下之乐而乐’”。由此可以见到，这个士的职业治国集团，总是把国家治理及政府存在的全部意义落实于民本，落实在服务国家、服务于民的思想理念中。国家富强，“百姓”福祉的建设，就是他们出阁入仕的“天命”。故民本主义是士的思想核心，也是古代中国选官、任官、考官和治官，以及国家治理规范的根本原则。

二、士的职业执政集团是经考试加考核，以德智、才学和绩优的准则选拔产生的。中国官场的人事制度是逢选必考，无功不拔，而这种选拔都基于被选拔人的德品、才学和业绩。这种“绩优选拔制”与西方的“选举制”同样基于竞争，同样属于“竞争上岗”的人事选拔制度。但西方政党的利益化，致使其竞争、选举都只需要迎合并代表一部分选民的利益即可，与选举人的德品、才学和业绩没有必然的正相关性。“利益集团”主导政治，选能够代表自己利益的人，这在西方是其“合法性”的基础，是西式民主的本意。但在中国就“不正当”。在英美文字中，党（party）是社会的某个部分（part）的人格化，代表的就是这部分人的利益。但对中文繁体字而言，“黨”是个贬义词，是由“尚”“黑”两个字组成，与光明正大正好相悖。“结党”必然“营私”；“党争”是劣政和自私自利的代名词。故中国有“结党营私”的成语。在中国古代的政治体制中，士有“君子不党”的传统。而中国的“以民为本”的传统理念，要求士必以“天下为公”，“居庙堂之高则忧其民，处江湖之远则忧其君”，凡事都要出于“公心”。所以，传统中国对士的选拔，都是站在家国立场上，以是否有“天下为公”和“以天下为己任”的心胸和志向为准则，致使其人员的竞争和选拔都要经过一定的考试和长期的考核，基于士的德品、才学与业绩。中国古代吏制对士的德品、才学和业绩的竞争、考试与考核，是中国传统的职业治国集团的生命力之所在，也是中华文明五千年来辉煌与传承的所在。

三、中国士的职业治国集团在职权上的分工分权制，从而形成了中国特色的权力制衡与防错纠错机制。宰相是古代中国的最高行政长官，早在春秋战国时就已有之。秦统一六国，设三公九卿。至隋唐以后，又改行三省六部制，并加强了历来推行的民族区域自治和县以下的乡村基层自治。这种由皇权、相权、部门权以及民族自治权和基层自治权组成的中国特色的分权与制衡制，虽历史上也有变化，但其基本框架和权力的分工与制衡机制却多有不变，是为历朝历代所继承和所推行。这种中国式的分权与制衡，在机制与作用上与西方的分权制有异曲同工之妙，但在实践运行中又显然有别。中国特色的分权与制衡是以全民的民本为根基，从民本出发实现权力的相互分离、相互制衡与相互协商，并在求同存异的基础上实现权力的整合与集中；西方的分权与制衡是以部分民众的利益为基础，从党争与选票出发，推行对抗式的权力分工与制衡，最后归于总统的专断。这两种不同的分权与制衡制应是各有优劣，都体现了不同国家的历史与国情。最终的评断，应根据国情不同，交由长期的富于实效的国家治理业绩来决定。

如果，我们沿用中西方的不同观念，将西方政体称为“民主政体”的话，中国的传统政体则可称为“民本政体”。

中国的这个民本政体，在王朝的更迭中分分合合延续了数千年，始终与世界上这个规模最大、差异也最大的社会保持着生命的承继，不为朝代的变化而变化。如果要总结的话，这个中国式的民本政体是由五大基础支撑着：第一，是“以民为本”的民本主义思想。这是中国政体的生命，也是中国国家治理的根本，中华法系的根本原则；第二，是有一大批前仆后继的有着民本思想的士的职业治国集团。正是这个集团从国情出发，制定和执行了一系列“以民为本”的律令与政策，让中国历史的盛世不断，从而维系了这个政体，也维系了这个国家的大一统和其悠久的历史；第三，是“以民为本”的绩优选拔制，将一批又一批品德、才学和业绩皆为优秀的士选入了国家的执政团队，既保证了治国理政的业绩，也基本保证了传统中国的国泰与民安；第四，是以民本为权力之根和国家治理的准则，设计和推行的中国式的分权与制衡制和防错纠错制；第五，在民本的原则基础上，综合推行了基于道义的责任和出于道义与责任的问责与法治。这种综合的，据情而变的国家治理方式，既保证了国家的稳定，民生的和谐与发展，也不断推动了社会的进步及历史的继承。

中国的历史，正是在缺少社会分化即缺少长期的固化阶级的国情下，以民为本，由士的职业治国集团来“治国平天下”，从而在思想和政权结构上形成了长期的基本范式。而执政团队在政策和政绩上的激烈竞争，又维持了一个富有活力的国家一统，成为世界历史上形形色色政体中的特色政体——民本政体。

政体是人为的设计，也要由人来理政，来完成。而人，又同时具有了善与恶、利他与利己、义与利、理智与愚蠢的两面性。客观事实证明，任何政体皆由俭入奢易，由奢入俭难，人性而已。中国的国家治理，以至于国家的命运也常常因人而变。在中国历史上，一旦士的职业治国集团特别是其顶层“由俭入奢”，失去公心而谋私利，不再信仰和遵从民本思想，以民为本的律令和政策就会大变或束之高阁。绩优原则会被侵蚀，分权与制衡及防错纠错机制也会被弱化。于是，这个士的职业治国集团就会腐朽、变质、分裂，王朝也会在内外交困中崩溃，国家就走向了衰落。于是，一个新的高举着行天命、为民本的集团会兴起，一个新的王朝也会在变革与革命的浪潮中诞生。这就是中国历史上王朝更迭、国家兴衰的根本缘由。

有人会说，这是人治，是人治的结果。但制度是人造的，也是由人来执行的，任何国家治理的方式都必须由人来完成。而人又是活的，制度是死的。制度可以通过不同的政策来调整和改变。活的人能够轻易地绕开或改变死的制度，这在中国历史上或世界历史上已是经常发生的不争的事实。制度与人，永远是一对矛盾的统一体，其互相需要又充满矛盾，既有斗争也有合作，又总是在矛盾和斗争中融为一体，共同地推动着社会的发展。

但观中国历史，一个令人惊异的现象是，中国士的职业治国集团会随着王朝的更迭不断更新，不断地获得新的生命力。这个士的职业治国集团与中国的朝代和国家的兴亡共兴衰，但又始终管理着这个庞大的帝国。其中的奥秘，就在于中国人的文化，包括中国民本法文化思想的传承和实践。这种“以民为本”的道的根本原则，以国家大一统、家国同体、天下为公、德施普也、中和达道、义利均衡为道的核心价值观，以仁、义、礼、智、信为规范的道的精神与行为的准则，基于道义的责任和出于道义与责任的问责与法治，统领中国，治理中国。传统中国的这种道，是古代中国人关于世界本体和事物运行规范的认识，即自然与社会的运行秩序和发展的规律。故传统中国以民本为道的根本原则，即是以民本为社会运行秩序和发展规律的根本原则。正因为如此，中国的士才有了以“民本”治国的理念，才有了以民本为基础的传统中国的制度设计和行为准则，才有了延续两千多年之久的民本政体。这个民本政体维系了传统中国的大一统，中华文明的薪火传承致其超越了中国古代的朝代更替，更超越了世界上一切国家政体的生命周期，成为至今为止延续最久的国家政体，也是唯一的至今为止最有生命力的国家政体，没有之一。

故此，我们可以统而言之，而且自信地认为：

中国未来的路，依然会是一条“以民为本”的现代化之路，是一条让中国富强、民族复兴、人民幸福的路。

中国的政体依然会是民本政体，这个政体的核心是以人民为中心，以人为本，以服务于人民，造福于人民为执政的基点。

为此，中国国家治理的制度设计和一切规则的制定，都要以民本为根本原则，彻底解决好执政为民的问题。

以民为本，这是中国法学理论的出发点、基础点，也是顺应中国历史又符合中国国情的中国特色法理学的法理之源和根本原则。

这就是独具特色的中国民本法文化。

后　记

路漫漫其修远兮

法是治国理政之重器。故有古之贤者说："法者，治之端也。"也就是说，一切国家的治理都要以立法先行，规则优先，"以律均清浊，以法定治乱"。法治，既是国家治理的基础和国家治理的本质要求，也是实现国家治理体系和治理能力现代化的必要条件。良法，更是善治的前提。如何实现良法善治，这不仅关系着国家的治理和长治久安，更关系着国家富强、民族复兴、人民幸福的历史实现。

我，正好生长、学习、成长于这个伟大的时代。中国国家现代化的步伐也不断地推动着我的人生轨迹。新世纪之初，我从大学毕业，参加工作，当了一名普普通通的人民教师。在与孩子们为伍，与孩子们相欢相教的过程中，目睹了国家从改革开放走向现代化的伟大历程。父亲那一辈，有很多从事经济、管理、法学方面工作的同事和朋友。朋友相聚，又常常谈及国家之命运，建设与法治，中西方文化之异同。受他们的影响，我也动了转行的想法，开始了法的学习。从此，一条漫漫的法学之路展现在我未来的人生征途中。

2009 年，我考上贵州大学法学院法律硕士研究生，师从刘淑芳教授。恩师专攻于民商法，尤对婚姻家庭与继承法、民族法、劳动法、罗马法、西方民商法有深厚造诣。主编有《婚姻家庭法学》教材，并参与了《中国民法典 · 婚姻家庭篇 · 未成年人监护权》一章的编撰，合著有《当代婚姻法》等多部著作，撰写并发表了民法、婚姻家庭法、民族法学等方面的论文若干篇。在导师的悉心指导下，我的研究生生涯，除进一步加强和完成了法学基本课程的学习外，亦以婚姻家庭法为研究课题，完成并通过了《隔代监护法律问题研究》硕士论文，顺利毕业。

回想起来，我现在读博士并选修法理学，其缘由来自于两个方面：

一是受到现在的博导、恩师罗洪洋教授的影响。在读了老师的专著《法人类学的理论与实践》以后我深切感受到了老师治学之严谨、学识之渊博和论证的精解独到，受教颇多，深有收获。书中谈到以下学识点，就是我选修法理学的主要思考：人类学认为，法仅仅是我们文化的一个方面。正如美国学者 E. 霍贝尔所说："脱离文化渊源的法律是毫无意义的。"法律并不是孤零零的存在，法永远是民族的、文化的一部分；当代法人类学者又多持"法律多元"的立场。在他们的观念中，国家法并不是唯一的法，非国家的社会规则也是"法"。故老师认为，社会学家使用的法的概念可用社会规范来代替，它包括任何行为规则，国家法律、道德、政策、纪律、习俗、社会团体规范等。这种拓宽了的"法律"，有助于国家对优秀习惯法的传承和整合，也能有效消解单纯的"法律国家意志论"和"法律工具论"；于法而言，任何法律又都具有相同的理性，即基于同样的法的理论。但任何法律又只是一种"地方性知识"，这是因为文化的多元或文化的相对主义。任何文化都是有边界和界限的，任何文化都有地域性，也都有民族性。所以，衡量文化没有普遍绝对的评判标准，任何一种文化都有其共存的价值。法律作为文化的一部分，当然是"地方性知识"。当代美国的著名人类学家克利福得·吉尔兹在他的《地方性知识——阐释人类学论文集》中提出了这一论断，并同时认为"法律与民族志，如同驾船、园艺、政治及作诗一般，都是跟地方性知识相关联的工作"。也正如日本学者千叶正士在《法律多元》一书中认识的那样，法律的多元性实质上否认了国家法作为法的唯一性，也否认了西方法在世界各民族中的普适性；诺尼克在《法理学的社会学》中，论述了以价值判断为核心的规范性研究方法与法理社会学的关系。诺尼克认为，在有关法人类学的研究中，不可能不涉及人的需求的满足、利益的追求、目标的实现，简言之就是价值和价值的实现。与此同时，诺尼克还强调说，大多数社会的法律研究都很关心法律政策和法律价值，并要求人们去探讨法理社会学的各种原则，认真看待法律理想，正确应对政策的弥补性价值，法的法理性与实践性及其分析等。

所有这些知识点，既让我初窥了法人类学的点点滴滴，了解和知道了法、法人类学、法社会学的研究都是基于文化与法，基于人类的社会实践活动；知道了法的民族性与地方性，法律原则和法律价值对法文化或法理的奠基作用，法的多元性，等等。也初步了解了法、法人类学、法社会学的主要研究方法，除文本研究外的田野调查、随机抽样和问卷调查的统计分析、比较分析、案例分析、小群体和分区域的调查研究等。

于此之外，我还从老师的研究中发现了一个中国民族法学的宝库——"贵州清水江文书"。清水江发源于贵州黔南斗篷山，经流黔南和黔东南两个民族自治州的十余个县市后，出黔入湘，注入沅水。江两岸山丘、盆地、悬壁、峡谷，水丰稻香、林木葱郁，居住着汉、苗、侗、布依等十余个民族。自古以来，这里就是“天高皇帝远”，除国法外，尚通行民族法、习惯法、宗法和若干优序良俗。这些地方法规与习俗，既维持了地方的稳定、民族的团结和生产的发展，也培育了小区域的法治和各族民众的法律意识。几十年来，历经民族学家、法学家和社会学家的不断挖掘，已集官方律令、民间契约、公告、碑记等各类法律文书十余万件，学界称之为“清水江文书”。时至今日，这部“清水江文书”已成为国内法学、人类学、社会学、民族学等学科研究、田野调查及教学实践的宝库。老师在法学和人类学上的研究，就曾以清水江流域的这些民间法为样本，经多次的田野调查、抽样分析，从法理学、人类学、社会学等多学科的深入探讨，发表了《对清代黔东南锦屏人工林业的法人类学》等专著和论文；主持和完成了《财产所有权保障与清代锦屏人工林经济》《清代地方政府对黔东南地区人工林业的规划》《清代黔东南锦屏苗族林业契约之卖契研究》等省部级课题。老师在学识上的深厚造诣，对法学、法理学、人类学、社会学和民族学的课题研究，理论与实践相结合的学风也深深地影响了我，对我博士学习学科的选择和课题的研究方向产生很大影响。

其次，是刘老师的指导。刘老师虽主攻民商法，尤重婚姻家庭法的研究，但老师也很强调我们对法理学和民族法学的学习。记得在读硕士时，时常听到老师说的一句话就是“任何科学的学习都要从基础科学学起。只有学好了基础理论和基础课程，进一步的深入的学习才有夯实的基础”。法理学是法学的分支，也是基础法学和理论法学。学习和探讨法学，就要从法理学开始。法理学是法学的基础学科和基础理论，也是法学学习、研究和实践的基础。只有夯实了法理学的基础理论，法学的其他学科才能学得更好，也更为扎实。老师除对法学基础理论的强调外，也很重视民族法学的教育。2003 年《贵州民族研究》第 2 期上有老师的《依法治国与贵州民族法学教育的思考》一文，老师在文中说：“贵州属少数民族的省份，我们应学习民族法学的基本理论和基本知识，学习贵州省和地区性的一些法规、实施细则、决定、命令等，利用本土法律去解决当地的实际问题。”

罗老师和刘老师关于法学、法理学和民族法学方面的学识，他们对贵州的认知及服务于乡梓的心愿，对我产生了很大影响。他们是我选修法理学，选择民族法学课题研究的引领者，是对我教诲最为深厚的两位恩师。

硕士研究生毕业后，我就一直在思考和准备博士学位的学习和课题方向。关于此，我考虑了很多，最终是在两位恩师的影响下，选择了法理学和民族法学。具体而言，就是选读法理学，从文化的角度来研究民族法学。后来，我将自己的这种想法告诉了刘老师，也得到了她的大力支持和指导。

法理学在西方法学界又被称为法哲学。其实，两者是有区别的。法哲学研究的是事物存在的目的和事物的原则。黑格尔还由此认为，法的问题是哲学的一部分，不研究法哲学，哲学是不完整的。但法理学不属于哲学，它和哲学的关系是运用了哲学的思想和方法。在研究的侧重点上，法哲学的侧重点是法的本体论、认识论、关系论和历史观，给人以思想、观念、价值和信条；而法理学，除需要哲学的思考外，更侧重于法的过程，即法自身的运动，如立法、守法、执法、司法、法的监督等。它是将各种形式的各个过程的法予以抽象，研究它们的共同原理、普遍原则、基本范畴、功能作用、发展规律、本质和精神、价值取向及各类关系等。而这些具有操作性的内容又是法哲学所不能体现，也难以体现的。从这一点而言，法哲学是高阶的理论法学，法理学则是基础的理论法学。

但从更大的角度而言，不管是哲学或法学、法哲学或法理学，它们都属于文化。英国文化人类学家泰勒在其《原始文化》一书中对文化定义说：“所谓文化或文明乃是包括知识、信仰、艺术、道德、法律、习惯以及其他人类作为社会成员而获得的种种能力、习性在内的一种复合整体。”在这里，泰勒将文化与文明两个概念共用，却又缺少了“物质文化”。后来，许多著名的文化学者、社会学家、人类学家都对泰勒关于文化的定义进行了补充，充实了“实物”的文化。这样，文化或文明就成为人类社会发展到一定阶段的综合表现，体现了人类在社会实践中创造的物质财富和精神财富的总和。从一定角度来说，文化就是人类在认识和改造自然及社会的活动中，人们所形成的以原则和价值为核心的思维方式和行为方式。立于法理学的基础，从文化的角度来研究民族法学。具体来讲，就是从法学的、文化的角度来认识和探讨中华民族的传统法律，即中华民族的法律文化或简称为中华民族法文化。中华民族法文化，它首先是中国文化的一种具体形态。其次，它又反映了中华民族在国家法治中的群体化思想、观念、原则与价值、理想与人格、行为方式与行为规范及其意识形态等。又因为法律的核心内容是权利与义务，法律实践的表现就是行使权利和履行义务。所以，中华民族法文化就是中华民族作为一个民族群体关于权利与义务的原则与价值选择、思想观念及其行为模式与行为规范的总称。法律文化是法律现象的重要组成，是文化大系统中的一个子系统，是法律发展和法律调整在文化变迁和文化建设中的历史与逻辑的结合。法律文化是群体性的，它的主体是民族、地区及国家，表现了一个民族、一个地区或一个国家的关于法和法治的理性思考，系统化的法律思想、法律原则、法律价值、法律意识和法律观念，以及由这些思想、原则、价值、意识和观念指导并产生的法律实践，包括国家制度、法治和个人行为的规范。一些法文化专著还认为，法律文化在结构上就是由横向的法律认知、法律情感、法律行为和法律评价，纵向的内在法文化及外在法文化，以及时空序列的法律制度、法律传统与法律经验，其相辅相成、相互联系而构成的，一个三维的立体状态。

立于法理学，从文化的角度来认识民族法学，即是从法学和文化的角度来探讨中华民族的传统法律。从而于其中，发现和寻找中华法系与现代法律文明的结合点，及于当代传承的可取之处。中华法系是世界上迄今为止的四大法系之一，是独立的自成体系的良法系统，也是五千年中华文明的重要组成部分。在国家实现民族复兴，推行国家法治，建设现代化强国的进程中，继承和发扬中国法律的优秀传统，让它与现代法律文明良好结合，重塑中国特色的优秀法律体系，应该是一代又一代法律人的愿望，更是我们这一代青年学子们的责任和义务。

立于法理学，以法学和文化的角度来探讨中国传统法律。首先要面临的问题，即传统中国法律是否存在法理？是否有系统的法理学？前一个问题是毋庸置疑的，凡事皆有理。数千年来存之于世的中华法系，如没有其基础理论，没有指导和规范中国法律的基本思想、观念、原则和价值，效力与程序，责任与义务等，中国传统法律何来立法、信法、守法、执法、司法和法律监督的完整体系。中华法系不能体系化，也就不可能成为古往今来的全球四大法系之一。后一个问题是有争议的，有的说有，但古文献中找不到系统文本。所以，中国法学界的倾向是，有，但没有独立的系统化，也缺少现代法理学的一些概念及学理认识。但自民国成立以后，中国学术界在向外学习的同时，也极为注重传统的反省、批判和继承。在那战乱频仍，民不聊生的时代，许多学者都担起了中华文化薪火相传的历史责任，对传统文化极尽努力的整理和研究。法学界也不例外。2014年，山西人民出版社编辑出版了由许嘉璐主编的《近代名家散佚学术著作丛刊》（120册）。其中的政治与法律类，就有王振先《中国古代法理学》、蔡枢衡《中国法律之批判》、常乃悳《中国政治制度小史》等专著。这些专著在论述传统中国政治制度和法律制度时，或就某一方面，或较为完整的专题论述，都从一定角度谈到了传统中国的法理。纵览全书，深感中国古代法理学的自立性和特色性，又有对现代法理学的不足。如权利和义务是被现代法理学公认的法学基石，是人们写在成文法及印在习惯法上的社会约定，但传统中国法理却无此概念。

立于法理学，以法学和文化的角度来探讨中国传统法律，并寻求传统中国法律与现代法学联结之路。既要继承传统的优良，又要学习现代之时尚。几经努力，我们初步认识和找到了，这就是传统中国“以民为本”的民本思想，中国国家治理之道。道，即为理。在法理上，“民本”既为传统中国治理的根本原则，又由此衍生出国家大一统、家国同体、天下为公、德施普也、中和达道、义利均衡等社会核心价值观，仁、义、礼、智、信为规范的精神准则和行为规范，责任、道义和业绩组合的绩优评价体系。这些原则、价值、责任、道义、规范和绩优评价，既构成了传统中国治理的法理基础，又构筑了数千年中国的政治制度、法律、政策、思想和行为规范，衍生出中国特色的民本政体。将这些原则、价值、责任、道义、规范和绩优评价体系与现代法理相比较，还可发现内含于其中的权利与义务、公平与正义、自由与平等、权力制约、行为规范、法律责任等现代法理学的若干学理。于是，我似乎找到了一条传统中国法律与现代法学相联结的道路，找到了继承与学习的结合点。

我把我的认识和想法告诉了刘老师，得到她极大的支持和鼓励。于是，我对我的法律学人之路规划了两个方向：一是报考法理学博士学位，准备和提升自己的知识储备。我 2016 年考入中南财经政法大学，成为罗洪洋教授门下的弟子，开始了我的博士生涯和法理学的系统学习。导师的治学之道，他在法理学、人类学和社会学上的深厚造诣，以及对学生的“传道授业解惑”的师道精神，深深地感念了我，也培育了我。二是准备将我的初步设想和认识写出来。我拟订了写作大纲，开始了我的第一部学术著作的探索和撰写。

奕世永遵，这是至今仍树立在贵州清水江江畔的一块法治碑。它记录了数百年来清水江流域木材贸易的民间规定及其状况，是“清水江文书”的代表作之一。奕是累和重之意。奕世，即累世、代代。奕世永遵，就是世世代代都要遵守的规定。

我将我的学术课题定为《奕世永遵——从贵州说起的中国民本法文化》，也将它定为我的处女作书名。大题目，既表达了法律对国家治理和人类遵纪守法的重要性与永继性，也表达了我对于法的深深敬畏。副题“从贵州说起的中国民本法文化”才是我写作的主题和内容。这其中，包括了一个主题，一个样本，两个学科。一个主题，即“民惟邦本，本固邦宁”的国家原则，以及其衍生的中国国家治理体系和法理；一个样本，从贵州说起的中华民族法文化；两个学科，法学和文化，主要是法理学和中华文化。立于法理，基于民本，从法与文化的角度来认识传统中国的国家治理体系和治理之理，并寻找传统与现代结合的中国特色的国家治理之道，让中华法系更添生命之源。

全书共分九章：第一章，文化、法与法文化；第二章，贵州文化探源；第三章，探索法文化的中国印迹；第四章，中国民本法文化的原则与价值；第五章，中国民本法文化的结构层次；第六章，政策、乡规民约与习惯法；第七章，自治与分权，民本法文化的制度设计；第八章，家国同体与德法共治；第九章，司法，实践中的民本法文化。全书分章叙述，分别从不同角度讨论了文化、法、法文化的概念，从贵州文化说到中国文化的“一体多元”，中国民本法文化的形成和结构，中国国家治理的民本原则，蕴含于民本之中的法律原则和法律价值、责任与义务、德与礼、国家法与社会法、社会准则与社会规范、德法共治、自治与分权，民本政体的形成和治理的绩优考核与权力监督，中国国家政体的特色等。

本书的写作，自我从博导罗老师的《法人类学的理论与实践》中得到启发和知识，硕导刘老师给予了很多建议，帮助我厘清提纲。前前后后、断断续续、历经数年的默默耕耘，现终于完成，即将付梓。古话说：“国将兴，必贵师而重德”，“师者，人之模范也”。本书的完成，要感谢我的两位导师，是他们给了我知识和精神，也给了我难以忘怀的鼓励。谢谢了，尊敬的老师！

与此同时，也要感谢我的父亲，是他帮助我收集资料，整理文稿。对在书稿撰写过程中，提供资料和给予各种支持的我的亲朋好友们，雷昕于此谢谢了！

从蒙童至今，一路走来。我的博士学业也即将完成。除学业之外，这是我的第一部作品。学海无涯苦作舟！对一个初涉学海的学子而言，此书的不到和错误是在所难免的，也望学界的各位前辈和同仁不吝指教。

谨以此书，表达我对罗老师的深深敬意和对刘老师的永久怀念！

新农村新亮点·柑橘
国家"十一五"重点规划图书

U1001093

砂糖橘优质丰产栽培彩色图说

潘文力　黄文东　编著

广东省出版集团
广东科技出版社

图书在版编目（CIP）数据

砂糖橘优质丰产栽培彩色图说/潘文力，黄文东编著．广州：广东科技出版社，2008．2（2018．2重印）
（新农村新亮点·柑橘）
ISBN 978-7-5359-4413-9

Ⅰ．砂…　Ⅱ．①张…　②黄…　Ⅲ．橘—果树园艺—图解　Ⅳ．S666．2-64

中国版本图书馆CIP数据核字（2007）第129896号

Shatangjü Youzhi Fengchan Zaipei Caise Tushuo

责任编辑：罗孝政
责任校对：校对科
责任印制：彭海波
出版发行：广东科技出版社
（广州市环市东路水荫路11号　邮政编码：510075）
http://www.gdstp.com.cn
E-mail：gdkjyxb@gdstp.com.cn（营销）
E-mail：gdkjzbb@gdstp.com.cn（编辑室）
经　　销：广东新华发行集团股份有限公司
印　　刷：广州伟龙印刷制版有限公司
（广州市从化太平经济开发区创业路31号　邮政编码：510900）
规　　格：889mm×1 194mm　1/32　印张5.25　字数130千
版　　次：2008年2月第1版
2018年2月第7次印刷
印　　数：36 001～41 000册
定　　价：19.00元

如发现因印装质量问题影响阅读，请与承印厂联系调换。

内容简介

本书作者潘文力副教授是仲恺农业技术学院著名的柑橘专家，广东省砂糖橘协会顾问，农业部农业行业标准 NY/T869—2004“砂糖橘”主要制订者，长年从事砂糖橘生产技术推广，深受生产者的信赖和喜欢。黄文东硕士，长期从事植保试验示范推广工作，熟悉砂糖橘生产，对砂糖橘病虫害防治技术有实操经验。

该书凝聚了作者几十年的生产实践经验，以简洁易懂的文字、丰富的原色图片全面介绍了砂糖橘优质丰产栽培技术，内容包括砂糖橘生产概述、主要品种品系、生长发育特性、苗木培育、果园建立、幼年树管理、结果树管理、主要病虫害防治、果实采后商品化处理以及砂糖橘无公害食品生产等技术要求。书中重点突出了各项关键技术，如控梢促花、保花保果、应节“叶橘”树上保鲜等技术。

同时在书末收录了砂糖橘幼年树、结果树周年管理工作历以及农药稀释用水量查对表和农业部农业行业标准 NY/T 869—2004 砂糖橘，方便读者查阅应用，具有技术先进、措施得体、文字通俗、可操作性强等特点，适合广大果农、农业技术人员和相关农业院校的师生阅读参考。

目录

一、砂糖橘生产概述

砂糖橘原名十月橘，又称冰糖橘，系芸香科柑橘属宽皮柑橘区小橘类的一个品种。砂糖橘原产广东四会，目前分布在以四会市为中心联结周边市、县，形成了生产砂糖橘产业带。砂糖橘以其味甜如砂糖而得名。果实扁圆形，油胞突出，皮薄，呈鲜橘红色，以肉脆化渣、汁多味浓而饮誉中外。近年，四会砂糖橘获“广东省名牌产品”和“中国名优果品”殊荣。农业部发布了《中华人民共和国农业行业标准NY/T 869—2004：砂糖橘》，规定了果形、果实品质和无公害食品安全卫生标准规定，有利于砂糖橘果品走向世界市场，增加柑橘出口量。

砂糖橘生产园

（一）栽培历史

我国是世界柑橘主要原产地之一，广东是国家柑橘的主要产区，栽培历史已有2 000多年。而四会是广东省柑橘的主要原产地，砂糖橘是原产主要优良品种，早在400多年前已经有栽培，至明代已盛产，列为朝廷贡品，成书于明代流传至今的《柑子苦》一诗就是一佐证。以后清代、民国时期，直至新中国成立都有栽培记载。特别是改革开放以来，由于砂糖橘栽培及选育技术的不断改进，砂糖橘果实品质不断提高。几十年的果实理化性状的变化研究（表1）表明，其可溶性固形物含量、固酸比及可食率均有较大幅度的提高，而柠檬酸含量降低；果实种子从多核到少核，直至无核；品质符合当前世界柑橘鲜果发展趋势，以易剥皮、无核、有香气、风味浓为主要产品类型。加上砂糖橘采用树上留果保鲜至春节时采收，并带两片绿叶成“叶橘”上市，成为春节人们用以馈赠亲友的时鲜佳果，凭此卖点一直占领着全国“叶橘”市场。

砂糖橘丰产性状

表1　广东砂糖橘不同年代果实品质理化性状

地点	年份	资料来源	可溶性固形物(%)	柠檬酸(%)	固酸比	单果重(克)	种子(粒)	可食率(%)
广州市	20世纪70年代中	广东省农业科学院果树研究所	12~14.34	0.7~0.8	19.91~20.34	58~62	11~21	
广州市	20世纪90年代中	广东省农业科学院果树研究所	11~12.5	0.3~0.4	31.3~36.7	58~84	12~18	
清新县	2002年2月	仲恺农业技术学院	11~15	0.23~0.43	30~65.2	40~62	0~6	75.26

（二）栽培区域

砂糖橘生产分布地域较窄，特别是能生产春节上市的“叶橘”地域更窄，受制于过冬时的气温，要求气温在0℃以上，否则会受霜冻。因树上留果时果实已充分成熟，果皮开始衰老，气温0℃时稍遇风霜，即会出现果皮松软果而发生霜冻。若加上冷雨，则果皮发泡松软，更加速冷害的发生。过冬时高温多雨，则会使果实汁胞粒化，风味变淡，不具备该品种的固有风味。目前广东省最适宜生产春节“叶橘”的地区，是从封开县到从化市北回归线上附近县市，集中在西江流域的肇庆市（四会、德庆、广宁、封开等地）、云浮市（郁南、云安、云城等地）、北江流域的清远市（清新、佛冈、英德等地）。其他地区尚有广州市（从化、增城等地）、惠州市（龙门、博罗等地）、阳江市（阳春市）以及茂名市（信宜），而在霜冻前采收果实的粤北韶关市（曲江、南雄）等市县也有栽种。广东栽种面积约200万亩（亩为已废除单位，1亩=1/15公顷≈667米^2）。外省区以广西栽种最早，面积最大，三年内将会突破100万亩，此外江西、湖南、四川、重庆、浙江、湖北等省市均有引种。国外亦有砂糖橘销售，如加拿大温哥华市9月上旬已在超市出售。但该品种并不是广东省的砂糖橘，可见本种影响力之大。

（三）经济效益

四会市一直保持砂糖橘单株产量500千克的历史记录。据2004年四会市砂糖橘“品味、株产、亩产”之最验收评选的结果，单株估产量最高是16年生树，为356.4千克，每亩种植73株，估产最高是15年生树，约8 906千克。2006年清新飞来峡镇亦有25年生树株估产250千克的“橘王”。一般植后3年试产，株产在3~7.5千克，4年生树亩产1 000~4 500千克，5~6年生树进入丰产期，亩产

2 000~5 000 千克。四会灰石坑、清新天堂山等地，至今还保留连片 30~50 年生的砂糖橘园，而且还保持较高的产量，可见其抗逆性强，具有长寿丰产的特性。

清新县天堂山的砂糖橘王（陆顺财　提供）

号称世界宽皮橘三大主栽品种之一的克力迈丁橘，在欧美市场批发价比甜橙高出 90%，且产量不断增加。砂糖橘是国内橘类售价最高而且是最畅销的“叶橘”。今后只要果品质量安全有保证，销售会随着人们生活水平的不断提高，不断扩大，售价也会提高。

30 年生连片砂糖橘园

但砂糖橘生产也存在着亟待解决的问题：一是黄龙病，它是砂糖橘毁灭性的病害。在生产发展的同时，一定要抓好防治黄龙病的几项重要措施，才可以使生产立于不败之地。二是树上留果保鲜，往往追求春节上市，忽略了天气因素，一旦受霜冻即会带来灾害性损失。三是未按国家生产无公害柑橘果品要求，使产品达不到安全质量标准，这将会遭受市场淘汰的危险，必须提高警惕。

砂糖橘黄龙病园

二、砂糖橘主要品种品系

砂糖橘栽培历史悠久。在长期的栽培中由于芽变等形成了数个品种品系，目前最有价值的，首推无（少）核砂糖橘新品种品系。

（一）普通砂糖橘

砂糖橘树势强壮，树冠圆锥状圆头形，主干光滑，黄褐色至深褐色，枝较小而密集，叶片卵圆形，叶缘锯齿明显，叶宽，叶色深绿色，叶面光滑，油胞明显，花白色，花形小，花径2.5~3厘米，花瓣5个，花丝分离，12枚，花柱高17厘米左右，雌雄同时成熟。

砂糖橘果枝

果实11月下旬至翌年1月中旬成熟，果实扁圆形，单果重30~80克，皮鲜橘红色，果顶平，脐窝小而呈浅褐色，果蒂部平圆、稍凹，油胞圆、密度中等、稍凸（消费者称之为“起砂”），果面平滑（亦有微凹凸者），有光泽。果皮薄而稍脆，果皮厚度0.23厘米，白皮层薄而软，极易与果肉分离，瓤瓣7~10片，半圆形，大小一致，排列整齐，中心柱大，中

砂糖橘早结丰产园

空。瓤衣薄，极易溶化。汁胞呈不规则多角形，橙黄色，质极柔软，果汁多，味浓甜，化渣，特有香气浓郁。每100毫升果汁含糖11~13克，柠檬酸0.35~0.50克，可溶性固形物10.5%~15%，维生素C 24~28毫克，固酸比20~60（表2）。种子0~6粒。连片单一品种种植，可生产无（少）核优质果，与其他有种子品种混种会有较多种子。2002年对四会、清远等主产区，树龄5~20年生的46个样品果进行分析，无核果占95%，只有2个样品果单果种子数6粒左右。与四会市历届砂糖橘"品质之最"，果样考评结果显示一致。无（少）核砂糖橘已在长期栽培演变中自然形成。

盛产期砂糖橘园

表2　不同品种品系砂糖橘果实理化含量

品种品系单株	可溶性固形物（%）	柠檬酸（%）	固酸比	可食率（%）	备注
国家理化指标	10.0~12.0	0.35~0.50	20.0~34.0	65~75	NY/T-869-2004
无核砂糖橘	13.7	0.385	35.58	76.2	据课题组材料
天堂砂糖橘	11.0	0.306	35.06	75.26	清新天堂母本树
四会砂糖橘	12.0	0.317	37.80	78.93	品质之最
四倍体砂糖橘	13~14.3	—	—	—	引自《中国柑橘》

（二）四倍体砂糖橘

20世纪80年代由华南农业大学园艺系陈大成等教授，以嫁接苗为材料，通过秋水仙素进行诱变处理而获得的四倍化突变体育成的。其主要特性，一是果大，单果重72.8克，果形指数0.75，扁圆形，果皮厚0.24厘米，着色稍早于对照原种，果皮鲜橙红色。二是品质好，果肉多汁，化渣，味清甜有浓香，可溶性固形物13%~14.3%（表2）。三是少核，单果种子4.85粒，属少核品种，对照原种为15.1粒。四是早结丰产性好，据东莞市清溪镇大面积栽培，表现生势壮旺，早结丰产性与原种同。四倍体砂糖橘是生产大果形少核种的优良品系。

（三）无核砂糖橘

无核砂糖橘是由华南农业大学与四会市石狗镇经济实业发展总

无核砂糖橘结果状（王心燕　提供）

无核砂糖橘的果枝（王心燕　提供）

公司合作，在该镇选出的。果实扁圆形，单果重 40~45 克，较小，果皮橘红色，顶部平，顶端浅凹，柱痕呈不规则圆形，蒂部微凹，果皮薄而脆，油胞突出明显、密集，似鸡皮，皮厚 0.2 厘米，易剥离，瓤瓣 10 个，大小均匀，半圆形，中心柱大而空虚，汁胞短胖，呈不规则多角形，橙黄色，果汁丰富，芳香强烈，清甜带微酸，化渣性好，风味极佳。其理化性状除果实略小、还原糖含量低于普通砂糖橘外，其余均比普通砂糖橘高。种子数 0.5 粒以下。在生产上应尽量单一品种种植，如果与有核柑橘品种一起种植，品种间的距离要求 15 米以上。

该品种发梢力强，一般一年长 4 次梢，若水肥充足，可长 5~6 次新梢。秋梢长 15~20 厘米，是翌年的结果母枝。植株顶部枝萌梢力强，每抹一次芽，一条梢可出 10 多条新梢。3 月底谢花后出现第一次生理落果；谢花后 25 天左右，会出现非常严重的第二次生理落果，是保果的重点期。本种属早结、丰产、稳产的类型，成年树单株产量 50~80 千克。

无核砂糖橘果实性状

三、砂糖橘生长发育特性

（一）器官及机能

1. 叶

砂糖橘叶片卵圆形，先端渐尖，一般长 8 厘米，宽 3.3 厘米，不同梢期差别颇大。叶缘锯齿明显，叶深绿色，行光合、贮藏、蒸腾、吸收作用。叶片背面有许多气孔，叶面几乎无气孔。气孔开闭受光影响，并有吸收许多种肥料如速效氮、磷、钾、硼、锌、镁等作用，叶面喷布根外追肥就是利用其吸收功能。

砂糖橘叶片正常寿命 12 个月左右，山区种植少数叶片寿命可达 24 个月以上。在生产中，延长叶片寿命、保叶过冬是砂糖橘连年丰产的保障。

2. 枝梢

秋梢是砂糖橘优良的结果母枝

砂糖橘的枝梢由嫩梢顶芽自剪（又称“自枯”）后生成。顶芽自剪后使主枝易分侧枝，形成矮生枝。枝梢按生长季节，分为春梢、夏梢、秋梢和冬梢。每次梢从

秋梢叠可扩大树冠，并可增加结果母枝

萌发到老熟，历期 40~50 天；再经 10 天左右的营养积累，才可萌发好下一次梢。故生产上，采用抹芽控梢技术达到"一开二三"标准，来放好夏、秋梢。若以一年中是否继续抽生新梢来区分，枝梢又可分为一次梢、二次梢和三次梢。一年只抽一次梢，称一次梢，如春梢、夏梢和秋梢；二次梢是一年抽二次的梢，如春梢上当年再抽夏梢，称春夏梢，夏梢上当年再抽秋梢，称夏秋梢等。一年中抽三次梢，称三次梢，如春梢上当年抽夏梢，夏梢上当年又抽秋梢。若以生长结果与否来区分枝梢，又可分为结果枝和结果母枝、生长枝和徒长枝。它的春、夏、秋梢都能成为翌年良好的结果母枝，粗壮的结果母枝坐果率高，常可结成果球。由主干上的分枝，称一级分枝，在第 4 级分枝便开花结果，因此一年多抽发新梢，增加分枝级数，可提早结果。

砂糖橘徒长枝

3. 根

砂糖橘根系分主根、侧根和须根，一般没有根毛，几乎完全依赖菌根吸收养分和水分。菌根是真菌与根的共生体，菌根起着与根毛一样的吸收作用，而且菌丝呼吸释放大量二氧化碳，溶解后成碳酸，可促进难溶性盐类，如过磷酸钙的溶解，使之易于被根吸收。根系多（占总量八成）生长在距土表 10~45 厘米的土层中，最深达 1 米以上。

根系在施肥穴中的分布

根系生长与新梢抽生是相互交替的，每次新梢生长老熟后，根系才开始大量生长。在年周期内，根系有 3 个生长高峰期：第一次是春梢老熟后，是全年发根量最多的；第二次是夏梢老熟后，因发梢次数等原因，是全年发根量最少的；第三次是秋梢老熟后，发根量是全年中等的。根系再生能力强，夏季断根后能半个月内长出新根。

根系生长需要适宜的土、肥、气、热条件。在土温 10℃以上时开始生长，最适宜土温是 23~31℃，超过 37℃便停止生长。因此，亚热带地区主要要防止夏季高温超过 37℃，要做好覆盖芒萁杂草降温等工作；亦可用生草法栽培，来创造适合根系生长的环境。

4. 花

砂糖橘的花是完全花，凡花器发育不完全的称为畸形花（如露柱花、雌蕊退化花）等。自花授粉时会产生自花不孕从而产生无核果；而授粉受精后，坐果率高且裂果少，果形也较大，种子亦较多。生产园与其他有核柑橘类混种，所结果实种子较多，故规划种植时以单一品种栽培为好。

砂糖橘花枝主要类型有无叶花序枝、有叶单顶花枝、腋花果枝和有叶花序枝，其中以腋花果枝结果最好。

叶腋花枝

有叶单顶花枝

有叶丛生花枝

无叶花枝

5. 果

谢花后第一次生理落果期

砂糖橘从子房发育到果实成熟，一般需要 230 天左右，其间经历了第一次生理落果、第二次生理落果和后期落果。第一次生理落果带果柄脱落，历时半月左右。第二次生理落果在蜜盘处脱落，一般至 7 月上中旬结束。一般果园第一次生理落果较少，第二次生理落果多且时间长，以后由于裂果等原因产生后期落果，直至果实成熟采收。

第二次生理落果

砂糖橘果皮由外果皮和中果皮组成，外果皮薄，覆盖在果皮最外层，中果皮分黄色层及白色层两层，黄色层内散布凸起的圆点是油胞，渐至中部为白色层，砂糖橘几乎没有此层，故皮薄，易裂果。内果皮形成半圆形瓤瓣，是砂糖橘的果肉部分，瓤瓣内的毛状细胞形成汁胞，内充满果汁，为砂糖橘的食用部分，果心空。

裂果

果实剖面

（二）年龄时期

砂糖橘的一生要经过下面 4 个年龄时期，各时期在生长发育、形态、组织结构和生理活动等方面都有一定的变化规律。

1. 幼年期

特点是枝梢和根系迅速生长，扩大树体，当生长至第 4 级分枝后，即会形成花芽，翌年开花结果。主要生产措施有：加强水肥管理，增施有机肥改土，采用抹芽放梢技术促进分枝，尽早形成早结丰产树冠。当二年生树高超过 1 米，并有百余条末级分枝标准梢后，第三年即可挂果 3 千克至 7.5 千克。

幼年树

2. 结果初期

是幼年期转入生长结果时期。特点是新梢生长旺盛，树冠继续扩大，根系向深层及周围扩展快，初果期的果实较大，皮稍厚，味较淡，果着色迟。砂糖橘的初果期2~3年。这一时期的农业技术要求是促花保果，以人工控夏梢保果工作量最大。要加强根系和树冠的培育，提高树体负担产量能力，迅速提升单位面积产量。

初结果树

3. 盛果期

特点是新梢生长渐弱，树冠扩展慢，枝叶茂盛，大量结果达到最高峰；树冠上下各枝序间常出现交替结果，时有大小年结果现象。主要生产措施是：加强水、肥管理，并注意更新修剪，调节梢果关系，防止大小年结果，延长盛果年限。此时期的长短，因立地条件和管理水平而异。

盛产期树

4. 老龄期

又称衰老更新期，是盛果期的延续。特点是：新梢生长减弱，枯枝增多，常出现衰弱枝群；其骨干枝先端亦开始干枯，花多，但落花落果多，呈现伞形结果，产量逐年下降。此期主要生产措施是：进行土壤深耕施肥，更新根系；同时采用一年二剪（冬剪和夏剪），更新骨干枝，有计划地培养更新枝，复壮树势，增加产量，延长结果年限。

老龄树

衰退树

（三）生长发育条件

1. 温度

砂糖橘原产地属亚热带南端，虽可耐-5℃的低温，但成熟果实温度降至0℃时，即会出现受冻。若加冷雨，则受冻更严重。因此，生产供应春节的“叶橘”，经济栽培区是较窄的。而不以此为目的生产地，则可以放宽，但品质会下降。据广西柑橘研究所张锦松对砂糖橘果实分析，桂南、桂北差异较大（表3）。灵山在12月中旬果实仍为橘黄色，而肉质达到了砂糖橘固有品质。2006年该研究所张社南等指出，桂北全州县砂糖橘果实成熟时正值霜、雪开始之季，植株顶部果实受霜冻危害，而在桂林附近及以南地区虽有轻霜冻，但未受影响，生产春节上市的“叶橘”要选择气温0℃以上的地区，这样才有保障。

低温霜冻受害果

表3　广西不同地域砂糖橘果品理化性状

项目	桂南（灵山）	桂北（桂林）		桂北（全州）
可溶性固形物（%）	15.80	14.5	14.10	13.45
柠檬酸（%）	0.440	0.664	1.39	0.68
固酸比	35.90	21.80	18.14	19.70
可食率（%）	71.24	65.53	71.41	71.18
分析时间	1983年12月15日	1983年12月15日	2005年	2005年

2. 光照

砂糖橘较甜橙类耐阴，许多长寿果树都生长在日照时间较短的山区中，且生产出优质的果实。但光照不足，树体过于荫蔽，则叶片薄，内膛枝易枯，树体营养差，果实着色不良，低产，质差，不利于形成花芽。反之，光照充足的果园，则可生产优质高产果品。但夏季光照过强，易造成日灼，地处亚热带南端的砂糖橘产区日照充足，可满足需要，栽培上要做到趋利避害。

山区很适合砂糖橘生长结果

砂糖橘内膛枝结果（易生产“起砂”优质果）

3. 水分

开沟排水降低地下水位

砂糖橘原产于雨量充沛的夏湿区，周年需水量较大，一般年降水量在1 500毫米左右为适宜。但亚热带因降水量分布不均，秋冬季易出现干旱，需要灌溉，才可获得丰产。而夏秋干旱过久，突遇骤雨或人工大水灌溉，果肉吸水迅速膨大，果皮生长跟不上，会引起裂果。栽种于雾多地域，果皮薄而光滑，色艳丽，果品质佳；而缺水，则果形细小，果汁少，糖低酸高，品质下降。

暴雨后果园出现水浸现象

4. 土壤

砂糖橘对土壤适应性很广，但以土层深厚、肥沃、保水、排水良好的沙壤土较好。

砂糖橘对土壤的要求是土层深1米以上，有机质丰富，果园有机质含量2%以上，土壤pH值在5.5~6.5的微酸性最好。土壤结构要求疏松，以中沙壤土较好，做到能排能灌。土壤的孔隙度在10%以上，若低于7%时，根系生长差，降至1%时根生长很困难。台湾认为，最理想种柑橘土壤，应含砾25%~30%，砂10%~15%，细微土50%~60%。如德庆县果农在水田开园时，从山上取沙质土运至田地进行改土。对黏质土则掺沙子，达到疏松土壤、促进砂糖橘根系生长的目的。

果园客土改土

5. 风

微风有利于果园空气流通，提高植株蒸腾、呼吸和光合作用，并可减轻冬霜冻和夏季高温危害，有利于砂糖橘生长。大风和强风，则会对砂糖橘造成灾害。产区若常发生大风或热带风暴，果树易受害，轻则果皮擦伤，重则落叶、落果、折枝和吹倒树体。冬季的干旱北风，易产生叶肉陷缩病，叶干缩而致大量落叶，影响植株生势，使花芽分化不正常。

因大风引起的风伤果

四、砂糖橘苗木的培育

（一）砧木的选择

砧木和产量、品质、树冠大小、树体抗逆性及寿命等都有密切关系（表4、表5）。砂糖橘目前主要应用酸橘及红橘（江西、四川、湖南等省出产）和枳较多，还有的用红柠檬等。

表4　不同砧木砂糖橘果品质分析

砧木	树龄（年）	单果重（克）	果皮厚（厘米）	可食率（%）	可溶性固形物（%）	柠檬酸（%）	固酸比
红橘	6	47.2	0.234	75.8	12.5	0.340	36.76
枳	6	46.7	0.212	78.9	12.0	0.312	37.85
酸橘	8	48.4	0.248	73.20	12.0	0.249	48.40
红檬檬	4	68.4	0.270	63.12	11.5	0.249	46.18
圈枝	5	43.9	0.230	75.80	11.5	0.328	35.1
酸橘	25	45.0	0.234	75.26	11.0	0.306	36.0

注：全部果实无核。

分析日期：除25年生酸橘砧的于2003年1月3日分析外，其余均在同年1月24日。

表 5　三种砧木对砂糖橘生长结果的影响

砧木	树冠（米）	株高（米）	株产（千克）	单果重（克）	可溶性固形物（%）	种子（粒）	品质评价
四川红橘	1.8	1.7	9.5	43.3	14.0	0.3	味清甜，稍酸
枳壳	1.5	1.5	16.3	40.5	15.1	0.2	味清甜，低酸
红檬檬	1.8	1.7	15.5	48.9	13.1	0.3	味清甜，偏淡

注：树龄：4 年生，产量：10 月估产。
引自华南农业大学无核砂糖橘课题组材料。

1. 江西红（朱）橘

主产江西三湖，近年亦用四川江津等地产的川红橘。用该砧木嫁接砂糖橘亲和性好，树势中等，早结丰产，果品优良，适于水田、平地丘陵山地种植。在 25°以下坡度山地果园用川红橘砧尤为适应。

江西红橘砧愈合口平滑，植株稍高

2. 酸橘

广东软枝酸橘是优良的砧木。与砂糖橘亲和性好，速生快长，树势壮旺，根群发达，细根多。在平地、丘陵山地种植结果良好，果实品质优，在山地表现抗旱力较强。但早期结果促花措施要落实，才能早结丰产。

酸橘砧愈合口光滑，植株高大

3. 枳

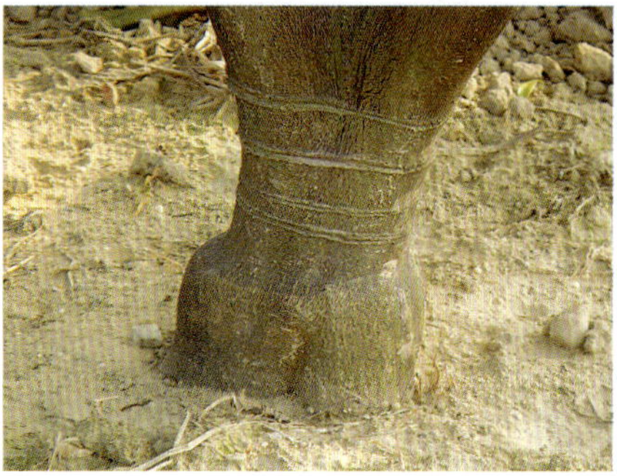

枳砧树头呈南瓜状，植株中庸

枳是砂糖橘的优良砧木，早结丰产性强。嫁接表现，果实色泽橘红鲜艳，品质优，根群发达，须根多。适合水田、平地、丘陵山地栽培。其中小叶系枳砧砂糖橘表现砧木头粗大，矮化，树冠紧凑，适宜高密度种植。

小花枳砧树头特大，植株矮化

4. 红檬檬

红檬檬俗称红柠檬，嫁接砂糖橘亲和性好。植后生长快，早结丰产性强，根系分布浅，吸肥力强，耐旱力稍差，果实大，皮厚，色泽好，但初结果树果实品质稍差。适于水田、平地栽培。

红檬檬砧穗亲和，适于平地水田种植

（二）一般嫁接苗的培育

1. 实生砧木的培育

种子最好来自无黄龙病区。为了消灭种子带的病菌，可用热水浸种。先将种子放入40~45℃的热水中预热15~20分钟，再放到54~55℃热水中浸50分钟，然后捞起晾干播种。

播种在秋冬季进行。播种采用撒播，然后撒上细土盖种子，再盖上0.8厘米厚的干净粗河沙，以利于发根，最后盖上稻草或塑料薄膜保温保湿。每亩种子用量：红橘30~40千克，枳60~70千克，红檬檬15~20千克。

播种圃

播种圃遇天旱要淋水保湿，雨天及时排除积水。幼苗长出3~4片真叶可施（稀薄）20%腐熟人尿水，随着苗木长大，可适当提高浓度，一个月施肥3次左右。苗期及时防治立枯病、折腰病以及危害叶片的蝶、蛾类害虫。

揭草后

当苗高13厘米、真叶12片时，便可移苗。起苗前要灌足水，以能用手拔起小苗，保持根系完整为度，并即蘸稀薄泥浆护根。移植圃按播种圃准备好，株行距13厘米×20厘米，每亩移栽2万苗。种苗时要求根部与土壤密贴，压实，以淋足定根水不歪倒为好。移苗后要经常淋水保湿，直至生势恢复，移后20天即可施稀薄水肥，一个月施2次。需经常抹除苗茎至10厘米高的萌芽，以保持茎部光滑。

2. 嫁接苗的培育

嫁接时间多在冬春季，亦可在夏秋季进行。先要选择品种纯正、无黄龙病的良种母本树或其后代苗上剪接穗。接穗用1 000单位盐酸四环素溶液或青霉素溶液浸2小时。经消毒处理的接穗，要用清水冲洗干净，最好于2天内嫁接完。需要防治溃疡病的，则用硫酸链霉素750单位加1%酒精浸泡半小时进行杀菌；有介壳虫、红蜘蛛等害虫的，则可用0.5%洗衣粉洗擦芽条，并用清水冲洗干净。

剪砧

砂糖橘的嫁接方法主要采用单芽切接和小芽腹接2种接法。采用单芽切接，嫁接时在芽点下1.3厘米处向前约45°角削一刀，翻向平整一面，在贴芽点处向前削出平滑的皮层，不带木质部，然后在芽点上约0.2厘米处将接穗削断，用盛有清水的盆接盛削下的芽。在砧木离地面6~8厘米处斜削去上部，在斜面下方用刀在皮层与木质部交界处向下纵切一刀，长度比接芽削面略短0.3厘米。削好后，即可将芽以形成层对准削面粘上，再用薄膜带包扎好。

削芽

放芽

包扎

发芽出梢

成苗

嫁接苗管理：要及时解膜、除萌；勤施、薄施追肥；及时进行病虫害防治。在春梢超过15厘米左右时摘心，促发夏梢。夏梢老熟后，在20厘米处剪顶为主干，在主干上促发分枝，于不同方位选3个左右壮梢留作主枝，其余全部抹除。

3. 苗木出圃

嫁接苗经过8个月左右管理，苗木主茎直径粗0.8厘米以上，有2~3次梢老熟，一般主枝3~4条且分布均匀，便可出圃。或秋梢老熟后或春梢萌发前和老熟后是较好的出圃时间。具体苗木分级标准见表6。

起苗前2~3次充分灌水，一般采用裸根起苗，亦有带泥团挖起。裸根苗要用稀泥浆根，然后数十株用稻草或薄膜包扎好以便保湿；带泥挖起的苗要用薄膜袋包扎好，即可运至新开园种植。

表6 广东橘类嫁接苗分级标准（国家标准）

砧木	级别	苗木茎粗（厘米）	分枝数（条）	苗高（厘米）
枳	1	≥0.9	3	≥45
	2	≥0.8	2	≥35
酸橘	1	≥1.0	3~4	≥50
	2	≥0.8	2	≥40

注：砂糖橘若是新栽苗，出圃较早，标准略比国家标准降低，挖苗时要保证有20厘米以上根系，砧穗亲和愈合好。

（三）无病苗木的培育

无病苗木培育是指无柑橘黄龙病等病毒类苗木培育，主要技术有：湿热空气和盐酸四环素等抗生素的脱细菌病类苗木以及茎尖嫁接脱毒苗。现将其生产的流程简述如下：

1. 母本树的选择

选生长健壮、无病害症状与具有本品种固有的丰产、优质园艺性状相结合的植株为母本树，即要无病也要优质的标准。

2. 母本树病毒鉴定

主要通过指示植物以及 PCR 技术等进行，并根据鉴定结果，相应进行不同脱毒处理。

3. 脱毒苗木的培育

（1）湿热空气和抗生素处理技术。用于黄龙病、溃疡病病菌的杀灭，苗木经 49℃湿热空气处理 50 分钟再定植。采用盐酸四环素、土霉素、青霉素等抗生素灭菌育苗技术，其流程见种子接穗消毒部分。

（2）茎尖嫁接脱毒育苗。从种子到茎尖嫁接全过程均在实验室中无菌条件下完成，它可以脱去真菌、细菌、病毒类等所引起的砂糖橘的各种病害。这是目前世界上培育脱毒苗木的顶尖技术。茎尖嫁接关键是：嫁接材料来自无病母株，切取嫩芽长 0.14~0.18 毫米的茎尖为接穗。

4. 无病毒苗木三级繁育体系

一是建立国家级无病毒母本园和一级采穗圃，以确保品种的纯正度和无毒化。二是建立省级无病母本园和二级采穗圃，以进一步扩大繁育；三是市或县建立无病毒良种苗圃，供应生产果园需要苗木。关键是做好“一园二圃”的建立：“一园”，指母本园，园址应与其他果园相距 5 千米，且具水土较好的立地条件，每 3 年左右进行无病毒鉴定，以确保无病毒。“二圃”，指采穗圃和大田无病苗圃，苗圃均应选远离其他果园 2 千米以上，同时周围不得有芸香科等柑橘木虱寄主植物，而采穗圃最好有网室保护，不受传病昆虫传染；生产无病苗圃，要坚决贯彻无病虫毒苗木规章制度，培育出标准的无病虫苗木。

5. 无病虫良种苗木的培育

采用纱网大棚育苗，一般采用容器（多为袋苗）或露地育苗，要准备营养土和苗袋。袋苗从嫁接到出圃需6~7个月，以6个月为适宜，一般有2次梢老熟，高度在30厘米以上。而高主干达50厘米以上，有3次梢老熟或有弱的分枝，为8个月苗期的苗。超过3次梢期或迟于8个月出圃的苗，定为“超期苗”，其种植时即要按“超期苗”几条措施进行（见“种植技术”部分），方能取得成功。

网室育苗

育袋苗圃

五、砂糖橘果园的建立

（一）丘陵山地建园

地形、地势应选坡度在25°以下，坡向除考虑冬天出现霜冻地区以南坡为好外，其他地区各坡向均可种植。土壤以土层深厚、肥沃疏松、土壤pH值5.5~6.5微酸性的壤土、红壤土、沙壤土为好，其他按NY—5016规定执行，且水源条件好、交通方便的地方都可建园。

丘陵山地建园

修筑水平梯田

园地规划应根据地形、地势，将园划分为若干个小区，各小区间设置主道、支道和小路以及防洪沟及排灌系统；并需修筑蓄水设施，营造防护林。坡度6°~25°园地宜修筑水平梯田，较小坡度宜采用等高线开园，以搞好水土保持，不受暴雨冲刷。目前，多采用边种植边开垦的经济型建园，即测出等高线后，按规格挖穴种植，每年在农闲时垦荒扩大梯面，至投产时形成水平梯田。二是用机械开园，利用钩机开出水平梯田的同时，兼挖植沟或植穴，一次建成果园，但成本较前者高，前期投入较大。三是采用等高线种植，坡度在5°左右，利用拖拉机打穴，可节省成本，提高工效，亦有用人工打穴的，但成本稍高。

果园要获得早结丰产优质，灌溉系统的修筑非常重要。山地可引山水自流灌溉，利用山塘、水库、河流、挖深水机井等，建立提水系统。每个小区根据喷药、施水肥用水点，修建蓄水池、肥池，以管道与总管连接。

果园建成后成为一个“头戴帽（山顶水源林）、腰束带（建成水平梯田）、脚穿鞋（山下筑水塘）”的良好生态系统标准园地。

砂糖橘生态园

（二）平地建园

平地果园的园地为水田、河滩地、旱地等。园地选择为有水源、易排易灌、地下水位在0.8米以下、土层较厚、肥沃、土壤pH值5.5~6.5的沙壤土、田土、冲积土。按照平地的地势、土质确定采用园四周挖0.8米排水沟，成3级排灌系统或筑墩培畦方式（低畦浅沟、深沟高畦等），以降低地下水位，增厚生根层，做到排灌方便，防涝防旱。由于水田土黏性大，在建园时加入红壤沙土，以疏松田土，创造适合好气的柑橘菌根生长的环境，并种植护园林。

三级排灌式系统

深沟高畦式排灌

护园林

果园客土

（三）种　　植

1. 种植密度

一般采用株行距 2.1~2.6 米×3~3.3 米，每亩 75~100 株。若选用酸橘砧，则要疏植，选用枳砧，特别是小叶系枳砧可密植。并结合土壤肥瘦、劳力及资金、技术等综合考虑种植密度，以早收回投资款。平地建立计划密植园，以小花系枳砧为临时株，红橘砧为永久株，采用株行距 1.5 米×2 米，每亩种 180 株，枳砧结 2~3 年果后间疏移植 90 株，最后保持为 60 株，前密后疏栽培是早结丰产的有效途径。

2. 种植时期

分春、秋植两个时期：春植在2~4月，春芽萌发前或春梢老熟后种植；秋植在10~12月，秋梢老熟后种植。具体何时种植，决定于植后是否有充分淋定根水至成活的水源以及天气情况。

3. 种植前的准备

（1）山地挖穴与开壕沟。挖穴与开壕沟各深0.8~1米，宽1米。每株用2~3层肥料放入穴或沟内，底层为鲜绿肥10~15千克，撒少量石灰，填表土，再填入30~50千克堆肥，盖上表土，填至穴（沟）深度的2/3处；再上一层附根肥，用鸡粪或白鸽粪5~7千克或猪粪15千克和0.5千克过磷酸钙及表土充分拌匀，再填土高出地表面25厘米，并起宽100厘米的圆形或条形土墩，待泥土回落至表面高后即可种植。

定植前备好基肥

（2）平地果园筑畦起墩。畦或墩高0.3米，宽1米。筑墩或畦时，施鸡粪3千克、猪粪5千克或塘泥土杂肥10千克，石灰0.3千克，与表土充分混均匀。畜粪肥要施于离墩面25厘米处，避免肥伤。

种植起畦覆盖

4. 种植方法

选用无病壮苗，在墩或畦面扒开深25厘米的土穴，穴底放一层薄土，将根与基肥分开，将根舒展开，将细土分层用脚踏实，以露出根颈为适当深度。并以苗木为中心，起一个 1 米宽的盆状土墩，淋足定根水，然后用芒萁或杂草覆盖保湿。若为袋装苗，则要去袋并将周围土弄松，再放入土穴内种植。

5. 植后管理

种植后无雨天气，头 4 天每天都要淋水，保持土壤湿润，以后每隔 2~3 天淋一次水，直至成活。种后遇有卷叶，可剪去部分叶片，提高成活率。需立支柱防风吹摇动根群。种植后 25 天，可淋施稀释 4~6 倍的腐熟人粪尿或 0.5%尿素溶液，在主干外 15 厘米处开浅沟淋施，以后每月施 2~3 次。

环状开沟施促芽肥

6. 大苗和大树移植

假植袋装大苗，经 2 次梢老熟后，可随时脱袋种植，种后苗木可保持长势不减，全园生势平均，为早结果打下基础。采用此项技术，在丘陵地种植 8 000 株苗，3 年试产 85% 的树平均株产 12.5 千克。2004 年在四会石狗亚修密

小树移植

大树移植

植试验园，采用枳砧大苗和小苗种植，采用大苗的第二年树冠宽 1.41 米，高 1.56 米，秋梢数达 233 条，具备第三年投产能力，可见选用袋装或假植大苗是早结丰产的保证。密植园结果后，需要间疏树或其他原因要进行大树移植。移植前采用枝组更新或露骨更新的方法进行适当修剪。可在春芽萌发前半个月，选阴雨连绵的春天进行移植；也可在秋天 10 月小阳春天气进行移树。挖树时注意尽量少伤根，多留细根，剪平大根伤口，以利于发根。大树挖起后应用编织袋或稻草扎好护土保根。种时要根与细土密贴，淋足定根水，覆盖杂草保湿，10 天后可淋生根粉溶液，促发新根。

六、砂糖橘幼年树管理

砂糖橘苗木种植后2~3年未结果的树称为幼年树。幼年树管理以扩大树冠为主要目标，果园要做好土、肥、水管理，培养分布广而密的根系。平地、水田果园亦需勤施、薄施肥，培育好根群；并需采用抹芽放梢技术，培育好各次枝梢，做好病虫害防治，护梢保叶，为早结丰产打下基础。

（一）第一年管理

砂糖橘是菌根植物，在疏松、透气、湿润、有机质丰富的土壤中，根系生长发育良好，枝叶生长茂盛，树冠扩展快，易形成早结丰产树冠。目前，红壤丘陵山地是栽种砂糖橘的主要土类，具有酸、粘、瘦、旱的特点；而水田、平地虽然有机质含量稍高，但土层浅薄，水位高，不利于植株生长。针对柑橘菌根生长的要求，种植后山地应采取扩穴，增施大量有机质改土，提高土壤肥力；水田和平地果园，则要培客土，开沟降低地下水位，增厚生根层，促使形成发达根群。培养树冠，则采用抹芽控梢、短截促梢、疏芽放梢一整套整形方法，尽快形成波浪式圆头形丰产树冠。

1. 种后至夏梢前的管理

（1）施肥。大寒种植的新植株，种后25天开始发新根时施第1次肥，以氮肥尿素为主，每50克施3株，遇干旱可开成0.5%的尿素溶液淋施。而土壤湿润的平地或水田，可撒施在树盘周围，或挖浅环状沟施。再过半个月左右施一次壮梢肥，以复合肥为主，每50克施2株，亦可用腐熟农家肥泼施于树盘里。嫩叶展开后喷1~2次

0.3%~0.5%的尿素溶液为主的根外肥，促进枝叶转绿充实。

幼树环状沟施肥

幼树对称沟施肥

泼施水肥

撒施化肥

幼树根系对肥料十分敏感，未经腐熟的饼肥、人畜粪便等有机肥，施后常发生肥害。此类有机肥需经 2 个月堆沤腐熟、无酸臭味，才可施用。

（2）拉线整形。砂糖橘枝条较开张，由于苗圃多采用密植，许多橘苗的分枝角度小，枝条直立，难于形成波浪式圆头形丰产树冠。针对这一情况，

树形直立园

应于种植后第一次新梢萌芽时用塑料薄膜带或麻皮绳缚在主枝上，将主枝往外拉，拉至与主干的开张角度为45°左右。1星期后，再将开张角度往外拉至50°左右，每次都要将缚带的一端缚在竹签上，插入土中固定。在枝梢老熟时解缚，可使骨干枝开张，为形成波浪式圆头形树冠打下基础。

经拉线整形的开张圆头形树冠

（3）树盘除草及覆盖。树盘内应除草松土。树盘在干旱季节覆草，可降低土壤温度并保持土壤湿润，防止杂草生长和土壤板结。覆盖材料可用禾草、杂草、绿肥、芒萁等，有条件的亦可用地膜覆盖。

（4）间种绿肥。幼年果园间种绿肥作物，是增加有机质肥源的一条主要途径。据广东省每亩产5 000千克的果园测算，要使红壤土60厘米土层的有机质含量从1.5%提高到2.5%，每亩需绿肥100吨以上。这只能通过间种绿肥或建立专门的绿肥基地，深翻压青，逐年扩穴改土来实现。夏季绿肥覆盖地面，起防止雨水冲刷、降低土温、保湿、抑制杂草生长等作用。

果园间种花生

果园间种蔬菜

丘陵地果园多采用春夏间种覆盖作物、秋冬翻耕压青改土的半休闲耕作方法。这样可利用雨水充沛的春夏天，作物旺盛生长季节种绿肥。果园的主要绿肥格拉姆柱花草、印度豇豆、毛蔓豆、狗爪豆等都是蔓性豆科绿肥。间种花生、黄豆、绿豆的果园要加强管理，才可以达到既有经济收益又可改土的目的。若采用藿香蓟（俗称"白花臭草"）作覆盖作物，红蜘蛛的天敌钝馁螨（捕食螨）大量繁殖其中，可减轻红蜘蛛危害植株，减少喷药次数，这是生产无公害柑橘的良法之一。间种作物一般应种在树冠滴水线外30厘米左右，以不影响植株的生长。密植果园一般不宜间种。播种间种作物前要施基肥，豆科绿肥在幼苗期未形成根瘤，要追施氮肥，以保证苗期生长的需要。平地、水田幼年果园，因排灌便利，土壤肥沃，可以间种蔬菜和豆科作物，不但可增加经济收益，还可利用残留茎秆改土。

果园生草管理

2. 夏梢期的管理

在立夏至大暑萌发的新梢称为夏梢。砂糖橘幼年树一般有两次夏梢萌发，依其发生顺序称为早夏梢和迟夏梢。夏梢生长于高温季节，生长迅速，由萌发至转绿一般需35~40天。夏梢枝梢粗壮，节间长，叶片大而薄。利用夏梢，幼树可以加速树冠形成。

（1）抹芽控梢。砂糖橘每个叶腋中有多个芽，抹去初萌发的芽，会刺激发出更多的芽。利用抹芽控梢的整形方法，能有效地控制顶端优势，较快地形成齐、密、壮的枝梢，从而形成叶绿层厚的波浪式圆头形树冠。抹芽控梢还可断绝害虫夏季新梢食料，减少虫源，抑制溃疡病的发生，节省农药和肥料用量，从而降低成本。

春植的橘株，因气温低，恢复生长慢，春芽萌发不齐，任由春芽萌发生长。由夏梢开始、枝叶较多时，采用“去零留整，去早留齐，去少留多”的抹芽控梢方法，于5月下旬留1次整齐的夏梢。当早夏梢零星发生，芽长2~3厘米时，应及时抹除，且每隔3~4天抹1次，直到八成基枝上都萌发3条新梢左右时才放梢。对顶部生长旺盛的芽，多抹1~2次，先放下部的梢，再放上部的梢，使树冠下大上小，光照好，内外挂果多。具体操作见秋梢期管理。

（2）深翻扩穴改土。夏季是绿肥及农作物收获季节，有丰富的秆叶等改土材料。夏季又是雨水季节，土质松软，有利于深挖改土穴田间操作。秋梢后，新植植株的根系已伸展至原来改土定植穴外，而穴外的土壤未深翻改土，其根系生长受抑制，进行扩穴改土工作，培养深、广、密的根系，是丘陵山地种植砂糖橘成功的关键措施。

深翻扩穴改土以每年4~10月进行为宜，此时土壤温、湿度有利于扩穴后的断根愈合，并能在半个月内发新根。断0.5厘米粗的根可发3条以上的新根。雨季改土注意避免扩穴后积水烂根。扩穴位置应在原来定植穴外缘开条沟，深45厘米，长、宽可根据改土材料确定，不留隔墙。开沟时表土、心土要分开放，山地改土工作量大，必须讲求质量，改土材料要及早准备，并运至园中备用。改土材料可就地取材，充分利用野生林木枝叶、杂草、芒萁、禾草等，每株20~50千克，土杂肥50千克混配花生麸1千克，或鸡粪10千克或猪粪20千克，过磷酸钙1千克经堆沤腐熟施用。施肥可分2~3层，底层放树木枝叶、绿肥茎秆，并撒上石灰0.5千克，然后盖表土；中层放半腐熟堆肥，放石灰0.5千克上填表土；而上层则放经堆沤的腐熟堆肥，最后用心土填至高出土面20厘米，以便绿肥腐熟下陷。

平地果园地下水位高，可开深35厘米左右的条沟施有机肥；水田果园一般采用培或埋有机肥的办法来增施有机肥改土。

（3）施肥。夏梢历期短，需水肥充足，采取“一梢三肥”的施肥方法。首先在放梢前1个月施腐熟花生麸水或农家人畜粪尿，每株施2.5~5千克。其次在抹完最后一次芽施速效氮肥促梢，每株施尿素30克，新梢自剪时施复合肥壮梢，每株施50克。施肥方法基本与春梢相同，只是撒肥面应扩大，以适应根系伸展的需要。夏季高温，特别注意有机肥料要充分腐熟、无酸臭味才可以施；而化肥干施时要撒均匀，或与水肥混合施用，避免肥伤。只有这样的肥水管理，才可保证放好二次夏梢，扩大树冠。

（4）果园覆盖。夏季土温高达45℃以上时会灼伤根系，采用果园树盘或行间带状覆盖，可降低地表温度4~10℃，有利于根系生长。以禾草、杂草、芒萁等覆盖5~20厘米厚，亦可用地膜覆盖降温、保湿。已间种春季绿肥的，则形成整园生物覆盖，起到避免强光和调节果园湿度的效果。

3. 秋梢期的管理

秋梢是立秋至霜降萌发的新梢，若此期间发两次新梢，则依次称为秋梢、秋梢叠。秋梢从萌发至转绿充实，一般要40~45天。秋梢生长初期处在高温多雨季节，有利于萌芽生长；而生长后期（10月以后），则处在干旱凉爽天气，有利于充实。秋梢抽生数量较夏梢多但比春梢少，生长中等，叶片大小介于春、夏梢之间。秋旱重时，也会导致枝梢短小和病虫危害严重，要采取相应的管理技术，才可获得理想的秋梢。

（1）短截促梢。经过春夏两个梢期培养后，枝梢数量增加了，夏梢也有徒长的，在放秋梢前10天左右要短截促梢。短截在新梢转绿时进行。此时枝条中部的芽充实，而将过长（20厘米以上）未充实的芽剪去，剩下营养较

短截萌芽

抹芽

一致老熟的枝芽，发梢齐一。新梢短截还可以使末级分枝上各枝序高低分布得当，错落有序，使之形成顶部稍高、中下部渐开张、紧凑的波浪式圆头形树冠的雏形。要想植株枝梢数足够多，可采用抹芽控梢的技术放好秋梢。

（2）疏梢。当秋梢长至5厘米左右时进行疏梢工作，每条基梢留3条左右的新梢，原则是强梢多留，弱梢少留。疏梢时注意将直立梢疏去，向心生长梢疏去，一个芽眼同时发2条以上枝梢的只选留1条生势中等的。遇有夹心梢时，应将夹在两条梢中的一条梢疏去，这样枝梢开张，分布适度，枝梢呈倾斜生长，有利于结果和树冠培养。

"一开三"放梢

（3）施肥。促发秋梢在立秋过后施腐熟水肥，处暑至白露抹最后1次梢后每株施尿素50克，若遇干旱可开水淋施。在秋梢自剪后即施壮梢肥，一株施复合肥50克。若有农家肥水肥，可混合施，对促梢转绿充实、保叶过冬都有好处。在枝梢转绿期注意喷0.2%的硫酸镁+0.3%的尿素及0.1%的硫酸锌2~3次，有助于枝叶发育。

（4）灌溉保湿。秋梢生长期在处暑前后易发生秋旱，会造成发梢不适时、不齐一、数量少、枝梢弱小，因此要10天灌（淋）水1次，直至秋梢正常生长发育为止。淋水抗旱，一般50千克水淋2~3株。淋水时注意松土保湿，加强树盘覆盖物厚度，以延长土壤保湿时间，这样防旱效果更好。

4. 冬季管理

（1）冬季清园。冬季清园以消灭越冬病虫为主，结合整形修剪，剪去病虫危害枝叶，挖除病树，集中烧毁。并要铲净园内杂草，扫除枯枝落叶。修剪后要喷机油乳剂或柴油乳剂加克螨特1次，主要防治红蜘蛛、蚧类等害虫。防病杀菌剂可喷30%氧氯化铜600倍液或80%大生M-45 800倍液，清除炭疽病和溃疡病病菌。树干涂白(用生石灰10千克，食盐0.15千克，硫黄粉0.3千克，加水50千克，配成涂白剂)，以清洁树干上流胶病等病菌。

（2）修整果园排灌系统。山地果园梯田的梯面、梯壁、排灌沟应及时清理。平地、水田果园则要搞好三级排灌沟的清理和修整，防止雨季雨水冲刷和积水。

果园冬季要做好修沟工作

整理畦面

（3）保叶过冬。冬季干旱和病虫危害，会引起幼树卷叶落叶，影响生势。保叶过冬是果园冬季管理的主要措施：

①防冬旱。冬旱会引起叶片主脉黄化，继而侧脉以至全叶黄化而落叶。冬旱前做好树盘覆盖，防止卷叶，出现卷叶要淋0.5%尿素溶液保湿，防止黄叶、落叶。

②防治病虫害。砂糖橘易患的黄斑病或脂斑病以及溃疡病、炭疽病，都会在干燥北风天气产生落叶，红蜘蛛等危害严重时也会在冬季提早落叶，因此防治好上述引起冬季落叶的病虫害，是保叶措

施之一。

③冬季干旱，易引起肥伤、药害落叶，有机肥要充分腐熟才施用，化肥用量要准确、科学施用，用药一定要按照使用浓度指引，不乱混用农药，以避免肥伤、药害产生。

④喷植物生长调节剂保叶。入冬后喷 1 次赤霉素（九二〇）30 毫克/升，混合磷酸二氢钾、硼、锌、镁、锰等叶面肥，可防止或减轻不正常落叶。

（二）第二年管理

1. 春梢期

春梢在立春至雨水萌发。树体经过冬天相对休眠期后，营养充足，春梢发梢整齐，数量多，长度在 18 厘米左右，节间较密，叶片稍狭，先端尖。春梢萌发生长时常会遇到低温和春旱。春梢历期需 50~60 天。春梢的碳水化合物等营养物质积累比夏、秋梢好，因此成为翌年的结果母枝比例也高。

（1）施肥。随着树冠和根系的扩大，施肥量和施肥方法也有所增加和扩大。首先是开施肥沟改为二条对称沟，在树冠滴水线上开。施肥采用“一梢二肥”。一是促梢肥，在立春时施，在树冠二侧挖 2 条对称沟，沟深 10~12 厘米，宽 25~30 厘米，长度比冠幅略长。春旱一般施农家水肥（人畜粪尿）或麸水混尿素 50 克。若单施尿素，则开成 0.5%的溶液淋施，每株 75 克。有雨水时开浅沟施。二是壮梢肥，在梢自剪时施，每株施复合肥 75 克。但施肥位置要与上次施肥位置轮换；遇干旱时，可按 1%的浓度对水开沟施用。施肥后施肥沟要覆土。在春梢嫩叶展开后，要喷硫酸镁、尿素、磷酸二氢钾等根外肥，促梢转绿充实。

（2）深翻扩穴改土。4 月后雨水渐多，丘陵、山地果园应抓紧有利时机进行扩穴改土，每株有机肥可施鸡粪 7.5~10 千克或白鸽粪

5~7.5 千克混土杂肥 50 千克及过磷酸钙 0.75~1.5 千克，石灰 1 千克，并施入杂草、禾草等 20~30 千克。平地及水田增施有机肥，扩穴改土办法参照第 1 年。

(3) 间种绿肥。间种面积比第 1 年少 1/2，间种作物及方法参照第 1 年。多年生的格拉姆柱花草则要将靠近树冠的移走，并撒施氮化肥硫酸铵（每平方米不超过 15 克），以促进越冬后春季生长。

(4) 摘花、除不定芽。定植后 2~3 年的幼树以扩大树冠为目的，定植后 1~2 年内不宜挂果，开花多的植株在花朵露白时摘掉，此时摘，一是花柄嫩容易摘，二是可免开花消耗营养。亦可在第 1 年冬季在成花期喷赤霉素（九二〇）100 毫克/升，可减少来年摘花人工，或在第 2 年 1 月中旬将上年末次梢的部分顶芽剪去，即可有效地防止春季开花。若错过时机，可在盛花期喷碱性农药，如 0.5~0.8 波美度（波美度是过去用于间接表示比重的单位，现已废除，改用密度表示。在 15℃下，1 波美度相当于 1.007 克/厘米^3）的石硫合剂、12 倍松脂合剂、0.1%洗衣粉等，柱头一接触碱性药剂即发生药害而落花，即可大量减轻因疏花而花费的人工。

2. 夏梢期

经过一年栽培后的植株，树势较壮旺，进入夏梢生长季节，很容易萌发夏芽。利用夏梢生长历期短，在 30~40 天的特点，放 2 次夏梢，可加速幼树速生快发，尽快形成早结丰产树冠。此时要特别注意加强水肥及护梢工作。

放好夏梢

(1) 放 2 次夏梢。春梢 5 月上旬老熟即猛抽夏芽，利用抹芽放梢技术，至 5 月下旬放第 1 次夏梢，采用“一梢三肥”，加强根外肥，至 7 月中旬放第 2 次夏梢（8 月中旬第 2 次夏梢老熟，加强水肥管理，继续采用短截促梢，抹芽放梢技术措施，8 月下旬放秋梢)。由于这两次夏梢控梢时间只有半个月左右，因此个别基梢放出枝梢条数会有所减少，即“一开二”放梢较多，主要是争取 8 月下旬至 9 月上旬放出秋梢，使植株来年试挂果。

（2）施肥。为放好两次夏梢，争取适时老熟，夏梢期要做到“一梢三肥”，即梢前 1 个月施腐熟水肥，放梢前半个月施氮肥促梢(每株施尿素 100 克)，梢萌发一致后施复合肥壮梢（每株 150 克)。夏梢转绿期喷 0.2%硫酸镁和 0.3%尿素及 0.1%磷酸二氢钾，促梢尽快转绿充实。

夏季是绿肥生长旺季，间种的格拉姆柱花草，可以每隔 1.5 个月割青作压绿改土材料，而每割一次青绿肥应追施氮肥、磷肥 1 次，以利于割后再生。黄豆、花生等绿肥，收获后的茎叶也是压青的好材料。深翻压青改土方法见第一年生长管理措施。

3. 秋梢期的管理

秋梢是砂糖橘的主要结果母枝，只要第二年标准秋梢长 20 厘米左右的达到 130 条以上，下一年可以试挂果。因此，秋梢生长期的管理工作是很关键的。

（1）梢期的确定。作为翌年结果母枝的秋梢，不宜过早萌发，一般掌握在处暑季节前后放梢，即 8 月下旬前后，以避免抽秋梢叠。

（2）抹芽控梢。放梢前短截促梢，经过 2 次抹芽后，全园和基枝萌芽达到两个 80%的放梢要求后，即要适时放秋梢。当新抽出的秋梢长至 5 厘米时，按第一年疏梢办法进行疏梢，使秋梢分布合理。疏梢时要从基部抹除，切不可留有残桩。

（3）加强肥水管理。疏梢后，枝梢生长更快，要求水肥更迫切。遇秋旱要结合灌（淋）水施壮梢转绿肥，肥料以复合肥或农家水肥为主，配施 50~100 克尿素。土壤湿润，此次肥可开成沟施，施后覆土。在新梢转绿期间喷 2 次根外追肥，加速秋梢充实，有利于花芽形成。

(4) 控冬梢。秋梢健壮充实，成为结果母枝的高达六成以上，特别是枝梢先端的几个芽，具有良好的结果能力，着果率也高。在花芽分化后，对秋梢（包括树冠其他末级枝）进行短截，会将花芽剪去，使翌年不开花结果。因此，秋梢老熟后，除了特别需要减少花枝、促发营养枝、对少数枝条进行短截外，不能摘心、短截。在秋梢之上再发生冬梢时，控冬梢，必须采取下列措施：

秋梢老熟后喷药控冬梢

①喷多效唑（PP_{333}）。当秋梢老熟后，喷 500 毫克/升的多效唑，以喷湿树冠不滴水为度，20 天后又喷 1 次。再在枝干上环割一圈，即可有效地控制秋梢叠或冬梢的萌发，并能促进砂糖橘树花芽的形成，不用担心来年不开花。

果园发生少量冬梢要及时抹除

②控水肥。秋梢转绿后，除特别干旱致秋叶严重卷曲，可适当灌"跑马水"或淋水，使叶片早上展开，中午微卷，一般不要灌水。不追施化肥，特别是氮肥，如叶色淡，可喷根外追肥补充，用于改土需要的有机质肥仍可施用。

果园冬梢数量多时要促充实

③抹冬芽。遇到个别年份，出现 10 月小阳春气候，容易抽发秋梢叠或冬梢，可按抹芽控梢办法及时抹除。由于冬天气

温低，一般抹 1~2 次，不会发新梢。

（三）幼年树管理应注意的问题

1. 生草法栽培

砂糖橘幼年树果园空地多，如不进行间种或覆盖，一年中要进行多次中耕，不但花费劳力，增加成本，还由于幼树根系浅生，容易锄断和导致土地裸露，受高温、水旱等自然因素而使根系生长受影响。除间种作物和覆盖来改善生态环境外，生草法栽培为最合适无公害柑橘生产的，可防止土壤流失，提高土壤有机质含量和土壤肥力，减轻自然灾害，更降低土壤管理成本。

果园生草法首先要选好草种，其中以藿香蓟为首选。该种属菊科 1 年生草本作物，3 月育苗移栽，以后落子自然繁殖，每亩产鲜绿肥 3 000 千克。它不仅是果园覆盖物，又是柑橘红蜘蛛天敌——钝绥螨（捕食螨）的中间寄主，为捕食螨提供交替食物和繁殖场所，使生态环境得到相对平衡，红蜘蛛也受到控制，可减少用药。当然，草种还可选用多年生格拉姆柱花草、百喜草、豆科白三叶草以及野生的油草和拖地莲等，只要不是恶性杂草（茅草、香附子等），都可作为生草法栽培的草类。

果园生草管理

2. 施肥

加速幼树生长，提早结果，促发新梢，迅速扩大树冠，是幼年植株的管理主要目标。因此，对幼树的施肥，应根据幼树多次发梢的特点和根系分布范围小而浅，吸收肥料能力较弱，施肥过多不但会造成浪费，还会出现肥害，或出现生长过旺而推迟结果。幼年植株施肥以氮肥为主，配合磷、钾肥，一般氮、磷、钾配比为1:0.3:0.6。第一年施肥量，以纯氮计算，单株施纯氮0.2千克，折合尿素0.4千克，下一年在此基础上翻一番（表7）。施肥次数以勤施、薄施为主，按照"一梢2~3肥"，即放一次梢，因立地条件不同，肥沃果园施2次，即梢前15~20天施促梢肥，在顶芽自剪时施壮梢肥；而瘦瘠的果园施3次，即增加梢前1个月左右施梢前腐熟水肥，施肥量要多，以及时促发数量多而齐一新梢。幼年植株放4次梢（见梢期安排），水肥足的1~2年生树可安排放5次梢。由于高温多雨，肥料分解快，在土壤中的渗透流失量大，年施肥次数稍多，在10次左右。随着树龄的增长，施肥次数逐渐减少。准备次年结果的幼树，应加重促秋梢肥的氮肥用量，到秋梢老熟期适当增施磷、钾肥，而减少氮肥，以利于花芽形成。一般总梢数量200多条，而有效秋梢（20厘米左右）在130条左右，基本形成波浪形小树冠，即可以投产。

砂糖橘投产树

表 7　砂糖橘幼年树全年氮肥施用量

树龄（年）	纯氮（株/千克）	春肥所占百分数	夏肥所占百分数	秋肥所占百分数
1	0.2~0.25	20%	50%	30%
2	0.4~0.45	20%	50%	30%
3	0.8~1.0	20%	40%	40%

果园需设立肥池

施肥避免肥害，主要注意：

①饼肥堆沤。麸饼用粪池沤制，花生麸要经 50~60 天，黄豆饼要 80~90 天才能充分腐熟。堆沤时加入一些猪牛粪及过磷酸钙，可加快腐熟。充分腐熟的麸饼液肥应该是乌黑色的，无白色渣粒，搅动无酸臭刺鼻气味，气泡少。

②化肥用量过多易引起肥害，致使根系和枝叶脱水，严重时根发黑死亡，枝叶焦枯脱落，甚至整株死亡。施用化肥时须少量、均匀，土壤湿润时，尿素每平方米撒施量在 50 克左右。土壤湿度不大时，应尽量渗水或溶于粪水中施用。

七、砂糖橘结果树管理

(一) 土壤管理

1. 扩穴改土，深施有机肥

山地果园扩穴改土，深施有机肥，在4~11月最适宜。在树冠滴水线位置开长1米、宽0.30米、深0.40米的沟，每株对称挖2条改土沟。每株将绿肥、土杂肥50~75千克，畜粪肥10~20千克，石灰及过磷酸钙各1千克，及少量镁、锌、硼肥作为基肥施入穴中。全园改土要在果园丰产前完成，以后隔年改用放射沟深施有机肥，可减少伤根，施肥量因产量增加而增加。

扩穴施肥改土

2. 间种

生草管理，未封行的果园，因地制宜，仍按幼年树果园采用间种作物，或生草直至封行为止。坚持果园树盘采用杂草覆盖，对疏松土壤，增加肥力有好处。

3. 培肥、培土、深耕

经多年结果后，表层根逐渐衰退，要将树冠内表土扒至10厘米

果园培土培肥

深，将衰退根扒走，每株培上混有经过堆沤的有机质园外客土250千克左右，培至不露根。结合秋冬季深松土15厘米时，进行此项培肥工作最好。该措施对促进发新根和恢复树势有显著效果。培土肥对平地、水田果园尤为重要。

（二）排水和灌水

水对砂糖橘生长发育影响很大。特别是南亚热带种植区，雨水虽然充沛，但降雨不均，夏季多雨，易出现涝害，需排水；而秋冬季则是干旱季节，又遇果实膨大期及树上留果保鲜期，需水迫切，灌水是丰产丰收的主要措施。

1. 不同季节的水分管理

可概括为："春（保）湿、夏排（水）、秋灌（水）、冬控（水）"四句话。

(1) 春旱适时灌水保湿。春暖发芽开花需要水分，才能抽发好花枝，遇干旱则迟发梢，花枝纤弱，易落蕾，畸形花多，坐果率低。但水多，则枝梢旺长，花蕾发育不良，早期脱落，低产。因此，春季果园要通过适当灌水，保持土壤湿润，积水则要及时排除。

(2) 夏季注意排水。夏季是雨季，雨季来临前应修好排水沟，避免积水烂根，引起大量落果。就算是丘陵山地果园，亦会因暴雨积水烂根而发生植株黄化，及时排水很有必要。遇有夏旱时，适当灌水亦有必要。

(3) 秋冬灌水防旱。华南亚热带地区每年9月后即进入干旱季节，与砂糖橘果实发育和秋梢生长老熟对水分要求常有矛盾，不仅影响当年产量，也关系到来年是否持续丰产。在此关键时期，要做好灌水工作，保持土壤含水量70%~80%，可增产10%以上。当然，平地、水田果园要在大寒前后适当控水，至秋梢叶片微卷，早上展开，约20天时间，即可促进成花。为了提高砂糖橘果实品质，采前10天左右要停止灌水；树上留果保鲜的，则可灌"跑马水"来满足树体、果实对水分的需要。

果园喷药池

秋冬干旱造成植株叶黄、卷叶、落叶

果园开沟进行灌水

2. 合理灌溉

（1）灌溉时期。用叶片卷叶来判断灌水已不是橘需水"及时雨"。目前，采用的方法一是测定土壤含水量。常用烘箱烘干法，在主要根系分布层10~25厘米土层，红壤土含水量18%~21%、沙壤土含水量16%~18%时，即应灌水。二是果径测量。在果实停止发育增大时，即为果实膨大期需灌水期。三是土壤成团状况。果园土为壤土或沙壤土，在5~20厘米处取土，用力紧握土不成团，轻碰即散，则要灌水；如果是黏土，就算是可以紧握成团，轻碰即裂，也需灌水。四是土壤水分张力计应用。现已使用较普遍，装于果园中，用来指导灌水。

（2）灌水量。可通过计算得出来，但理论值与实际的植株结果量和砧木种类需水量亦有很大差异。一般以挂果40千克植株计算，每株每次灌水量200~400千克，抗旱人工淋水约250千克，但10天左右即要再淋。如果结合松土、杂草覆盖，则可保持半个月左右。实际灌水后以主要根系湿润为度，而灌“跑马水”，则以观察叶色及新梢叶片微卷为度，多用于水田、平地果园。最好安装土壤水分张力计测定最佳值来判断水量。

（3）灌溉方法。一是沟灌，利用山水、水库水或水泵抽水，开沟进行果园灌水，适用于水田、平地、水平梯田。二是喷灌，有固定与移动两种：固定式要安装机械压力，将水从喷头喷出灌溉；移动式要用机械动力将水从喷头喷出灌水的管道临时铺设，其优点是水分喷出均匀，工效高，并可结合根外追肥，增加光合效能。此外，尚有低头微量喷灌和滴灌，都是现代节水灌溉系统，是在树盘处设滴水或微喷装置，让水长期慢慢地滴入树盘或雾状喷出。装有计算机系统，形成全自动节水灌溉系统。由于设备较复杂，而亚热带区域降雨日数多，属季节性短期干旱，应用尚待试探。最近在德庆砂糖橘园采用埋管渗漏灌水技术，具有滴灌的优点，是造价低廉的节水简易方法，值得推广应用。

有条件的果园可铺设管道灌水

3. 及时排水

南亚热带夏季多台风雨，水田、平地果园应及时通过3级排水系统排除积水，丘陵山地果园，修筑水平梯田保水。在保肥、保土的同时，应迅速排除积水，防止山洪冲入园内。水分过多，果园土壤含水量饱和，就会出现烂根，植株叶片黄化，引起裂果、落果。

4. 防涝害

受洪水淹浸的植株，在水退时迅速清除园内杂物，利用洪水泼洗被污染的枝叶，清去泥渍；果园退净水后，对冲倒的植株培土扶正护根，清沟排除积水，待土壤干爽后，浅松土，让根部恢复通气，半月后淋施含有生根粉的腐熟有机液肥，促进根的生长。对被洪水冲倒或露根的植株，采取疏枝回缩修剪，疏除过密果实，减轻树体负担，随后加强根外施肥及加喷防治树脂病、溃疡病、炭疽病发生的杀菌剂，保证涝害后植株迅速恢复生长。

雨季清沟

水淹果园后，要及时清洗水浸后的叶和果（麦国荣　提供）

山泥倾泻入果园（麦国荣　提供）

（三）营养及施肥

砂糖橘的正常生长发育，除需要氮、磷、钾、钙、镁五大元素外，还需锌、硼、锰、钼等微量元素。施肥则是根据不同土类及植株本身不同生长发育时期及产量，做到因地、因树制宜，适时、适量、适种（肥料种类），合理施肥，这是保证优质、高产、稳产、长寿、低耗的关键措施。

1. 砂糖橘需要的营养元素及诊断

（1）叶片分析营养诊断。叶片是砂糖橘反映树体营养状况的主要器官。在树体内，各种营养元素都有其适量范围，缺乏或过剩时都会引起树体生长异常。叶片分析，就是应用化学分析等方法，把一定叶龄叶片的各种营养元素含量及变化测定出来；再根据土壤养分测定，判断树体中营养元素的需要、余缺情况及其相互关系，作为指导施肥的依据。广东省农业科学院果树研究所在“合理保花保果，提高砂糖橘结果率试验”研究中，就应用叶片分析，发现幼果发育与同期春梢的氮、磷、钾营养变化动态紧密相关。当春梢叶片含氮、钾量低时，生理落果加剧；反之，当含量升高时，其结果率就增加。这从生理上揭示了砂糖橘前期落果与树体的营养关系。

（2）缺素症营养诊断。砂糖橘树体缺乏某种元素时，都会在枝、叶、果表现出不同症状，可凭经验采用目测鉴别，以便及时纠正缺素症（表8）。另外，根据对水培所表现的元素缺乏症观察，及果园树体表现缺素症的调查相结合，其症状如图所示。

缺氮叶片（蔡明段　摄）

缺磷叶片

缺钾叶片

缺镁叶片

缺钙叶片

缺硼叶片

缺锌叶片

缺锰叶片

缺钼叶片

缺铜枝叶

（续表）

元素	缺乏原因	缺乏症状	矫治方法
钼	酸性土中锰浓度高；过量施用酸性肥料，会降低钼的有效性；土壤磷不足，氮过高，钙低，也会引起缺钼症	缺钼易生黄斑病，叶片早春出现水渍状，夏季成较大的脉间黄斑，叶背面流胶变黑。初期脉间受害，向阳叶较明显。新叶一片淡黄，且纵卷向内抱合	叶面喷0.01%~0.05%的钼酸铵（幼果期喷），酸性土果园可每亩施钼酸铵23~40克。最好与磷肥混施
铜	酸性或石灰性沙质土，易发生缺铜症；大量施用氮肥、磷肥导致缺铜	幼枝长而柔软，上部扭曲下垂或呈“S”形。叶大，叶形不规则，中脉弯曲。在枝上树皮产生水泡，泡内充满褐色胶质，爆裂后流出；严重时枝条长丛生枝。果实细小畸形，皮色淡黄光滑，常纵裂或横裂、产生许多红棕色至黑色瘤，肉僵硬	沙质土果园施有机肥改土。春芽萌动前喷0.1%~0.2%硫酸铜溶液，结合病害防治喷0.5%等量式波尔多液或其他铜制剂

2. 施肥时期

（1）春芽肥。春梢前半个月施，初结果树则至见花蕾施，视花量多少确定施肥量，避免因春梢过旺而落果。这次施肥以速效氮肥为主，配合磷钾肥，现蕾期喷硼、镁、磷酸二氢钾、核苷酸等，施肥量占全年总量25%。

春梢肥芽前半个月施水肥

（2）谢花肥。落花后期施。花多、幼果多的树才施，反之则不施，避免促夏梢而引起落果。施肥量占全年总量5%~10%。

多花、坐果多树施谢花肥

（3）秋梢肥。该次肥是全年最重要的施肥，可按“一梢三肥”分次施。埋施饼麸肥要提前50天沤制，才能腐熟。在梢前半个月施速效氮肥混腐熟有机肥。干旱需结合灌溉，才能及时抽吐秋芽。壮梢肥在转绿时施，以复合肥为主。施肥量占全年总肥量40%左右。

秋梢肥分梢前、促梢、壮梢三次施

（4）花芽分化肥。11月上旬施花芽分化肥。施复合肥或有机肥供壮果及促进花芽分化。施肥量占全年总肥量10%~15%。

果实膨大期施壮果肥

果实转色期施花芽分化肥

(5) 采果前后施肥。如是留果树上保鲜，则需采前施。采后施，以速效肥为主，以恢复树势，减少落叶，有利于花芽形成，结合灌溉效果最好。施肥量占全年总量10%~15%。

施树上留果保鲜肥和采果前后水肥

3. 施肥方法

(1) 土壤施肥。因树龄、肥料种类、气候等条件不同，而采用环状施、放射沟施、条沟施、穴状施、埋施等方式，以在树冠滴水线附近开沟施肥较多。开沟深浅按春、夏季根浅则浅施，秋冬季根深则深施；有机肥深施，无机肥浅施的原则；环状沟挖深10~15厘米，宽约30厘米；放射状沟宜从树干外30厘米处向外开浅沟，逐渐向外缘加深；穴状施在树外缘挖直径20~30厘米小穴若干个，每次施肥位置要轮换，不要重叠。

对称沟施肥

放射沟施肥

环状沟施肥

（2）灌溉施肥。将肥料溶于灌溉水中，通过灌溉系统进行施肥，具有节约用水、肥料，肥效高，不伤根叶，有利于土壤团粒结构保持等特点。喷灌施肥可节省用肥11%~29%。若采用滴灌，则更省肥，这是现代化果园施肥新法。

（3）根外追肥。根外追肥主要是利用营养元素，通过叶片上的气孔和角质层进入叶片，然后再输送至树体的各器官，喷后15分钟至两个小时，即被叶片吸收，可及时补给营养，纠正缺素症。目前已普遍用于保花保果、大树移植以及植株受旱、受涝等树体保护上。使用时要注意肥料的种类和质量（表9），未用过的种类应试用后才大面积应用，肥料特性各有不同，千万不要混成“十全大补酒”，以免肥效消失并造成肥伤落叶。广东以红壤土和沙壤土，是栽种砂糖橘主要土类，以欠缺镁、硼、锌等元素症状最普遍，可喷0.3%硫酸镁、0.2%硫酸锌和0.1%硼酸。通常在每次梢前或转绿期喷，加上常用的0.3%磷酸二氢钾及0.3%~0.5%尿素及营养型核苷酸等构成根外追肥常规一族。

表9　根外施肥种类与使用浓度（%）

肥料种类	使用浓度	肥类种类	使用浓度
尿素	0.3~0.5	硫酸锰	0.05~0.1或（加0.1熟石灰）
硝酸铵	0.3	氧化锰	0.15
硫酸铵	0.3	硫酸镁	0.1~0.2
过磷酸钙（滤液）	0.5~1.0	硝酸镁	0.5~1.0
磷酸铵	0.5~1.0	硼酸（砂）	0.05~0.1
草木灰（浸提滤液）	1.0~3.0	钼酸铵	0.008~0.03
磷酸二氢钾	0.2~0.4	钼酸钠	0.0075~0.015
硝酸钾	0.5	硫酸铜	0.01~0.02
草木灰（浸提滤液）	1.0~3.0	氧化锌	0.2
硫酸钾	0.5	高效复合肥（滤液）	0.2~0.3
柠檬酸铁	0.1~0.2	人尿	8~10
硫酸锌	0.1~0.2或0.5~1.0（加0.25~0.5熟石灰）	牛尿	5（放置50天后）

（四）培养健壮秋梢

要使砂糖橘开花多，花的质量好，坐果率高，必须有秋梢长度20厘米左右、数量多的结果母枝作基础。而砂糖橘结果树的结果母枝以秋梢最优良，占秋梢总数的六成以上。因此，培育好秋梢成为连年丰产的关键措施之一。

1. 适时放秋梢

从砂糖橘发梢力较强、秋梢老熟历期较快的特点来考虑，正常年景，多数果园在立秋至处暑期间放梢比较合适。而衰弱树、丰产树、老龄树，则应提早至大暑放梢。靠近粤西阳春市等地的丘陵地果园，缺乏灌溉条件，8月中旬后较早进入秋旱，对秋梢生长不利，在7月中下旬即要放秋梢，使秋梢于秋旱到来前充实。而粤中地区靠近珠江三角洲的市县（区），应根据树龄确定放秋梢期，3~4年生树立秋后10天放梢，5~7年生树立秋前5天放梢，8年生以上树大暑至立秋放梢。粤中地区上述梢期还应根据树势及结果情况，提早或推迟。如同一树龄，树势差、挂果多的果园，放梢期应提早10天左右；反之，则迟些才放梢。亦有像2001年那样，秋旱期长、无灌水条件的果园，各年龄段的树，均在普降喜雨，解除旱患后一齐放梢。

2. 秋梢期的肥水管理

秋梢水肥按梢前攻、梢后壮、适时灌水的做法施用。秋梢肥占全年总肥量40%左右，分3次施用：一是梢前50天埋花生麸粉；二是放梢前半个月施速效氮肥；三是在吐梢齐一至自剪时施壮梢肥。另外，在梢转绿期喷根外追肥，干旱时要适当灌水，促梢转绿充实，具体见施肥时期。

3. 夏剪促梢

在放梢前半个月左右，树冠营养枝经多次抹芽后，芽基部长成瘤状，必须短截除去，才可抽发理想的枝梢。对无结果的衰弱枝群，采用短截修剪，促剪口潜伏芽萌发。剪口粗0.5厘米左右，短截时留下10厘米枝桩。单株剪口数量：结果40千克左右的5年生树，剪口80个左右。一般剪口可抽3条左右长20厘米的健壮秋梢，为保证枝梢粗壮，一条基梢超过3条秋梢的要疏梢。一般可通过短截时间、剪口粗细及枝桩长短来控制条数，省去疏梢人工。

夏季短截

短截后发梢

疏梢

4. 新梢保护

秋梢期高温多湿，病虫害大量发生，当嫩芽有0.5厘米长时就开始喷药，隔7天左右又喷一次药，以保护新梢，详见病虫害防治内容。

（五）促花、保果

1. 控冬梢促花技术

砂糖橘花芽形成，是由叶芽向花芽转化的过程，花芽分化时间在冬季砂糖橘果实开始转黄期间进行，也就是11月中下旬开始。在此前落叶的植株无花，在此后落叶的植株有花。若在这一时期短截秋梢等末级枝，翌年就无花，故秋梢在果实转黄期后千万别去随意短截。花芽形成最多是在春芽萌动前数周，结束时间在春芽萌动的2月上中旬。影响成花因素为砧木、水分、气候、土壤以及栽培技术等，促进砂糖橘成花技术主要如下：

（1）控制水分。11月中下旬花芽形成期要减少水分供应，提高植株营养液的浓度，对生长壮旺的幼年结果树特别有效。平地、水田果园冬季挖深排水沟，12月期间控水至秋梢叶片中午微卷，早上展开，保持25天左右，见内膛枝少量叶片黄落，土壤有龟裂就达到控水目的。如秋梢叶片早上卷不展开，就要灌“跑马水”或人工淋水，以防止落叶，但控水过度，秋梢叶片卷成筒状，亦无花芽形成。

（2）断根促花。水田、平地根系较浅的果园，幼年结果树、壮树12月在树冠滴水线二侧犁或深锄25~30厘米断根并晒根，至中午秋叶微卷、叶色稍褪绿时覆土，或在树冠四周全园深耕20厘米深。中年结果树，若树上不留果，则在采果后全园浅锄10厘米左右，锄断表面吸收根，达到控水目的。

冬天挖深穴断根施肥可促进花芽分化

(3) 药物促花。在秋梢老熟后11月中旬左右，喷植物生长调节剂，用15%多效唑300倍液，即500毫克/升，隔25天喷第2次。这是一种安全有效的促花方法，树上留果保鲜果园采用这一措施最为方便，且安全有效。

(4) 环割或扎铁线促花。对山地等主根深生壮旺果园，宜用环割、扎铁线促花，于12月中旬进行。幼年结果树，可环割主干；青年结果树割主分枝，以刀割断韧皮部不伤木质部为度，割后7~10天即见秋梢叶片褪绿，成花就有希望。若至次年1月中旬仍不褪绿的植株，可再割1次。环割是很强烈的促花方法，首先要关心寒潮预警，估计割后5天内无寒潮，割后不会因寒冷落叶，遇有落叶时要及时灌“跑马水”或淋水。早春要提早灌水施促花肥，割后也不可喷碱性农药。

环割促花

扎铁线促花（幼年树扎主干，成年树扎主枝）

扎铁线用14~16号线结扎枝干，使铁线的2/3陷入皮层，不伤木质部。幼年结果树可扎主干，树干粗大的植株，则可结扎粗3~4厘米的枝干，扎1个月后叶色褪绿时，可解除铁线。

(5) 弯枝及扭枝。初结果树易出现较直立的徒长枝，要使这类枝开花结果，除采用环割外，还可用弯枝或扭枝。当秋梢老熟时，用塑料薄膜带将徒长枝拉弯，亦有用撑枝辅助，待叶色褪至淡绿色即可解缚。而扭枝，则在秋梢刚充实，用手将枝条从基部扭转一圈，扭爆木质部，枝即会下垂，叶褪至淡绿色，春天又会回复原状。

徒长枝梢扭枝促花

弯枝或拉枝促花

2. 保花保果技术

砂糖橘开花多，但结果不多，一般坐果率在1.5%左右，低的在1%以下，与广东其他柑橘品种坐果率3%左右相差较大，故要采取措施，减少前期落果，提高坐果率。

（1）落蕾、落花、落果。营养不足，影响花蕾发育，多在花蕾期脱落，畸形花亦多在开花期脱落。

砂糖橘的3个落果时期及落果原因：第一次生理落果，在谢花后小果带果柄脱落，持续1个月左右，是由于内源激素失调或外界低温阴雨、光照不足，90%的花蕾、畸形花及小果都在此时落掉。第二次生理落果，小果是从蜜盘处脱落，此次落果隔上次落果结束后20多天才开始，并突然产生大量落果，使人产生无望的情景，一直延至7月上旬结束。落果是树体营养及内源激素欠缺造成的，因自交不亲和。果实缺乏种子而不能产生内源激素促进果实发育而产生大量落果，与光、温、气、热、水等外界条件不良也有关。此次落果占从花蕾开始脱落果的8%以上。若以坐果率计，坐果率仅0.94%~1.58%。据此，华南农业大学无核砂糖橘课题组认为，保果重点是减少此次落果。三是后期落果，生理落果结束后，所产生的落果，主要原因是裂果以及台风、病虫等引起。

第一次生理落果

第二次生理落果

（2）保花保果六项措施

①增加营养保果。开花期消耗大量树体营养，谢花期营养含量降至全年最低点，因此是最需要补充营养的时期。现蕾前半个月施以氮肥为主的促花肥，以及喷硼和锌叶面肥，有助于花器发育和受精完成。在开花 2/3 时，施以复合肥为主的谢花肥，供幼果转绿必需的营养元素镁、锌、硼、磷及钾等，均需喷保果根外追肥 1~2 次。据研究，第二次生理落果前 10 天，采用 0.3%磷酸二氢钾+0.2%尿素，坐果率比对照增加 58%。据广东省农业科学院果树研究所研究，在第一次生理落果结束（4 月下旬），到第二次生理落果结束（7 月上中旬），砂糖橘树体营养变化：氮的含量是呈上升趋势，且含量最高的就是坐果最高的，所以喷 0.2%尿素有助于保果，而钾的含量也呈增长态势，含量高则坐果率也高，磷则变化平稳，处理间无大差异，可见喷磷酸二氢钾亦会收到保果效果。当然，若喷营养型核苷酸、氨基酸和其他有机营养素保果，会有较好效果。

②防涝防旱。保果期间要保持土壤湿润，避免干湿失调而引起烂根，产生大量落果。特别是遇旱要灌水，雨水过多及时排除渍水。

③疏除过旺春梢及早夏梢。这是解决抽梢与结果矛盾的方法，适用于幼年结果树、青壮年树。一是疏除过旺生长的春梢，在梢自剪前按“三除二”、“五除三”的原则疏去部分新梢。二是摘心，当

疏除部分营养春梢保果

春梢长至15厘米时要摘心节约养分。三是在夏梢3~5厘米长时全部抹除，直到7月上中旬第二次生理落果结束时。控梢及疏梢，可根据结果量，采用环割保果，以果压梢保果，都是减少用工、控制夏梢的措施。

④植物生长调节剂保果。国家允许使用的种类有细胞分裂素类（如6–BA）和赤霉素（九二〇）。6–BA是可有效防止柑橘果实第一次脱落的药物，效果较赤霉素好，但6–BA对防止第二次生理落果无效。九二〇则对防止第一、第二次生理落果均有良好的效果，砂糖橘生产上分别在第一和第二次生理落果期喷一次赤霉素30毫克/升，对增加外源激素，保果效果显著。但亦有生产者求果心切，措施不当，所获效果未如理想。广东省农业科学院果树研究所在4年生砂糖橘谢花期喷赤霉素30毫克/升一次后，再按处理①：即在10天后再喷一次35毫克/升，并环割1次，第一次生理落果期坐果率17.23%，第二次生理落果期坐果率2.41%，喷清水对照坐果率分别是6.08%和1.12%。这说明赤霉素有一定效果，但措施都用在第一次生理落果，而第二次生理落果期长达两个多月，没采用措施。处理②：在第二次生理落果期间再喷保果剂，其坐果率达到4.52%，效果显著，说明不能求果心切，一下子各种措施都一起上，效果反而不理想，应根据落果不同时段采取措施。

⑤环割保果。其保果原理与环割促花一样，都是将地上部的营养集中供应坐果，使果实坐果率上升。实践证明，生势壮的果园在天气晴朗时，于幼果期只采用环割2次，就能达到保果目的。华南农业大学无核砂糖橘课题组试验，在第二次生理落果前10天（即第1次生理落果结束后2周左右）环割第1次，隔半个月环割第2次，

参试树与对照树各10株，参试果16 457个，参试稳果期果数1 571个，坐果率9.54%，其中最高坐果单株为12.95%，最低为7.34%，可见株间存在差异。对照处理共17 891个果，稳果期果数2 218个，坐果率1.38%，其中最高单株坐果率2.28%，最低为0.8%，环割的坐果率比对照高达6.9倍。可见，环割保果效果显著。环割针对树势旺、花量多、着果率低的植株，因环割暂时阻止由叶片制造的有机营养向下输送，使地上部积累更多的养分供果发育，但多年使用会出现树体早衰，使生长结果都受到影响。20世纪90年代，由于“袖珍”砂糖橘销路好，许多果园滥用环割技术促花保果，而使果实变小，树势早衰。这必须引起生产者注意。

过度环割会使植株衰弱成小老树

但亦有些特殊的情况，需要特殊的技术措施。清新县天堂山沙田柚高接砂糖橘，为消除中间砧对砂糖橘过旺生长的影响，在保果时采用特殊环剥技术，提高坐果率，起到以果压梢的效果，并生产出具有砂糖橘固有品质。但此项技术若采用不当，会造成死树，要慎用。用于果园一定要经过试用，除果树壮旺外，果园要土层深厚肥沃，肥水管理方便，管理人员掌握技术到家，才有保障。

慎用环剥保果技术，以免发生落叶、枯萎

⑥雨天摇花，改善光照。砂糖橘花期正值南方阴雨天气，

开花后花瓣因黏着小果，光照差，易发黄脱落。一般从花期开始，隔几天即摇动树枝一次，以振落花瓣，使幼果接受阳光，幼果迅速转绿，坐果率提高。对于密植封行果园，此措施尤为重要。

（六）修　剪

砂糖橘进入结果期后，树冠不断扩大，分枝级数增加，发梢力越来越弱，加上枝密集丛生性强，更加速枝条的衰退，内膛枝因光照弱而成枯枝，由立体结果渐成平面结果，产量也随之下降。修剪是通过充分利用光照，调节生长和结果的矛盾，提高产量和延长结果年限为目标。

1. 修剪时期

一般砂糖橘修剪分冬季修剪和夏季修剪，以冬季修剪为主，夏季修剪为辅，因生产应节“叶橘”而延至春节前采果的果园，则冬剪期显得较短，夏季修剪也变得重要了。

（1）冬季修剪。是采果后至春芽萌动前进行的修剪，主要从枝条基部疏剪病虫枝、枯枝、衰弱枝、交叉枝、过密荫蔽枝、衰退的结果枝和结果母枝。对衰退的大枝序进行回缩修剪以更新树冠，目的是剪除废枝，保留壮枝，调节树体营养，控制和调节花量，以充分利用光照，达到生长与结果的平衡。

冬季修剪采用疏、短、缩方法

（2）夏季修剪。是春梢老熟后到秋梢萌发前进行的修剪。夏剪时间最好在放秋梢前15天左右，夏剪的对象主要是短截更新1~3年生的衰弱枝群，促发健壮的秋梢。夏剪要留有10厘米枝桩，以便抽吐新梢。短截枝条的粗度根据树体状况而定，衰老树则短截直径0.5~0.8厘米的衰弱枝群，青壮年树可短截0.3~0.5厘米的衰弱枝群，每剪口可促发2~3条新梢，同龄树剪口越粗，发梢越多，发梢越早。短截枝条多少，应根据树势而定，特别是衰弱枝多寡而定，丰产期树以80~100条为宜。砂糖橘内膛短壮枝结果能力强，应尽量保留。

夏季修剪以短截为主

夏季修剪除短截外，因春季采果迟而未能全面进行冬剪的植株，应对过密、过弱的枝条以及枯枝、病虫枝等进行疏剪，达到通风透光，养分集中，促进新梢萌发。

2. 几种枝条的处理

（1）徒长枝。砂糖橘结果树常见副主枝超过主枝的徒长枝，长40厘米左右，扰乱树冠，消耗养分。对徒长枝可按着生位置不同进行修剪：

①徒长枝长在大枝上，无保留必要，应从基部及早疏剪。

②徒长枝长在树冠空缺位置，在20厘米处短截，促发新梢，形成侧枝，填补空位。

③长在末级枝上的较长枝，一般不宜疏剪，可在停止生长前进行摘心。

（2）下垂枝。具有较强的结果能力，应在结果后才进行疏剪或短截，尽量保留或培养下部枝。

徒长枝采果后要及时短截

疏剪下垂枝和过密阴枝

（3）荫蔽枝。砂糖橘的内膛枝只要能获得散射光的较壮半阴生枝，仍具有较强的结果能力，是青壮年结果树生产“起砂”砂糖橘优质果的枝条，待结果后才剪除；但对过密的全阴生枝，则要及时疏剪，以利于通风透光。

（4）丛状枝。常因树势减弱，外围产生丛状枝叶细小的衰弱枝群，这些枝群要短截留下10厘米左右的枝桩，以促发壮梢。若呈现扫把枝序，则要在枝粗1~2厘米分枝处锯掉，形成通风透光大、具“开天窗”的树冠，保持立体结果。

采果时将结果枝剪下可减少修剪工作量

（5）结果枝和结果母枝。若时间允许，这类枝可结合采果时进行修剪，一般在采果后进行处理：

①结果枝衰弱、叶细小、叶色枯黄脱落的，自基部剪除。

②结果枝健壮，叶色绿，叶片齐全，可在壮枝前下剪，剪去先端衰弱部分。同一枝上无壮枝时，则保留不剪。

③结果母枝衰弱的要疏剪，如结果母枝上有强壮营养枝，则自营养枝上短截。

3. 不同类型结果树的修剪

砂糖橘结果树由于生长结果的差异，树势相差悬殊，修剪时应根据树势、结果量，做到看树、认枝修剪。

（1）稳产树的修剪。这类树枝梢生长和结果都协调，丰产稳产，修剪时应疏剪和短截相结合。密生枝、弱枝，宜疏剪，保留健壮半阴生枝。树冠外围衰弱枝组，宜短截更新，保持100个短截剪口，以促发数百条标准秋梢，为连年丰产打下基础。

(2) 大年树的修剪。大年树是指上一年结果少抽梢多，当年开花结果多的树。要通过夏季短截衰弱枝组，促发一定数量强壮秋梢，以保证来年结果。一般在放秋梢前20天，对落花、落果枝、叶细枝短弱的衰退枝组，在0.6厘米粗壮枝短截，留下10厘米长的枝桩，促吐2~3条标准秋梢，每树短截枝条数在80~100条，有足够数量枝梢成为次年结果母枝。冬剪以疏剪为主，短截为辅，对枯枝、病虫枝、过密阴生枝进行疏剪，对细弱、无叶的光秃枝可多剪除，以减少无效花枝。徒长的枝要短截，留下10厘米枝桩以抽发营养春梢。

大年树

(3) 小年树的修剪。小年树是指上年结果多而抽梢少的当年开花结果少的树，此类树宜轻剪。夏剪时，对当年落花落果枝、弱春梢和内膛衰退枝等，要多短截0.6厘米粗的枝，留10厘米枝桩，促发标准的秋梢。冬剪时，多保留强壮枝，只剪去枯枝、无叶枝及病虫枝，对树冠的衰退枝要多疏剪，衰老枝要回缩。

(4) 衰弱老树的更新。砂糖橘一般长至10年，由于树大分枝级数升高，树冠交叉封行，树冠内膛枝出现干枯，植株由于立体结果成蛋壳式平面结果，产量下降很快，必须更新。

①保持立体结果强剪法。对付不断向上长高的树冠，采用高空开“天窗”和株间强剪。在冬季促花时对计划处理的高空枝序和交叉枝组采用扎铁线促花，让要处理的枝组开花结果多，至冬春收果后强剪，保持株间有30厘米的空间。对超高枝组锯枝后，如开“天

窗"，使阳光照射株间透光通风，保持立体结果，株间交叉枝组每年采取一伸一缩的压缩式修剪，维持立体结果。

②衰老树的3种更新方法。因砂糖橘枝干上有大量隐芽，只要通过强剪刺激，剪口下的隐芽就会萌发而成为更新树冠的枝条。根据树的衰老情况可分为3种更新方法：一是枝组更新，全树枝干部分衰退，部分尚可结果时，对衰退2~3年的侧枝进行短截，促发强壮新梢，经2~3年轮换短截，即可更新全部树冠，注意保留有叶、梢壮的枝条，在更新期内，每年保留一定产量，经3年左右恢复树势和产量。二是露骨更新，适用于轻度衰老树，属于发梢力差、结果很少的衰老树以及密植荫蔽植株，也可采用露骨更新回缩修剪。修剪方法是保留主枝，疏去交叉枝、重叠枝、侧枝，回缩3~4年生枝组，注意保留树冠中下部有叶片的枝条，经剪后当年即可抽出健壮枝梢，恢复树冠，第2年即可恢复树势和产量。三是主枝更新，失去结果能力的老弱树，在主枝或副主枝处锯断，锯口应削平，当年剪后发强壮枝梢，重新形成骨架和树冠，3年左右即可恢复树势与产量。

压顶开天窗

露骨更新

主枝更新

老弱树应先进行根系更新

③根系更新。老弱树更新一般都应先进行根系更新，即将树冠下的表土扒开，检查侧生根群，见烂根即行剪除，然后曝晒1~2天，并撒下石灰1千克，或淋施30%土菌消水剂1 000倍液，适当施下草木灰，铺上腐熟堆肥，后盖土，并覆上杂草保湿。为促进生根，可淋生根粉液等，约半个月后即发新根，开始恢复树势。

（七）提高果实品质的技术

1. 适地栽种，发挥砂糖橘的品质优势

砂糖橘可以栽种的地方不少，但最能发挥它的优质丰产优势是南亚热带地区。广东省最近一次出现全省性低温是1999年，自12月下旬起，连续数天，最低气温在–2~–3℃之间，包括西南部阳春市所有砂糖橘产区果实均受冻害（除个别果园条件特殊外），说明极个别年份特大自然灾害是难免的。这也预警着人们不要选择经常出现低温霜冻的地域去种供春节上市砂糖橘的“叶橘”。就算可以种植的地方，也要密切注意当地气象部门的低温霜冻报告，届时除采取必需的防寒措施外，在霜冻来临前采收也是一明智选择，以免遭受不必要的经济损失。

2. 实行连片种植，生产无核、少核果

砂糖橘近年来，无论是几十年生树龄的老产区或新产区（包括广西近年引种），集中连片种植，均表现无核或少核。若与多核品种

砂糖橘与多核品种阳山橘混种果实易产生种子

混种，则有核或核增多，且造成果皮较厚，降低品质。生产者应规划连片种植，要远离其他柑橘品种种植园。采用华南农业大学育成无核砂糖橘，则只需距15米，可有效防止品种间传粉，是生产无核或少核砂糖橘应遵循的原则。

3. 应用农业技术措施提高果实品质

砂糖橘品质与土肥水管理、整形修剪、病虫害防治、植物生长调节剂的应用等都有关系，是多种因子综合作用的结果。

（1）合理施肥。增施有机肥对提高砂糖橘品质的效果显著，施用有机肥量应占施肥量50%以上（达到1:1时最佳）。增施有机肥，会有下列好处：

①促进果实中干物质和糖的积累，并调节糖酸比，保持芳香浓郁的好风味，这是通过腐殖酸来激化砂糖橘树体内的合成酶实现的。

②可以显著提高果实表皮花青素含量，使果更加橘红鲜艳，比施用复合肥色泽更好，更有光泽。

③砂糖橘许多生理病害与施肥关系密切，如缺锌、镁、硼等症状。增施有机肥后，病症减轻或消失，果实外观及内质均有改善和提高。原因是有机肥供给了缺乏的微量元素，并增加了根系对钙等的吸收，有助于防裂果，对提高果实可溶性固形物含量、糖度，减少有机酸及果肉纤维和增色都有显著作用。适当增施磷肥能减少果实含酸量，使果皮薄，皮光滑，色橘红艳丽，是生产出优质砂糖橘

的主要措施之一。为使营养元素供应均衡，结果树三要素配比应在1:0.5:0.8为好。若氮钾比超过此范围，则皮粗厚且味偏酸，不耐贮藏（因为氮、钾过高会使果皮二次发育而使果皮粗厚），引起果个头大，皮厚皮松。着色差的果实原因还有：一是幼年结果树，二是砧木影响（如红柠檬砧木初结果砂糖橘），三是土壤板结黏重之田土，四是施肥时某一肥料元素过量（偏施氮肥，忽略磷、钾肥，偏施化肥，忽视麸肥、有机质）都会出现，应在栽培时采取措施克服。

（2）合理管理土壤水分。砂糖橘果实成熟时，遇连续降雨，果实可溶性固形物含量下降2%，还会因果肉吸水，风味变淡，失去该品种固有品质，伴随出现浮皮。若能保持土壤适度干燥，则可提高果实甜度。因此，采果前10天左右，果园停止灌水，有利于提高果实品质，果品耐贮运。

（3）重视整形修剪。对树冠交叉的果园进行回缩修剪、疏剪、开“天窗”等措施，增加树冠通风透光性，有利于果实着色；对密植果园树冠相互交叉时，对计划间伐的植株进行强度回缩修剪，直至将植株移走，光照得到改善，有利于果实着色和品质提高；亦可在果园铺设反光膜，增加反射光，来改善密植果园光照。还要善用环割措施，保持树势，才可避免果实变细小。

疏去夹心枝

（4）及时合理疏果。砂糖橘果实以横径4.5~5.0厘米，单果重45~50克，其商品价值较高，更受消费者欢迎。但幼树结出的果实超标准，大果较多，可通过夏剪促梢将树冠外部单顶大果疏掉，促发多条第2次夏梢或秋梢，逐步减弱强枝结大型果的现象。若丰产树结果过多，果实细小时，则可通过控制花量修剪，在花露白时剪去纤弱的无叶花枝，以减少细果的数量。至于具体以叶果比进行疏果法，因砂糖橘属小果类，树体不一，不容易获得标准，一时难于实施。

（八）高接换种及树上留果保鲜技术

1. 高接换种

高接换种是以砂糖橘优良品种，采用高接换种方法更换实生树或不适销品种。经高接换种 2 年就可以结果，如清新县天堂山等地，用砂糖橘高接改造甜橙、红江橙、阳山橘、温州蜜柑、蕉柑以及沙田柚等品种获得成功，且结果已达 10 年无不亲和现象，果品质也保持原品种的优质性状。果品分析见表 10。

表 10　高接砂糖橘果品分析

原品种	单果重（克）	果皮厚（厘米）	可食率（%）	可溶性固形物（%）	柠檬酸（%）	固酸比
沙田柚	58.76	2.66	75.96	12.5	0.317	39.43
甜橙	50.3	2.76	70.14	12.0	0.277	43.32
酸橘	45.0	0.234	75.26	11.0	0.306	36.00

注：酸橘是原基砧；分析日期：2003 年 1 月 3 日

高接换种时期：一年四季都可进行，但以春芽开始萌动时进行最易成活，以切接法为好。高接换种方法与育苗的嫁接法同。如果是幼树，可在主干处锯断，削平后切接。如是初挂果树，则在主枝处切接。若是挂果大树，则在侧枝处嫁接，在离分枝处 15 厘米锯断嫁接（以后各季节则用腹接或芽接法），宜选直径 3 厘米粗的枝。无论采用何种嫁接法，要尽量降低嫁接部位，接后注意及时除去树上萌芽，接穗新梢长25厘米时摘心，促分枝。同一砧桩上有多条枝长出时，应留位置好的1~2条枝作主分枝。夏季高温时要在树干涂白防晒，亦可多留辅助枝，起防晒及帮助吸水，待高温过后除去，注意病虫害防治及加强水肥管理。

柚中间砧高接树

2. 树上留果保鲜技术

砂糖橘果实与其他柑橘类果实一样，在成熟过程中没有一个明显的呼吸高峰，所以果实成熟期较长。利用这一特性，生产上可将已经成熟的果实继续保留在树上，分批采收，供应市场。砂糖橘将在12月采收的果实延迟至春节时以“叶橘”采收上市，供消费者作年货馈赠亲友，果价提升三成以上。近年来由于天气变暖，在南亚热带砂糖橘产地获得成功。经树上留果保鲜的果实，色泽更鲜艳，糖量增加，可溶性固形物含量提高，柠檬酸含量下降，风味更香甜，肉质更细嫩化渣，大受消费者的欢迎（表11）。留果期间的农业技术措施如下：

表11 砂糖橘树上留果保鲜前后果实理化性状变化（2003年）

砧木	树龄（年）	柠檬酸（%）			可溶性固形物（%）			固酸比（%）		
		前	后	对比	前	后	对比	前	后	对比
圈枝	5	0.328	0.282	–0.46	11.5	13.0	+1.5	35:1	46.0:1	+11.0
枳	4	0.351	0.283	–0.68	11.5	12.8	+1.3	32.7:1	45.2:1	+12.5
红橘	22	0.306	0.230	–0.76	12.0	15.0	+3.0	39.2:1	65.2:1	+26.0

采果分析日期：前为1月1日，后为1月25日（带叶橘上市时）。

(1) 加强肥水管理。留果必然增加植株的负担，消耗更多的养分，若营养供应跟不上，就会影响来年的产量，11 月上旬要重施有机质水肥 1 次，留果 40~60 千克的树，每株施含 500~1 000 克经沤熟的麸肥或猪粪尿 50~75 千克加复合肥 200~300 克，并经常注意喷施根外肥，增加树体营养，提高树液浓度，增强抗寒力，以利于花芽形成。留果期间，发现果皮松软时，属于冬旱缺水，要注意及时灌水，保持土壤湿润。平地或水田果园由于水利条件好，易于满足砂糖橘需水较多的特性，树上留果保鲜易获得成功。采果后要立即灌水，并施以速效氮肥为主兼施磷、钾肥，迅速恢复树势，促春芽萌动，力争连年丰收。

选叶果比适合的树留果保鲜

(2) 留果期限。一般留果约 1 个月，如再延迟，就要考虑在果实开始转黄初期喷赤霉素（九二〇）10~15 毫克/升保果，以延迟表皮衰老。在留果期间，发现果实外果皮松软、果品质下降时，要及时采收，避免损失。为搞好保叶过冬，在冬季还应喷赤霉素 20 毫克/升。喷赤霉素后会使品质稍下降，需正确使用浓度。若橘果过熟，果皮衰老，易感染病害，贮运时挤压会产生大量烂果，2007 年春节前采收果实，就发生类似情况，所以适当使用赤霉素很有必要。

叶黄果多树不宜留果保鲜

(3) 防止果实受冻。留果期间，是低温霜冻发生频繁季节，易发生果实冻害。果实受冻伤后，果皮完好而皮肉分离，用手压，有空壳感。冬季气温

0℃以下的地区，不宜进行果实留树保鲜，个别年份会出现0℃的果园要及时采取熏烟等防霜冻措施。出现0℃以下时，要立即采收，防果实冻伤，不堪食用，造成经济损失。要密切注意天气预警，及时防范霜冻害。

（4）喷药。在树上留果保鲜期间，喷70%甲基托布津可湿性粉剂1 000倍液或50%多菌灵可湿性粉剂800倍液，亦可结合喷赤霉素时混合使用，减少果园贮藏多种病害病原且有喷药清园效果。留果保鲜期间，果皮已衰老，易产生药害，喷药时注意用药浓度，对强碱性农药要控制使用，避免因此产生油胞破损（俗称“走油”）现象，影响果实品质，甚至烂果、落果。若此时有“冬寒雨至”时，雨水会使树上大果的果皮吸水发泡，亦要及时采收，避免引起烂果。树上留果保鲜，生产供春节“叶橘”上市是讲究天时、地利、人和的综合因素，千万要小心。

（九）树体保护

1. 防台风害

砂糖橘主产区地处东南沿海，每年6~9月频遭台风侵袭，常造成损枝伤果及落果、断枝、倒树。强风暴雨引起丘陵山地果园水土流失，平地、水田果园受浸，并引发炭疽病、溃疡病。预防及减轻台风危害的主要措施有：

①建园时，不要选择易遭风害地点，选南坡或西南坡能避风的小气候环境。

②营造防护林，降低果园风速。

③选用抗风力较强、根系发达的酸橘或红橘作砧木。

④立支柱，树高挂果多的树，采用吊枝法，可避免吹折枝梢。

⑤台风过后，立即进行果园的护理工作，排除果园积水，清除果园中断枝落叶，并做好防炭疽病、溃疡病大发生喷布杀菌剂的清

园工作。对倾倒的植株，可分次进行扶正，应避免一次扶正拉伤固着的根系，并培土培肥，培养新根。对受淤泥堆积园，要扒土、松土，以恢复根的生长。对不同程度受损的枝组、侧枝、骨干枝进行更新处理，根据挂果情况进行适当疏果，并加强根外追肥。

用吊枝法防风护果

2. 防冻害

砂糖橘对低温霜冻比较敏感，树体尚可抵御一定低温（-3~-5℃），而目前生产者多采用树上留果至春节时采摘，花果在所有砂糖橘的器官中最不耐寒，在0℃以下即会受冻，果实在-1.1~-2℃时已经受冻。因此，要注意霜冻天气预警，密切注视本地小气候环境，在出现霜冻害的前期，做好预防措施：

①加强管理，提高树体的抗寒能力。秋冬季多施有机肥，增施磷钾肥及硼、锌、钼、锰等微量元素，都有助于增强树势，提高抗寒力。

树盘覆盖保温保湿

②熏烟防霜冻。熏烟提高果园温度，达到防寒效果。在天气预警指导下，于无风、晴朗夜凌晨2:00~3:00点火，并要维持到早晨7:00左右，熏烟物可用杂草、谷壳、木糠、枯枝叶等易燃物品。

③树盘覆盖、丘陵地果园松土、树干涂白等，对防霜冻亦有一定效果。在发生冻伤后，要及时抢摘，并快速到市场销售，减少经济损失。

3. 靠接增根

因天牛、裙腐病等病虫危害，或栽培上的原因，造成根颈、主根或树干下部损伤，或因原砧木不适宜时，均可采用靠接增根法，使植株恢复正常生长。

靠接增根

靠接增根全年可进行，以春夏季或每次梢萌动前进行为宜。在准备靠接的植株主干四周，挖深25厘米左右的穴3个，选2~3年生砧木苗，剪去过长枝叶斜靠主干。待种活后，即可将主干靠接部位擦干净，选同一高度起棱处各开一长方形小窗，以切开皮层不伤木质部为度。嫁接时将皮层掀开，将砧木在相应部位斜削成20°角的削面，斜面要光滑，并向着主干，小心插入切口，用薄膜包扎捆紧(如靠接苗难靠近切口，可用麻皮或尼龙带将其拉近主干)，以后经常注意对砧木淋水及除萌芽，经25天左右即可解除薄膜检查成活情况。此外，中耕除草注意不要碰伤砧木。

八、砂糖橘主要病虫害防治

（一）主要病害

1. 柑橘黄龙病

柑橘黄龙病是广东、广西、福建等省区柑橘最重要的一种病害。该病也叫黄梢病，因首先表现为枝梢发黄得名。又因广东潮汕地区称枝梢为龙，故称黄龙病。植株感染黄龙病后，幼龄树常在 1~2 年内死亡，结果树则会因患病而衰退，丧失结果能力直至枯死，并传播蔓延，是毁灭性病害，对柑橘生产影响十分严重。

幼树黄龙病

结果树黄龙病

柑橘黄龙病的病原是一种细菌，远距离传播靠带病苗木或接穗，田间传播媒介是柑橘木虱。

均匀黄化叶

(1) 发病症状。

①黄梢。黄梢是指植株开始发病时，少数顶部梢在新叶生长过程中不转绿而呈现均匀黄化，春、夏、秋梢均会发病，俗称插金花。

②黄叶。3种黄化类型叶片：

一是均匀黄化叶。初期发病树在春、夏、秋梢都发生，叶片呈均匀黄化、叶硬化、无光泽，叶片都在明春发芽前脱落，以后新梢叶片再不出现均匀黄化。

二是斑驳型黄化叶。叶片转绿后，叶脉附近开始黄化，黄化部分扩展形成黄绿相间的斑驳。黄化的扩散在叶片基部更为明显，最后叶片呈黄绿色黄化。往后生长比较壮的枝梢叶片在转绿时呈现斑驳型黄化。由于出现时间较长，现以此类型黄化叶作为诊断依据。

斑驳型黄化叶

缺素状黄化叶

三是缺素状黄化叶。病树抽出生长比较弱的枝梢叶片，在生长过程中呈现缺素状黄化，类似缺锌、缺锰的症状，叶厚而细小、较硬，称为“金花叶”。

③花果症状。病树春季提前开花，花量多而畸形，病树花几乎落光，不结果或结果很少，病果小而畸形，略呈长圆形，近果蒂处果皮着色呈红色，其他部位则呈淡黄绿色，称为红鼻子果。也作为诊断依据之一，其果淡而无味。

红鼻子果

病树根部初期正常，后期出现烂根。

（2）防治措施。

①严格执行植物检疫制度，控制病原的传播。禁止从病区采购、调运苗木和接穗，以防止病原的传入、蔓延扩散。

②建立无病苗圃，培育无病苗木。无病苗圃应建立在无病区，或隔离条件好的地区，或采用网棚全封闭式育苗，详见无病育苗章节。

③及时处理病树，消灭病源。因为黄龙病的存在对柑橘生产是潜在威胁，果园一经发现应立即挖除（挖除前应喷药消灭木虱）。幼年树及初结果树的果园在挖病树后半年内补种，盛产期的果园则不考虑补种，重病区要在整片植株全部清除 1 年后才重新建园。

应尽早挖除黄龙病新发树

④及时防治传病昆虫——柑橘木虱。柑橘木虱只产卵于嫩芽，若虫在嫩芽上发育。因此，要采用抹芽控梢技术，使枝梢抽发齐一，并于每次嫩梢期及时喷有机磷药剂保护，一般在嫩芽期喷药 2 次，

并在冬季清园时喷杀成虫。

⑤加强果园管理，增强树势。根据果园不同土地条件，加强土、肥、水管理。在树冠管理上，采用统一放梢，加强病虫害防治，坚持一年两剪，控制树冠，复壮树势，调节挂果量，平衡营养生长和生殖生长，做到无病、早结丰产、优质，获得较高的经济效益。此外，对初发病的结果树用1 000毫克/升盐酸四环素或青霉素注射树干，有一定防治效果，但也要对柑橘木虱进行防治。

2. 柑橘炭疽病

柑橘炭疽病在柑橘产区普遍发生，侵害枝梢、叶片及果实，招致枝条返枯（枝条由上而下逐渐枯死）、落叶，果实大部分脱落，少数呈僵果挂在树上，严重时采前落果可达20%，对产量影响很大。带病果实在贮运过程中易发生腐烂，还可传染其他果实，引起发病，增加烂果，所以该病也是一种主要贮藏病害。

炭疽病是一种真菌病害，病菌在病枝叶上越冬，次年春天，当环境条件适宜时，由风雨或昆虫传播到春梢，引起发病。病菌还具有弱寄生性，树体衰弱易受侵染。

（1）发病症状。

①叶片症状。在广东，该病危害叶片有两种症状：一是急性型，常从叶尖或叶缘开始，初呈淡青色而带暗褐色，如同被开水烫伤一样的小斑，往后小斑迅速扩展为大的斑块，其边缘与健部界限不明显，病叶很快脱落，在潮湿状态病斑上就会产生很多朱红色黏性的液点。二是慢性型，在叶尖或叶缘先端先显出黄褐色病斑，

急性炭疽病叶

病斑逐渐扩大成圆形或不规则形。病斑与健部天气干燥时界限明显，阴雨潮湿时则不明显。后期天气潮湿时，斑点上出现许多朱红色而带黏性液点，天气干燥时，病斑呈灰白色，出现密布同心轮纹状排列的小黑点，为本病特征。病叶脱落稍慢，叶芽初发病时呈嫩黄色，受害后不会开展，梗部变褐后，叶芽便脱落。

急性炭疽病造成果园大面积落叶

慢性型炭疽病叶

②枝条症状。初春梅雨季节，常见幼嫩春梢染病后呈浅黄色，以后枝条中央或基部的皮层局部变褐色或黑褐色，甚至腐烂，病部略凹陷，枝条很快干枯。一般天气，枝条受害后出现返枯症状，初期病部褐色，以后逐渐扩展，最后枝条干枯，病部转为灰色，叶片全部脱落。潮湿天气时，病部也出现许多朱红色小液点，干旱时小液点变黑色。

慢性炭疽病枝条症状

③花果症状。开花后，如雌蕊的柱头被侵染，则呈褐色腐烂，会引起落花。果实受害时，多为果柄靠近果蒂的先呈黄色，以后转

果蒂炭疽病症状（蔡明段 摄）

为褐色斑，招致离层产生而落果。在比较干燥时，果蒂部上病斑大小有一定的界限，边缘明显，呈黄褐色至栗褐色，凹陷，革质。瓤瓣一般不受害，空气潮湿时，果上病斑呈深褐色，并逐渐扩大，终至全果腐烂，瓤瓣也变黑腐败，果上病斑也会出现很多朱红色小液点或黑色小点。病果因失水干枯变成僵果，悬挂于树上。

(2) 防治措施。

①加强栽培管理。注意果园排水，适当增施钾肥，避免偏施氮肥，增强树势，提高树体抗病能力。

②注意果园卫生。搞好采果后至春芽前的清园，及时剪除患病枝梢集中烧毁，并喷 0.8 波美度的石硫合剂，或 20%石硫合剂乳膏剂 100 倍液一次、消灭病原菌。

③适时喷药。在春、夏、秋梢期各喷一次药保护，可选用：0.5%等量式波尔多液，80%大生 M-45 可湿性粉剂 600~800 倍液，70%甲基托布津可湿性粉剂 800~1 000 倍液，50%多菌灵可湿性粉剂 800~1 000 倍液，25%炭特灵可湿性粉剂 300 倍液，60%炭疽灵可湿性粉剂 800~1 000 倍液。已染病时则选用 75%百菌清+70%托布津 (1:1) 1 000 倍液，25%施保克乳油 1 000 倍液，25%应得悬浮剂 1 000 倍液。

3. 柑橘黄斑病

又称脂斑病、脂点黄斑病等，是柑橘常见的落叶性病害，严重时使树势衰弱，产量下降。黄斑病是一种真菌病害，病菌在病叶中越冬，次年春天，由风雨传播到春梢嫩叶上去，一般 4 月开始发病，5 月中旬发病最烈，秋旱后病斑最为明显，春梢发病较严重。

（1）发病症状。有脂点黄斑型、褐色小圆星型及混合型3种症状：

①脂点黄斑型。叶片初发病时，背面出现粒状单生或聚生的黄色小点，以后随着叶片的长大，黄色小点逐渐变为疱疹状淡褐色至深褐色不规则小斑，叶片正面出现不规则褪绿黄斑，多发生在春梢叶片上。

脂点黄斑病症状（蔡明段　摄）

②褐色小圆星型。叶片背面现针头大突起的褐色小圆点，圆点周围隐现黄圈；叶片正面则褪绿成不规则黄斑，多发生在秋梢叶片上。

叶片褐色小圆星黄斑病

③混合型。叶片正背面均现脂点黄斑型病斑以及褐色小圆星型病斑，多发生在夏梢叶片上。

该病的发生与栽培管理的好坏有密切关系。水肥条件好，树势旺盛，发病轻，落叶不严重；反之，发病多，落叶严重，老龄树发病重，幼树、壮年树发病轻。

（2）防治措施。

①农业措施。加强栽培管理，增强植株的抗病能力，注意果园卫生，清除地面落叶，减少病源。

②药剂防治。在花落2/3时喷80%大生M-45可湿性粉剂600~800倍液，50%多菌灵可湿性粉剂800~1 000倍液，70%甲基托布津可湿性粉剂800~1 000倍液，75%百菌清可湿性粉剂500~700倍液，77%可杀得2 000型500~1 000倍液。在梅雨季节前喷1次多百液

和树上喷0.8~1波美度的石硫合剂，或90%克菌壮可湿性粉剂1 500倍液。

④加强栽培管理。抹芽放梢，防治好潜叶蛾和蜗牛等危害，种植防护林等。

⑤喷药保梢保果。幼龄树以喷药保梢为主，分别在新梢萌芽后嫩叶展叶时（梢长1.5~3厘米）喷第一次药，叶片转绿期喷第2次药。结果树则以保果为主，谢花后10天、30天和50天各喷1次药，台风雨前后还应增加喷药次数。药剂可选用77%可杀得悬浮剂500~600倍液，30%氧氯化铜600倍液，72%农用链霉素可湿性粉剂（100万单位）2 500倍液，50%DT可湿性粉剂500倍液，0.5%~0.8%倍量式波尔多液。

6. 柑橘疮痂病

柑橘疮痂病是柑橘的主要病害之一，特别是温带地区发生多且较重。造成叶片扭曲畸形，果小畸形并易脱落，影响生势和果实产量与质量。

(1) 发病症状。本病是由一种半知菌引起的。病菌通过风雨或昆虫传播，侵染嫩枝叶及幼果。叶上油斑初为油渍状小点，后扩大变为黄褐色，木栓化，并呈圆锥状向叶背突起，病斑散生或连片，叶粗糙、畸形、扭曲。枝梢上病斑与叶上相似，但病斑隆起不明显，果实受害后果面粗糙，果小皮厚，多易脱落。

疮痂病果实症状

疮痂病在嫩梢上的症状（蔡明段　摄）

(2) 发生条件。

①本病适合发病温度为 15~24℃，当温度在 24℃以上时停止发病，故春梢期低温阴雨，发病较重。夏梢期因气温高一般不发病。

②幼嫩组织易感病，而老熟组织较抗病。

③橘类易发病，柑类、柚类次之，甜橙较抗病。

(3) 防治措施。应采取冬季清园压低菌源和及早喷药控病的综合防治措施。

①冬季修剪清园。结合冬春修剪剪除病枝叶，收集地上枝叶一起烧毁，并即用 30%氧氯化铜悬浮剂 600 倍液，喷地面结合树上全面喷药预防。

②加强水肥管理。壮树势促抽梢整齐和加快枝梢老熟。

③选择无病苗木，严防带入病穗。嫁接用的接穗用 50%苯来特可湿性粉剂 800 倍液或 40%三唑酮多菌灵可湿性粉剂 800 倍液浸 30 分钟消毒。

④药剂防治。在春芽长不超过 2 毫米时喷第 1 次药，在落花时喷第 2 次药。可选用 80%大生 M-45 可湿性粉剂 600~800 倍液，77%可杀得悬浮剂 800 倍液，40%三唑酮多菌灵可湿性粉剂 600 倍液，30%氧氯化铜悬浮剂 600 倍液，75%百菌清+70%托布津 (1:1) 1 000 倍液，40%多丰农可湿性粉剂 600 倍液，50%施保功可湿性粉剂 1 000 倍液。

7. 柑橘树脂病

树脂病的果面小粒点（蔡明段　摄）

该病是柑橘另一种重要的真菌性病害。主要危害橘的枝干、叶片和果实。

(1) 发病症状。本病病原为真菌。树干上受害有两种症状。温度不高、相对湿度大时呈现暗色油渍状病斑，有流胶；高温干燥时病部

树脂病症状

皮层红褐色，干枯略下陷。在果皮和叶上发生的，叫黑点病或砂皮病；在贮藏期果实蒂部上发生的水渍状褐斑，叫褐色蒂腐病。发生严重时，降低产量，甚至整株枯死。

（2）发生条件。病枝上的病菌在来年春季多雨潮湿时，适宜温度为15~25℃，开始萌发和侵染，借风雨、昆虫等传播，从伤口侵入才能深入内部，没有伤口的嫩枝叶和幼果、病菌的侵染受阻于寄主的表皮层，形成胶质小黑点。病害全年均可发生，以6~10月雨水较多时发生较重。一般老树，生长衰弱或受伤以及被红蜘蛛、介壳虫严重危害的成年植株，或因干旱、冻害造成树皮裂口的，易受害。

（3）防治措施。

①加强果园管理。营造防护林及防冻、防涝、防旱工作，增强树势，提高抗病力。

②树干涂白。在1月前用生石灰10千克，食盐0.5千克，加水40千克配成刷白剂，将树干刷白。每年春暖后彻底刮除发病枝干上的病组织，用75%酒精消毒后，再涂上70%甲基托布津或50%多菌灵可湿性粉剂100倍液涂抹，或用8%~10%冰醋酸、80%代森锌可湿性粉剂20倍液、50%多菌灵可湿性粉剂200倍液涂抹。全年涂抹两期（5月和9月各一期），每期涂抹3~4次。

8. 柑橘裙腐病

又称脚腐病，被害植株主干基部皮层腐烂，树冠叶片中脉及侧脉变金黄，叶片浅绿色易脱落，树势衰退，花多而不能正常挂果，果少而小，易早落和早黄，严重时整株枯死。

裙腐病症状

（1）发病症状。本病由几种病霉菌侵染引起。病部呈不规则的黄褐色水渍状腐烂，有酒精味，天气潮湿时病部常流出胶液；干燥时病斑开裂变硬结成块，以后扩展到形成层，甚至木质部。高温多雨时，病斑纵横扩展，引起茎基部环割状侧根须根腐烂、植株死亡。

（2）发生条件。高温多雨、水位高排水不良及树皮受伤时，有利于病菌侵染发病，4~9 月均可发病，其中以 7~8 月最盛。种植时根颈被埋，特别是嫁接口过低的易于发病。本病发生与砧木品种关系较大，红柠檬砧易发病，而酸橘或红橘、枳作砂糖橘砧木的较抗病。

（3）防治措施。

①使用抗病砧木，如枳壳、酸橘、红橘等。

②种植时注意露出根颈，果园注意开沟排水。

③靠接换砧增根补救。

④刮除病部，并涂药治疗，可用 20%甲霜灵、65%杀毒矾以及 58%雷多米尔可湿性粉剂 200 倍稀释液，90%疫霉灵（乙磷铝）可湿性粉剂 100 倍液，10%双效灵 3 倍液，抗枯灵 50 倍液。

⑤及时防治天牛、吉丁虫等树干害虫，中耕时避免损伤树皮，防止病菌从伤口侵染。

9. 柑橘黑星病

又称黑斑病，主要危害砂糖橘果实，叶片受害较轻。果实受害后外观差，在贮运期果实受害易变黑腐烂，造成很大损失。

（1）发病症状。黑星病是真菌引起的病害。发病时在果面上形成红褐色小斑，扩大后呈圆形，直径 1~6 毫米，常 2~3 毫米，病斑四周稍隆起，呈暗褐色至黑褐色，中部凹陷呈灰褐色，其上有黑色

黑星病症状

小粒点，一般危害果皮。果上黑点多时可引起落果。在枝叶上产生的病斑与果实上的相似。

（2）发生条件。以分生孢子器在叶或病部越冬。病菌发育温度15~38℃，最适温25℃，高温有利于发病，干旱时少发病。砂糖橘较橙类易感病，3~4月侵染幼果。病菌潜伏期长，受害果7~8月才出现症状，9~10月为发病盛期。4~5年生幼树不易发病，树势衰弱的老果园易感病。

（3）防治措施。

①冬季清园，清除园内病枝、病叶、病果并集中烧毁，减少越冬病源。

②加强管理，增施有机肥，及时排灌，施复合肥，促壮树势。

③花后1个月喷药，连喷2~3次。药剂可选用0.5:1:100波尔多液，80%大生M-45可湿性粉剂600~800倍液，40%信生可湿性粉剂4 000~6 000倍液，40%多·硫悬浮剂600倍液，50%多霉灵（乙霉威）可湿性粉剂1 500倍液，50%甲基托布津可湿性粉剂500倍液。

④果实贮运期认真检查，及时剔除病果，防止病害蔓延。

10. 柑橘煤烟病

又叫煤病、煤污病，是砂糖橘发生最普遍的病害。此病长出的霉层遮盖柑橘枝叶、果实，阻碍光合作用，影响植株生长和果实质量，并诱致幼果腐烂。

（1）发病症状。本病由30多种真菌引起，多为表面附生菌，病菌以蚜虫、蚧类、粉虱等害虫的分泌物为养料。发病初期在病部表面出现一层很薄的褐色斑块，然后逐渐扩大，形成绒毛状的黑色霉层，似煤烟状。叶上的霉层容易剥落，其枝叶表面仍为绿色。到后期霉层上形成许多小黑点或刚毛状突起。受煤烟病危害严重时，叶片卷缩褪绿或脱落，幼果腐烂。

煤烟病叶片症状

煤烟病果实症状

（2）发生条件。煤烟病菌以菌丝体、闭囊壳和分生孢子器在病部越冬，次年分生孢子借风雨传播。此病发生于春、夏、秋季，其中以 5~6 月为发病高峰。当孢子散落到上述害虫的分泌物上后，吸取营养，进行繁殖，不断扩大危害，再次引起发病。荫蔽潮湿、管理粗放、虫害严重的果园有利于该病的发生。

（3）防治措施。

①及时防治蚜虫、蚧类和粉虱等刺吸式口器害虫（见本书相关害虫的防治方法）。

②发病初期喷 80%大生 M-45 可湿性粉剂 600~800 倍液，50%甲基托布津可湿性粉剂 1 000 倍液（每隔 10 天 1 次，连喷 3 次）。或喷 0.3~0.5:0.5~0.8:100 的波尔多液，铜皂液（硫酸铜 0.25 千克，松脂合剂 1 千克，水 100 千克），40%克菌丹可湿性粉剂 400 倍液，以抑制病害的蔓延。

③合理修剪，清除有病枝叶，及时疏剪，密植果园及时间伐，增加果园通风透光，降低湿度，有助于控制该病的发展。

11. 柑橘根结线虫病

砂糖橘产区时有发生。线虫侵入须根，使根组织过度生长，形成大小不等的根瘤，导致根腐烂、死亡。果园受害后长势衰退，产量下降，严重时失收。

(1) 发病症状。该病病原是一种根结线虫。病原线虫居于土壤中，在整个砂糖橘生育期都可侵染，只危害须根，使其膨大，初呈乳白色，以后变为黄褐色的根瘤，严重时须根扭曲并结成团饼状，最后坏死，失去吸收能力。危害轻时，地上部无明显症状；严重时叶片失去光泽，落叶落果，树势严重衰退。

柑橘根结线虫病症状（蔡明段　摄）

(2) 发生条件。根结线虫以卵或雌虫在根部或土壤中越冬，翌年3~4月气温回升时卵孵化。成、幼虫随水流或耕作传播，形成再次侵染。一般透水性好的沙质土发生严重，而黏质土的果园发病稍轻。带病苗木调运是传播途径。

(3) 防治措施。

①加强苗木检疫，培育无病苗木。

②有病苗木用45℃温水浸根25分钟，可杀死2龄幼虫。

③病重果园结合深施肥，挖除病根并烧毁，增施有机肥，促进新根生长。

④药物防治。2~4月在病树四周开环形沟，每亩施15%铁灭克5千克，或10%克线灵或10%克线丹颗粒剂5千克，或3%米尔乐颗粒剂4千克。施药前按原药:细纱土1:15的比例，配制成毒土，均匀撒入沟内，施后覆土并淋水。

12. 日灼病

又称日烧病，是砂糖橘生理性病害。在夏秋季的酷热和强光照曝晒下，果皮表面温度超过45℃时会灼伤，若遇干旱会加剧该病发生，轻则呈黄斑块，重则出现疤状，并伤及汁胞，失水干缩，粒化，果实品质低劣。夏、秋季烈日天气喷布碱性药剂，或喷药浓度稍高时，都会加重该病的发生。

日灼病症状

防治措施：

①保持土壤湿度。高温季节田间生草或用杂草等覆盖，使土壤保持湿润，提高果园空气湿度，避免干旱而减少日灼病的发生。

②避免在高温烈日下喷农药，尤其避免使用那些会加重日灼病的农药，即碱性农药。

③保梢遮果。注意培养外围枝，幼年结果树在生理落果结束后放迟夏梢，以使果实适当荫蔽，降低果面温度，减少日灼病的发生。

日灼病果实涂浆防护

④包果涂浆。受日灼病危害的果实，可用旧报纸包裹或用白纸片粘贴病部；也可用白黏土浆或石灰浆涂敷病部，经 1 个月即可消除日灼病痕。

13. 裂果病

主要原因是果实发育不良：一是砂糖橘柱点较大的果实，柱痕皮最薄，易从此处裂果；二是果皮韧性低，果发育期硼、钙欠缺，果胶钙不足，韧性低而易裂，缺硼产生黑粒点，果皮亦易从此处开裂，亦有攻秋梢肥一次施速效肥过多，使果肉吸水养分增多而膨大

砂糖橘裂果

致裂果；三是骤干骤湿、强降雨等突如其来增水，果肉吸水迅速膨大，果皮生长跟不上而产生裂果，亦有因阴雨或多雾天气，使大气压低于果实膨压而裂果，在水田、平地果园多见，且裂果痕在不同部位出现；四是病虫害引起，如日灼病、溃疡病、蟢、螨类危害，亦会加剧裂果产生。

防治措施：

①科学施肥。一是砂糖橘果实发育前期谢花稳果肥，施水肥及复合肥；二是钾肥在果实膨大前期施，6~7 月吸收最佳，丰产树株施用硫酸钾或氯化钾 100~150 克；三是钙、硼肥，除注意春芽期撒施石灰和施硼外，6~7 月还应多次喷施钙、硼根外肥；四是壮果攻秋梢肥，不可一次性施速效肥过多，避免果肉吸水养分过急，招致裂果，可按“一梢三肥”施用。

②防止土壤干旱变化大。水田、平地易通过灌水保持土壤持水量 60%~80%.果园生草法栽培，果园覆盖 15~20 厘米厚杂草，可以改善果园生态环境，减少裂果。

③防治病虫害，参照病虫防治措施。

④喷植物生长调节剂。个别树出现时可喷赤霉素（九二〇）20 毫克/升，保持果皮细胞活跃状态，以减少裂果。

（二）主要虫害

1. 柑橘红蜘蛛

又名柑橘全爪螨、瘤皮红蜘蛛，是柑橘主要害虫之一。被害叶片灰白色，失去光泽，重者致落叶、落果。

（1）生活习性。柑橘红蜘蛛周年均可发生，发生程度与温度、湿度及柑橘的物候期有关。每年4月开始盛发。每次新梢叶片展开后，成虫从老叶爬到新梢叶上产卵取食，叶片转绿时形成危害高峰。果园全年受害时期是春梢转绿期和秋梢转绿期。夏季的高温和暴雨对红蜘蛛繁殖不利，发生稍轻。红蜘蛛1年发生20个世代，世代重叠，繁殖力极强，每雌虫产卵可多至100粒以上。夏秋季节，卵期仅5~6天，孵化后仅6~7天又开始成熟产卵。开始发生时，只分布在个别植株上，以后逐渐扩大到多数植株，以至全园。因此，一定要密切注意虫情，才能有效地控制其危害。

柑橘红蜘蛛危害叶片状

红蜘蛛的天敌很多，主要有小黑瓢虫、塔介点蓟马、长须螨和捕食螨（又称“钝馁螨”）、草蛉、六点蓟马等捕食性昆虫，还有芽枝霉菌、丛生藻菌等致病真菌。因此，对果园内的天敌要注意保护。

（2）防治措施。

①生草覆盖。红蜘蛛的天敌大都喜欢温暖湿润的小气候环境，而在树冠外保留浅根性杂草，则可调节果园的温、湿度小气候，使之既有利于天敌繁殖，抑制红蜘蛛的大量发生，也有利于根系的生长。藿香蓟根系浅生，枝叶肥效高，其花粉又是捕食螨的天然食料，宜于果园大量繁殖，这是实现“以螨治螨”的生物防治好方法。

②释放捕食螨（胡瓜钝馁螨），“以螨治螨”。福建采用胡瓜钝馁螨，在4月中下旬挂放，每株柑橘树挂放1盒（1 000只），半个月红蜘蛛虫口减退率93.7%，1个月达100%。

③药剂防治。冬季清园用石硫合剂0.8~1.0波美度、90%柴油乳油150~200倍液或95%机油乳油50~100倍液，或73%克螨特乳油1 200~1 500倍液。春季开花后用20%哒螨酮乳油2 000倍液，1.8%阿维菌素（虫螨克）乳油2 500倍液，70%克螨即死乳油5 000倍液等。

2. 锈蜘蛛

又名锈壁虱或锈螨，虫体极小，肉眼不易看清，在10~20倍手持放大镜下可见虫体黄白色胡萝卜状。柑橘叶片被害，叶背呈锈褐色，称为“焙叶”，果实被害后，果皮黑褐色，俗称“罗汉果”，被害严重时会引起落叶、落果，树势衰弱，影响当年生长乃至下年产量。

锈蜘蛛危害果实状

（1）生活习性。锈蜘蛛在广东1年可发生24代，其繁殖力极强，夏秋高温季节1个月可发生3个世代，晚春初夏时1个月可发生2个世代。该虫在广东多数地区通常在3月开始活动，4月下旬至5月上旬转移到幼果上危害并大量繁殖，形成第一次危害高峰，如不及时防治，易造成严重小果脱落及落叶。夏秋季高温干旱，最有利于锈蜘蛛生长、繁殖，危害十分严重。

（2）防治措施：

①搞好冬季清园，合理修剪。采果后即全面清园，剪除病虫枝，铲除田间杂草，扫除枯枝落叶集中烧毁，以减少越冬虫源。适当修剪内膛枝，防止树冠过度荫蔽。

②虫情测报。从4月下旬开始，用10倍手持放大镜检查叶或果，发现1个视野有2~3头虫时，应立即喷药挑治中心株。

③保护天敌。保护利用多毛菌、捕食螨、草蛉、食螨蓟马等。

④药剂防治。防治红蜘蛛的有效药剂大部分对锈蜘蛛也有效，主要有多毛菌菌粉（每克 7 万菌落）300~400 倍液，50%托尔克可湿性粉剂 2 000 倍液，50%螨代治 2 000 倍液，80%大生 M-45 可湿性粉剂 600~800 倍液，1.8%阿维菌素乳油 3 000~4 000 倍液。

3. 柑橘潜叶蛾

俗称绘图虫、鬼画符，是柑橘新梢重要害虫。潜叶蛾以幼虫潜食嫩梢幼叶，使叶片卷曲，对新梢生长影响很大。同时，被害叶片易感染溃疡病，引起叶片提早脱落。

潜叶蛾危害叶片状

（1）生活习性。柑橘潜叶蛾 1 年可发生 12~15 个世代。成虫为银白色小蛾，产卵活动多在傍晚，卵多产于嫩叶背中脉附近，卵小而透明，幼虫孵化后潜入叶表下取食，成熟后卷褶幼叶叶缘一小角化蛹。

（2）防治措施。

①抹芽控梢。夏秋季节进行抹芽控梢，及时摘除零星抽吐的嫩芽新梢，以切断潜叶蛾幼虫的食物来源，减少虫口密度，待梢整齐一致时喷药防治，以减少喷药次数。

②利用低峰期放梢。掌握潜叶蛾发生的低峰期或成虫产卵的低峰期，统一放梢，以提高保梢效果，节约用药。广东省大暑前后一段时间，田间气温常高达 36℃以上，此期间潜叶蛾发育受高温抑制，成虫产卵极少，出现发生量的低峰期，各地可根据具体情况安排梢期。

③药物防治。夏秋梢萌芽不超过 0.7 厘米时开始喷药，每 5~7 天 1 次，连喷 3~4 次。选用药剂有：48%乐斯本乳油 800~1 000 倍

液，52.25%农地乐乳油 1 000~1 500 倍液，1.8%齐螨素（害极灭乳油）4 000~5 000 倍液，1.8%集琦虫螨克乳油 3 000~4 000 倍液，1.8%爱福丁乳油（1 号）3 000~4 000 倍液，0.9%阿维菌素乳油（虫螨克 2 号）4 000~5 000 倍液，10%吡虫啉可湿性粉剂 1 000~2 000 倍液，5%卡死克 1 500 倍液。

4. 柑橘卷叶蛾

卷叶蛾幼虫俗称丝虫。卷叶蛾的种类很多，在广东省柑橘产区以拟小黄卷叶蛾及拟后黄卷叶蛾较常见。卷叶蛾的幼虫危害新梢、花及果实，通常盛发于谢花期及幼果期，导致大量的幼果脱落。有些年份，果实成熟前（9~10 月）仍有幼虫蛀食果实，引起落果，影响当年产量，造成严重损失。

（1）生活习性。柑橘卷叶蛾全年发生 8~9 代，以老熟幼虫和蛹越冬，3 月上旬化蛹，3 月中旬羽化为成虫，产卵于叶面，4~5 月幼虫孵化后，即危害新梢、花和幼果。幼虫危害新梢时卷叶成巢，称“虫苞”，日间潜伏其中取食，黄昏后出巢活动。春季盛花期，初孵幼虫于花枝上吐丝结苞蛀食花朵，谢花后幼虫常潜伏于粘贴幼果的干花瓣间，蛀食幼果，造成大量落果。

卷叶蛾危害叶片状（蔡明段　摄）

（2）防治措施。

①清园和人工捕捉。冬季清除树上越冬虫蛹及扫除落叶落果，消灭虫源。盛花后期摇花，摇落花瓣，减少幼虫潜伏场所。注意摘除卵块、虫蛹，捕杀将化蛹的幼虫，亦可用灯光诱杀。

②保护利用天敌。在 4~6 月卵盛发期，每亩释放松毛赤眼蜂 2.5

万头，每代放蜂 3~4 次。

③药剂防治。可选用 48%乐斯本乳油 800~1 000 倍液，52.25%农地乐乳油 1 000~1 500 倍液，90%敌百虫晶体 800~1 000 倍液，50%敌敌畏乳油 800~1 000 倍液，2.5%溴氰菊酯乳油 5 000 倍液，1.8%阿维菌素乳油 3 000~4 000 倍液。

5. 吸果夜蛾

吸果夜蛾是一种杂食性害虫，种类很多，已发现 50 多种。该虫害是柑橘成熟期的重要害虫，成虫以其口器刺破果皮，吸食果汁，吸食时间达 1~2 小时，果实被害处有刺吸痕，数天之后形成软腐状褐斑，引起严重落果。

吸果夜蛾危害状

（1）生活习性。吸果夜蛾于 10~11 月危害最烈，年发生 5~6 代（广州），以蛹或幼虫越冬，但在广州无真正越冬期。成虫昼伏夜出，嗜食健果，趋光性弱，趋化性强，幼虫取食木防已、粉防已（广州）。

（2）防治措施。

①灯光驱蛾和灯光诱杀。安装黄色荧光灯，置于树冠 1~2 米处，灯距 10~15 米，于天黑时开灯，有阻止成虫危害效果，如安装黑光灯在高出树冠 1 米处，灯下放置一盛水盆，水中滴入一些柴油，趋光夜蛾落入水中浸死。

②诱杀。在 10~11 月吸果夜蛾成虫活动危害时，用熟甘薯揉成烂浆，发酵 2 天后，用水稀释至糊状，每 1 千克加酒 50~100 克、90%敌百虫晶体 10 克，盛于瓷盘内，于黄昏时放进果园诱杀。

③驱避。无风闷热的夜晚，用香茅油浸湿纸片（大小约 5 厘米见方），每株均匀挂 5~6 片，对成虫有较好的驱避效果。

④人工捕捉成虫。吸果夜蛾发生在无风闷热的夜晚，可提灯捕杀。

⑤套袋护果。果实开始转色时用纸袋或薄膜袋套果保护，套袋前应彻底防治锈螨蛛。

⑥药剂防治。喷5.7%氟氯氰菊酯（百树得）乳油1 000~3 000倍液，隔15~25天1次，采收前25天须停用。

6. 柑橘木虱

柑橘木虱是华南柑橘产区的新梢害虫之一，是柑橘黄龙病的传病昆虫。

（1）生活习性。柑橘木虱1年发生8~14代，且世代重叠，全年可见各虫态，主要以成虫在叶背越冬，翌年3~4月在新梢嫩芽上产卵繁殖，此后虫口密度渐增，7~8月达到高峰，夏秋梢受害严重。

（2）防治措施。对具有内吸作用的有机磷农药，不但可以100%杀死柑橘木虱，而且有较久的持效性。选喷药剂有：50%辛硫磷乳油800倍液，2.5%鱼藤精乳油300~500倍液，4.5%高效氯氰菊酯乳油1 000倍液，20%哒虱威乳油1 000倍液，每次新芽期抽出3~5毫米时开始喷药，7~10天再喷1次。

柑橘木虱若虫在嫩芽上危害状
（蔡明段　摄）

7. 橘蚜

橘蚜群集于嫩梢吸取汁液，被害新梢皱缩卷曲畸形，其分泌物还诱发煤烟病，影响树势。

(1) 生活习性。橘蚜在广东1年发生10个世代以上，繁殖的最适温度为24~27℃，晚春和晚秋繁殖最盛，夏季高温对其繁殖不利。

(2) 防治措施。

①保护天敌。蚜虫的天敌种类很多，如蚜茧蜂、草蛉等，它们对抑制蚜虫危害起着重要作用，要注意加以保护和繁殖。

②药剂防治。选用48%乐斯本乳油800~1 000倍液，25%蚜虱绝乳油2 000~3 000倍液，5%啶虫脒超微可湿性粉剂3 000~4 000倍液，10%吡虫啉可湿性粉剂4 000~5 000倍液，3%莫比朗乳油2 500倍液。

橘蚜危害叶片和花蕾
(蔡明段 摄)

8. 黑刺粉虱

黑刺粉虱体小，成虫体长1.0~1.7毫米，展翅3毫米左右。若虫3龄，3龄若虫体长0.7毫米，成虫体橙黄色至褐色，薄被白粉，翅2对，若虫椭圆形。1龄能爬行迁移，从2龄起触角和足退化，固定不动，3龄若虫的脱皮称为蛹壳，漆黑色，有光泽。若虫是危害期，群集于柑橘叶片背面，吸取汁液，使植株营养恶化。

黑刺粉虱老龄若虫危害状 (蔡明段 摄)

(1) 生活习性。黑

刺粉虱在广东中部1年发生6代，田间世代重叠。以2~3龄若虫在柑橘叶背越冬，翌年2月下旬至3月上旬化蛹，3月上中旬成虫羽化、产卵。适温30℃以下、相对湿度90%有利于卵孵化；温度30℃以上和相对湿度80%以下，不利于卵孵化。

（2）防治措施。

①修剪并除去虫枝。注意修剪，及时剪去植株的弱枝叶和严重受害虫枝，改善果园通风条件。

②做好虫情测报，适时喷药。掌握在成虫高峰期过后，田间基本没有成虫活动，绝大多数虫态为卵和1~2龄若虫时喷药，防治效果最佳。可选用：冬季清园喷48%乐斯本乳油800~1 000倍液，99.1%敌死虫乳油150~200倍液，松脂合剂8~10倍液。防治关键是各代2龄幼虫盛发期以前，可喷25%扑虱灵可湿性粉剂1 000~1 500倍液，10%吡虫啉可湿性粉剂2 500~3 000倍液，40%速扑杀乳油1 000~2 000倍液，48%乐斯本乳油1 200~1 500倍液，25%喹硫磷乳油1 000~1 200倍液。

9. 褐圆蚧

又称黑褐圆蚧、茶褐圆蚧、紫褐圆蚧，以成虫和若虫群集枝梢、叶、果实等吸汁危害。在广东夏秋季危害果实最烈。

（1）形态特征。雌介壳成虫直径约2毫米，中央隆起，圆形，暗紫褐色，边缘灰褐色，壳点红褐色。雄成虫介壳略小，颜色与雌介壳相似。

褐圆蚧危害状

（2）生活习性。此虫在广东年发生5~6代，后期世代重叠，以受精雌成虫在寄主枝条上越冬。主害代1龄若虫始盛发期分别在7月中旬和9月上旬。雌成虫多危害叶背和果实，而雄性若虫则多固定在叶面刺吸汁液，危害严重时可使树势衰弱。天敌有瘦柄花翅蚜小蜂、黄金蚜小蜂、红点唇瓢虫及草蛉和寄生菌红霉菌等，以寄生蜂的抑制作用最大，应加以保护。

(3) 防治措施。应采取以农业防治和利用天敌为主，与适期施药相结合的综合防治措施。

①结合修剪，在若虫孵化前去除虫枝，集中烧毁，剪除过密阴生枝，改善果园通风透光条件，修剪后随即喷药清园 1 次（结合防治红蜘蛛）。

②药剂防治。在主害代若虫盛孵期喷药防治，可选用 50%稻丰散乳油 1 500~2 000 倍液，40%速扑杀乳油（杀扑磷）1 000 倍液，48%乐斯本乳油 1 000 倍液，95%机油乳剂（或 99.1%敌死虫乳油）单剂 120~180 倍液 1 次，发生严重园隔 15~20 天左右再交替喷 1 次。若不理想，可在 7~8 月再交替使用 25%喹硫磷 1 000 倍液或 50%乙酰甲胺磷乳油 800 倍液加 25%噻嗪酮（扑虱灵）可湿性粉剂 1 000 倍液 1~2 次。

10. 糠片蚧

又名灰点蚧、橘黑（紫）蚧或丸黑点蚧。成虫和若虫群集在果实、叶片和枝条上危害，造成绿色虫斑、落叶和枯枝，果实品质下降，树势衰退。

(1) 形态特征。雌介壳体长 1.5~2 毫米，长圆形或不正椭圆形，淡黄褐色至灰褐色；壳点圆形，暗黄褐色，位于端部，偏向一方；介背脊明显。雄介壳体长 1.3 毫米，狭长而小，灰白色；壳点位于前端，淡黑褐色。

糠片蚧危害状

(2) 生活习性。该虫每年发生4代左右，以受精的雌成虫或介壳内的卵在枝条上越冬。翌年4月第1代幼蚧主要危害叶片和枝条；第2代则逐步向果实迁移危害，以7~10月发生量最大。严重时，果实表面布满介壳，影响卖相，并造成树势衰弱。此虫多寄生于荫蔽植株树冠的下部及内膛枝叶上，多聚集于果蒂附近取食。

(3) 防治措施。

①保护天敌。保护利用寄生蜂、捕食瓢虫和日本方头甲等天敌，以起天敌自然抑制作用。

②清园喷药。同防治红蜘蛛，但石硫合剂不在选用之列。

③药剂防治。参照褐圆蚧，并在若虫盛孵期喷药，特别要防治春梢期的第1代若虫。

11. 吹绵蚧

又称绵团蚧、吐絮蚧、棉子蚧。以若虫和雌成虫群集枝干、叶片、果实上吸汯危害，并常诱发煤烟病，引起落叶、落果及枝条死亡。

(1) 形态特征。雌成虫体橘红色，椭圆形长5~6毫米，腹末具白色袋状囊，卵囊上有10多条脊状隆起线。雄成虫子体长约3毫米，具前翅1对，翅狭长，紫黑色。若虫体椭圆形，橘红色，共3龄，腹末具数根长毛。

吹绵蚧危害状及引发的煤烟病

(2) 生活习性。雌虫在广东每年发生3~4代，以老龄若虫和未产卵的雌成虫在枝条上越冬。次年4月上旬至6月为发生盛期。若虫孵化后在卵囊内经历一段时间才分散活动，营半固定生活。夏季高温多雨对该虫发生不利，且受天敌自然控制，虫口下降，9~11月第3代的虫口密度有所回升。

雄成虫数量少，寿命也短，雌成虫多营孤雌生殖。天敌有澳洲瓢虫等多种瓢虫、草蛉和寄生菌芽霉等。

（3）防治措施。

①释放天敌瓢虫。

②在1龄幼蚧盛发期，可用药参照褐圆蚧防治。

③注意检疫，严防带虫苗木和接穗进入新区。另外引苗和接穗宜喷48%乐斯本乳油800~1 000倍液，40%速扑杀乳油1 200倍液。

12. 堆蜡粉蚧

又称橘鳞粉蚧。以成虫、若虫吸食新梢、幼果汁液，枝梢受害致畸形，影响生长结果。幼果受害果面呈块状突起，易致落果或致果实外观和品质差，降低商品价值。

堆蜡粉蚧危害枝梢状

（蔡明段　摄）

（1）形态特征。雌成虫体长3~4毫米，椭圆形，紫黑色，体上盖有厚蜡粉，虫体边缘有粗短蜡丝，以末端的一对蜡丝较长。雄成虫酱紫色，具半透明前翅1对。若虫外形似雌成虫，紫色，初孵若虫无蜡质粉堆，固定取食后，体背及周缘即开始分泌白色粉状蜡质，并逐渐加厚。

（2）生活习性。堆蜡粉蚧在广州年发生5~6代，世代重叠，以成、若虫在树干、枝条裂缝及卷叶、蚁巢内等处越冬，翌年2月，越冬成虫恢复活动危害春梢。其中以4~5月（1~2代）和10~11月（5~6代）虫口密度最大，危害最烈。1~2代若虫主要危害幼果，常聚集果蒂部吸食，致使果实肿胀畸形，其余各代若虫主要危害秋梢，致枝叶扭曲，新梢生长受阻，树势衰弱。雄虫数量极少，营孤雌生殖。天敌有隐唇瓢虫等多种瓢虫、草蛉及寄生菌等，对害虫的发生危害有一定的抑制作用。

（3）防治措施。

①合理使用含铜杀菌剂，因此剂与杀死其天敌寄生菌有关。

②掌握4月初第一代若虫盛孵期施药，用药参照褐圆蚧，用药应注意点片喷药或挑治，或避开天敌活动盛期，以保护天敌。

13. 柑橘星天牛

又称盘根虫、围头虫、蛀木虫等。星天牛的成虫，咬食嫩枝皮层，或产卵时咬破树干基部树皮，初孵幼虫危害树皮，后向木质部蛀食，在根颈和根部蛀成许多虫洞，使树势衰退生长不良，直到植株死亡。

（1）形态特征。成虫体长19~39毫米，鞘翅亮漆黑色，上有白色绒毛小斑，每翅约20个，排成不规则的5横行。老熟幼虫体长45~60毫米，扁圆筒形，乳白色至淡黄色，前胸背板后方有一块黄褐色“凸”字形大斑纹。蛹长30~40毫米，初乳白色，后呈暗褐色。

（2）生活习性。该虫每年发生1代，以幼虫在树干或根部越冬。4月下旬至5月上旬出现成虫，5~6月为羽化盛期，卵多产于离地5厘米范围的树干上，少数产于离地30~60厘米高处。产卵处有成虫预先咬成的“T”形或半“T”形裂口，皮层稍隆起，表面较湿润。一只雌虫产卵70~80粒，产期7~14天，产卵历时约1个月。成虫寿命30~60天。幼虫先在产卵处皮下蛀食，并流出白色泡沫状胶质，不久即向下蛀食树干基部，达到地面以下后即横向迂回蛀食，对树干输导组织破坏较严重。遇根时，则沿根下蛀，深度可达30厘米以上。幼

星天牛成虫

虫在皮层经过 2 个月后，才蛀入木质部。11~12 月幼虫开始越冬，至翌年春天羽化。成虫出洞前羽化孔口表面树皮变色，易于辨认与刺杀。

(3) 防治措施。

①捕杀成虫。6~8 月星天牛多在晴天中午交尾，宜中午人工捕杀。

②消除虫卵及初孵幼虫。常在 6 月间（夏至前后），检查主干离地 5 厘米以下的产卵部位和初孵幼虫湿润树皮危害状，即用利刀削除虫卵。对蛀食不深的幼虫，8~10 月钩杀幼虫。

星天牛幼虫

③药物防治。分别在清明及秋分时节检查树体，如发现新鲜虫粪，先用钢丝钩杀幼虫，当钩不出幼虫时用蘸过 80%敌敌畏乳油或 40%乐果乳油等 5~10 倍的脱脂棉球塞住洞口或用针管注药液于蛀道内，然后用黏土封闭洞口。也有的塞入 56%磷化铝片剂 1/8~1/16 片，达到熏死幼虫的目的。

14. 光盾绿天牛

又称光绿天牛、柑橘枝天牛、吹箫天牛。幼虫以危害枝条为主，因幼虫蛀食开始向下，待枝条枯萎即循枝梢向下蛀食，每隔一段距离即往外蛀 1 小圆孔洞，状为洞箫，“吹箫虫”名即由此而来。枝干受害后，易风折或枯死。

(1) 形态特征。成虫体长 24~27 毫米，鞘翅墨绿色，具金属光泽，腹面绿色，被银灰色绒毛。老熟幼虫体长 46~55 毫米，圆柱形，橙黄色。

(2) 生活习性。该虫年发生 1 代，以幼虫在枝梢中越冬，成虫 4~5 月始见，5 月下旬至 6 月中旬盛发，8 月上旬还可见其踪迹。卵多产于枝梢末端嫩绿的细枝分叉口处，或叶柄与嫩枝分叉口上。产卵处可见伤痕。幼虫先向上蛀食枝梢，受害枝梢多枯萎，此时幼虫即转枝梢向下蛀食。最下1个孔洞的稍下方即为幼虫所在。幼虫历时290~310天，蛹期23~25天。

光盾绿天牛成虫（蔡明段　摄）

（3）防治措施。

①捕捉成虫。在5月下旬至6月中旬，成虫喜欢在晴天交尾产卵，阴雨天则多栖息于枝丫间，可据此来捕杀。

②及时剪除被害枯枝。6~8月发现新梢有枯枝立即剪除，避免幼虫蛀入大枝危害。

③灌药毒杀幼虫。幼虫在最后一个虫洞稍下部位栖息，用针筒将80%敌敌畏乳油或40%乐果乳油8~10倍液注入由下至上的3、4个洞内。见药液从下洞孔流出时，用黏土逐个孔洞封堵，毒杀幼虫。

15. 褐天牛

又称橘天牛、干虫、蛀木虫。以幼虫蛀食离地面33厘米以上主干和主枝成孔洞，受害轻则养分输送受阻，重则整枝枯萎或全树死亡。

褐天牛危害状

（1）形态特征。褐天牛成虫体长26~51毫米，乳白色至灰褐色。幼虫老熟时体长46~56毫米，乳白色，扁圆筒形。蛹长40毫米左右，淡米黄色。

（2）生活习性。褐天牛广东两年才发生1代，7月上旬以后孵化出的幼虫，于第二年8月上旬至10月上旬羽化为成虫，在蛹室中越冬，直到第三年4月下旬才外出活动。产卵期有两个比较集中的时间，多在5月上旬至7月上旬，次在8月初至9月下旬。越冬成虫多于晚上8：00~9：00出洞活动，闷热晚上更盛，至晚11：00潜回洞内，成虫多产卵于树干伤口或洞口边缘表皮凹陷处，每处多的产1粒，少数2粒。从主干距地面33~100厘米高的侧枝均有卵的分布，但仍以近主干分叉处产卵密度最大。

（3）防治措施。

①农业防治。修剪时保持剪口平整，使枝干平滑，遇有枝干孔洞用黏土堵塞，减少成虫产卵机会。

②捕杀成虫。掌握在4~5月闷热晴天夜晚，成虫在树孔洞内交尾的时机，进行捕杀。

③刮除卵粒及初孵幼虫。

④钩杀或用农药毒杀幼虫，方法与处理星天牛相同。

16. 柑橘小实蝇

又称黄苍蝇或果蛆，是国家植物检疫对象。该虫以成虫产卵于果实内，幼虫孵化后即在果内危害果肉部分，形成橘蛆，造成腐烂，引起果实早落，影响产量很大。

（1）形态特征。雌成虫体长6~8毫米，翅展14~16毫米，深黑色和黄色相间。复眼间黄色。单眼3个，呈三角形排列，单眼黑色。胸背黑褐色，具2条黄色纵纹。腹部由5节组成，呈赤黄色，有“T”形的黑纹。产卵器长形，由3节组成。翅透明，脉纹黑褐色。雄成虫体长6毫米，翅展14毫米，腹部由4节组成。卵乳白色，长形，一端较细尖，另一端略钝，长约1毫米，宽约

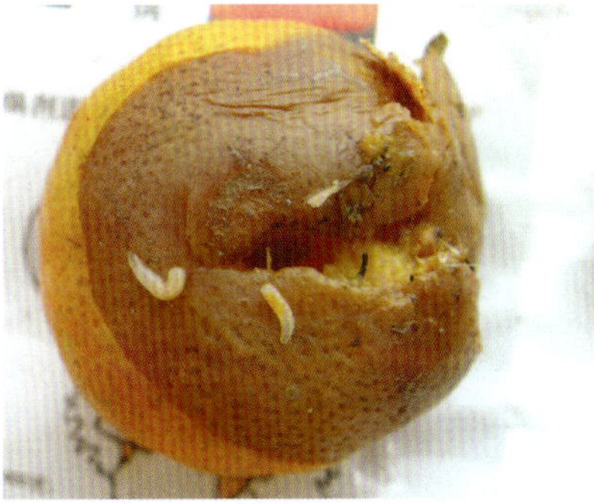

柑橘小实蝇幼虫危害状

柑橘小实蝇危害果实状

0.1毫米。幼虫体长10毫米，黄白色，圆锥形，前端细小，后端圆大，由大小不等11节组成。蛹椭圆形，淡黄色，长5毫米，宽0.5毫米左右。

（2）生活习性。一年发生3~5代，世代重叠，无严格越冬过程，冬季也活动危害。成虫多集中于午前羽化，并以上午8：00前羽化最多。成虫羽化后经性成熟阶段方能交尾产卵。产卵时以产卵器刺破果皮，卵产于产卵孔中，每孔产卵5~10粒，一雌蝇一生可产卵200~400粒，分多次产出。卵期，夏季1天左右，春秋季约2天，冬季3~6天。孵化后幼虫钻入果实内蛀害，致使果实腐烂早落。幼虫经2次蜕皮后即生长成熟。幼虫期夏季为7~9天；春、秋季是10~12天；冬季为13~20天。幼虫老熟后脱果入土化蛹，一般在表土3~4厘米居多。蛹期：夏季8~9天；春、秋季10~14天；冬季15~20天。

（3）防治措施。

①实行检疫。禁止被害果输入，以免害虫传播蔓延。

②结合冬季清园，进行冬耕灭蛹。在冬季或早春期间，成虫羽化前翻耕果园地面表层，将蛹翻出至土面，以减小越冬虫口基数。

③诱杀成虫。将浸泡过的甲基丁香酚的纤维纸皮方块（57毫米×10毫米）悬挂于树上，每平方千米挂50块，在成虫发生期，每月悬挂2次，以诱杀柑橘小实蝇成虫。

④及早摘除虫果，及时收集和处理落果。8~9月一般正常果呈青绿色，而被害果的产卵孔周围未熟发黄，应及时摘除，以5~7天收集1次，盛期后则每日收集1次，并随时采用浸、埋、水煮、烧等方法进行处理。一是浸，把虫果浸在水中，至少8天内不浮到水面。二是埋，挖土将果深埋在50厘米以下，踩实表层更好。三是

烧，一层干草，一层果，顶上再盖上一层草，堆烧 1 小时以上。四是煮，把虫果放在沸水中煮 2 分钟。

17. 象鼻虫类

又称象甲，其中以柑橘灰象鼻虫和小绿象鼻虫危害比较普遍。成虫咬食嫩叶、嫩梢、花、果等。被害叶片的边缘呈缺刻状。幼果受害后果面出现不正常的凹入缺刻，严重引起落果。危害轻的尚能发育成长，但成熟后果面呈现伤疤，影响果实外观。

(1) 形态特征。成虫体长 8~12 毫米，灰褐色，前胸背面中央有 1 条黑色纵带，鞘翅上有 10 多条黑色刻点。卵椭圆形，初为乳白色，以后变为灰褐色。幼虫为圆筒形，体长 11~13 毫米，黄白色，头部黄褐色。蛹淡黄色，头管向胸前弯曲，腹末有 1 对黑褐色刺。

象鼻虫成虫

(2) 生活习性。象鼻虫在广东每年发生 1 代，以成虫及幼虫在土中越冬。3 月下旬开始有成虫出土，爬上树梢，取食嫩春梢叶及幼叶。4 月中旬是危害盛期，并开始产卵。成虫产卵期长，4~7 月均可陆续产卵。卵整齐地排列成块，产于两叶的边缘处，两叶间用黏液粘连。幼虫孵出后，从叶上掉落土中，钻入 10~50 厘米深处，取食植物根部及腐殖质等。成虫有假死性，寿命长达 5 个多月，4~8 月在果园均可见到。

(3) 防治措施。

①人工捕捉和诱杀。成虫上树后，可震摇树枝，使其掉落在树下的尼龙布上，然后集中消灭。胶环捕杀，于 3 月底用粘苍蝇胶带包扎树干阻止成虫上树，并随时将阻（粘）集的成虫收集处理。粘

胶亦可用麻油（40份）、松香（60份）、黄蜡（2份）制成，先将油加热至120℃，慢慢加入碎松香，不断搅拌，待溶化后，再加入黄蜡，溶后冷却即成。

②药物防治。在成虫出土期，用50%辛硫磷乳油200倍液（宜在傍晚进行）或80%敌敌畏乳油500倍液喷洒地面。在成虫危害期，可用90%敌百虫晶体800倍液、25%亚胺硫磷乳油500倍液、40%乐果乳油1 000倍液或80%敌敌畏乳油800倍液喷洒树冠。

18. 金龟子类

危害砂糖橘常见的有铜绿金龟子、茶色金龟子等。以成虫蛟食植株嫩叶、花、幼果；幼虫称为"蛴螬"，生活于土中危害根部。

（1）形态特征与生活习性。铜绿金龟子：成虫体椭圆形，长约20毫米，鞘翅铜绿色具光泽。老熟幼虫体长30毫米，乳白色，头黄褐色。该虫年发生1代，以幼虫在土里越冬，越冬可在果园、农田、荒地等处，5~7月危害盛期，具有趋光性和假死性。寿命长达1年，卵多散产于表土中，孵出幼虫在土中危害苗木根茎，10月以后潜入较深土层中越冬。

金龟子成虫

茶色金龟子：成虫体长10~12毫米，体茶褐色并被白色鳞毛，鞘翅有4条纵线，老熟幼虫长13毫米左右。该虫年发生2代，以幼虫在土中越冬。成虫5月上旬羽化，6~7月盛发，危害最烈。第1代和第2代成虫分别见于6月和8月，10月以后幼虫开始越冬。

（2）防治措施。

①物理防治。在成虫盛发期，利用其趋光性，于晚上8：00~9：00

使用黑光灯、电灯或点燃火堆诱杀。对当年种植的幼树，可用套透明薄膜袋办法，阻碍成虫危害。

②人工捕捉。在成虫盛发期，利用其假死性，于白天或晚上在树冠下铺设薄膜，猛摇树身，待受惊成虫落地假死集中捕杀。

③药物防治。成虫盛发期，用48%乐斯本乳油800~1 000倍液，90%敌百虫晶体1 000倍液，50%地亚农乳油1 000倍液或40%乐果乳油800倍液，于傍晚喷布树冠及地面，或用5%辛硫磷颗粒剂撒施地面，毒杀地面或潜入地表成虫。

对地下蛴螬，可淋施辛硫磷乳油1000倍液毒杀。

19. 柑橘尺蠖

柑橘尺蠖幼虫危害状（叶片焦枯）

危害柑橘的尺蠖常见的有海南油桐尺蠖和大造桥虫，以前者较普遍。以幼年虫咬叶危害，大量发生时常把整株或成片果园的叶片吃取光，仅残留叶脉和秃枝，是一种暴食性害虫。

（1）形态特征。成虫雌蛾体长22~25毫米，翅展60~65毫米，体灰白色；雄成虫体长19~21毫米，翅展52~55毫米，前翅白色，杂以灰黑色小点，并有3条黄褐色波纹（雄蛾中间一条波纹不甚明显）。老熟幼虫体长70毫米，体色因环境而异，有深褐色、灰褐色、青绿色不等，腹足仅2对。

柑橘尺蠖幼虫

(2) 生活习性。每年发生3~4代，越冬蛹于次年3月中旬开始羽化。成虫昼伏夜出，具趋光性，卵产于橘叶背面或产于果园附近的乌桕、桉等树皮缝处。卵块上覆有黄褐色绒毛，从卵到幼虫为7~11天。幼虫一般6龄，1~2龄幼虫喜食叶面，3龄时食叶成缺刻，4龄食量增大。幼虫老熟时爬下树盘表土化蛹，也有部分叶丝下垂入表土化蛹。蛹期14~20天，在雨后土湿时羽化出土，羽化后1~2天内晚上交尾产卵。

(3) 防治措施。

①松土灭蛹。每年11月到翌年2月、5月、7月和8月至9月间，共4次，分别在主干周围50~60厘米内浅松土10厘米，将蛹挖出，减少虫源。也可诱虫化蛹，在每次化蛹前先在树干周围50~60厘米处铺上塑料薄膜，然后铺上5~10厘米湿润松土，待老熟幼虫入土化蛹后取出杀灭。

②灯光诱蛾。利用成虫趋光性，在成虫羽化期，果园每3亩左右安装一支40瓦的黑光灯诱杀。

③清除卵块。在产卵期间，检查树干裂缝处或叶背发现有卵块摘除消灭之。

④用雌蛾性激素诱杀雄蛾。用市售雌蛾性诱激素不饱和18醇，或用自制粗提物（采集羽化后1天，尚未交尾的雌蛾，剪下蛾腹部产卵器，置于少量二氯甲烷中浸提1小时即成）诱杀雄蛾。

⑤药物防治。最好在幼虫3龄以前喷药，常用52.25%农地乐乳油1 000倍液，青虫菌（300亿/克）1 000~1 500倍液，6号青虫菌1 000倍液，杀螟杆菌（80~100亿/克）750倍液，2.5%敌杀死乳油3 000~4 000倍液，90%敌百虫晶体1 000倍液，10%或20%吡虫啉可湿性粉剂2 000~3 000倍液，1%或1.8%阿维菌素乳油2 000~3 000倍液，3%啶虫脒乳油1 000~2 000倍液。

20. 柑橘凤蝶

又名橘黑黄凤蝶。以幼虫咬食嫩叶和嫩芽，严重时吃光新梢叶片，对幼树影响很大。

（1）形态特征。成虫分春型和夏型。春型体长 21~28 毫米，翅展 70~90 毫米。夏型体长 27~30 毫米，翅展 105~108 毫米。成虫后翅外缘有尾状突。卵为圆球形，淡黄色至褐黑色。幼虫初孵出时为黑色鸟粪状，老熟幼虫体长 38~48 毫米，为绿色。蛹近菱形，长 30~32 毫米，淡绿色至暗褐色。

柑橘凤蝶幼虫（蔡明段　摄）

（2）生活习性。一年发生 6 代，以蛹越冬。田间世代重叠。3 月开始出现，5 月以后发生较多，以夏、秋新梢抽吐时为发生高峰。成虫白天交尾，产卵于嫩叶背或叶尖。幼虫遇惊时，即伸出臭角发出难闻气味，以避敌害。老熟后即吐丝作垫头，斜向悬空化蛹。

柑橘凤蝶成虫

（3）防治措施。

①人工捕杀幼虫、卵、蛹及成虫。

②保护凤蝶金小蜂、凤蝶赤眼蜂的寄生蜂天敌，利用天敌防治柑橘凤蝶。

③药剂防治。用 48%乐斯本乳油 800~1 000 倍液，2.5%功夫乳油 3 000~4 000 倍液，90%敌百虫晶体 500~1 000 倍液，80%敌敌畏乳油 1 000 倍液，青虫菌（100 亿/克）1 000~2 000 倍液。

21. 角肩椿象

又称角肩蝽、臭屁虫。橘果被角肩椿象刺吸果汁后引起大量落果。若刺吸果的时间短，虽不引起落果，但果实成熟后被害部分组织硬化，不堪食用。

角肩椿象若虫

（1）形态特征。成虫绿色，长盾形。若虫椭圆形，经4次蜕皮，5龄才长成为成虫。卵淡绿色，常14粒1块排列于叶面上。

（2）生活习性。每年发生1个世代，以成虫越冬，4月后越冬成虫恢复活动。成虫多在下午3：00~4：00交尾，此时最易捕捉。5月开始产卵，6~7月产卵最多，是盛发期。11月以后进入越冬状态。

（3）防治措施。

①捕杀成虫。4~5月下午3：00~4：00捕杀或早上露水未干时捕杀。

②摘卵块。6~7月幼树摘卵块，同时捕杀还未分散取食的1龄幼虫。

③药剂防治。若虫3龄以前，喷90%敌百虫晶体500~600倍液，另加0.2%洗衣粉作展着剂，80%敌敌畏乳油1 000倍液。

柑橘芽瘿蚊危害状（蔡明段　摄）

22. 柑橘芽瘿蚊

主要以幼虫危害柑橘类春芽，被害春芽受刺激膨大呈虫瘿状，幼叶不能正常展开，严重时枯萎脱落。

（1）形态特征。雌成虫体长1.5毫米，翅展3毫米，橙红色，全体密生细毛。幼虫共

3龄，老熟幼虫乳白色，纺锤形，体长1毫米。

（2）生活习性。柑橘芽瘿蚊年发生3~4代，世代重叠，以老熟幼虫自被害芽弹入土越冬。翌年1月上旬开始羽化出土，产卵于未绽开的嫩芽上，1月上旬至下旬田间便可见危害状。老熟幼虫弹跳入表土1~2厘米土层中活动，耐水淹（在水中淹没11天而不死），也耐干旱（干旱5天仍成活），能在土中结茧，度过大半年时间，直至翌年初才化蛹，羽化为成虫。

（3）防治措施。

①农业防治。翻土灭蛹，在冬春期浅锄树冠下表土，立即撒甲敌粉毒土（1.5~2千克混细土20~25千克，可撒1亩）或25%虫螨灵毒土（虫螨灵5倍液喷于20~25千克细土配成）。撒土时间应在初春越冬成虫出土前（植株萌芽前）或幼虫入土初（枯芽或烂芽初期）进行。结合疏芽及时摘除被害芽集中烧毁。

②药物防治。在春芽萌发初期，成虫初见时喷药护芽，可喷48%乐斯本乳油800~1 000倍液，80%敌敌畏乳油800~1 000倍液，25%杀螟腈乳油800~1 000倍液，20%辛马乳油1 500倍液，90%敌百虫晶体1 000倍液加40%水胺硫磷乳油1 000倍液。

（三）贮藏病害

1. 青霉病和绿霉病

青霉病和绿霉病是砂糖橘贮运期间发生最普遍、危害最严重的病害。常可以在短期内造成大量果实腐烂。特别是绿霉病在气候较暖的南亚热带发病较重。

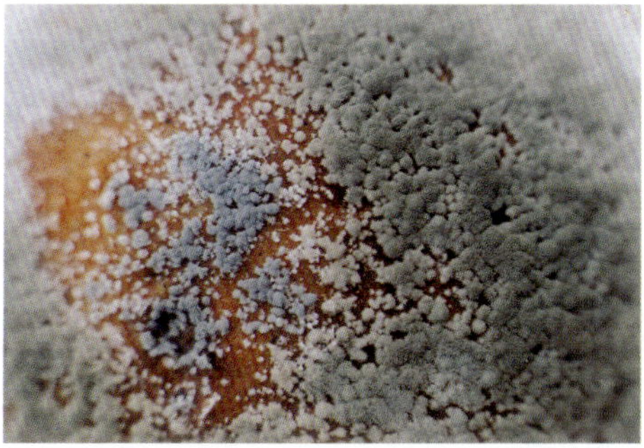

青、绿霉病同在一果上（蔡明段 摄）

（1）发病症状。青霉病

和绿霉病的病原菌属青霉属的两个不同种。两者均靠气流或接触传播，从伤口和果实蒂部侵染。被害后呈褐色，水渍状，略凹陷皱缩的圆形病斑。2~3 天后，病部长出白色霉层，随后在其中部产生青色或绿色霉层，但在病斑周围仍有一圈白色霉层带，病、健交界处仍为水渍状环纹。在高温高湿条件下，病斑迅速扩展，深入果肉，直至全果腐烂。干燥时成僵果。病部对包果纸及其他接触物，青霉病无黏着性，而绿霉病有黏着性。

（2）发生条件。

①雨后或雾、露水天气采果易发病，而果面伤口是发病的关键因素。

②青霉病在 6~33℃范围内均可发病，但在 20℃左右、湿度达 95%~98%时发病最为严重；绿霉病的发病条件与青霉病基本相同，而其最佳的发病温度稍高，为 25~27℃。

（3）防治措施。

①采收不要在雨后或露水未干时进行；从采收到运输和贮藏的过程中，避免机械损伤，特别不能拉果剪蒂，果柄留过长和剪伤果皮。

②保鲜防腐处理。采收当天立即用药剂浸果 1 分钟左右，晾干后包装。药剂可用 45%特克多悬浮剂 450~600 倍液（500~1 000 毫克/升）、25%抑霉唑（戴唑霉等）（400~5 000 毫克/升）、25%扑海因悬浮剂、咪先安扑霉灵 250 毫克/升、25%施保克乳油 500~1 000 倍液、50%施保功可湿性粉剂 1 500~2 000 倍液。

③采收和贮运用具及贮藏库用硫黄（每立方米空间 10 克）密闭熏蒸消毒 24 小时。

④贮藏温度控制在 5~9℃、相对湿度 90%左右，库内二氧化碳浓度不超过 1%，氧气浓度不低于 17%。

2. 柑橘蒂腐病

柑橘褐色蒂腐病和黑色蒂腐病统称“蒂腐病”，是柑橘贮藏期普遍发生的两种重要病害，常造成大量果实腐烂。

（1）发病症状。褐色蒂腐病是柑橘树脂病病菌侵染成熟果实引起的病害。果实发病多自果蒂或伤口处开始，初为暗褐色的水渍状病斑，随后围绕病部出现暗褐色近圆形革质病斑，通常没有黏液流出，后期病斑边缘呈波纹状，深褐色。果心腐烂较果皮快，当果皮变色扩大到果面 1/3~1/2 时，果心已全部腐烂，故有“穿心烂”之称。病菌可侵染种子，使其变为褐色。黑色蒂腐病由另一种子囊菌侵染引起，初期果蒂周围变软，呈水渍状，褐色，无光泽，病斑沿中心柱迅速蔓延，直至脐部，引起穿心烂。受害果肉红褐色，并和中心柱脱离，种子黏附中心柱上；果实病斑边缘呈波浪状，油胞破裂。常流出暗褐色黏液，潮湿条件下病果表面长出菌丝，初呈灰色，渐变为黑色，并产生许多小黑点。

果实蒂腐病症状

（2）发生条件。褐色蒂腐病的发病条件同柑橘树脂病。黑色蒂腐病病菌从果柄剪口、果蒂离层或果皮伤口侵入，在 27~30℃时果实最易感病且腐烂较快，20℃以下或 35℃以上腐烂较慢，5~8℃时不易发病。

（3）防治措施。防止褐腐病在采果前 1 个月喷含铜离子杀菌剂可减轻发生。贮藏前使用 0.1%瑞毒霉液浸果。采前防治参照树脂病进行。采收过程及采后参照绿、青霉病的防治措施。

3. 柑橘黑腐病

又名黑心病。主要危害贮藏期果实，使其中心柱腐烂。果园幼果和树枝也可受害。

（1）发病症状。由半知菌的柑橘链格孢菌所致。果园枝叶受害，

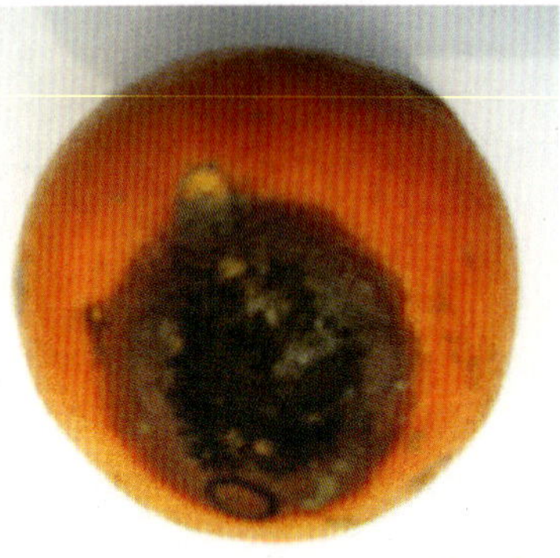
黑腐病果实

出现灰褐色至赤褐色病斑，并长出黑色霉层；幼果受害后常成为黑色僵果。病菌由伤口和果蒂侵入。成熟果实通常有两种症状：一是病斑初期为圆形黑褐斑，扩大后为微凹的不规则斑，高温高湿时病部长出灰白色绒毛状霉，成为心腐型。二是蒂腐型，果蒂部呈圆形褐色，软腐，直径约为 1 厘米的病斑，且病菌不断向中心蔓延，并长满灰白色至墨绿色的霉。

(2) 发生条件。病菌在枯枝的烂果上生存。分生孢子靠气流传播至花或幼果上，潜伏于果实内，直至果实贮藏一段时间出现生理衰退时才发病。高温高湿易发病，果实成熟度越高，越易发病。灌溉不良、栽培管理较差、树势衰弱的果园。遭受日灼、虫伤、机械伤的果实，易受病菌侵染。

(3) 防治措施。采前参照树脂病进行。采收过程中及采收后参照绿、青霉病的防治方法。

九、砂糖橘果实采收、保鲜与贮运

砂糖橘生产的最后工作是果实商品化处理，包括采收、保鲜处理、分级、包装与标志、贮运等一套完整操作规范。这是提高砂糖橘商品性最重要的一环，除包装要美观外，果实品质也要符合国家食品安全卫生标准规定。

（一）果实采收

1. 适期采收

果皮完全着色，淡橘红色至橘红色为砂糖橘果实固有色泽。用于贮藏或早期上市的果品，在淡橘红色时采收。果实可溶性固形物含量 10.5%~15.0%，固酸比 20.0~65.0，达到砂糖橘适熟期采收国家行业标准。11 月下旬果实已转淡橘红色，可先熟先采，分期、分批采收，以减轻树体负担，恢复树势，促进花芽分化；并可避免采收过度集中，减轻销售压力，及早回笼资金。春节前后是销售旺季，销量大，价格好，很多生产者应用树上留果保鲜技术，生产供应春节的“叶橘”。因为正值霜冻季节，有一定的风险，要严格执行树上留果保鲜技术措施，以保障丰产丰收。

丰产树要分期采收

2. 采收条件

采收前 10 天左右停止灌水，雨天、雾天、打雷、刮大风天气，果面水分未干时不宜采收，以保证果品质量，有利于贮运和保鲜。

3. 采收操作

宜用复剪法采收：第一剪离果蒂 2 厘米左右处剪下，再齐果蒂复剪一刀，剪平果蒂，萼片要完整，以果柄不刺手为度，可避免果间相互碰撞刺伤。橘剪必须圆头平口，刀口锋利。采果时用布袋装果，然后倒入果筐，果筐的内壁要衬上平滑的编织布或草垫、麻包袋等。采果人员戴软质手套，采果时轻拿轻放，避免机械伤。采后放在阴凉处待运。

按客户和市场需要带两片叶采收

当前市场需要的砂糖橘要求一果带 2 片绿叶，谓之“叶橘”。采收时在果柄带 2 片绿叶处剪下。但“叶橘”有果柄，易在贮运过程中碰伤果皮，不耐贮存。故“叶橘”必须就地销售或快速运往已签合同的市场销售，避免积压果品而引起烂果，蒙受经济损失。

果实采后分级

包装后立即运往市场销售

（二）保鲜或商品化处理

无公害果品是我国安全质量和市场准入的最低标准，在保鲜处理等环节中有具体规定。现收录如下：

1. 清洗液

砂糖橘用水按 GB5749 生活用水质标准规定执行。清洗液允许加入清洁剂、保鲜剂、防腐剂、植物生长调节剂等。赤霉素（九二〇）用 20 毫克/千克；杀菌防腐剂多菌灵、托布津、抑霉唑、噻菌灵、双胍盐，浓度在 500~1 000 毫克/升，不得使用 2,4–D。药物处理后 30 天内不得上市。而“叶橘”上市因时间短，一般不用药物处理，采摘后直接上市，经药物处理，要符合国家（柑橘鲜果安全卫生指标）NY5014 的规定。

2. 清洗操作

果实采收后当天进行清洗，可采用手工清洗或机械清洗。带叶果实宜用人工操作。操作人员应带软质手套，少量果采后立即放入内衬软垫的筐或网中，浸入装有 500 毫克/升多菌灵与 20 毫克/升赤霉素混合液中，浸湿即捞出沥干，晾干后用软布擦净或包装贮运，是传统的简易做法。砂糖橘皮薄，油胞突起，机械易将表皮磨伤，特别要注意选用不会擦伤果皮的机械。

3. 风干

清洗后应尽快晾干或风干果面水分，可采用自然晾干或热风干燥。采用自然晾干时，可加抽、送风设备，加强库房的空气流通；热风干燥时不得超出 45℃，至果面基本干燥即可。

4. 打蜡

可提高砂糖橘果实的耐藏性及外观，以提高售价和延长果品供应期，是果实商品化处理的重要环节。

打蜡条件：剥皮食用砂糖橘所用蜡液和卫生指标按NY/T869—2004的规定执行。橘果打蜡前果面应清洁、干燥。打蜡后一个半月内销售完毕，以免因无氧呼吸而产生酒味，最好在销售前进行打蜡。

打蜡方法：有人工打蜡和机械打蜡。前者适用于量少或带叶果实，用海绵或软布等蘸上加入防腐剂的蜡液均匀涂于果面；不带枝叶和数量大的宜用机械打蜡。

5. 果实分级

执行农业部NY/T869—2004砂糖橘分级标准表1：果品理化指标和表2：果品感官质量指标见附录。果实大小达到级别大小，但质量指标只达到下一个级别时，则果实降一个质量等级对待。

果实大小的横径用分级板或分级圈手工分级，也可用机械横径自动分级。果重用称重法计量。广东省大型砂糖橘包装场（厂），对无带叶的砂糖橘果实，已采用打蜡包装机生产线。全部工艺流程［原料→漂洗→清洁剂洗刷→清水洗刷→冷风干→涂蜡（或喷涂允许加入杀菌剂的蜡液）→擦亮→热风干→选果→分级］都由机器完成，只是根据客户或市场需求生产“叶橘”时，才用手工操作。

清洗、打蜡、分级包装机

6. 包装

包装选用塑料筐

按市场需要，用塑料筐装运较多。而用瓦楞纸箱的产品包装，则按 GB/T13607 规定执行，标志按照 GB191—2000 规定执行。

7. 运输与贮藏

运输要求便捷，轻拿轻放，空气流通，严禁日晒雨淋、受潮、虫蛀、鼠咬。运输工具要清洁、干燥、无异味。远途运输需具防寒保暖设备，防冻伤。贮藏使用常温贮存，按 GB/T10547 规定执行。冷库贮存，经预冷后达到 8℃左右，保持库内温度 8℃和相对湿度 85%~90%下贮藏。

包装可选用纸箱

十、砂糖橘无公害食品、绿色食品和有机食品生产技术要求

随着人们对身体健康和生态环境的日益关心，以生产安全、优质、营养果品为目标的新型果业相继推出。我国政府也十分重视提倡无公害食品、绿色食品和有机食品的生产。体现民以食为天、食以安为先的选择。其各自真正含义是：

无公害食品：产自良好生态环境，农药、重金属、硝酸盐及激素等有害有毒物质含量（或残留量）控制在允许的安全范围内的农产品。其质量水平是解决最基本安全问题，也是砂糖橘安全质量和市场准入的最低标准。

绿色食品：以全程质量控制为核心，一是按绿色食品产地环境质量标准，适用于绿色食品（AA 级和 A 级）生产的柑橘园。二是绿色食品生产技术标准，是绿色食品质量控制的关键环节。三是绿色食品产品标准，突出了绿色食品产品无污染，安全的卫生标准。分为 A 级和 AA 级：A 级生产过程中，允许限量、限品种、限时间地使用安全的人工合成农药、肥料和激素；AA 级在生产过程中不得使用任何人工合成的化学物质，且要符合《中国绿色食品》商标标志设计使用规范手册规定，以及绿色食品贮藏、运输等标准。其质量安全水平比无公害食品更高。

有机食品：要求生产过程中，绝对禁用化学农药、化学肥料、激素和转基因等人工合成物质。有机食品是根据《OFDC 有机认证标准》，对有机生产、加工和贸易的基本要求，包括有机农业生产的环境条件、有机农业转换与有机农产品生产技术规范、有机食品的贮藏、加工、运输、销售和检测技术规范等内容。其质量安全水平是环保型安全食品。

广东省砂糖橘生产，正是遵循无公害食品标准进行的，且有不少果园通过了绿色食品认证，更有果园获得了有关机构（公司）有机食品认证的可喜现象。执行《无公害食品砂糖橘鲜果生产标准》存在的问题主要有：

1. 选择无污染的栽培环境

根据农业部颁布：NY5016—2001：无公害食品——柑橘产地环境条件，生产无公害食品砂糖橘鲜果的园地，其环境要求：果园应选远离矿区、工业区和生活区，背风向阳，土壤疏松，土层深厚的土地。

栽种砂糖橘前，应对环境进行检测。主要是空气中二氧化硫、氟化物等含量；水中总汞、镉、砷、铅、六价铬、氟化物等含量以及 pH 值；土壤中镉、汞、砷、铅、铬和铜等物质含量，以及土壤中的 pH 值。一旦这些物质超过允许的标准，就应另外选择符合标准的土地建园。

2. 采用无污染栽培技术

农业部颁布了：NY/T5015—2002：无公害食品——柑橘生产技术规程。以此为据，生产者目前存在的问题：

（1）对限用化学农药及植物生长调节剂，保证果品质量安全意识不强。在生产无公害砂糖橘果品，进行病虫害防治时，应限用化学农药，可采用生态农药——生物源农药、动植物源农药以及矿质源农药，开展生物防治、诱杀、诱捕方式。并规定了柑橘生产中禁止使用高毒、高残毒农药，使用药剂防治应符合 GB4285：农药安全使用标准以及 GB/T 8321：（所有部分）农药安全使用准则。

允许使用的植物生长调节剂：细胞分裂素苄基腺嘌呤（BA）和激动素（KT），赤霉素（九二〇）类，乙烯利，矮壮素等。使用技术要求：严格按照规定的浓度、时期使用，每年可使用一次，安全间隔期在 20 天以上。禁止使用的植物生长调节剂有：比久（B_9）、萘乙酸（NAA）、2,4–二氯苯氧乙酸（2,4–D）等。执行国家有关规定，才能生产符合国家无公害食品安全质量和市场准入最低标准的砂糖橘。这是唯一进入市场最低标准，千万不能违反，否则会遭市场淘汰。

（2）对慎用除草剂，保护土壤环境不够认真。砂糖橘园中生长的杂草如是恶草，则应中耕除草时铲掉；若是良性草，则应用刈割的方法，留草于园内生长，不用或慎用除草剂，以免因经常使用除草剂而造成土壤板结，破坏土壤的理化性状，使土壤变劣，不利于砂糖橘生长，并污染环境。应参照国家有关规定禁止使用农药种类执行。·

除草剂使用不当产生的药害

（3）对使用有机肥、限用化肥觉得麻烦。砂糖橘无公害生产使用肥料均按 NY/T394—2000 中的肥料种类、限用化学合成肥料。在生产无公害砂糖橘时，在肥源紧缺的情况下，允许化肥与有机肥配合使用，有机氮与无机氮之比超过 1:1，但禁止使用硝态氮肥。混合肥，是指有机肥、微生物肥、无机矿质肥、腐殖酸肥中，按一定比例搀入化肥（硝态氮除外），并通过机械混合而成的肥料。城市生活垃圾，一定要经无害化处理，才能使用。这是为生产者降低成本，又为消费者提供安全食品的良法。

附录1 砂糖橘幼年树管理工作历

1月（小寒－大寒）

1. 气候 是全年最冷月份，常出现低温霜冻和大风天气。

2. 物候期 相对休眠期或春芽萌动期。

3. 主要工作内容

（1）做好立春种植的整地、定点、挖植穴、施基肥等工作。

（2）注意防旱、防寒，进行10~15厘米中耕，树盘覆盖杂草、芒萁、禾草。有冻害果园注意防寒。

（3）冬季清园，喷药消灭越冬病虫，人工摘除溃疡病叶和虫蛹。结合进行整形修剪工作。

（4）山地果园修整梯田，平地果园修沟培土。

（5）1月中旬花芽已经形成，计划不试产树，可将树冠末次梢顶端几个芽剪去。

2月（立春－雨水）

1. 气候 气温开始回升，经常出现低温阴雨天气。

2. 物候期 春芽萌动期，根系开始生长。

3. 主要工作内容

（1）施春芽肥，撒施石灰于树盘周围。

（2）春芽萌发前种植新橘苗或补植，遇春旱要注意淋水、覆盖、保湿。

（3）继续果园松土，修整果园沟渠。

（4）山地开梯田整地、定点、挖植穴、施基肥。平地果园采用三级排灌系统开园整地，做好筑墩、培畦、施基肥，做好立春前种植准备。

(5) 抹除幼年树主干及主枝上不定芽，在花蕾露白时抹除花蕾，若花多可在开花露花柱喷药疏除。

(6) 喷药防治柑橘红蜘蛛、木虱、黑刺粉虱、蚜虫，及时喷杀菌剂预防炭疽病、溃疡病等。

3月（惊蛰–春分）

1. 气候　气温继续回升，经常出现低温阴雨天气或春旱。

2. 物候期　春梢生长期，根系生长较快。

3. 主要工作内容

(1) 幼树施壮春梢肥，喷根外追肥，以农家肥为主。

(2) 大寒至立春种植的果园或补种树，开始施春芽肥，以氮肥为主。

(3) 整地施基肥，播种花生、黄豆、绿肥等间种作物。

(4) 继续疏除主干上的不定芽，摘除花朵。

(5) 贯彻“一梢二药”喷杀菌剂防溃疡病、炭疽病，结合喷杀虫剂防金龟子、蚜虫、木虱、粉虱等害虫。

4月（清明–谷雨）

1. 气候　气温继续升高。

2. 物候期　春梢老熟期，根系第1次生长高峰。

3. 主要工作内容

(1) 大寒至立春种植的幼树施壮春梢肥，以复合肥为主，并喷施根外追肥，促梢转绿充实。

(2) 继续抹除主干上的不定芽，摘除花朵。树干缚薄膜或扎松针防土狗或鼠害。

(3) 果园疏沟，做好排水准备。

(4) 春梢老熟后种植新橘树，果园整地起畦，播种绿肥。

(5) 喷药防治红蜘蛛、木虱、潜叶蛾、蚜虫，喷杀菌剂防炭疽病、溃疡病。

5月（立夏－小满）

1. 气候　气温升高快，开始出现汛期，注意防洪。

2. 物候期　早夏梢萌发期。

3. 主要工作内容

（1）施促早夏梢肥，以氮肥为主。铲除树盘及株间杂草，结合收割间种绿肥，压青改土。

（2）抹芽控梢，4~6天抹一次早夏梢，直到全园八成植株和单株树上八成枝条萌芽时放梢。疏梢在梢长5厘米左右进行，实行“一开二三”放梢，疏除多余和位置不当的新芽。

（3）及时排除果园积水，山地果园做好水土保持工作。

（4）防治早夏梢病虫害，注意潜叶蛾、木虱、粉虱、红蜘蛛及溃疡病、炭疽病，捕捉天牛成虫。

6月（芒种－夏至）

1. 气候　进入高温天气，是防洪的主要时期。

2. 物候期　夏梢生长期，夏梢老熟后根系第二次生长高峰期。

3. 主要工作内容

（1）施早夏梢壮梢肥，喷施根外追肥促早夏梢老熟。

（2）施迟夏梢促梢肥，采用抹芽控梢，以“一开二三”放梢技术放好迟夏梢。

（3）放梢果园，以防治潜叶蛾为重点，结合防治木虱、蚜虫、凤蝶幼虫，喷药防治炭疽病、溃疡病。

（4）割间种绿肥和铲除畦面杂草，进行植株压青改土。

7月（小暑－大暑）

1. 气候　是全年最热的月份，是暴雨季节。

2. 物候期　迟夏梢生长期。

3. 主要工作内容

(1) 施迟夏梢壮梢肥，以复合肥或水肥为主，加强根外追肥促夏梢转绿充实。

(2) 注意排水防涝，果园树盘、株间铲草，松土后树盘加厚覆盖或压青改土。

(3) 喷药防治红蜘蛛、木虱、黑刺粉虱及溃疡病，人工捕捉天牛及灌药封塞虫孔。

8月（立秋–处暑）

1. 气候　气温持续高温，台风次数较多。

2. 物候期　迟夏梢老熟，早秋梢萌发。

3. 主要工作内容

(1) 加强根外追肥，促迟夏梢尽快充实老熟。

(2) 施促早秋梢肥，采用"一梢三肥"方法，有机肥可提早1个月施，氮化肥则在放梢前半个月施用。隔15~20天施复合肥为主的壮梢肥。

(3) 次年挂果幼树，秋梢安排在处暑前后放，采用短截促梢、抹芽控梢、疏梢等技术，务求单株放出百条以上的标准秋梢。

(4) 1~2年生植株可适当在处暑后放梢，气温低、干旱的地方，则可在处暑放梢，放梢技术参照迟夏梢。

(5) 继续进行树盘四周覆盖、培土，防秋旱，抗旱。

(6) 以防潜叶蛾为重点的病虫害防治，结合防治介壳虫、木虱和粉虱类以及溃疡病、炭疽病。

9月（白露–秋分）

1. 气候　月平均气温开始下降，并开始进入秋旱。

2. 物候期　早秋梢老熟期，迟秋梢萌发，根系进入第3次生长高峰。

3. 主要工作内容

(1) 加强水肥管理，喷根外追肥促早秋梢老熟。

(2) 平地或暖冬地区果园 1~2 年生树，为扩大树冠可施促放迟秋梢肥。

(3) 果园铲草、松土、覆盖，及时进行灌溉，继续做好防旱抗旱工作。

(4) 秋梢老熟期喷药防治红蜘蛛、介壳虫兼治炭疽病。

10 月（寒露—霜降）

1. 气候　天气渐凉，进入秋旱，出现寒露风。

2. 物候期　迟秋梢转绿，根系继续生长。

3. 主要工作内容

(1) 迟秋梢加强水肥管理，喷根外追肥，促梢转绿，次年计划挂果的果园，控抑迟秋梢萌芽。

(2) 认真做好扩穴增施大量有机肥工作。

(3) 秋梢老熟后，有灌溉条件的地区，可进行种植，种后注意淋足定根水，用杂草、芒萁、稻草进行树盘覆盖防旱、保湿，半个月内淋水直至成活。

(4) 秋梢老熟期喷药防治红蜘蛛、介壳虫兼治炭疽病。

11 月（立冬—小雪）

1. 气候　气温急剧下降，小雪是寒潮开始节气。

2. 物候期　迟秋梢老熟，开始冬梢萌发，花芽开始分化。

3. 主要工作内容

(1) 增施水肥及喷根外追肥促迟秋梢老熟。

(2) 计划次年挂果的果园，秋梢老熟后喷多效唑抑冬梢及促花，隔半个月又喷 1 次，连喷 2 次。

(3) 株间土壤深翻，继续做好树盘覆盖，秋植植株注意淋水保湿。

(4) 通过深松土和适当制水，抑制冬芽萌发，个别树萌发冬芽时，摘除冬芽，防治红蜘蛛、蚜虫。

12月（大雪－冬至）

1. 气候　气温下降至霜冻出现。

2. 物候期　相对休眠期，花芽分化期。

3. 主要工作内容

（1）施越冬基肥。

（2）冬季清园，喷药防治越冬螨类、木虱、介壳虫、粉虱。

（3）注意防旱、防霜冻，保叶过冬。

（4）计划次年结果的果园，喷多效唑后叶色仍然浓绿的果园，可在12月上中旬环割促花。

（5）冬天短截末级梢，干旱年份（或山地果园），幼年植株容易形成大量花朵，明春摘花朵花工很大，明年不挂果树，大寒后短截末级梢几个芽，可减少春梢摘花人工。

附录2　砂糖橘结果树管理工作历

1月（小寒－大寒）

1. 气候　是全年最冷月份，常出现低温霜冻和大风天气。

2. 物候期　花芽分化期，果实成熟期。

3. 主要工作内容

（1）促花。叶色浓绿树小寒前补割1次，继续控水。

（2）采收。果多树分期采收，减轻树体负担，恢复树势。

（3）清园修剪。挖除病树，包括将修剪的废枝与落叶落果清出园外烧毁，及时喷药消灭越冬病虫。

（4）培土、松土、施促花肥。丰产果园结合灌水施用，初结果树不施促花肥。

2月（立春－雨水）

1. 气候　气温开始回升，经常出现低温阴雨天气。

2. 物候期　春芽萌发，花蕾期。

3. 主要工作内容

（1）继续采收，采收后立即灌水，施速效促花壮花肥，抓紧必要的清园、修剪工作。

（2）花蕾期初挂果树按花量施壮花肥，全面喷施硼、锌、镁等营养元素叶面肥。

（3）迟采收的来不及清园，也要根据果园病虫情况及时喷药，以防止越冬病虫危害春梢。

3 月（惊蛰－春分）

1. 气候　气温继续回升，经常出现低温阴雨天气或春旱。

2. 物候期　春梢生长期，开花期。

3. 主要工作内容

（1）抹梢。花少梢多的植株要抹去部分营养春梢，按“三除一”或“五除二”的比例，除去密集的营养春梢，并对长度超过 15 厘米的旺长春梢摘心，花期 4~5 天摇一次花。

（2）谢花肥。3 月下旬在花谢 2/3 时对花多的树施复合肥、硼肥、硫酸镁及硫酸锌等肥料，花少的树则不施此次肥。

（3）灌水与排水。久旱不雨，叶片微卷的要灌水壮花保果，多雨积水的及时排水。

（4）花期一般不喷药，要喷亦要经过试用才可大面积使用，确保安全。

（5）施石灰。施谢花肥前 10 天趁阴雨天全园撒施石灰，每株 500~1 000 克。

4 月（清明－谷雨）

1. 气候　气温继续升高。

2. 物候期　谢花期，第一次生理落果期。根系生长第 1 次高峰期。

3. 主要工作内容

（1）保果：果少树可在谢花时喷赤霉素保果或环割保果，喷药时加入核苷酸或叶面肥。 花多树则以喷营养液为主，待第一次生理落果结束，按植株挂果量不同，分别进行喷保果药赤霉素、环割主干或主分枝保果。

（2）喷药防治病虫害：选择对幼果安全的药剂，针对红蜘蛛、锈蜘蛛、炭疽病、溃疡病、黄斑病及时用药。

（3）雨季开始，修沟排水，防止果园积水烂根，引起落果。

5 月（立夏－小满）

1. 气候　气温升高快，开始出现汛期，注意防洪。

2. 物候期　第二次生理落果期，小果发育期，夏梢抽发期。

3. 主要工作内容

（1）继续喷保果药剂赤霉素，坚持抹除夏梢保果。未环割保果的树，要在第二次生理落果前环割。叶面喷多元微肥或核苷酸等营养液，增强营养。

（2）防旱、防晒，做好树盘覆盖，及时排除积水。

（3）防治红蜘蛛、锈蜘蛛及炭疽病、黄斑病等。

（4）丘陵山地果园深施有机质肥改土。

6 月（芒种－夏至）

1. 气候　进入高温天气，是防洪的主要时间。

2. 物候期　夏梢生长期，生理落果期，果实膨大期。根系进入第二次生长高峰期。

3. 主要工作内容

（1）继续摘除夏梢，控夏梢保果。

（2）施钾肥促小果膨大，并适当加入少量硫酸镁及硼肥，对以果压梢的结果多的树，适量施复合肥或淋施花生麸水，其他植株不施肥。

（3）大雨后果园应及时排除积水，防止烂根。

（4）防治红蜘蛛、锈蜘蛛、粉虱、介壳虫、柑橘木虱、炭疽病。

（5）丘陵山地果园继续深施有机肥改土。

7 月（小暑－大暑）

1. 气候　是全年最热的月份，是暴雨季节。

2. 物候期　果实膨大期，夏梢期。

3. 主要工作内容

(1) 继续摘除夏梢，直至放秋梢。

(2) 重施攻秋梢肥，占全年总施肥量的40%，为避免一次施速效肥过多而引起落果、裂果，采用“一梢三肥”施用。

(3) 放梢前10~15天做好夏剪，短截促秋梢，一般老龄树、丰产树在大暑至立秋前放秋梢。

(4) 防治柑橘潜叶蛾、木虱、粉虱及红蜘蛛、锈蜘蛛。

8月（立秋－处暑）

1. 气候　气温持续高温，台风次数较多。

2. 物候期　秋梢生长期，果实膨大期。

3. 主要工作内容

(1) 成年结果树立秋前后放秋梢，幼年结果树处暑前后放秋梢，仍在放梢前10~15天夏剪促梢，采用“一开三”的放梢技术。

(2) 保护秋梢，防治潜叶蛾、粉虱、柑橘木虱、蚜虫、炭疽病等新梢病虫害。

(3) 注意防旱保湿，遇秋旱灌（淋）水促梢。

9月（白露－秋分）

1. 气候　月平均气温开始下降，开始进入秋旱。

2. 物候期　秋梢转绿充实期，果实迅速膨大期，裂果初期。根系进入第三次生长高峰期。

3. 主要工作内容

(1) 施壮果壮梢肥，促果迅速膨大。以有机肥为主，配合钾肥，在梢自剪期施用。新梢转绿时要喷镁、硼等多元微肥，防止秋梢缺镁、硼症发生。

(2) 防治柑橘红蜘蛛、锈蜘蛛、黄斑病、炭疽病。

(3) 注意防秋旱，做好覆盖保湿，避免骤干骤湿、久旱降雨引起初期裂果。

10 月（寒露－霜降）

1. 气候　天气渐凉，进入秋旱，出现寒露风。

2. 物候期　果实迅速膨大期，秋梢老熟期。

3. 主要工作内容

（1）秋旱期继续灌（淋）水，促果实迅速膨大，并适当配合施磷钾肥及喷叶面肥，以提高果实品质。

（2）防治柑橘红蜘蛛、锈蜘蛛、黑刺粉虱、炭疽病、黄斑病。

（3）做好高产树的支撑护果工作。

11 月（立冬－小雪）

1. 气候　气温急剧下降，小雪是寒潮开始节气。

2. 物候期　果实转色开始，花芽分化开始。

3. 主要工作内容

（1）防旱，继续灌水、喷水，覆盖保湿，防止秋旱落叶。

（2）适当淋施花生麸水或复合肥水，增加树体营养，以利于花芽分化及树上留果。

（3）控冬梢可在秋梢转绿充实后环割，或喷 15%多效唑 300 倍液（即 500 毫克/升）。若遇 10 月小阳春天气，冬梢抽发数量多，要施速效肥，喷施根外肥，促梢充实，数量少时则要摘除。

（4）防治柑橘红蜘蛛、锈蜘蛛。

（5）粤西产区，11 月下旬开始，先熟先采的分期采收，采果前 10 天停止灌水。

12 月（大雪－冬至）

1. 气候　气温下降至霜冻出现。

2. 物候期　花芽分化期，果实成熟期。

3. 主要工作内容

（1）树上留果保鲜植株施采前肥，增强树势，保叶过冬，既要保证果实需要营养，又要保证花芽分化有足够营养。

（2）促花。对叶色浓绿的壮旺树，仍需喷布多效唑；亦可在12月上旬环割主分枝封闭圈一圈促花，环割后半个月仍未见叶色褪绿的，可再环割一圈。环割应掌握在冷空气过后进行。

（3）遇干旱果园继续灌水，对早采收树在采前10天停止灌水。丰产树要分期采收，以恢复树势。

附录 3　农药稀释用水量查对表

用水量（千克）/ 用药量（毫升）/ 稀释倍数	7.5	10	12.5	15	17.5	20	22.5	25	27.5	30
100	75.0	100.0	125.0	150.0	175.0	200.0	225.0	250.0	275.0	300.0
200	37.5	50.0	62.5	75.0	87.5	100.0	112.5	125.0	137.0	150.0
300	25.0	33.4	41.8	50.0	58.5	66.8	75.2	83.5	91.8	100.2
400	18.8	25.0	31.3	37.5	43.8	50.0	56.3	62.5	68.8	75.0
500	15.0	20.0	25.0	30.0	35.0	40.0	45.0	50.0	55.0	60.0
600	12.5	16.7	20.8	25.0	29.2	33.3	37.5	41.7	45.8	50.0
700	10.7	14.3	17.9	21.0	25.0	28.7	32.1	35.7	39.3	42.8
800	9.4	12.5	15.7	18.8	21.9	25.0	28.1	31.3	34.4	37.5
900	8.3	11.1	13.9	16.7	19.5	22.0	25.0	27.8	30.6	33.4
1 000	7.5	10.0	12.5	15.0	17.5	20.0	22.5	25.0	27.5	30.0
1 500	5.0	6.7	8.3	10.0	11.7	13.3	15.0	16.7	18.3	20.0
2 000	3.8	5.0	6.3	7.5	8.8	10.0	11.3	12.5	13.8	15.0
2 500	3.0	4.0	5.0	6.0	7.0	8.0	9.0	10.0	11.0	12.0
3 000	2.5	3.3	4.2	5.0	5.9	6.7	7.5	8.4	9.2	10.0
3 500	2.1	2.9	3.6	4.2	5.0	5.7	6.4	7.2	7.9	8.1
4 000	1.9	2.5	3.1	3.8	4.4	5.0	5.6	6.3	6.9	7.5

附录4　NY/T 869—2004农业部行业标准：砂糖橘

1　范围

本标准规定了砂糖橘的定义、质量要求、试验方法、检验规则，以及包装、标志、运输和贮藏。

本标准适用于砂糖橘鲜果。

2　规范性引用文件

下列文件中的条款通过本标准的引用而成为本标准的条款。凡是注日期的引用文件，其随后所有的修改单（不包括勘误的内容）或修订版均不适用于本标准，然而，鼓励根据本标准达成协议的各方研究是否可使用这些文件的最新版本。凡是不注日期的引用文件，其最新版本适用于本标准。

GB 191—2000　包装贮运图示标志

GB 6543—86　瓦楞纸箱

GB 8855　新鲜水果和蔬菜的取样方法

GB 10547　柑橘贮藏

GB 14875　食品中辛硫磷农药残留量的测定方法

GB/T 5009.11　食品中总砷的测定方法

GB/T 5009.12　食品中铅的测定方法

GB/T 5009.17　食品中汞的测定方法

GB/T 5009.20　食品中有机磷农药残留量的测定方法

GB/T 5009.38　蔬菜、水果卫生标准的分析方法

GB/T 8210　出口柑橘鲜果检验方法

GB/T 13607　苹果、柑橘包装

GB/T 14877　食品中氨基甲酸酯类农药残留量的测定方法

GB/T 17331　食品中有机磷和氨基甲酸酯类农药多种残留的测定方法

GB/T 17332　食品中氯和拟除虫菊酯类农药

GB/T 17333　食品中除虫脲残留的测定

NY 5014　无公害食品　柑橘

SN 0520—96　出口粮谷中烯菌灵残留量检验方法

SN 0606—96　出口乳及乳制品中噻菌灵残留量检验方法

3　术语和定义

下列术语和定义适用于本标准：

3.1　果蒂完整 calyx entirety

果实采收后，留在果实上的果蒂具有平整的果梗和萼片。指采摘果实时，用果剪齐果蒂处剪平齐。

3.2　腐烂果 decay fruit

遭受病原菌的侵染，细胞的中胶层被病原菌分泌的酶所分解，导致细胞分离、组织崩溃，部分或全部丧失食用价值的果实。

3.3　缺陷果 defect fruit

果实在生长发育、采摘和采后过程中受物理、化学或生物作用，造成外观质量或内在品质上存在缺陷的果实。

3.4　裂果 dehiscent fruit

果面皮层出现开裂的果实。

3.5　日灼伤 sun scald

果实受烈日照射后果皮被灼伤后形成的干疤。

3.6　网纹 sparse vermiculated mottle

分布在果实表面的网状纹痕。

3.7　深疤 deep scar

果皮上凹陷较深且大、已木栓化的疤痕。

3.8　煤烟菌迹 sooty mould pollution

煤烟病菌覆盖在果面形成的一层似煤烟的黑色物。

3.9　成熟度 ripe degree

指果实发育到可供食用的程度。

3.10　水肿 watery breakbown

果皮色淡饱胀，果有异味，是贮藏生理性病害。

3.11　枯水 granu lamion

果实贮藏时发生皮发泡，皮肉分离，汁胞失水干枯的生理性病害。

3.12　冻伤 freezing injury

不适宜的低温使果实产生汁胞枯水的受冻伤现象。

4　要求

4.1　分级标准按

表 1、表 2 执行。

表 1　果品理化指标

项目	一级	二级	三级
可溶性固形物≥，%	12.0	11.0	10.0
柠檬酸≤，%	0.35	0.40	0.50
固酸比≥	34	27	20
可食率≥，%	75	70	65

续表

项目	一级	二级	三级
果形	扁圆形、果顶微凹、果底平、形状一致	扁圆形、果顶微凹、果底平、形状较一致	扁圆形、果顶微凹、果底平、果形尚端正、无明显畸形
果蒂	果蒂完整、鲜绿色	95%的果实果蒂完整	90%的果实果蒂完整
色泽	橘红色	淡橘红色	浅橘红色
果面	果面洁净，油胞稍凸，密度中等，果皮光滑；无裂口、无深疤、无硬疤；网纹、锈螨危害斑、青斑、溃疡病斑、煤烟菌迹、药迹、蚧点及其他附着物的数量，单果斑点不超过2个，每个斑点直径不超过2 mm	果面洁净，油胞稍凸，密度中等，果皮光滑；无深疤、硬疤、裂口；痕斑、网纹、枝叶摩伤、砂皮、青斑、油斑病斑、煤烟病菌迹、药迹、蚧点及其他附着物的数量，单果斑点不超过4个，每个斑点直径不超过3 mm	果面洁净，油胞稍凸，密度中等，果皮光滑；无深疤、硬疤、裂口；痕斑、网纹、枝叶摩伤、砂皮、青斑、油斑病斑、煤烟病菌迹、药迹、蚧点及其他附着物的数量，单果斑点不超过6个，每个斑点直径不超过3 mm
果实横径，mm	45~50	40~45 50~55	35~40 55~60

4.2 级内果基本条件

4.2.1 有机械伤和虫伤以及腐烂果、枯水、褐斑、水肿、冻伤、日灼等病变和其他呈腐烂的病果不得入级内。

4.2.2 级内果不得有植物检疫病虫害。

4.3 安全卫生指标

应符合表3的规定。

表 3　柑橘鲜果安全卫生指标

单位：毫克/千克

项目名称	指标
多菌灵（carbendazim）	≤0.5
抑霉唑（imazalil）	≤5.0
噻菌灵（thiabendazole）	果肉≤0.4，全果≤10
甲基托布津（thiophanatemethyl）	≤10.0
砷（以 As 计）	≤0.5
铅砷（以 Pb 计）	≤0.2
汞砷（以 Hg 计）	≤0.01
毒死蜱（chlorpyrifos）	≤1.0
杀扑磷（methidathion）	≤2.0
氯氟氰菊酯（cyhalothrin）	≤0.2
氯氰菊酯（cypermethrin）	≤2.0
溴氰菊酯（deltamerthrin）	≤0.1
氰戊菊酯（fenvalerate）	≤2.0
敌敌畏（dichlorvos）	≤0.2
乐果（dimethoate）	≤2.0
喹硫磷（quinalphos）	≤0.5
除虫脲（diflubenzuron）	≤1.0
辛硫磷（phoxim）	≤0.05
抗蚜威（pirinicarb）	≤0.5
注 1：禁止使用的农药和植物生长调节剂在橘果中不得检出； 注 2：未标测样的为全果指标。	

4.4 容许度

4.4.1 重量差异

产地站台交接，每件净重不低于标示重量的1%。

4.4.2 大小差异

邻级果以个数计算，一级果不得超过3%，二级果不得超过5%，三级果不得超过8%。不得有隔级果。

4.4.3 腐烂果

腐烂果起运点不允许有，到达目的地不超过3%，碰伤、冻伤果不超过1%。

4.4.4 缺陷果

按重量一级不超过本标准规定1%，二级、三级不得超过3%。

5 试验方法

5.1 感官指标检测

5.1.1 果形

按GB/T 8210标准执行。

5.1.2 果面

按GB/T 8210标准执行。

5.2 果实理化指标检测

5.2.1 可溶性固形物

按GB/T 8210标准执行。

5.2.2 柠檬酸含量

按GB/T 8210标准执行。

5.2.3 固酸比计算

按GB/T 8210标准执行。

5.2.4 可食率

按GB/T 8210标准执行。

5.2.5 果实大小

果实横径用分级板或分级圈手工检测，也可用机械横径检测；

果重用称重法检测。

5.3 卫生指标检测

5.3.1 砷的测量

按 GB/T 5009.11 规定执行。

5.3.2 铅的测量

按 GB/T 5009.12 规定执行。

5.3.4 抑霉唑的测量

参照 SN 0520—96 规定执行。

5.3.5 噻菌灵的测定

参照 SN 0606—96 规定执行。

5.3.6 多菌灵、甲基托布津的测定

按 GB/T 5009.38 规定执行。

5.3.7 毒死蜱、杀扑磷的测定

按 GB/T 17331 规定执行。

5.3.8 氯氟氰菊酯、氯氰菊酯、溴氰菊酯、氰戊菊酯的测定

按 GB/T 17332 规定执行。

5.3.9 敌敌畏、乐果、喹硫磷的测定

按 GB/T 5009.20 规定执行。

5.3.10 除虫脲的测定

按 GB/T 17333 规定执行。

5.3.11 辛硫磷的测定

按 GB 14875 规定执行。

5.3.12 抗蚜威的测定

按 GB/T 14877 规定执行。

6 检验规则

6.1 组批规则

按 GB 8855 规定执行。

6.2 抽样方法

按 GB 8855 规定执行。

6.3 检验期限

货到产地站台 24 小时以内检验，货到目的地 48 小时以内检验。

7 包装与标志

7.1 包装

有包装的产品按 GB/T 13607 规定。

7.1.1 瓦楞纸箱

瓦楞纸箱按 GB 6543—86 执行。

7.1.2 净重

按需分大、中、小箱称重，大箱净重不超过 20 kg。

7.2 标志

按照 GB 191—2000 规定。

8 运输与贮藏

8.1 运输

8.1.1 运输要求

要求便捷，轻装轻卸，空气流通，严禁日晒雨淋、受潮、虫蛀、鼠咬。

8.1.2 运输工具

装运舱应清洁、干燥、无异味。远途运输需具控温设施，防冻伤。

8.2 贮藏

8.2.1 常温贮存

按 GB/T 10547 规定执行。

8.2.2 冷库贮存

经预冷后，达到温度 8℃左右，保持库内温度 5~8℃和相对湿度 85%~90%下贮藏。